矢野秀武 著

国家と上座仏教

タイの政教関係

現代宗教文化
研究叢書
006

北海道大学出版会

目　次

タイ語のローマ字表記

本書でのタイ語ローマ字表記は，発音からのローマ字化を基本としている。ただし，引用先情報については，当事者が他の表記法(文字からのローマ字化など)を用いている場合もあるので，その際には当事者の表記法を優先した(例：末子音のn発音をlで表記。末子音のt発音をdで表記)。

子音			母音	
	音節頭の子音	末子音		
ก	k	k	อะ อ้ อา	a
ขฃคฅฆ	kh	k	อำ	am
ง	ng	ng	อิ อี	i
จ	c	t	อึ อื	u'
ฉชฌ	ch	t	อุ อู	u
ญ	y	n	เอะ เอ็ เอ	e
ดฎฑ (d と発音する場合)	d	t	แอะ แอ	ae
ตฏ	t	t	โอะ อ(-) โอ	o
ถฐทฑธฒ	th	t	เอาะ ออ	or
นณ	n	n	เออะ เอิ เออ- เอ	oe
บ	b	p	เอียะ เอีย	ia
ป	p	p	เอือะ เอือ	u'a
ผพภ	ph	p	อัวะ อัว	ua
ฝฟ	f	p	ใอ ไอ อัย ไอย อาย	ai
ม	m	m	เอา อาว	ao
ย	y	—	อุย	ui
ร	r	n	โอย	oi
ลฬ	l	n	ออย	ori
ว	w	—	เอย	oei
ซศษส ทร	s	t	เอือย	u'ai
หฮ	h	—	อวย	uai
			อิว	iu
			เอ็ว เอว	eo
			แอว	aeo
			เอียว	ieo
			ฤ (ru' と発音する場合)	r'u
			ฤ (ri と発音する場合)	ri
			ฤ (roe と発音する場合)	roe
			ฦ ฦา	lu'

序　章

1　本書の問いと対象

　本書は，東南アジアに位置するタイにおける，近現代の政治と宗教の関係，とりわけ国家と上座仏教との関係を，行政事業，公教育，憲法規定，学術研究といった多様な領域にわたり，宗教研究の視点から論じたものである。

　上座仏教というと，かつて大乗仏教の立場から小乗仏教と蔑称で呼ばれ[1]，出家修行者の個人的救済を重視する仏教だと誤解されてもいた。そういった理解からすれば，国家と上座仏教がどのようなつながりを持つのかと疑問を持たれる方もおられるだろう。逆に，文化人類学系の上座仏教論に詳しい方々は，民衆の生活に根ざした仏教実践こそ，彼らの人生に密着した価値ある宗教実践であり，タイの社会や文化の理解には欠かせないものと考え，国家や知的エリートが語り広める仏教など，民衆の生活に根づくことのない建て前であると思われるかもしれない。

　しかし，実際には，国家と上座仏教を中心とした政教関係論は，近現代タイの上座仏教研究の一翼を担ってきたのである[2]。その背景には，タイの王制が伝統的に上座仏教を重視し，そのサンガ(僧団)を支援してきたこと，さらに現在でもタイが国王の影響力の強い王国であること，仏教関連の様々な行事が国家規模で行われることなどがある。また本書で繰り返し取り上げることになる，石井米雄が著した日本の上座仏教研究の古典的名著も，その題名は『上座部仏教の政治社会学——国教の構造——』[石井 1975]というものであった。次章で詳細に論じるが，他にも D・K・ワイアット[Wyatt 1969]，

C・F・カイズ[Keyes 1971, 1989]，S・J・タンバイア[Tambiah 1976, 1984]，F・E・レイノルズ[Reynolds 1977]，ソンブーン・スクサームラン[Somboon 1982]，P・A・ジャクソン[Jackson 1989]およびその他著名なタイ仏教研究者の多くが，タイの政教関係を論じているのである。

　これらの政教関係論の問いは様々だが，重要かつ共通の論点としてきたものは，近現代タイにおける伝統社会的性格と近代社会的性格の独特のバランスのあり方であろう。この点をより宗教に引きつけて表現すれば，近代国家ではあるが，リベラリズムを制限し世俗主義国家とは言いがたいような，タイの政教関係をどう理解するかということである。

　この論点は，道徳性も含む国家レベルの社会秩序をめぐるせめぎ合いと捉えることもできるだろう。ここで論じる道徳性を帯びた社会秩序とは，小規模社会の文脈依存的な道徳的秩序ではなく，大規模社会における普遍的とされる道徳的秩序のことである。タイの事例に即して言えば，前者は，民衆の日常的実践や宗教実践において培われる社会秩序観と道徳的秩序に典型的であろう。例えば，サンガへの布施や仏教祭礼の実施といった良い行いを，限られた個人ではなく生者も死者も含めて身近な人々と共有していこうという価値観[林 2000：172-187]や，自然保護の倫理的機能を持った一部の精霊信仰[Seri 2537：64]などの形で現れる。もしくはパトロン・クライアント関係(流動性の強い，親分・子分的な2者間の上下関係)に基づく，社会関係とその道徳的秩序である。それは，ある文脈では適切だが，文脈を超えた普遍化が難しい道徳的秩序である。他方，後者は，身近な人間関係を超えた大きな社会(国家など)を基礎づける社会秩序イメージとその道徳的秩序であり，例えば，賄賂やコネに頼る判断や人情的裁量とは異なり，文脈を超えて当てはまる公正性などの観念とそれによる社会秩序ということである。

　では，そのような大規模社会をつくる道徳的な社会秩序とはどのようなものなのか。例えば西洋近代について典型的と言えるのが，理性・個人・人権・民主主義・信教の自由・言論の自由等の西洋近代の価値や制度の背後にある，社会契約といった理論と個々人の自由と平等を前提とした社会・道徳的秩序への信念であろう[テイラー 2011]。

　これに該当するような信念，社会の背後にある秩序に関する観念が，近現代のタイにおいて存在するのだろうか。あるとすれば，どのようなものなのだろうか。もちろん西洋由来の近代的秩序意識はタイ社会にも取り込まれているし，近代以降の国家形成には，自由・平等や国民自身による討議を通じての意思決定が今後も必要とされるだろう。しかし，他方で，「国王を元首とする民主主義制度」といった政治社会モデルにも関わるような，国王を頂点に据える，権威主義的な社会秩序イメージも広く見られる。本書でも取り上げるが，徳ある国王のイメージは，1970年代末からの仏教・道徳教育の教科書で特に強調されてきた。これらの異なる秩序をどのように共存させるのか，あるいはもう少し異なる社会秩序をつくるのか。いずれにしても，現在の道徳的な社会秩序のあり方を理解することが必要となるだろう。

　本書では，このような視点を持ちつつも，対象を限定し，次のような問いを掲げてみたい。つまり，近代国家であるタイにおいて，なぜ先述の特徴を持った政教関係を形成することが可能なのか，なぜリベラリズムに向かうような厳格な政教分離や信教の自由を求める議論があまりなされないのか[3]，どのような思考や制度の空間をつくることによってそのような政教関係を可能にし，議論の方向性が水路づけられてきたのか。こういった問いを，宗教関連領域から明らかにすることを目的とする。

　そして本書では，このような一連の問いに答えるため，行政を中心とした仏教，とりわけ国家の道徳教育と一体化した仏教の諸実践に注目し，さらにそれらと密接に関連する隣接領域として，私立学校の仏教実践，タイの宗教研究の特質，タイにおける宗教概念，憲法の宗教関連規定，リベラルな知識人たちの仏教観を対象として論じている。

　ただし，先述の問いへの答えとして，宗教とナショナリズムが結びついたからと，簡単にまとめてしまうのは不十分であろう。近代国家がナショナリズムと結びつかない方がむしろ特異であると思えるし，ここで問いたいのは，そのような宗教とナショナリズムと国家の相互連関を是とする感情や思考が，どのような言説と制度の枠組みにおいて基礎づけられ正当化されているのかといった，もう一段背後にある事柄なのである。つまり我々外部の人間も，

その言説と制度の枠組みに入り込めば，同じような思考様式をとりうるかもしれない（あるいは異なる思考様式による批判や主張が行き場を失って漂い，不発に終わりがちな），知のマトリックスを捉えるということである。

　また先の問いに対しては，19世紀後半に始まるタイの近代化において，伝統仏教を権威の基盤とする王族が主要な政治アクターであったため，仏教が特別視される近代国家になったと，答えることは可能かもしれない。それこそがタイの独自性だと，タイの為政者たちは主張してきた。もっとも，明治日本を例に出すまでもなく，当時のヨーロッパ諸国の中で王制を維持していた国々は宗教に対して似通った構造を持っていた[Josephson 2012]。この種の文化ナショナリズムを持ち出した独自性の主張を，あまり額面通りに受け取るべきではないだろう[Anderson 2014][4]。ただ問題なのは，その後，1932年にタイで立憲革命が起き，立憲君主制になった際にも政教関係の基本構造に大きな変化はなく[5]，軍政の時期であれ，政党政治の時代であれ，21世紀の今日に至るまで，政教関係に関する認識の大きな変化はないということである。

　この一連の問いを，もう少しほぐしてみよう。例えば，第2章で詳述するように，現在のタイには「ラック・タイ（Lak Thai タイ的原理）」と呼ばれる国是がある。それは「民族（民族的政治共同体）[6]，宗教，国王」の三位一体的価値を重視するというものである。そしてこの国是は，今日では憲法の一部に組み込まれており，「人は本憲法に基づき民族，宗教，国王および国王を元首とする民主主義政体を保護し維持する義務を負う」（2007年憲法「第4章国民の義務　第70条」）と記されている。

　本書で問いたいのは，個々人の信教の自由を認め，政治と宗教，もしくは国家と宗教団体の分離を前提とする近代国家が，なぜ，このように「宗教」を政治原理として公然と掲げ，「宗教」の保護や維持を国民の「義務」として課することができるのか，といったことである。この「宗教」は多分に建て前的な面もあるのだが，実際には，公然たる批判が難しいものである。このような「宗教」は，いったいどのような意味を持つものなのだろうか。それはどのような思考様式の中に位置づけられることで成立している，タイ近

代のものの見方なのだろうか。この問いを明らかにしていくことは，タイの
近代国家とはどのようなものなのか，その矛盾と可能性はどこにあるのかと
いった，さらなる問題の領域に接続していくものと思われる。

2　問いの始まり

　そもそもどのような経緯で，筆者がこのような問いを持つことになったの
か。この点は，次節で述べる本書の視点とも関わることなので，やや私的な
話でもあるが，3点ほど述べておきたい。

2-1　「国教」の空気

　タイの政教関係に関して問いを巡らせるようになった最初のきっかけは，
タイ滞在時に「国教」的なものを感じたときであった。外国人観光客が目に
するタイ仏教の姿と言えば，きらびやかな寺院，黄金色の仏像，街中で見か
ける托鉢中の僧侶などであろうが，日常生活の些細な風景にまで目が行き届
くようになれば，比丘・沙弥や妊婦を対象としたバス内の優先席表示，大き
な交差点に掲げられた「安居に入りました。飲酒は控えましょう」などと書
かれた巨大な看板，小学校などの校庭に設置された仏像，大学の卒業証書授
与式に招かれ読経する僧侶たちなどにも気がつくだろう。また，筆者が以前，
取材していた仏教団体で使用されていた学生向け経典解説書が，一部の公立
学校で仏教道徳授業の副読本として採用されたとの説明を信徒から受けたこ
とがあった。公立学校で仏教の授業があるということも不思議ではあったが，
一宗教団体の僧侶が著したものが公立学校の副読本に使われる制度的背景も
よく理解できなかった。
　さらにこのような仏教関連の活動は全国規模で行われ，画一性を帯びた活
動であるという点も指摘できる。例えばウィサーカ・ブーチャー(ヴェーサー
カ祭。仏陀の降誕・成道・涅槃を記念する日)などの仏祭日は，公休日となってお
り，全国で儀礼が行われ，マスメディアを通じた報道もなされる。また1月
1日の新年深夜に，仏教・イスラーム・キリスト教などの聖職者代表がテレ

6

ビで祝いの言葉を述べる番組が放映されることもある。さらに，公立学校においては，各宗教別の宗教教育の時間がカリキュラムに組み込まれており，ときには幼児教育の段階から瞑想実践が行われることもある。

　このような状況を目にしたとき筆者は，社会全体が大きな宗教団体であるかのように感じた。しかしそれは，寺院・僧侶が放射する聖なる力が形成する磁場といったものでもなく，また村落や家庭や個々人の宗教活動からにじみ出るその土地の雰囲気とも異なるものである。このように全国規模に広がり，多様かつ微細な形で現れ，しかもある程度の画一性があるという特徴を，筆者は独特な「空気」として感じ，これを漠然と「国教」と考えていた。それは民衆的な宗教実践の上に自然に形成された仏教であると説明するには無理があるだろう。またサンガ主導で制度化が行われているわけでも，特定の仏教集団によるものとも言えない。むしろ国家や地方公共団体などの行政活動だからこそ，広域の広がりと画一性を持ちうると思われる。

　そうであるならば，近代国家であり，このような制度を持つということの意味合いが問題となってくる。そのように考えて，修士論文も含め何度か「国教」論に取り組もうとしたが，結局うまく論じることはできなかった。本書はその意味では，20年以上疑問に感じていたことへの再々チャレンジということになる。

2-2　戦前の日本の政教関係との類似性

　この問題に取り組むもう1つのきっかけとなったのは，現在のタイの政教関係や王室権威を強調した体制が，戦前の日本の政教関係との類似性を感じさせるものであるということであった。もちろん日本の戦前の政教関係も単純なものではなく，紆余曲折を経てきたものであるが，第二次世界大戦後には，戦前の体制の持つ問題への批判が行われその乗り越えを模索してきたわけである。戦後の時代に生まれた筆者にとっては，タイの仏教研究をすることは，一種の居心地の悪さを感じさせるものであった。果たして，タイの仏教や諸宗教と王制・国家との関係を，通俗的な文化相対主義の立場から，タイの独自性や価値観として手放しで受け止めてよいのだろうかといった疑問

を抱いたのである。またタイの政教関係を知ることは，日本の政教関係を別
の視点から見ることにもつながりうると，筆者には思えたのであった。

　他方で，タイの現状を変えればよいとも簡単には言えない。それは筆者が
タイ社会に責任を持ちうる人間ではないという点もあるが，そもそも日本社
会は戦前から戦後へ，百パーセント自力で体制の変更を果たしたわけではな
いからである。タイ社会が変革を目指すとすれば，それは日本社会が経験し
ていない自力での変革になるだろう。そのような変革はどのようなところか
ら，どのような手法をもって，どこに向かって行われていくのだろうか。そ
れを見据えるためにも，現在の道徳的な社会秩序のあり方，政教関係を構築
している言説や制度の網の目を把握することが，必要になると考えたので
あった。

2-3　石井米雄『上座部仏教の政治社会学』からの問いかけ

　さらにもう1点，本書での問いに取り組むきっかけとなった出来事がある。
それは，先に述べた石井米雄の『上座部仏教の政治社会学』が，2003年に
復刊(初版1975年)された際に，加えられた文章である。復刊版の「再版に寄
せて」には，以下のような文言が記されていた。

　　学術書として四半世紀を生き延びることができたのは，以って瞑すべき
　幸せとしなければならないであろう。著者なりにその理由を考えてみるに，
　おそらく上座仏教(わたしが上座部仏教と呼んだ宗教は，近年こう呼ぶようになって
　いる)の社会的存在形態を国家との関係で体系的に論じた本が，その後も
　あまり現れていないからではないかと思う。[石井 2003：1]

　少しばかりではあれ，石井米雄先生に直接教えを乞う機会があった者とし
ては，この著作が今もって読み継がれていることは大変喜ばしいことである。
しかし，同じ分野に関わる後進の研究者としては，四半世紀もの間この分野
の研究を進展させずにきたのかと，叱咤激励の言葉を投げかけられたかのよ
うな気にもなる。

8

　もっともこの書の刊行以後，タイ仏教の研究は急速に多方面において進展してはいる。初版当時には見られなかった，タイの社会変動に即した新たな宗教実践の研究なども行われてきた。しかし，それはこの著作の外縁を補完することであり，また当時はまだ明確な形では存在しない諸集団や諸実践の研究を加えたということにすぎない。つまり，この著作が取り上げた対象を新たな視点から論じ，依拠していた理論的枠組みや概念を批判的に継承していくこと，乗り越えていくことには，なっていなかったのではないかと思われる。

　例えば，石井のサンガ研究の理論的基盤の1つは社会学，とりわけH・ベッカーの教会類型論といった宗教社会学にあった。この点についてその発想の根底にある問題性が議論されることは，管見の限りでは見当たらない。

　石井は具体的にはベッカーの考えを応用した「仏教エクレシア」という概念を用いてタイ上座仏教と国家の関係を論じ，保守的教理解釈(世俗社会や国家に批判的ではない思想)，タイ国サンガの形成(全国規模の統一組織)，社会的包括性(仏教徒であるというのは選択的な加入ではなく自然な所属によるということ)，救済の制度化(功徳や呪力の提供は僧侶のカリスマ性によるものではなくサンガという組織や制度によって保障されているということ)という4点を示した[石井 1975：83-90]。またそれらに関連する国王とサンガと正法(しょうぼう)の相互補完関係を提示した。

　エクレシアという用語は，ベッカーによるキリスト教会の類型論に基づく用語である。もともとはE・トレルチのチャーチ・セクト・ミスティシズム(もしくは教会・ゼクテ・神秘主義)という分類に始まるが，チャーチつまり教会という用語を，教会の類型概念に使用することの混乱を避けるため，ベッカーはチャーチに代えてエクレシアを使用し，さらにエクレシア・セクト・デノミネーション・カルトの4種に分類を拡張したのであった[Becker 1932：624]。

　教会類型論についての解説はここでは省くが，石井がトレルチのチャーチ論ないしはベッカーのエクレシア論，より具体的には中世カトリックの政教関係モデルを，伝統社会のみならず，近代社会のタイ仏教にも応用したという点に注目しておきたい。なぜならここに1つの大きな問題があるからであ

る。そもそも中世カトリックをモデルとするチャーチ(エクレシア)は，国家
規模の統一的教会とその影響下に置かれた国家や社会や経済や文化といった
教会主導の政教関係であった[7]。「extra ecclesiam nulla salus (教会の外に救
済なし)という格言は私の研究の出発点になった」[石井 2003：1]と石井が述べ
ているこの点は，中世カトリックの教会主導の社会構築があればこそ，であ
る。

　しかし，上座仏教にはそのような包括的な政治力はない。むしろその力を
持ったのは近代国家であった。タイのサンガを全国規模で束ねて構築したの
も，民族的政治共同体のイメージを構築してきたのも，近代の王制国家なの
である。チャーチ論をそのまま取り込むと，そのような観点を見落とし，宗
教集団の存在を自然なもの・自明なものとし，かつ宗教集団と国家という二
分法で政教関係を見てしまいがちになるのである。また想像されたネーショ
ンと宗教を結びつけるシステムを，自然的なものと見なしてしまうといった
問題も抱える。加えて，サンガを支える国王という視点を強調しすぎると，
国家の役割が見えにくくなってしまうのである。

　さらに言えば，チャーチ論(エクレシア論)は，宗教社会学において，世俗化
論，セクト論(および新宗教論)やカルト論(その延長線上にあるニューエイジ，新霊
性運動，スピリチュアリティなどの議論)と比べ，近代社会の宗教を捉えるツール
として十分に練り上げられることがなかった。なぜならこれら宗教社会学で
展開された主要な理論は，程度はそれぞれ異なるものの政教分離を前提とし
た欧米の先進国を踏まえて構築されたモデルだからである。そのため，タイ
などのようにそもそも世俗化以前に，政教分離の非徹底さ，宗教への国家の
介入の強さが問われるべき大きな課題としてある状況には，チャーチ論だけ
でなく，世俗化論，セクト論，カルト論などもうまく当てはめにくいのであ
る。ただし例外的にR・N・ベラーの市民宗教論は，タイの政教関係を論じ
る際に応用されてきた(この点は第1章で取り上げる)。しかしむしろ政治と宗教
の密な関係を全体的に表現するにとどまり，分析的に捉えるツールとしては
十分に展開されなかった。

　これらの問題を解決するために，先にも述べた日本の戦前の政教関係，特

に国家神道をめぐる議論の知見を活用してみるというのが，本書の１つの試みである。両者の事象に同じものの見方を応用することが適切と思えるのは，単にタイの政教関係と戦前日本のそれが，筆者にとって直観的に類似性を感じさせる構造を持っているというだけではなく，両者は同時代の近代化の過程で形成されてきた制度であり，加えてタイは日本の近代化のあり方について常に情報を収集していたからである。

　では国家神道をめぐる議論のどのような点をタイ研究に応用できるのだろうか。例えば次のような点が考えられる。国家神道をめぐる議論の争点の１つは，国家神道をどう定義するのか，どの範囲の現象をそこに含めるのかということにある。例えば国家神道を狭い意味で捉えようとする立場からは，明治 33 年 (1900 年) に内務省に神社局 (後の神祇院) が設立され，国家機関として組織化・管理された神社神道といった対象をもとに定義がなされる。つまり，宗教集団の制度，政教分離と祭政一致，国家行政に組み込まれた神社神道といった視点から，国家神道を考える立場である ([新田 1997] など)。同種の枠組みをタイの宗教論に当てはめれば，国家によって制度化・実体化され行政機構に組み込まれたタイ国サンガと国家の関係をめぐる議論となるだろう。

　他方，国家神道をより広い現象として捉えようとする立場もある。例えば，明治維新以降，国家と強い結びつきを持って発展した神道の一種であり，皇室祭祀や天皇崇敬といった信仰と神社神道が合わさって形成された神道といった考え方である。そしてそこには皇室祭祀や教育制度にまでも，国家神道の領域が広がっているとされる [島薗 2011]。そこまで広げたものを国家神道と呼んでよいのか，むしろ天皇制イデオロギーと呼ぶべきではないかなどの反論もあるが，筆者がタイとの関係で重視したいのは，国家神道といった呼び名の妥当性に関する議論ではなく，宗教をいわゆる宗教団体に限定することなく，国家の制度領域にまで広げていくといった発想である。タイに当てはめれば，王室に代表される為政者の仏教実践，さらに道徳教育等の形で行われる行政機関における仏教実践という領域が浮かび上がってくるのである。この点に関連する既存研究としては，タイの教育に関する教育学の先行

研究(例えば［森下 2003］，［野津 2005］，［村田 2007］，［平田 2007］)や，タイの宗教法制度に関する先行研究(［林 2006，2009b］など)があげられる。

ただし，後者の国家神道論をタイの現象に当てはめて考えるには，多少工夫が必要である。タイ王室の宗教的背景と，日本の皇室の伝統は，異なる点が多く，単純に同一化することは慎まねばならない。仏教と神道もまた同一の地平に載せることには慎重な議論を要するし，周到な準備も必要である。したがって，本書では，タイと日本の比較を行うということではなく，あくまでも，国家神道をめぐる議論における事象を捉える切り口を活用するといった次元にとどめたい。

3 本書の視点と方法

以上述べてきた問いとその背景に基づき，本書では以下のようないくつかの視点から，タイの国家と上座仏教の関係を論じていきたい。その視点の1つは，タイの政教関係を，国王とサンガの関係に特化せず国家の役割にも注目するというものである。つまり国王という単独の権威者との関係ではなく，国家行政に関わる諸アクターの思想やネットワークが，仏教あるいは宗教とどのような関わりを持って，政教関係をつくっているのかに着目する。

2つ目の視点は，国家の役割に重点を置くとしても，政教関係を国家と宗教集団(例えばサンガ)の関係のように単純な二分法で捉えることに対して自覚的・批判的になるということである。仏教は国家により教育行政などの行政機構を通じて広まり，実践されている面もある。それは，単に教育に仏教が取り込まれたというよりは，行政や学問研究や法などといった近代の制度連関とそれを支える言説における，仏教や宗教なるものの創造・変質に関わる問題である。本書ではこういった視点から論を展開してみたい。

その上でこのような制度・言説のマトリックスの中で広まる仏教とはどのような仏教なのかを問う。これが視点の3つ目につながる。ここでは，そのような仏教を国家などの広域社会の道徳的な社会秩序をつくろうとする，言わば道徳的な社会秩序志向の仏教と捉えてみたい。それはタイの教育学研究

が取り上げてきた，学校内での仏教実践とその制度を，宗教研究や宗教史の文脈から捉え直す試みと言えよう。第1章で論じることになるが，道徳的な社会秩序志向の仏教はこれまであまり注目されてこなかったが，おそらく上座仏教の伝統，とりわけ為政者の仏教実践の一部として展開してきたものであり，今日では，国家の秩序構造に対してオルタナティブを提示する仏教思想家にも引き継がれている。そのような視点・仮定を本書における独自性の1つとして位置づけてみたい。

　そして4つ目の視点として注目したいのは，道徳的な社会秩序志向の仏教が，国王の権威とも密接に結びついて，体制を支えてきたという点である。その上で，社会秩序志向の仏教の1つの姿を，本書では，権威主義的統治として，一般化した見地から論じてみたい(第10章を参照)。タイ国王や仏教的国家の独自性を強調する為政者の主張に距離を置き，一般的モデルに構築し直すことで，権威主義的統治と民主主義(あるいは伝統社会と近代社会)が交錯する領域とその変化を理論的に扱うことが可能となり，またそこでの宗教実践の位置づけも明らかになるだろう。

　以上のような視点による考察を進めるに際し，本書ではタイ仏教研究に特化する方向ではなく，ある程度の汎用性を持った理論化・モデル化を進めていきたい。また，国家が関わる宗教活動について具体的な実例や種々のデータを提示しその存在を明確に示すとともに，それらの活動を思考様式の点で背後から支えている宗教や仏教の概念の特殊性をも示していきたい。

4　本書の調査方法とその問題点

　本書が依拠する情報は，主として，現地におけるインタビューや観察，現地で収集した行政資料，インターネット上で収集した行政資料，その他研究文献の4つに区分できる。

　インタビューや観察においては，2005年に首都バンコク近郊の公立進学校における仏教教育の観察とインタビュー，2006年に行政機関でのインタビューや，地方の小学校における仏教教育の観察，2008年に仏教思想をも

とにした新たな学校教育・コミュニティ活動を展開している僧侶へのインタ
ビュー，2010 年に都市部と地方小学校でのインタビューや観察，教育省官
僚へのインタビューなどを行った。いずれも短期滞在のインタビューや観察
であった。

　現地で収集した行政資料，インターネット上で収集した行政資料は，2006
年から 2011 年にまで刊行・公開されたものを中心としている。ただし一部
に補足資料として，2015 年，2016 年にインターネット上から収集した情報
もある。

　したがって行政とその周辺関連の情報は，おおむね 2005 年から 2011 年の
間のものが基盤となっている。こういった限定された時代のデータを相対化
するために，その他の研究文献については，これより以前の時期の仏教教育
や宗教研究に関する文献を中心に収集した。

　以上のような調査方法から見えてくるように，本書の内容は，文化人類学
的なフィールドワークに基づく調査のように，特定の集落などの濃密な意味
世界を捉えたものではない。時間的に十分な調査時間を得られなかったとい
うこともあるが，村などと異なり，官僚の仕事場や学校教育の場に長期滞在
することはかなり難しいという条件もあった。加えて，仏教教育に関する具
体的な実践の場を見学したいと学校・教育省に申し出たところ，賓客をもて
なすため学校を挙げての歓迎会が設けられ，具体的な実践成果を提示する
ブースがいくつも並ぶ見本市や展示場のような場での見学となってしまった
こともある。こういった点からも，現場に入り込むことの難しさを感じ，む
しろ関連領域の文献の分析に比重を移していったという経緯がある。

　そのような事情から，本書は個別の事例についての掘り下げ方や情報が浅
いものとなっているといった短所を持っている。しかし逆に，広域社会・国
家レベルの知の連関を明らかにするという点では，様々な学問分野を横断し
た研究を試みた。

5 本書の構成

　以下，本書の構成をまとめておく。なお全体の構成は，理論的考察から事
例研究へ，事例についても大枠の提示から徐々に注目点を絞った事例研究へ
といった形になっている。

第1部「タイの政教関係」

　第1部(第1章から第3章)では，タイの政教関係に関する理論的考察を行っ
ている。

　第1章「タイ政教関係論の諸相」では，本書の専門的な議論を理解するた
めの基礎情報として，タイにおける仏教その他の宗教に関する概論的な解説
を行う。次いで，タイの政教関係論についての先行研究を幅広く取り上げ整
理をしている。ここでは，タイの政教関係，行政事業と仏教，道徳教育とし
ての仏教といった領域を，先行研究を整理するための基盤に据える。これに
より，タイの政教関係論についての先行研究を，5つの視点(国家とサンガの二
分法論，業をめぐる思想の二分法論，公民宗教(Civic Religion)論，ナショナリズム教育
論，統治の仏教道徳論)に分類し，それぞれの問題点を指摘するとともに，「統
治の仏教道徳論」の現代的転回が本書の主要テーマとなることが明らかにさ
れる。さらにこの議論を踏まえて，石井米雄による在家者・出家者の信仰実
践の二元論，国王・正法・サンガの相互関係論について，仏教の社会倫理思
想的立場からの疑問を呈した島薗進の議論を取り上げ，その妥当性を検証し
ている。

　第2章「国教・公認教論の問題点」では，政教関係に関する既存の一般的
な理論や概念をタイの政教関係に当てはめ，その妥当性を問うている。まず
は，考察の対象となるタイの政教関係における制度的な特色を，国家体制理
念としての「ラック・タイ」，憲法，宗教行政といった点から紹介し，議論
を展開するための基本的事項を概略する。次いで2007年にタイで問題と
なった，保守的仏教徒による仏教の国教明記運動を紹介し，タイにおける国

教という言葉の政治的ニュアンスを捉える。その上で，タイのように国家と
宗教の関係が比較的近い政教関係を捉える通文化的な概念として，「国教」，
「国家仏教」，「公認教(制)」，「協同型」政教関係といった既存の概念を取り
上げ，これらを吟味する。そしてこの4つの概念がいずれも，タイの政教関
係をうまく捉えられないことを指摘する。そして，タイのように国家が宗教
に積極的に介入している政教関係を扱えるような通文化的な概念が必要で
あることを論じている。

　第3章「二重の政教関係──国家と宗教，国王と宗教──」では，前章の
最後に課題として掲げた，タイのように国家が積極的に宗教に関わる政教関
係を捉えうるような概念，しかも通文化的に利用が可能な概念の形成を試み
る。その際にポイントとなるのは，政教関係について政治と宗教および国家
と宗教団体といった欧米の政教関係論の前提となる区分を自明視せずに，タ
イの現実に即した概念化を行うことである。本章ではそのような事象を捉え
る概念として，「公定宗教」制という用語を使ってみる。公定宗教制という
用語が対象とするのは，政教分離制とは異なり1つ以上の特定宗教を国家が
形成・選択して特別に支援・統制する制度であり，何らかの宗教実践(教化活
動，儀礼の実施，集団形成，その他の活動など)を国家主導で行っている制度であ
る。さらに，この公定宗教制を，公設型，公認型，公営型といった概念に
よって3つに分けて捉える。加えて公定宗教が生じた背景(国家主導の近代化，
行政資源の不足，治安維持，社会秩序の基盤となる公的なものとしての宗教の意味)を論
じる。またこの章では，この国家と宗教に関する公定宗教制に，国王と仏教
(宗教)の相補関係をも加えた二重の政教関係でタイの政教関係を捉える必要
があると論じる。なおこの国王と仏教の相互補完関係については，権威主義
的統治として抽象化し捉え直した議論を第10章で行っている。

第2部「タイの行政と宗教」

　続いて第2部(第4章と第5章)ではこのように概念化，モデル化されたタイ
の政教関係についての具体的な事例を提示する。タイでは行政活動の一環と
してどのような宗教活動が実施されているのか，その概要を捉える。

16

　まず第4章「宗教関連行政の広がり」では，タイの国家行政機関がどのような宗教関連事業を行っているのかについて，行政機関全般を対象に概要を把握している。行政機関の数が極めて多いため，そのすべてについて偏りなく，また細かな点にまで配慮した実態把握は困難であるが，可能な範囲で幅広いデータ収集を行った。これによって見えてきたことは，4つの独立機関（宮内庁(王宮事務室)，国家仏教庁(国家仏教事務所)，国王陛下御盛栄行事委員会，南部国境県行政に関わる諸機関)と5つの省(観光・スポーツ省，社会開発・人間安全保障省，文化省，教育省，保健省)において，宗教関連の事業が遂行されているということである。また，その内容から，現代タイ国家においては，宗教(仏教)を，超俗の教えや実践として強調するのではなく(もちろんその点を否定するわけではないが)，王室行事・観光・福祉・文化・教育・保健といった幅広い視点から位置づけていること，および通常業務の中に宗教活動(寄進，教えの応用的実践，瞑想活動)とも言えるものが含まれていることである。

　第5章「国家仏教庁および文化省宗務局の事業と予算配分」では，前章での概観を踏まえ，宗教行政を主たる業務としている国家仏教庁と文化省宗務局といった2つの省庁の活動に着目し，事業内容全体と予算配分の点から事業内容を確認する。これらの省庁の主たる活動として，王室関連行事や王室関連の宗教施設への支援，サンガなど宗教団体の教化活動への支援，さらに行政主導の教化活動(もしくは宗教・道徳・倫理運動)があることがわかる。これによりタイにおける公営型の公定宗教の活動内容も見えてくる。

第3部「タイの宗教教育」

　第3部(第6章から第10章)においては，タイの宗教教育について多角的に取り上げる。前半(第6章・第7章・第8章)は，第2部の議論を引き継ぎ，省庁や関連する外郭団体による宗教・道徳教育活動を取り上げる。そして後半(第9章・第10章)では，タイの公立学校で使用されている仏教教育科目の教科書の内容を中心に分析し，王制と仏教(宗教)の関係を含む権威主義的統治の体制と仏教教育のつながりについて論じている。

　まず第6章「教育省のプロジェクト——仏教式学校——」では，行政が宗

教活動(とりわけ道徳教育としての教理学習と実践活動)に携わる実例として，教育省・基礎教育委員会事務所・教育運営イノベーション開発事務室が2002年に開始した「仏教式学校プロジェクト」に着目し，その特色と形成の経緯について紹介している。このプロジェクトは，1999年に新たに制定された国家教育法による教育改革などの影響を受けたものであり，仏教原理に基づく学校運営や仏教の教えを基本に据えた教育実践を行うものである。この活動は，仏教の教えを学ぶ知育重視の教育活動ではなく，仏教的教えを応用して，学校・寺院・地域社会・家族のつながりをつくっていくホリスティックな教育実践となっている。またこのプロジェクト形成には，パユットー師など社会派の学僧(思想家的な僧侶)やマハーニカーイ派の仏教大学関係者，ならびに改革派仏教の知識人などとつながりのある仏教系私立学校の影響があったことを指摘している。

　次の第7章「外郭団体の宗教教育活動——善徳プロジェクト——」では，外郭団体による道徳教育・社会活動の事例として「善徳プロジェクト」を取り上げる。この団体は2006年から活動を開始し，教育省などから人的・財政的支援を得ている。活動内容は，学生が身近な社会問題の解決活動などの善行を通じて，人々とのつながりをつくり，皆で成長していくというものである。第6章で取り上げた仏教式学校プロジェクトと活動内容が似ているのは，その中心的人物が両活動で重なるからである。ただし善徳プロジェクトの場合は，学生の善行計画を国王崇敬と結びつけ，さらに全国コンテストを設けた競争形式にしている点が特徴と言える。またこの善徳プロジェクトと前章の仏教式学校プロジェクトについて，本章ではソーシャル・キャピタルの形成といった点からの考察を加えた。認知的側面からのソーシャル・キャピタルの形成という点について，既存の社会秩序意識とその背後にある伝統的価値観の活用，それらを具体的な社会関係につなげる特殊な用語の創出を指摘し，実際のつながりや人間関係の形成という点については，学校への注目，国王崇敬との連動，問題解決を通じた集団化といった革新的な試みがあることを指摘している。なお，このソーシャル・キャピタル形成に見られる，政治的側面については，第10章で取り上げている。

18

　続く第8章「文化省宗務局のプロジェクト──道徳教育僧侶の学校派遣──」では，文化省宗務局による「道徳教育僧侶の学校派遣プロジェクト」を取り上げる。この活動は2003年から実質的に開始されたもので，主として公立学校の「宗教・社会道徳・倫理」の授業に，教員として僧侶を派遣するプロジェクトとなっているが，在家者向けの仏教教理国家試験の学習や，学校課外授業の道徳訓育キャンプ，刑務所内における仏教学習教室にも派遣が行われている。このプロジェクトの設立目的として，青少年のモラル低下問題を解決し秩序ある社会をつくるために，仏教に基づいた個々人への道徳教育が必要であり，それには僧侶が最も適任なのだという見解が宗務局の報告書等に記されている。しかし，1958年に始まった日曜仏教学校(現在，日曜仏教教育センター)などでも，青少年のモラルの低下を改善するための仏教道徳教育が導入され注目を浴びており，こういった政府の提示する目的や危機意識は，いつの時代でも見られる典型的な言説であることが見えてくる。そこで本章ではプロジェクトに関わるキーパーソンの考えや活動に注目し，プロジェクト形成の実質的な要因を捉えようと試みた。特に，仏教大学の運営に一定の影響力を持っていたパユットー師の論文に注目し，サンガの再生産と社会的役割の模索といった点から，プロジェクトの意味を読み解いている。また，第6章・第7章・第8章で取り上げた諸活動の背後に，サンガの高僧や都市の中上流向け私立学校の教員のネットワークが見えてくることを指摘する。

　第9章と第10章は仏教教育の教科書を中心に，公教育の現場で宗教とりわけ仏教の何がどう教えられ，それが近年の国王崇敬とどのように関わっているのかについて考察する。

　第9章「宗教科目教育制度と仏教の教科書」では，まずタイの教育制度，公教育における宗教教育の概要を紹介する。次に，近代初頭から1980年代初頭までの仏教(道徳)の教科書と，2001年基礎教育カリキュラム版の仏教の教科書の内容を紹介し，両者の異同を確認する。前者の内容を分析したスワンナー・ウォンワイサヤワンは，タイの仏教教科書では，仏教の普遍性とタイ仏教ナショナリズムが両立し，仏教を王制・社会改革・合理性の視点から

説明し，仏教徳目を用いた道徳教育がなされ，仏教をタイ文化やタイの指導者たちと関連づけて学ぶようになっていると指摘している。この傾向は，現在にも引き継がれている。このように仏教を，悟り・涅槃あるいは良き来世のための功徳積みといったものではなく，王制やタイ文化と一体化した仏教，合理性や普遍性を強調した仏教，社会を形成する土台しての仏教として形づくることによって，宗教としての仏教が近代の公教育の中で教える対象となっていることを明らかにする。なお，後者の教科書では，国王や王族に関する記述が増えている点が特徴的であり，この点は次章での分析にも関わる。

　第10章「権威主義的統治と仏教教育」では，ハイパー・ロイヤリズム（超勤王主義）とも呼ばれる近年の国王崇敬状況を主題に取り上げ，権威主義的統治とそこにおける国王イメージの変遷を，近年の教科書の記述や道徳教育活動なども踏まえて考察する（ただし，本書校正中に国王ラーマ9世が崩御され，10世が即位した。したがってここでの考察はもっぱらラーマ9世に限定されたものとなっている）。まず本章では，王の神聖性をめぐる理論を概観し，王の一般的な定義の困難な点を指摘する。この難点を逃れつつも理論的に王制を捉える方法として，H・アーレントによる暴政・僭主制，権威主義，自由主義，全体主義の統治様式モデルを用い，特にその権威主義論をベースにして王制の構造を捉える。その後，近現代タイにおける王制の変容過程を概観し，近年のハイパー・ロイヤリズム現象を，1970年代以降に顕著となった仏教道徳教育における国王・王族崇敬教育との関連の観点から分析する。特に近年，国王の道徳モデルが，国民に手を差し伸べる慈悲深い王とそれに感謝する国民という様式から，国民がその規範や行動を内面化し，恩返しとして社会活動を行うといった様式に微細に変化している点に着目する。またこの点をタイの王制民主主義とそれへの批判的言説と関連づけて考察する。

第4部「タイの宗教研究」

　第4部（第11章から第13章）では，公教育においてなぜ仏教の教育が可能となるのか，どのような認識的領域の形成過程を経ることでそのような制度がつくられてきたのかを，第9章で論じた教科書論とは別の視点，つまり近現

代タイにおける，宗教概念の特質とそこにおける仏教の位置づけといった点から考察している。

　第11章「タイにおける宗教研究と「宗教」」では，近代以降のタイの研究・教育機関において，宗教学・宗教研究がどのように制度化されていったのか，その歴史の概要を捉える。本章では，タイの宗教学・宗教研究の制度化は，まず1850年代から1930年代までの王室を基盤とした宗教研究の黎明期として始まることを示す。これは，キリスト教のミッショナリーの布教や植民地化の危機に際し，比較宗教的思考で仏教を擁護し，タイや王室の文化的アイデンティティを守ることと関わっていた。その後，第二次世界大戦後の1940年代中頃より，僧侶向けの仏教大学において宗教学・宗教研究の制度化が行われる萌芽期を迎える。次いで1950年代から1960年代前半に，一般国立大学の人文系学部・学科において宗教学関連科目が設置され，さらに1960年代後半から1970年代にかけて，国立大学において社会科学系の学問と接合した宗教科が設置され，そして1980年代以降，イスラームやキリスト教を研究の中心に据えた大学や学部・学科が設立されていくといった，脱仏教化・グローバル化・学際化の時期へと展開している。本章では，このような歴史的流れを，各大学の学部・学科のカリキュラムなども参照しながら明らかにする。またこの制度化の歴史において，欧米の宗教学研究があまり参照されずにきたことにも着目する。この点は次の章の議論にもつながるものである。

　第12章「宗教概念とタイの比較宗教」では，先の章で明らかにした制度史過程の当初，「宗教」（英語のreligion，タイ語のサーサナー(sasana)）という用語は，欧米の宗教学理論や宗教の定義などをほとんど参照せず，むしろキリスト教との比較を中心とした独特な「比較宗教」論の中で意味づけされてきた。本章ではタイにおけるサーサナーが，西洋的なreligionとは異なるものとされ，また人間や社会を発展させる普遍的な価値のある存在として捉えられ，護教論的な独自の意味づけがなされてきたことを論じる。次いで，タイで欧米的な「宗教学」が展開しなかったことの意味の政治性を論じている。タイ社会において，宗教は個々人の思想信条の自由と結びつく私的なものという

よりも，文明の礎としての道徳，普遍性と民族性の両方を兼ね備えた公的な精神的文明と見なされ，そのような宗教観が憲法における国王と宗教に関する規定にも組み込まれているのではないかといった仮説を提示する。

　さらに第13章「タイ人研究者による政教関係論」では，現代のタイ人研究者・知識人による政教関係論を題材に，比較的リベラルなタイの宗教研究者や知識人が，厳格な政教分離や信教の自由に基づく政教分離を強調しないのはなぜなのかといったことを問うている。リベラルなタイの宗教研究者や知識人の政教関係論の傾向を見てわかることは，僧侶・サンガが社会秩序の維持・形成に関わる大きな力を持つといった点，そして非自律的なサンガを国家から解放し自律性を持たせるべきだという点，そしてその際に仏教的な理念を持った市民によって公設の全国組織をそのまま残しつつ民営化・自律化させようという，一種のナショナリズムを帯びたこだわりがある点で，彼らが意見を共有しているといったことである。また政教関係の分離ラインについては，僧侶の政治参加への反対，開発政策などの国政にサンガが協力することへの反対といった点で，国家とサンガを分離しようとする面が見られるが，教育行政などそれ以外の国家による仏教・サンガ利用をほとんど問題視していないといった傾向も見られる。つまりタイ人研究者・知識人の政教関係論の前提となる認識の枠組みが，タイ社会・為政者がつくり上げてきた公的な宗教概念，普遍的かつナショナルな仏教の概念を共有しており，それゆえに，厳格な政教分離・信教の自由といった議論が展開しにくくなっていると考えられる。この点は，タイのリベラルな宗教研究者や知識人が意図せぬ形でタイの政教関係の維持に力を貸しているとも言える。しかし他方で，同じ思考様式の中から新たな変革の可能性を求めているとも言えるだろう。

1）部派分裂後の一部の派を，歴史的に小乗と呼ぶことはあるが，現存する上座仏教はその派との歴史的連続性があるとまでは言えない。
2）他には上座仏教を重視しつつも精霊信仰やバラモン信仰などが共存する習合信仰の状態をどのように理解するのかといったテーマも重視されてきた。この点は特に，村落部での民衆の仏教実践に関する文化人類学的研究へとつながり，タイ上座仏教研究の中でも大きな研究領域を形成してきた。

3) この問いは裏を返せば，日本は明治以来，なぜ政教分離を強く気にしてきたのかという問いにもなるだろう。

4) B・R・アンダーソンは，タイでは直接的な植民地化が起こらなかったため，ポスト植民地的な整った欧文資料や研究視点に欠け，さらに研究者が現地ナショナリズムの主張や認識のあり方を擁護しがちで，タイのユニークさを称賛する研究も見られると批判している。何が本当にユニークなのかを知るには比較が必要とも述べている。

5) サンガ組織は一極集中型から，民主的な権力分散型になったとはされている［石井 1975：195-234］。しかし，そのような体制になるよう国家がサンガに強制した（国家によるサンガ統治法の中身を変えた）のであって，国家によるサンガ管理がなくなったわけでもないし，サンガが国家から離れた私的な宗教集団になったわけでもない。その意味では，政教関係の構造には，なんら変化が見られない。

6) 民族的政治共同体という訳語は，村嶋英治の論文に依拠している［村嶋 1987］。

7) もっとも，チャーチ概念についてトレルチは，ルター派やカルヴァン派など古い時代のプロテスタントにも当てはまると述べているし［トレルチ 1981：258］，ベッカーはこれにイギリス国教会を加えているので，チャーチは一種の理念型である。加えてトレルチは，近代のカトリックが中世モデルから離れていったことも指摘している。

第1部　タイの政教関係

第1章　タイ政教関係論の諸相

1　はじめに

　本章の課題は，タイの政教関係論の先行研究を概観し，本書が対象とする
行政の関わる仏教や，道徳教育としての仏教が，研究史の中でどのように位
置づけられるのかを考察することにある。ただし，実際には，タイの政教関
係論の多くは，行政関連の仏教や仏教道徳教育を，直接的な研究対象として
取り上げていない。したがって，本章では，なぜこの事象が取り上げられて
こなかったのか，そこにはどのような視点の相違があったのか，逆にこの事
象を取り上げた議論はどのような立場からなされたものだったのか，という
一連の問いを視野に入れつつ，議論を進めてみたい。この作業を通じて，本
書の立場や，対象とする領域を明確にしていきたい。

　なお，先行研究についての議論を始める前に，まずは，タイにおける仏教
その他の宗教について，簡単な紹介を行っておきたい。タイ研究の専門家に
は，まさに釈迦に説法ではあろうが，専門外の方には，本書の議論や先行研
究が，どのような背景から生まれてきているのかを理解するための基礎知識
となるだろう。ただし，この概説は，既存の研究に基づくものなので，既存
研究と異なるアプローチをとっている本書が取り上げる対象に対してあまり
言及していない点には，あらかじめご注意願いたい。

2　タイの宗教概説

2-1　タイの多様な宗教

　東南アジアの大陸部に位置するタイは，歴史的には主としてインド文化の影響を色濃く受けてきたが，南部地域はイスラームの影響が強い。また，古くからの華人移民の影響もあり，中国系文化も散見される。実際の生活においては，多様な宗教が混在する状態にある。例えば，参拝者の多い都市部の寺院などでは，釈迦牟尼仏を本尊として安置する本堂とは別に，境内の端々や周辺に観音像やヒンドゥー神の祠が設けられていることもある。またこれらの伝統宗教とは別に諸精霊を祀る慣習もあり，自宅敷地内などに土地神などが祀られていることもある[1]。

　とはいえ，一方で，仏教など特定の宗教伝統が，社会生活の中で重視されている点を見落とすことはできない。統計そのものが偏ったものの見方を構成する面もあるので注意を払う必要はあるが，2011年のタイ国家による統計では，総人口6407万人のうち，94.6%が仏教徒であり，4.6%がイスラーム教徒，0.7%がキリスト教徒とされている[Samnakgan Sathiti haeng Chat 2555：1]。ただし，仏教徒といっても，上座仏教徒のみを意味するわけではなく，華人系の大乗仏教徒などもごく少数であるがここに含まれていると思われる。逆にここには含まれないような，諸宗教団体(例えば華人系の宗教団体や日系の新宗教団体など)の信徒数[竹沢 1995]は，統計には表れず，例えば仏教徒としてカウントされている。

2-2　タイ上座仏教の歴史的展開

　タイの主要な宗教と言える上座仏教，とりわけその宗派としての出家者集団がいつどこで形成されたのかは定かではない。ブッダの入滅後約100年後に，サンガ(僧団)が上座部と大衆部に分かれる根本分裂が生じたと仏教史書に記されており，さらにそこから約20の部派に分かれたと言われている。

しかし，現存の上座仏教サンガといずれかの部派を歴史的につなぐような確固たる証拠はない。

　一般に上座仏教としてのルーツは，紀元前3世紀頃のアソーカ(サンスクリット語でアショーカ)王時代に行われたとされる，マヒンダ長老一行によるスリランカへの仏教伝道に求められることが多い。その後，紀元前後から東南アジアの領域に，大乗仏教を含む諸派の仏教，ないしはそれらの断片的な要素，そしてヒンドゥー教などがインド文化全体と渾然となり伝わっていった。現在のタイにあたる地域にも，6世紀頃から上座仏教の要素が伝わってはいたようである。

　その後13世紀半ばにタイ族初の独立国であるスコータイ王国が形成され，14世紀中頃にはスリランカから僧侶を招き上座仏教の導入に力を注ぎ，上座仏教を重視する体制が徐々に整えられていった。その背景には，12世紀半ばのスリランカにおいて，王権によるサンガ統治を制度化した上座仏教王権の基本様式ができあがり，これが1つの統治モデルとなって広まっていったためと思われる。

　ただし，タイの王朝は単に上座仏教を重視しただけではなく，15世紀にスコータイ王国を吸収したアユッタヤー朝では，隣国クメール帝国のヒンドゥー教文化も取り入れ，国王を神とするような思想や儀礼も組み込まれるようになった。現在でも国王の名称に「ラーマ」が用いられることは，その名残と言えよう。

　このようなヒンドゥー教的要素をも取り込んだ上座仏教王権による統治が，大きな変化を迎えるのが19世紀であった。19世紀後半にはタイの隣国ミャンマーがイギリスの植民地となり，ベトナムもフランスの植民地となった。タイはイギリスやフランスとの闘い・交渉の中で領地を失いつつも，独立をかろうじて維持できた。そのような西洋列強との交渉の中，王国の近代化が必要であると認識した為政者たちは，西洋的な学問の導入のみならず，伝統的な仏教思想の中の非科学的要素，コスモロジカルな要素などを排斥しつつ，またパーリ三蔵の伝統を復古するような仏教改革も進めていった。その改革の基盤をつくったのが，王位に就く前に長年にわたり寺院で修行をしていた

モンクット親王(後の国王ラーマ4世。在位：1851-68)である。親王は自ら新派の
タンマユット派を設立し，教学の刷新を行った。その伝統は，ラーマ5世
チュラーロンコーン王(在位：1868-1910)の時代にも引き継がれ，1902年には
全国の寺院・僧侶を組織化するサンガ統治法の制定と教学の刷新・画一化へ
と展開していった。

　ただし，こういった教学の画一化に抗するような動きも一部には見られる。
例えば，出家者・在家者を問わず，苦滅と悟りを目指すこと，仏法を社会的
実践と結びつけることなどを説いたプッタタート(Phuttathat)比丘(1906-93)に
よる仏法解釈などがあげられる。

　また1960年代からの軍事政権による開発独裁の時代には，一方で国家統
治に国王の権威を活用する傾向が強まり，他方で仏教大学の僧侶などを地方
村落部や山地民の村などに派遣し，仏教布教と地域開発指導・反共活動など
を行わせるといったサンガの国家政策・福祉活動への利用も見られた。そし
て1970年代には，周辺国の社会主義化の影響もあり農民運動などとつなが
りを持った左派の政治僧が現れ，これに対抗して王制・反共を主張する右派
政治僧なども現れた。

　加えて1970年代半ばからは，都市部を中心に広まる新たな仏教の団体が
現れた。例えばプッタタート比丘の思想に影響を受け，タイ国サンガを痛烈
に批判し，1970年代に独自の僧侶団体を設立したサンティ・アソークや，
独自の瞑想実践と近代的な組織運営の魅力で人々をひきつけ，後に寄進など
に関する教団運営の手法や正統教学との異同が社会問題化したタンマガーイ
寺などの集団である[矢野 2006]。また，地方村落においても新たな活動が見
られた。精神性を重視した住民参加型の開発を支援し，知識人やNGOなど
とも連携して活動を展開した開発僧の出現である。

2-3　上座仏教の教えと実践

　上座仏教の教えはパーリ聖典に基づくものである。仏法僧の三宝が帰依の
対象とされており，ブッダや教えのみならず，僧侶も尊敬されている。上座
仏教の基本的な思想を極めて概略的に述べれば，四聖諦[2]や十二支縁起に基

づく自己や世界の理解の仕方を，八正道[3]や三学[4]に即して実践・体得し，
自己へのとらわれを乗り越え，苦や輪廻的存在を超克した状態である涅槃に
達することを究極の目標とする教えと言えよう。もっともブッダの教えは8
万4000の法門と呼ばれるほど多様な形で説かれており，その中には，在家
者向けの教え(例えばシンガーラ経など)など日常社会での道徳的な実践の教え
も含まれる。

　このような教えを専門的に学び修行に専念する者たちは，日常社会から離
れて出家者として寺院で過ごす。そのような修行者は，「比丘」(成年で227の
律を持する正式の僧侶)と「沙弥」(未成年で十戒を持する見習僧)といった男性出家
者と，「比丘尼」(成年で311の律を持する正式の僧侶)と「沙弥尼」(未成年で十戒を
持する見習僧)および「式叉摩那」(六戒を持し2年間の事前修行を行う者)といった
女性出家者に分かれる。ただし，現在の上座仏教では女性僧侶の伝統は途絶
えてしまい，比丘尼・沙弥尼・式叉摩那は原則として認められていない。そ
の代わり非公式の女性出家者として，在家の八戒を持する剃髪の出家修行者
(タイではメーチーと呼ばれる)や，剃髪しないで一時的に寺院で修行を行う者
(タイ語でチープラーム)などがいる。また，近年では，一度途絶えた比丘尼の
伝統を復興する運動が展開されており，ごく少数であるがタイにも比丘尼と
称される修行者がいるが，タイ国サンガはこれを承認はしていない。

　このような出家者を経済的に支え，出家者から教えを乞う者が一般の在家
信者である。仏教用語では在家の男性信徒を優婆塞(タイ語でウバーソク)，女
性信徒を優婆夷(タイ語でウバーシカー)と呼ぶ。在家信徒の修行は出家者より
格段に緩やかであり，日々の善行実践，サンガへの寄進，祭礼の準備や参加，
説法の拝聴などである。より熱心な者は，仏祭日に五戒[5]や八戒[6]を持し，
瞑想修行などをする。なお，戒は個人の心身を清める実践ではあるが，それ
は良い社会関係を築くための基本的実践でもある。

　在家者が行う一連の善行は，功徳(タイ語でブン)を積むことになると理解さ
れている。逆に悪行は悪徳(タイ語でバープ)を積むことになり，そのような実
践による潜在化された良き(悪しき)心身の態勢が，将来や来世の自身のあり
方に影響すると考えられている。またそのような功徳は(場合によっては悪徳

も），死者や生者に儀礼を通じて伝えられ共有されるものとも信じられている。なお死後世界や輪廻転生に関しては，人によって信じ方は多様であり，文字通り信じている者もいれば，心理作用として比喩的に解する者もいる。

　上座仏教では，出家者と在家者は明確に区分され，その生活実践も異なるが，両者の間には緊密な交流が見られる。その理由の1つとして，出家者は在家者からの食物などの寄進によって生活が支えられている点がある。またタイでは，在家者が出家者になることや，出家者から在家者に還俗することが比較的簡単に行われるからでもある。とりわけタイの伝統社会では，男性の一時出家を，基礎学習と精神的な成長の機会と見なしていた。現在でも，3カ月ほどの一時出家を行う伝統や，死者供養として7日間から1カ月ほど出家を行うこともある。出家することは，両親とりわけ母親の功徳となり，子供の恩返しの機会とも見なされている。

2-4　タイのイスラームとキリスト教

　次にタイのイスラームとキリスト教について概説を行うが，本書ではこれらの宗教はそれほど頻繁に言及されないので，必要な程度の紹介を行うにとどめておきたい。

　タイにおけるムスリムとの交流史はすでにアユッタヤー時代から始まっている。国際都市のアユッタヤーには，ペルシャなど中東からのムスリム移住者，クメールから移住してきたチャム人ムスリムなどがいた。また17世紀前半にはアユッタヤー王国の財務・外務大臣となったペルシャ人ムスリムもいた。さらに現在のタイ南部パッターニー県を中心に存在したイスラーム王国のパッターニー王国は，アユッタヤー王国に服属していたが，何度も両者間で紛争が生じている。タイの現王朝であるラッタナコーシン朝においても，19世紀末から20世紀初めに「反乱」の鎮圧が行われ，捕虜の一部はバンコクなどに移送された。タイ南部は，1940年代にも自治要求運動が展開され，その後には過激派による分離独立運動も生じている［中澤 1994，横山 1994］。また2004年以降再び治安が悪化している。

　タイのムスリムの約75％は，マレーシアに近い南部に集住している。マ

レー系言語を母語とする南部の東海岸側のムスリムと，タイの南部方言を話
す西海岸側のムスリムに分けられ，特に前者の居住する地域において分離運
動や暴力事件が多発している。その他のムスリムとしては，先述の歴史的経
緯から，アユッタヤーやバンコクなどタイの中部に居住する多様な出自のム
スリムと，タイ北部のチェンマイやチェンラーイに住む，中国やミャンマー
あるいはバングラデシュやパキスタンから移住してきたムスリムがいる[西
井 2009]。

　なおタイ政府は，1945年に「イスラームの擁護に関する勅令」を制定し
(1997年に「イスラーム組織行政法」に改正)，個々のムスリムを特定のモスクに
所属させ，全国のモスクを一元的な組織にまとめあげている。ただし，こう
いった官製の組織とは別に，ムスリムたちはインフォーマルなつながりの中
で，イスラームの実践を行っている[石井 1977]。

　一方，タイのキリスト教は，1555年のポルトガル人神父のアユッタヤー
来航に始まる。17世紀にはフランス人による布教も開始されている。ただ
し当時の布教は，タイ(シャム)人やラオ人に対してではなく，ポルトガル系
住民やベトナム系，華人系の住民を主たる対象としていた。プロテスタント
による布教は19世紀になってからで，主としてタイ北部および西部に住む
非仏教徒の山地民を対象とするものであった[速水 2009]。

　現在，タイ国カトリック教会とプロテスタント4派(タイ国キリスト教会，タ
イ国クリスチャン連合，南部バプテスト教会，タイ国セブンスデーアドベンティスト教
会)を合わせた5大教会組織が制定され，これらの教会が政府に公認されて
いる[西本 2009：533]。

3　タイ政教関係論の視点

　以上述べたタイの宗教に関する概要を踏まえ，次に，タイの政教関係論の
先行研究を整理する。その際に，先に述べたように，本書が対象とする行政
の関わる仏教や，道徳教育としての仏教の位置づけを考慮しながら，先行研
究の特質を明らかにしたい。この作業から以下のような5つの議論が見えて

くる。まず行政関連の仏教や道徳教育に着目しない研究においては，国家と
サンガの二分法で政教関係を捉える議論と，業をめぐる思想の二分法に政教
関係を当てはめる議論の2つがある。次いで行政関連の仏教や道徳教育など
にも着目している研究においては，体制全体を大まかに捉えるにとどまる議
論，ナショナリズム教育の議論，統治の仏教道徳論といった3つの議論があ
る。

　本書はこれら5つの議論の問題点を克服する形での再構成を試みている。
以下，この5つの議論を簡単に紹介し，本書の立場を明確にしていきたい。

3-1　世俗の国家と聖なる宗教団体(サンガ)

　タイ政教関係に関する先行研究の内容は多岐にわたるが，いずれも何らか
の形で仏教が国家規模の社会秩序を構成するその原理や制度のあり方を論じ
ている。その中で最もポピュラーなのが，「国家」と「サンガ」の関係に関
する議論である。その歴史的背景を詳細に論じた論考は数多い。例えばワイ
アットの実証的な歴史研究[Wyatt 1969]は，植民地化の危機に直面していた
19世紀末から20世紀初頭のタイにおいて，独立維持のために行われた政治
変革や近代化政策の過程，とりわけ近代化に対応する官・民の人材育成の基
本をなす教育制度の変革・創設過程を詳細に捉え，全国的国民教育のために
仏教サンガを動員する経緯，全国の僧と寺院を統合し組織化するサンガ統治
法が1902年に制定される点を捉えている。

　政教関係をより直接的に議論の対象としている研究としては，序章でも取
り上げた石井[石井 1975]や，後述のタンバイア[Tambiah 1976, 1984]などによ
る研究があげられる。また，サンガ改革に大きな影響を与えたタンマユット
派の形成についての研究も多く，代表的なものとして例えばレイノルズの歴
史的研究[Reynolds 1973]や山田均の研究[山田 1989]などがある。また本書の
第13章で取り上げるタイ人によるタイ政教関係論でも，国家とサンガの関
係を論じているものが大半を占めている。

　このような国家とサンガの関係が政治的な問題としてクローズアップされ
たのは，1960年代以降のサリット政権以後，地方や少数民族の在住地への

布教活動と開発および反共活動を進める政府プロジェクト（タンマチャーリックやタンマトゥート）（第3章を参照）が展開されてからと言えよう。この点について文化人類学者のカイズは，以下のように述べている。

　タンマチャーリックやタンマトゥート事業のような政治目的で仏教を利用することは，サンガ自体にとって不幸な結果を招きかねない。タイ近代史においては，サンガは宗教領域において活動の自由を相当程度保持してきた。その自由は，政府によるサンガ統制によっても，あるいは国家が支援する記念行事に僧侶がたびたび関わることによっても，危機にさらされなかった。20世紀の大半の期間において，政教関係の暗黙の了解となってきたことは，仏教を国家の世俗目的達成のために操作されるような機構とするべきだという考えではなく，タイ人のほとんどが仏教徒であるため，仏教は世俗活動に聖なる雰囲気を与えうるというものであった。仏教が国家政策の道具と化してしまえば，サンガ成員の活動の自由も，宗教的領域においてさえ，かなり限定されてしまいかねないと思われる。[Keyes 1971：566]

　カイズの議論は，サンガの思想の自由や，国家によるサンガ利用の規模や強制性など，いずれも大きく見積もりすぎかと思えるのだが，タンマチャーリックやタンマトゥートに関する批判的意見は，J・A・ニールス・ムルダー[Niels Mulder 1973]や，タイ人の宗教社会学者であるソンブーン[Somboon 1993：127]など，他の研究者によっても提示されている。
　ただし，これらの議論は，国家とサンガ（ないしは，サンガの説く仏教の教え）といった二項対立で政教関係を捉えている。そのため，タンマチャーリックやタンマトゥートというプロジェクトを支えてきた為政者たちの宗教観や，それに思想的基礎を与えた僧侶や思想家についての議論が十分になされていない。
　ニールス・ムルダーはこの点について，政府や高僧あるいは仏教思想家の中でも意見対立があることを指摘している[Niels Mulder 1973：13-15, 24]。例

えば，「バンコクの指導的な長老僧たちの中には，僧侶がより積極的に社会福祉活動に関わることに関心を抱いている者もいる。彼らはサンガの社会福祉政策は政府のそれよりも先んじていたと主張している」[Niels Mulder 1973：13]と述べ，さらに，「タイの政府高官の中でも，地域開発政策における僧侶の役割に関しては，意見が割れており，宗務局は国家によるサンガ自治の侵害が増すことを恐れている」[Niels Mulder 1973：14]と指摘している。つまり，世俗政治の強制力で一元的に僧侶の開発政策協力が遂行されたわけではなく，開発政策そのものも世俗原理でのみ動いていたわけではない。そこには，一部の為政者や高僧などの独自の仏教解釈の実践といった面も見られるのである。

　ただしこういった事象は，「世俗の国家」と「聖なる宗教団体(サンガ)」といった二分法の視点の中では，あまり研究の対象とはされてこなかった。もちろん国家とサンガの関係は，タイ政教関係において，極めて重要な要素を持つ。しかし，政教関係を，「世俗の国家」と「聖なる宗教団体(サンガ)」といった区分で考えてしまうと，大きな見落としも起きかねない。以下に述べる，先行研究の第2の議論には，その問題が色濃く現れている。

3-2　業の論理・社会階層原理の仏教，合理的思想・民主主義の仏教

　先行研究に見られる第2の議論の特徴は，伝統的な仏教思想は，王室を頂点とする階層的な社会構造を正当化し，19世紀末に生まれた仏教思想の合理的解釈を重視する改革派仏教の系譜は，民主主義社会を支える原理となる，といった二分法的な見解にある。

　例えば，カイズは，1989年の論文において，19世紀末のモンクット親王(後のラーマ4世)たちによる仏教思想の改革が，その後の体制変革や1970年代の様々な仏教思想・集団の発生のきっかけとなったと解釈し，次のように述べている。

　　これまでの仏教神話や儀礼実践に対して，モンクット王〔ラーマ4世──矢野註〕とワチラヤーン親王やその他の「近代仏教徒」が用いた懐疑的な立

場は，宗教伝統に疑問を呈しただけでなく，権力が依拠していた前提にも疑いのまなざしを向けた。もし個々人の救済というものが，仏法(ダンマ)の学習と実践を行う個々人の責任によるものだとするならば，各個人は権力者の行為を，それらの人々が過去になした功徳(ブン)と盛徳(バーラミー)がもたらす地位によって正統化されるものとしてではなく，彼らの仏法理解に基づいて判断するだろう。近代仏教徒の世界観に埋め込まれたこの革命的な可能性は，チュラーロンコーン王時代に西洋諸国に留学し，立憲君主と民主主義の理論を学んだタイ人たちにとっては説得力を持った。

[Keyes 1989 : 132]

　つまり，モンクット親王らの仏教改革の思想的内実は，過去の行いで現在が決まる(将来を良くするには儀礼やサンガへの布施が必要)という業とそれを支える神話的世界観から，現在の行いによって将来の人生や世界を変革するといった解釈への移行だったと，カイズは考えている。そして，このような思想の変化は政治体制の変革などに影響したのであり，またその変革の源となったのは，保守的とされる王室や仏教自体であったのだというわけである[Keyes 1989]。

　しかしカイズのこのような二分法的思想は，現実を十分に説明できていない。つまり，政治体制の変革を導くような仏教思想が啓蒙されたにもかかわらず，なぜ王の権威や地位が現在でも維持されているのかを説明できないのである。実際には本書で後に述べるように，王の権威や地位は，過去世の行いではなく，今日の行いに関する合理化された仏教道徳で正統化されるようになったのだ。そしてそれが公立学校などで教えられる仏教道徳の1つの基盤をなしているのである。そもそもモンクット親王やサンガの長ともなったワチラヤーン親王は，単に改革派のタンマユット派を創設・発展させた僧侶というにとどまらず，言うまでもなく王族・為政者でもあった。つまりそこでは国家とサンガの単純な区分は適用できない。そして彼らの改革思想は，そのまま体制内化されてきたのである。僧侶による宗教思想と国家の関係を二重の二分法(僧侶の教えを在家者が学ぶという二分法，その教えを業思想と合理思想

に区分し別々の社会秩序に当てはめる二分法)で区分けしたカイズの発想は，これ
らの二分法の狭間で起きている事象を適切に捉えきれていないように思える。

　また，1970年代からの都市新中間層の台頭と彼らが支持した新たな仏教
思想・運動と民主主義との関連を考察した，ジャクソンの議論[Jackson 1989]
にも同様の問題点が見られる。ジャクソンは，既存権力集団(王族・貴族・軍
官僚・文人高級官僚・華人系大企業家)と中間層(専門家・中小企業家・軍や文人の下級
官僚)との間に権力闘争があり，これに合わせて仏教による政治的正統性の
獲得も競合し多様化していると論じている。ジャクソンは以下のように述べ
ている。

　　タイの既存権力集団によって支持され特に強調されてきた仏教の解釈と
　は，伝統的な王制的な様式の宗教であり，歴史的に絶対王制の制度を正統
　化してきたものであった。この宗教様式は，「業」の思想を特に強調して
　いる。「業」は本来，倫理的ないしは心理学的な原理としての意味合いを
　持ち，そこでは個々人の過去の道徳的ないしは非道徳的な行為が，その人
　の現在の幸不幸の状態に関わってくるというものであった。しかしながら
　この心理学的原理は，後に社会学的理論に展開し，過去の道徳性ゆえに社
　会秩序の上位者はその地位が正統化され，過去世の非道徳性ゆえに，現在
　苦境にある社会的な地位の低さを説明する原理となったのである。[Jack-
　son 1989：40-41]

さらにジャクソンは，このような仏教の解釈に対抗するような，中間層の
仏教解釈と民主主義のつながりを強調する。

　　中間層の知識人たちは，西洋合理主義だけを受け入れたのではない。彼
　らは科学的経験主義に基づき，王制仏教における形而上学的な階層化社会
　という考えを，経験的に妥当ではないとして破棄するのである。[Jackson
　1989：48]

　民主主義や「人民」の参加に基づく政治的参加は、中間層のオルタナ
ティブなイデオロギーにおける揺るがぬ基盤をなしている。［Jackson
1989：54］

　既存エリートが動員する象徴や理論に対するような、オルタナティブな
象徴的ないしは理論的体系を中間層が生み出すためには、仏教教理の解釈
というものが重要な役割を果たすのである。仏教だけがオルタナティブな
社会政治構造の観念的な基礎を形成しうる「土着の」タイ的理論体系なの
である。［Jackson 1989：54］

　ジャクソンが述べているように、仏教が社会政治構造の観念的基礎を形成
しうる、タイ的な理論体系の１つであるということについては、筆者も同意
するし、その点を具体的に捉えるために本書は書かれている。しかし、問題
はそのような理論体系について、為政者側が用意してきたものを形而上学的
(コスモロジー的)思想にのみ限定している点であり、為政者側の思想的営みに
おける道徳的・合理的解釈の存在を見落としている点にある。そのため、業
とコスモロジー的思想の信憑性が揺らぎつつある現在においてさえも、中間
層中心の民主化が加速するわけではなく、国王を中心とする権威主義体制も
崩れていないのである。

3-3　体制論としての公民宗教論における非分析的傾向

　先に述べた２種の先行研究の傾向は、いずれも行政の仏教や道徳教育の中
の仏教についてほとんど触れることなく議論を展開し、そのため王を中心と
する権威主義体制が現在も続く理由をうまく説明できずにいた。
　他方、これから取り上げる３種の先行研究は、行政の仏教や道徳教育の中
の仏教について、何らかの形で研究対象に据えている。そのような研究の傾
向の中でまず取り上げたいのが、体制論としての公民宗教(Civic Religion)論
である。
　公民宗教という用語で、タイの政教関係を捉えることを試みたのは、レイ

ノルズであった。レイノルズは，1977年の論文の冒頭に次のような文章を
記している。

　　近年，多くの歴史学者や政治学者そして社会学者が，近代の国民共同体
　（national communities）の生活に関わる宗教的な理念・感情・象徴を研究す
　るための，より良い方法を模索している。つまり，一方に宗教集団と宗教，
　他方に国家と政治という形で明確に二分し，その両者の相互関係を分析す
　るような旧式の方法では，もはや十分とは言えないということは，ますま
　す明らかになってきている。しかしながら，この問題に対して広く受け入
　れられるような別の見方は現れていない。
　　このような新たなアプローチを生み出す試みとして最も興味深いのが，
　「市民宗教（Civil　Religion）」の概念の展開ではないだろうか。［Reynolds
　1977：267］

レイノルズは，タイの政教関係を捉えるヒントとして，ベラーらの市民宗
教論に着目したのだが，タイの状況に合わせて，公民宗教（Civic Religion）と
いう用語を使用したいと述べている。

　　しかしながら，筆者が行ったタイの調査は，いくつかの重要な点でベ
　ラーやコールマンの展開した議論とは異なる解釈に到達する。したがって，
　以下本稿で筆者は，この宗教的表現の形式を「市民（civil）」宗教ではなく，
　「公民（civic）」宗教と呼ぶこととする。［Reynolds 1977：268］

その上で，レイノルズは，タイの公民宗教の特質を明らかにするため，ア
メリカの市民宗教との比較を展開する。その内容をまとめるとおおむね次の
4点となる。タイの「公民宗教」は，1）前近代と近代の連続性がある，2）
多様な宗教的要素を組み込んでいる，3）象徴と行為のレベルだけではなく，
多様な集団の特質やその相互関連という面もある，4）タイ的な考えを表し
ている。

　また，このような特質を帯びたタイの公民宗教は，その内容も歴史的に変化してきており，伝統的には仏教・バラモン教・地域宗教と王権に関する象徴・行為（寺建設・結集・『三界経』[7] の説法・バラモン的神王儀礼）と制度によって形成されていたが，近代化の過程でコスモロジー的要素は弱まり，歴史（タイの歴史や英雄王の歴史）と道徳（国民へのラック・タイ教育，学校や警察での道徳実践教育）が強調され，1932 年の革命後にはネーションと憲法が，公民宗教の構成要素として重視されたと，論じている[Reynolds 1977：281-282]。

　同種の議論は，東南アジアの仏教についての概説書を刊行した D・K・スウェラーにも見られる。スウェラーは，「ラーマ 6 世は，「民族（nation）」「宗教」と「王制」が競合してタイのアイデンティティを形成する公民宗教を促進した」と述べている[Swearer 2010：120]。つまりスウェラーは，民族・宗教・国王といった「ラック・タイ」を基盤とする国家イデオロギーを，タイの公民宗教と呼んでいるのである。

　ただし，D・マッカーゴは，このような議論はタイの公民宗教が宗教的寛容さによってつくられているといった間違ったイメージを撒き散らしていると批判している[8]。

　　公民宗教とアイデンティティと，民族国家主義的な宗教とアイデンティティとの区別をあいまいにする試みは，極めてごまかし的な企てである。
　[McCargo 2009：12-13]

　　カイズとスウェラーは，タイの宗教に関してロマンチックな見方をとっている。タイ仏教の諸団体が多様性への寛容さを持たず，他の宗教を明白な警戒心を持って見ていることについて，数多くの証拠があるにもかかわらず，カイズとスウェラーは，この点をあまり取り上げていない。
　[McCargo 2009：13]

　なお，具体的にマッカーゴが問題視しているのは，今日のタイ南部のテロ事件などをきっかけに，イスラームを敵視するような非寛容な思想が仏教徒

に広まっている点である[McCargo 2009]。

　以上のような体制論としての公民宗教論は，筆者の問題関心や研究領域において重なる点が多い。しかし，いずれの議論も非常に漠然とした対象を，直観的・全体的に捉えるために，「公民宗教(Civic Religion)」という用語を使用していると言えよう。つまり，タイの「公民宗教」とは，ラック・タイ(民族的政治共同体・宗教・国王が国の基盤という考え)，国家とサンガの相互関係，王制民主主義といった制度領域全体がつくる体制を「宗教」として捉えようとしているものである。

　そのため，この領域の広さを「公民宗教」という言葉で包括して議論を展開すると，詳細な資料に基づかない大雑把な議論へと流れる恐れがあるだろう。したがって，より分析的にこの事象を捉える研究方法や概念が必要になると考えられる。また「公民宗教」のように研究者の宗教概念枠を一方的に押しつけるような宗教論の展開ではなく，宗教という一般的用語を当事者がどのような意味合いを込め，何のために使用してきたのか，具体的な仏教やイスラームの伝統はどのような枠取りと配置がなされてきたのかなど，当事者の認識枠組みを踏まえた上での，概念化や全体化が必要となろう。

3-4　ナショナリズム教育論と宗教研究からの捉え直し

　次に取り上げるタイ政教関係論の議論は，公民宗教の問題関心を，より限定的に公教育の現場から捉えるというものである。その多くは，言うまでもなく，教育学の分野で展開されてきた。村落の実態把握を基本に据えた文化人類学的なタイ宗教研究や，近代社会と宗教の関係を論じている宗教社会学も，学校という生活空間や，そこで実践されている仏教というものに，あまり着目してこなかったようであり，この領域では教育学の研究蓄積が突出している。

　そのような宗教教育論の中で，本書でも取り上げる重要な研究の1つが，野津隆志による研究である。野津はタイ東北部の村の小学校における仏教や道徳の授業・行事などを中心に調査し，そこで行われる仏教教育・王室崇敬教育が国民文化の形成にどのように影響しているのかを民族誌として描いて

いる。例えば，野津は学校における身体訓練を通じての仏教信仰の獲得という面に注目し次のように述べている。

　　例えば〈学校〉はコミュニティ内部に存在する三主体〔学校・寺院・家族のこと──矢野註〕の中でも最も新しい仏教伝達主体であるが，いまや〈家族〉や〈寺院〉以上に強力な伝達主体となっている。3節で見たように，学校では教科書内容に仏教が盛り込まれるだけでなく，日々の日常活動の経文唱和や瞑想，さらに学校行事など〈学校〉は仏教信仰の身体訓練装置として十全な機能を果たしているといえる。［野津 2005：161］

さらには，儀礼実践を通じた村落仏教と学校仏教のつながり，メディア情報と学校の国民教育との関係など，国民文化形成の構造についても論じている。

　　仏教行事は，一方で教育行政の指導の下に実施される国家仏教普及政策という側面を持っている。しかし，また一方で地域社会の慣行という側面も持っており，むしろ地域の祭りを学校が追従し，共に祝っていると表現した方が実態に即しているともいえる。村民にも子どもにも主観的には両者は異質なものとして捉えられてはいない。［野津 2005：158］

　　……〈情報通信メディア〉〈経済システム〉は，2節で述べたように子どもの仏教信仰の形成に関してはほとんど影響を与えていないように見える。マスコミが取り上げる仏教番組を親も子どももほとんど視聴していない。……経済システムは理論的には家庭内文化や価値に影響を与え，伝統的信仰慣行のあり方を変化させるが，少なくとも調査地の小学生に対しては影響をあたえていないようである。このことは逆に言えば，子どもの仏教信仰形成には，マクロなレベルでは文教政策と伝統文化システムの二大主体が大きく関与しているということを示唆している。［野津 2005：159］

　つまり，野津の議論は，学校，メディア，経済，村といった位相の異なる空間の重なりから，先の公民宗教を分析的に捉える試みの1つと位置づけられよう。また，学校での道徳教育としての仏教を「学校仏教」という用語で明確化した点は，本書で対象としている行政の宗教実践とその思想や為政者の統治道徳論といった領域に，筆者が注目するための1つのきっかけとなった。

　このような野津による民族誌は，視点や情報として重要ではあるが，それは政府の意向が最終的にどのように伝わっているのかといった末端の現場の様相に関するものであり（もちろん村落生活の民族誌なのでそこが重点になるのは当然である），国家の意向がどのようなものであるのかといった点は別の次元の問題と言える。野津の著作でももちろん，教科書の一部についての分析や政府からの通達などを用いて国家の意向について論じているが，宗教教育・道徳教育に関する国家の教育政策の全体像やカリキュラムの変遷などについては，他の研究者がより専門的に研究を進めている。

　例えば，タイの教育発展の歴史と国民統合の関係について，ナショナリズム教育，少数民族文化への対応，現代の教育改革のあり方など多面的かつ総合的な研究を行った村田翼夫は，タイにおける道徳教育・仏教教育の歴史や，日曜仏教教育センターなど仏教大学と行政との連携による事業なども論じている［村田 2007］。加えて，森下稔[9]によるタイの宗教教育のカリキュラム内容の変遷に関する研究［森下 2003］や，平田利文によるタイの仏教教育への言及も含む市民性教育の研究［平田 2007］なども行われており，これらの先行研究からは，国家の側がどのような理念で仏教教育を行おうとしているのか，その変遷が見えてくる。これらの情報や視点は，本書で筆者が議論を展開する際の基礎ともなっている。

　しかし，ここで述べてきた教育学研究はあくまでもタイの近代教育という視点から対象を捉え議論している。そこで選定され，解釈され，実践されている仏教がいかなるタイプの仏教なのかについての議論は，あまり見受けられない。言うまでもなくそれは，教育学者による研究の欠点ではない。むしろ宗教研究がそれを問うてこなかったことの問題である。したがって，教育

学研究が対象に据えてきた領域を，宗教研究から捉え返し，宗教研究によってこそ見えてくる領域に接続していく必要があると言えよう。つまり，国家の側の仏教思想について，どのような人々がこれを形づくってきたのか，その背後にある宗教思想・運動・制度はいかなるものなのか，そのような仏教道徳をタイ上座仏教の中でどのように位置づけるべきなのか，それはどのようなタイプの仏教・宗教・政教分離・信教の自由の観念と関わるものなのか，そしてそのような宗教観念と制度がどのような近代タイの社会秩序観念や体制を形づくる要素となっているのかといった，一連の問いに取り組むことが必要なのである。

　近年，地域社会や生活の場における国家の影響，あるいは宗教への国家介入を踏まえた文化人類学・社会学的研究などもなされており[Durrenberger 1996, George and Willford 2005, Barbalet, Possamai and Turner 2011]，この点は今後，研究の必要な領域になるのではないかと思われる。

3-5　統治の仏教道徳論

　タイの政教関係論についての5つ目の議論は，先に取り上げた教育学からのアプローチなどとも一部重なる。しかし，その重点は教育研究にではなく，宗教研究に置かれている。これらの研究では，断片的ではあるが，仏教が社会秩序の形成に関わる思想であり，とりわけ為政者における統治の仏教道徳論とも言える社会思想として展開してきたことが見えてくる。

　まずそのような点について理論的考察を行った文化人類学者のタンバイアの研究を取り上げる。タンバイアは1976年の著作 *World Conqueror and World Renouncer* の前半において，「(1921年に)リス・デーヴィズが「創世記」と呼んだアッガンニャ経[10] は，仏教における世界や社会そして王権の起源を記している」[Tambiah 1976：9]とし，インド古代法のダルマ・シャーストラ文献やアルタ・シャーストラ文献とも比較しつつ，アッガンニャ経に見られる創世神話を，現在のタイにおける仏教的な政体の原点として位置づけようとする。この神話では王権の由来が民衆の合意による社会契約論的な出来事として描かれており，その王が社会の秩序化を成し遂げ，秩序ある社

会環境が整った段階で比丘が現れ阿羅漢となり，人々が仏の教えに帰依する
といった物語になっている。タンバイアはこの点を次のように述べている。

　　国王は社会秩序と社会の無秩序を媒介する者であり，比丘は在家と出家，
　世間のしがらみとそこから解き放たれた自由な境地をつなぐ存在である。
　国王は社会の根源であり，比丘はその社会とそこからの超越の源泉となる。
　[Tambiah 1976：15]

　さらにタンバイアは，このような考えがアショーカ(パーリ語読みでアソーカ，
サンスクリット語でアショーカ)王統治の道徳的基盤となったとし，アショーカ
王の法(ダルマ)について次のような解釈を提示する。

　　世俗生活を放棄した僧侶の生き方や涅槃への救済を目指すことを基準に
　アショーカ王の法(ダルマ)を評価すること，ならびにアショーカ王がその
　ようなことを望んでいたとするのは完全な間違いである。この点を正しく
　捉えるためには，社会政治的な道徳の具現化を目指すのがアショーカ王型
　の王権であり，王は法(ダルマ)の秩序の執行者・擁護者であり，その一連
　の秩序の中において，より特殊な世俗放棄者の探求を位置づけることがで
　きるということ，つまり広範囲にわたって道徳性を帯び繁栄した社会が存
　在する場合にのみ，世俗放棄者が聖なる役割を果たすことが可能なのだと
　いったこと，こういった一連の観念の広がりを前提とすることが必要なの
　である[11]。[Tambiah 1976：60]

　またこのアショーカ王型の道徳的統治は，さらにスリランカ・ミャン
マー・タイの国王の統治の仏教道徳として展開してきたとし，タイでは『三
界経』やスコータイ碑文に記された「十王法」などを事例として取り上げて
いる[Tambiah 1976：96]。つまりタンバイアは，初期仏教から現在の上座仏
教まで，仏教は個人的なものではなく，社会道徳的な意味合いを持つ思想で
あるとしているのである。

　ただし，タンバイアが統治の道徳実践として取り上げるタイの歴史的事例
はそれほど多くはなく，後半部分の現代タイ仏教論においてはほとんどこの
道徳実践の議論はなされていない。その代わりタイの伝統国家の統治につい
ての銀河系的政体(galactic polity)論[12]，19 世紀末からの近代化による中央集
権的な放射的政体(radial polity)への変質(第 3 章を参照)，タイ国サンガの形成，
僧侶の社会的上昇ルートとして機能するサンガ組織，国家とサンガの組織的
な関係などが緻密に捉えられている。
　タンバイアが十分に論じていないタイの仏教史における統治の仏教道徳に
ついては，タイ人研究者のスパーパン・ナ・バーンチャーンによる研究に関
連する事例がいくつも見られる。スパーパンは，1992 年(仏暦 2535 年)の著作
において，タイ人が社会の基盤としてきた仏教の教えのあり方について，ス
コータイ時代以前から革命前までを，タイ語の史資料に依拠して考察してい
る[Suphaphan 2535]。本書の視点から述べれば，スパーパンの研究は，記さ
れている情報の豊富さに注目すべきである。また戒もしくは規律や道徳の教
えが各時代で重視されていたことを，ある意味当然のように記している点も
重要である。
　例えば，次のような事例などが記されている。

　　トンブリー朝とラッタナコーシン朝の初期においては，かつてのタイ社
　会のように仏法が復興した時期であった。ラーマ 1 世の時代には，「戒」，
　つまり俗人の規律とサンガの律が重視された。ラーマ 2 世時代には「定」
　が重視されて都に瞑想所が数多く設置された。ラーマ 3 世時代には，タン
　マユット派の影響など「慧」の面が重視された。[Suphaphan 2535：kho]

　　ラーマ 6 世の時代に，公務員の資質と基本的振る舞い 10 カ条が示され
　た。能力，勤勉，正直，洞察力，忠誠などである。ラーマ 5 世と 6 世によ
　る公務員向けの新たな仏法実践項目の基本を見てみると，近代化以前から
　の官吏の義務としての仏法実践項目にあったものだとわかる。違いは，項
　目の選択と強調点，社会の変化に合わせた応用といった点にすぎない。

［Suphaphan 2535：245-246］

　ここで取り上げた事例は，王の道徳的実践の事例ではなく，俗人や公務員・官吏の規律や職業上の道徳的実践の事例である。しかし，タンバイアの議論でも取り上げられている14世紀半ばに記された『三界経』なども，（即位前で皇太子であった）リタイ王が著した俗人向けの仏教世界観と道徳的実践の教導書だと位置づければ（そしてこれがパーリ聖典をしのぐほどの影響力をもって民衆の間に広まったことを考えれば），こういった伝統がタイ国家の初期から連綿と続いていることを想定できるのではないだろうか。統治の仏教道徳，社会秩序をつくる道徳実践としての仏教は，王だけの実践徳目ではなく，為政者一般，公務員・官吏，一般人へと広まっていったものと想定できよう。

　この延長線上に，公立学校での仏教道徳教育が位置づけられると言えよう。スワンナー・ウォンワイサヤワンは，1986年（仏暦2529年）の著作において，そのような統治者の道徳的イメージとともに，統治理念の教育が，公立学校の仏教道徳教育で行われていること，タイ国家が仏教をどのように解釈して広めようとしているかについて論じている［Suwanna 2529］。具体的には，僧侶・在家の仏法学習教科書のカリキュラムを制定したワチラヤーン親王の著作，良き人としての国民を育成しようとする公立学校（中学・高校）の道徳科目のカリキュラム，ベストセラーとなったリアンピブーン著『カルマの掟』といった3つの題材から，この問題を論じている。スワンナーの立脚点は教育学ではなく仏教思想の宗教研究といったものであり，国家が教科書を通じて仏教の教えをどのように取捨選択し，特有の解釈を行っているのかを批判的に論じている。この点についてスワンナーは，以下のように端的に述べている。

　　タイ社会の仏法は，苦とは何か，苦から脱する方法は何かといったことを説く教説だけではなく，国の倫理の基盤をなす極めて重要な役割を有している。後者の役割において，仏法は国家権力の正統性を説明する根拠と化す。［Suwanna 2529：5］

　このようなスワンナーの研究視点は，本書の研究視点にも大きな影響を与えている。また，スワンナーによる公立学校（中学・高校）の道徳科目のカリキュラムの詳細は，本書の第 9 章で取り上げている。ただし，スワンナーの研究は基本的には教科書研究に限定されており，統治の仏教道徳思想の伝統や行政における多様な仏教実践の実情などは取り上げられていない。

　なお宗教論を主軸とした歴史学・文化人類学・思想研究以外にも，統治の仏教道徳論に若干だが触れている研究がある。その 1 つは，村嶋英治による政治学研究である。村嶋は 1987 年の論文において，ラック・タイ（民族的政治共同体・宗教・国王のタイ的原理）の原型が，19 世紀末にすでに形成されていたとし，その過程を丹念に論じている［村嶋 1987］。その中で，20 世紀初頭の国王や王族が，国王権力について，先述のアッガンニャ経に由来しその後タイの伝統法である『三印法典』にも記された，民による社会契約論的な仏教的選立国王論を用いて正統化していることが[13]，以下のように指摘されている（以下，ラーマ 6 世（在位：1910-25）の言葉）。

　　外部的脅威に対する司令官であれ内部の平和のための判定者であれ，この役には通常は共同体の長老で経験豊かなものが選ばれる。この人に共同体全成員の主権が託されるのである。歴史を下るにしたがって，共同体の終身リーダーを選ぶ慣習が制度化し，このリーダーは王と呼ばれるようになった。王は共同体の主権を託され共同体の利益と幸福のためにこれを行使する。故に国王を尊敬するということは共同体の主権に敬意を表することを意味する。共同体の成員は共にこの権力を所有しておりこれを国王に託したわけであるから，国王を侮辱することは自分自身の力を侮辱することになり，最終的には自分自らを侮辱することとなるのである。［村嶋 1987：128］

　さらに，東南アジアの伝統法研究の視点からの，統治の仏教道徳論の考察も見られる。例えば，ミャンマー上座仏教の研究を行っている奥平龍二は，

アッガンニャ経の創世神話などを一部用いた序文を持つパーリ語伝統法のダンマサッタンをモン人が編纂し，それがミャンマー，タイ，ラオス，カンボジアなどに伝わっていったことを指摘している［奥平 1998］。この伝統法(実際には様々なヴァージョンからなる諸文献)は，その法源に正法(ダンマ)を据え，倫理性をも帯びた法となっているが，その対象は僧侶ではなく在家者となっている。加えて，このような正法による統治を行うことで，王の支配の正統性は保持され，社会の秩序も維持された。つまり奥平は，上座仏教圏における伝統法と正法の関係を論じているのである。

　この指摘は妥当であり，筆者が論じてきた統治の仏教道徳論も，本来は法的要素を加味して統治の仏教的法律・道徳論とすべきであろう。ただし，筆者が取り上げてきた論者の議論では，伝統法の展開過程よりも道徳領域が重視されており，また近代化の過程で伝統法が西洋的な近代法に変化していくことにより，統治の仏教的法律・道徳論は，実質的に統治の仏教道徳論となっていった点も考慮すべきである。前近代についての考察を行うためには奥平の指摘する法的側面が欠かせないことを理解した上で，近現代タイの政教関係を問う本書では，道徳論に重点を置いて議論を進めていくこととしたい。

　以上のように，一部の研究においては，統治という政治的行為に関する仏教的な道徳思想とその実践が注目されている。それは国王などの為政者が身につけるべき徳性というにとどまらず，一般の人々にも教化され，実践を促される道徳であり，国家レベルの広域な共同体の社会秩序のあり方を根底から支える思想や法や実践でもある。今日においてそれは，タイの行政レベルで実践されている仏教，とりわけ教育行政における道徳教育の中に組み込まれている。

　この領域に注目している研究は必ずしも多いとは言えない。その1つの理由は，やはり先述のように，国家とサンガの関係が真っ先に政教関係論として着目されてきたことがあるだろう。確かにこれはタイ社会の理解には欠かせない重要な点ではある。しかしそれは政教関係全般の問題ではない。国家とサンガの関係を政教関係の典型と考えてしまう背後には，タイ仏教徒に

とって重要な認識枠である在家者と出家者といった区分を，近代の欧米的な
政教関係観念の影響を受けた国家と宗教団体という区分に安易に重ねてしま
うことに原因があるように思われる。在家者は信仰者の１区分であり，非宗
教的な意味での世俗とは異なるのである。また，国家による道徳教育は，
(研究者が建て前的[14] なものであると考えたゆえなのか，理由は不明だが)民衆の仏教
世界を捉える研究においてはあまり重要でないと，思い込んでいたからでは
ないだろうか。

　逆に統治の仏教道徳に直接着目している数少ない研究に，タイ人の研究者
によるものがやや多い点は興味深い。根拠の薄い推論にすぎないが，タイ社
会では，統治の仏教道徳とはごく当たり前の事象であるので，あまりプロブ
レマティックな事象としては注目されないが(もしくは王制批判を避けるために慎
重になって)，ところどころで言及されているということなのかもしれない。
もっともこの事象に関するタンバイアの思想研究・文化人類学的な研究が
あったことも忘れてはならない。ただし，タンバイアは総合性の文化人類学
を目指していたからという経緯もあるが，他方で，彼自身が上座仏教の盛ん
なスリランカ出身であり(ただしヒンドゥー教徒の多いタミル系出身である)[池上
1988：355]，それゆえに上座仏教の社会思想の系譜に敏感であった可能性も
考えられる。その他には，政治学・教育学などのタイの近代制度そのものに
注目する研究でも統治の仏教道徳が取り上げられているが，これは事実関係
を取り上げる際にこの事象に触れざるをえなくなるということであろうか。

　ただし統治の仏教道徳に注目するいずれの研究も，「公民宗教」論や教育
学からのナショナリズム研究などに見られたような，体制の価値を支える制
度全体の布置連関を踏まえたものにはなっていない。またいずれの議論も，
タイの政教関係をタイ特有のものと捉える傾向があり，他の国々との比較可
能性や共通性に着目するような，理論的提言が見られない点も問題であろう。
アメリカの「市民宗教(Civil Religion)」論との比較が意識されていた「公民
宗教(Civic Religion)」論でさえ，アメリカとタイは違うのだという点が，強
調されて終わる議論展開になっている。タイ研究の成果をタイの理解にだけ
とどめなくてはいけないという理由はない。むしろ他の領域にもつなげてい

くような試みが必要であろう。本書では，このような問題点を少しでも乗り越えていけるような試みを行いたい。

4　石井米雄のタイ政教関係論に見る統治の仏教道徳の位置づけ

　さて，ここまでタイ政教関係の先行研究を振り返ってきたが，石井米雄の『上座部仏教の政治社会学』について，あまり触れてこなかった。これには意図的な理由がある。それは，石井のこの著作の中で，統治の仏教道徳に触れていながらも，それを重視せず，国王(国家)とサンガの二分法的関係に議論を絞ってしまうといった問題があり，それが石井の仏教論に対して別の論者から投げかけられた問いとも関連しているからである。またここで投げかけられた問題は，本書が議論してきた点を別の角度から論じたものとも言える。以下，この点についてやや詳しく解説しながら論を進めてみたい。

4-1　石井米雄の「国王」「正法」「サンガ」論

　石井のこの著作は，タイ上座仏教における国王・国家の基本構造とその歴史的変遷，近代におけるサンガの形成と教理学習制度の整備過程，仏教とナショナリズム，千年王国的な運動など多岐にわたる議論が詳細になされており，日本でのタイ政教関係を語る際の古典的重要性を帯びたものと言えよう。とりわけ，国王とサンガと正法の関係についての見取図は，タイ仏教(の政教関係)を紹介する際に，多くの論者によって言及されてきた。

　石井は，国王とサンガと正法について次のように述べている。ここは重要な点なので，少し長めの引用をしておこう。

　　前節において，国王はサンガの擁護を通して，正法の維持に貢献することを考察したが，これまでの検討の結果からすでに明らかなように，「正法」とは，国王による支配の正統性原理をなすものである。いま「国王は，法によって統治を行うことにより，かれの支配を正当化する」という本節

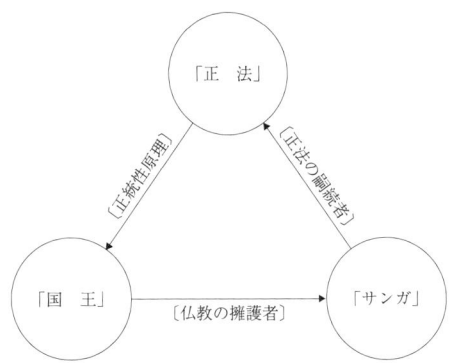

図1　仏教国における伝統的な国家と宗教
の基本構造を示す概念図

出所）石井 1975：81。

　の命題を，掲げた図式に「代入」するならば，「国王」，「正法」，「サンガ」
の三者を結ぶ関係は，図10〔本書の図1──矢野註〕のようにまとめて図示す
ることができるであろう。この図は，いわゆる仏教国における伝統的な国
家と宗教の基本構造を示す概念図である。
　「ダンマ」は国王支配の正統性原理をなし，「ダンマによる」国王の支配
は正統性を与えられて，人民の臣服を得る。一方，「ダンマ」自体は清浄
な「サンガ」によって嗣続されるべきものであるから，「ダンマ」の存在
は，「サンガ」の清浄性によって確保される。そして「サンガ」の清浄性
は，正しく持戒する出家者たちによって実現される。
　在家者は，持戒する出家者の日常的生活を支持する任務を自己に課す。
歴史的には，「仏教の至高の擁護者」である国王によって与えられる援助
が，サンガを形成する出家者を，日々のなりわいのわずらわしさから解放
して，超俗的修行者の生活形態の存続を許す基礎的条件をつくった。
　国王がサンガを支え，サンガは正法を嗣続し，正法は国王による支配の
正統性原理として機能する。このような構造を備えた国家を，「仏教国家
Buddhist State, muang Phutthasāsanā」と規定するならば，タイは，
「仏教国家」の一典型を示すものと考えられる。〔石井 1975：81-82〕

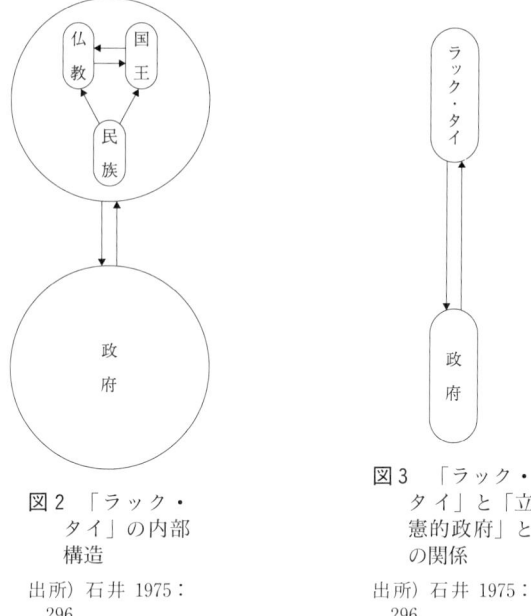

図2 「ラック・
タイ」の内部
構造

出所）石井 1975：
296。

図3 「ラック・
タイ」と「立
憲的政府」と
の関係

出所）石井 1975：
296。

〔本書の図2，図3について──矢野註〕

　かつて国王が仏教の擁護者としてその支配を正当化したことにならって言えば，サリット〔1960年代開発独裁時代の首相──矢野註〕は，「国王を仏教の擁護者たらしめる秩序の擁護者」つまり「ラック・タイ」の擁護者であることの中に，支配の正統性原理を見出したと言うことができよう。〔石井 1975：296〕

4-2　島薗進による石井のタイ仏教論批判

　このような石井のタイ仏教論に対し，宗教学者の島薗進は，仏教の社会倫理思想という観点に着目し，2つの疑問を呈している〔島薗 2013〕。1つは，タイの上座仏教において，出家者の実践と在家者の実践は全く異なる目的をもって区分され，共通基盤などないと言えるのかという問いであり，もう1つは「正法」こそが出家者と在家者の実践をつなぐ基盤であって，サンガが

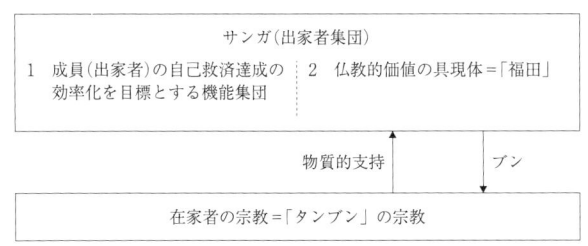

図4　共生の構造

出所）石井 1991：130。

もたらすのは正法による秩序なのではないのかといった問いである。

　この問いをもう少し具体的に述べてみよう。島薗はまず，石井のもう1つ
の著書『タイ仏教入門』[石井 1991]に見られる，タイ上座仏教における在家
者と出家者の関係図(共生の構造)(図4)とその説明について，次のような疑問
を呈している。

　　石井は「上座部仏教は，二重構造をもつ宗教である」という。「それは，
　まったく異なった原理にもとづく，ふたつの宗教の複合によって成立す
　る」。[島薗 2013：48]

　　出家者は現世を否定し現世を超えた存在や境位を見つめている。他方，
　在家者は現世での幸福にこそ主要な関心がある。だが，在家者は出家者に
　尽くし従うことによってこそ，現世的価値を得られると信じている。そこ
　には矛盾があるように見える。[島薗 2013：49]

　　そもそも出家者は在家者にとって尊いことをするために出家するのであ
　る。それは「自利」の事柄だけではない。つまり，私的な事柄だけではな
　い。とすれば，出家の目的ははじめから社会的な次元，とりわけ社会的な
　暴力に関わる次元を含んでいることにならないだろうか。出家はそもそも
　その動機や目的のうちに社会倫理に関わる側面を含んでいるのではないか。
　　出家者も在家者も社会のモラルを高め，よき政治が行われ，暴力が放逐

され，平和な社会が到来することを望んでいる。その点では，出家者の仏教と在家者の仏教に共通基盤がある。異なる目的をもった2つの構成要素の「共生の構造」という説明では，この共通基盤が抜け落ちてくる。〔島薗 2013：49-50〕

　島薗のこの疑問をまとめれば，上座仏教は（あるいは仏教そのものは），出家者と在家者の異なる信仰実践が相補性・共生といった形で単に組み合わされたものではなく，そこに在家者であれ出家者であれ人々に問いかける何らかの共通のメッセージがあるのではないかということであろう。そして共通基盤となるものが，非暴力・平和な社会の形成への努力ということではないのか，出家者はその模範であるから在家者から敬意を持たれるのではないのか，といった仮説を立てている。
　そして島薗は，この仮説を石井のもう1つの議論である「国王」「正法」「サンガ」論に当てはめて次のような解釈を展開している。

　　だが，石井米雄の『上座部仏教の政治社会学』の「サンガと国家」の関係についての説明を見ると，やや異なった像が浮かんでくる。……
　　この図〔本書の図1──矢野註〕を見ると，サンガが俗世界にもたらすものは，「功徳」というよりも「正法（しょうぼう）」による秩序である。それはサンガが目指すものであり，また国王をはじめとする在家者が求めるものでもある。国王はサンガを経済的，政治的，軍事的に支えつつ実は「正法」の守護者たらんとし，そのことで権威を高める。つまり支配の「正統性原理」を得ることができる。サンガは「正法」を「嗣続」し具現している存在だからだ。そういう建て前の下で僧侶は戒律に則った僧院での修行生活を行うのだ。ここで「正法」（saddharma）という概念がたいへん大きな意義をもってくる。〔島薗 2013：50-51〕

　つまりここで石井の仏教論に対し，出家者と在家者の実践をつなぐ共通のメッセージは「正法」であり，サンガがもたらすのは，功徳よりも正法によ

る秩序であり，正法とは，サンガも国王も一般の在家者も，皆が求める平和な社会の秩序をもたらすものなのであるといった，読み込みがなされている。

　このような島薗による議論は，どの程度妥当だと言えるだろうか。また，なぜ石井の議論に矛盾があるように見えるのか。そもそもどのような前提から，石井と島薗のタイ仏教の見方に相違が出ることになったのか。次にこれらの疑問点について，石井の議論を確認しながら，答えてみたい。

4-3　石井のタイ仏教論に見られる思考の枠組み

　まず確認しておきたいのは，「国王がサンガを支え，サンガは正法を嗣続し，正法は国王による支配の正統性原理として機能する」[石井 1975：81]と石井が述べている箇所の，「支配の正統性原理」という用語とその使い方である。この文章では，正法は，支配に正統性を与えるものではなく，支配の正統性原理であるとされている。つまり，支配が正統であるかどうかは，支配という行為のあり方次第なのであり，その支配のあり方の是非を判断する原理が正法であるといった意味である。したがって，正法があっても（あるいは，正法があるがゆえに），国王の支配が正統化されない可能性もあるのである。

　では正法の原理によって正統化されうる支配的行為とはどのようなものなのか。石井はこの点について，少なくとも，正統化されうる，あるべき支配的行為を 2 つ提示している。1 つは，サンガを支えることである。石井の上述の文章にも「国王がサンガを支え」と記されているように，石井は国王のあるべき支配的行為としては，この点を重視したと言えよう。

　このように，正法が正統化しうる国王の支配的行為を，サンガを支えること，つまり，サンガに経済的支援を与え，サンガの不和を取り除き，サンガが清浄な集団となるよう配慮する（介入する）という意味に捉えるならば，実は，先に示した島薗による石井仏教論批判（上座仏教の教えを，在家者による功徳信仰と出家者による涅槃への修行といった信仰目的の違いに二分してよいのか，むしろ在家者も出家者も非暴力・平和といった社会的な秩序をもたらす正法を重視しており，サンガがもたらすのは功徳ではなく正法なのではないか，そしてその点で，先の二分法的な見方は妥当性を欠くのではないかといった批判）は，部分的に該当しないことになる。

なぜなら，国王による（正法による）支配的行為のサンガ支援（正統な支配的行為）を，功徳信仰として捉えるならば，功徳論と正法論は矛盾しなくなるからである。つまり涅槃を目指すサンガを支えることが，王をも含む在家者の功徳になるからである。そして，王であれ一般民衆であれ，これまでなした善行による功徳が大きくなれば，いずれ（生まれ変わって），僧侶として出家し涅槃に近づくことになるといった，伝統的な仏教理解に収まるのである。その意味で，石井の功徳論と正法論は整合的であり，二層的ではあるが，信仰実践は同じ目的に向かう共通性を持っているのである。ただし，島薗が指摘しているように，この理解には，出家者と在家者の実践の共通基盤としての社会倫理というものが欠如している。

　ところが，ここで欠如している社会倫理や道徳的な社会秩序理念について，石井は気がついていないのではなく，きちんと取り上げているのである（が，なぜかこの点は十分に論が展開されなかった）。これが，正統化されうる国王のあるべき支配的行為についての，もう1つの点，つまり十王法や五戒などによる道徳的統治・社会秩序を支える仏法実践である。タイの古代法『三印法典』冒頭にあり，アッガンニャ経の創世神話からの影響もあると見られる「プラ・タマサート」に触れつつ，石井は以下のように述べている。

　　さて，マノーサーン仙は，「プラ・タマサート」のなかで，マハーソムティラートに向かい，次のような王者の心得を説いている。すなわち，王者たる者は，「十種の王法 Rāchatham（＝Rājadharma）」を具足し，五戒を持し，仏日には八斎戒を守らなければならない。また，生きとし生けるもののすべてに対して慈悲の心を持ち，つねに「プラ・タマサート」の学習を怠らず，また，王に対する奉仕・非奉仕の正邪を判断し，行ない正しき者を励まし，正義に適う手段によって王室を富ましめ，王室の繁栄をはかるという「四法」を実践しなければならない。

　　さて，ここに言うところの「十種の王法」とは，王者の備えるべき十種の特質を指し，ジャータカには，しばしば，「王法」を具備した王が，「法をもって統治を行なう」という表現が現われる。［石井 1975：81-82］

　このような行為規範を守る国王は，理想の王者であり，「正法者dhmmarāja」として，自らの支配を正当化することができるが，もし国王が「法」によらない統治を行ない，タイ語でいうところのāthamma（＜adharma），すなわち「非法」におちいるならば，彼の支配は，その正統性を失い，逆に支配の拒否が，正統性を獲得するに至る。トンブリ朝のタークシン王(1767–1782)は，晩年，精神錯乱に陥り，理由なく臣下を罰するなどの「非法」を行なったが，「王朝年代記」は，この「非法王」を処刑しようとする臣下の行為を正当化してつぎのように述べている。[石井1975：80]

　ここで例示されている国王のあるべき統治行為は，サンガ支援に限られるものではない。これは，タンバイアが先に示していたような，仏教(上座仏教)に初期の頃から内在し，アショーカ王によって開花し，東南アジアの仏教王権思想に引き継がれていった，社会秩序志向の思想，統治者の仏教道徳ではないだろうか。
　しかし残念なことに，石井は仏教のこの側面についてさらなる議論を展開せず，国王のあるべき支配的行為とし，前者の方，つまり「国王がサンガを支える」という側面を重視して，国王・正法・サンガの三者関係を捉えてしまったのである。つまり国王のあるべき支配的行為として，後者に着目したならば，島薗が石井の正法論に読み込んだ社会倫理論は，妥当性があると言えよう。ただし，その社会倫理としての正法は，タイの歴史的・社会的文脈においては，統治者側の倫理・法となり，現在でも国民道徳教育の理念的基盤になっているのである。その点への注意は必要であろう。

5　ま　と　め

　以上，本章ではまず，タイにおける仏教その他の宗教について，現状と歴史についての簡単な紹介を行い，次いでそこで述べられている事象にも関連

づけながら，タイの政教関係論の先行研究を整理した。先行研究については，本書で取り上げる行政の関わる仏教や，道徳教育としての仏教といった領域への対応を1つの軸としながら，先行研究の議論を5つに分類し，その問題点を指摘してみた。

　これらの先行研究には，行政関連の仏教や道徳教育に着目しない研究と，これに着目している研究がある。前者の研究については，国家とサンガの二分法論，業をめぐる思想の二分法論といった2つの議論からタイの政教関係を捉える点が特徴的であり，この二分法ゆえに国家の側における宗教思想や宗教実践という点を捉えきれていないといった問題点を指摘した。国家と宗教団体の区分を前提とした政教関係論では，抜け落ちてしまう大きな領域がある。またそのため，国王を頂点とする権威主義的統治の社会秩序が存続する思想的要因なども，十分に説明できなくなる恐れがあるといった点を論じた。

　後者の研究については，「公民宗教」論，ナショナリズム教育についての教育学からの研究，統治の仏教道徳論といった3つの議論から分類を試みた。また問題点としては，「公民宗教」は体制全体を大まかに捉える議論にとどまる点，ナショナリズム教育の議論は宗教研究の側からの捉え直しによって問題領域の拡張が必要と思われる点，統治の仏教道徳論は本書のベースになる議論ではあるがそれぞれ断片的な議論にとどまっている点を指摘した。まいずれの議論も，タイの政教関係をタイ特有のものと捉える傾向があり，他の国々との比較可能性や共通性を踏まえた理論的提言にまでつながっていないという問題も論じた。

　加えて石井米雄の上座仏教論ならびに島薗進による批判を検討し，石井の議論において道徳的な社会秩序理念に関する上座仏教の思想系譜が十分に議論されてこなかったこと，ならびにその思想系譜はとりわけ為政者による統治の仏教道徳として展開されてきたことを指摘した。

　本書の理論的立場は，このような問題点を踏まえ，先行研究を引き継ぎ乗り越えるところにある。そこで以下の第2章と第3章では，行政関連の仏教や道徳教育など，国家による宗教思想の形成や実践，あるいは広域の社会秩

序をつくる道徳思想・実践を，タイの政教関係論という狭い枠にとどめることなく，より幅広い政教関係論の中に位置づけ直すための，理論的考察を行う。そして，この理論的考察を踏まえ，第4章からは具体的な調査資料をもとに理論への肉づけを行っていきたい。

1) 仏教的な精神・霊魂観とは別に，生命力の一種とも言えるクワンについての信念も見られる。クワンは人間や家畜や家屋などにも宿るとされ，人間の場合，身体の32の部位に宿るとも言われている。クワンは病気や危険な状態のときや，驚いた際などに，体内から飛び出してしまうので，諸々の儀礼時や遠方に出かける前などに，クワンを強化する儀礼が行われる。

2) 苦諦・集諦・滅諦・道諦。

3) 正見・正思・正語・正業・正命・正精進・正念・正定。

4) 戒学・定学・慧学。

5) 不殺生戒・不偸盗戒・不邪婬戒・不妄語戒・不飲酒戒。

6) 不殺生戒・不偸盗戒・不婬戒（不適切な性行為を戒める五戒の不邪淫戒とは微妙に異なり，性行為そのものの戒めとなっている）・不妄語戒・不飲酒戒・不非時食戒（昼食以後に食事をとらない）・不塗飾香鬘戒（装身具を着けたり歌舞音曲を楽しんだりしない）・不用高床戒（寝台に寝ない）。

7) 14世紀中頃に執筆されたタイ最古の宗教的な文学作品。スコータイ朝のリタイ王が皇太子の時代に制作したとされている。欲界・色界・無色界の三界の様子について描いており，仏教的な世界観や善因善果・悪因悪果と輪廻転生の観念などが記されている。

8) マッカーゴの批判は市民宗教と公民宗教の区別を行わず，しかもアメリカの市民宗教は民主的で寛容さを持っているといった理解の上で展開されている。この点は，いたずらに議論を混乱させているように思える。ただし，今日イスラーム恐怖症やイスラームを敵視するような思想を持った仏教徒が現れているという，マッカーゴの指摘は妥当であろう。

9) 森下氏には，カリキュラムの変遷やそれが形成される時代的・制度的背景，ならびに本書でも重要な位置づけにある仏教式学校プロジェクトについて，直接ご教示いただいた。筆者は森下氏の助言から本書の課題探究に関する大きな示唆を得ている。

10) パーリ聖典長部の第27経アッガンニャ経。起世因本経とも訳されている。

11) アッガンニャ経に見られる社会契約論的な国王選立説，およびアショーカ王の法（ダルマ）を，涅槃志向のものではなく，社会秩序志向の思想と実践として捉える見解は，中村元の議論にも見られる［中村 1959：115-280］。

12) 銀河系的政体論とは，中心（恒星）と周辺（惑星・衛星）からなる重力圏のように，中心からの影響力が波紋状に広がる統治のあり方であり，中心から周辺への広がりは一種のコスモロジカルなイメージにも基づいている，そういった政体のことである。銀

河系的政体の場合，領土の境界区分は重要ではなく，半独立的な国家が重なりつつ，大きな重力圏の影響下に置かれることになる。また，中心権力の大きさや安定性によって統治範囲は伸縮する。複数国家の支配が同時的に影響を及ぼすこともあるし，被支配国も同様の形式で小規模の自律性(重力圏)を持つ[Tambiah 1976：102-131]。

13) ちなみにこのような主権論に似た議論は今日でも見られる。タイの歴史学者トンチャイ・ウィニッチャクンは，王党派公法学者のボーウォーンサック・ウワンノー(タックシン政権時代の官房長官)の考えを次のように批判している(玉田芳史による要約)，「主権は国王と国民が共同で行使するが，本来の所有者は国王であり，国民に共同行使を許しているにすぎず，選挙の時にだけ国民に戻って来る。トンチャイは，この説明を，理性を度外視した呪文に過ぎないと断じる」[玉田 2012：7]。

14) タイにおける建て前的な事柄の，特異な影響力については，ジャクソンが興味深い議論を展開している[Jackson 2004]。ジャクソンは，タイ文化に見られる，公的な外面・見た目の秩序や美などを重視する傾向に着目し，これが内面を隠すような建て前でもなく，フーコー的な意味での内面統治になっているわけでもないと論じている。むしろ，表向きの統一が，私的な自由の確保と対になっているのであり，タイにおける公私の分類が，西洋とは異なって，多元的なコンテクストにあるのだとしている。

第2章　国教・公認教論の問題点

1　はじめに

　本章ではタイの政教関係をどのような枠組みで捉えたらよいのかについて考えてみたい。そもそもタイにおける仏教は国教なのだろうか。あるいは公認教や協同型政教関係などと言えるのだろうか。もしこれらのいずれの概念を用いても捉えにくい面があるとすれば，その原因は何なのか。本章では，このような問いについて考察し，タイの政教関係の特質を炙り出していきたい。

　そのためにまず，国家体制理念・憲法・宗教行政といったタイの政教関係を理解する際の基本的事項の概略を示す。次いで憲法への国教明記運動を取り上げ，政教関係に関する理論的な枠組みのうち，通文化的に用いられてきたいくつかの概念が，タイの事例に当てはまるのかどうかを考察する。そして次章で筆者による新たな捉え方を提示してみたい。

2　国家体制理念におけるタイの政教関係

　近現代タイの政教関係を考えるには，憲法やその他の法規定の確認ならびにその制度化された行政組織とその活動などを捉えることも必要であるが，それ以前に，公式の国家体制理念として考案されたラック・タイ(タイ的原理)を理解しておく必要がある。ラック・タイは，民族(民族的政治共同体)・宗教(仏教)・国王といった3つの要素を国の基盤的な制度(サターバン)とし，民

族愛(ネーションへの忠誠)・宗教(仏教)への帰依・国王への忠誠といった価値を重視するタイの国家理念，タイという国柄を示す理念である。これは国旗・学校・メディアと至るところで目にすることができる。国王によって独立を維持し，宗教とりわけ仏教によって社会秩序や道徳性を支え，タイ民族の共同作業によって構築されてきた国がタイであるというわけである[赤木 1989：85-89]。つまりタイの伝統的な仏教的王制理念を基盤に，チャート(民族的政治共同体)といった近代に生じた概念を組み込んだ[1]，公定ナショナリズムの理念と言えよう。

　ラック・タイが国家の統治原理として強調され政策に全面的に取り込まれていくのは，1950年代末以降，開発独裁体制を推し進めたサリット首相の時代からである[野津 2007：75-76]。ただし民族(民族的政治共同体)・宗教(仏教)・国王への忠誠といったラック・タイの原型は，ラーマ6世(在位：1910-25)の時代にすでに形成されており[村嶋 1996：190]，その後，サガー・カーンチャナーカパン(Saga Kancanakhaphan)(クン・ウィチットマートラー(Khun Wicitmatra))により，歴史記述の形をとった，『ラック・タイ(タイ的原理)』という著作が出され内容がより明確なものとなっていった。この著作は1929年に王立学士院の恩賜賞を得ている。このような経緯を経て，ラック・タイは，1979年から教育カリキュラムにも取り込まれ，義務教育課程において取り上げられる重要な学習項目となっていった[野津 2007：77-78]。なお，民族・宗教・国王の保護や維持は，憲法にも明記されている(次節の憲法「第4章　国民の義務　第70条」を参照)。

　宗教について補足しておくと，当初，仏教的王制において意味される「宗教(サーサナー)」とは，当然のことながら仏教を意味していた。しかしサガーの著作においては，他宗教も含む用語として使用されている[2]。ただしその記述の大半は仏教史となっている。なお現在では，ラック・タイの「宗教」は，仏教重視の傾向を示しつつも，他の宗教をも含んだ意味合いを持ち，特に宗教的少数者は，ラック・タイの「宗教」が仏教に限定されない点を強調する。伝統国家から近代国家へ，絶対王制から立憲君主制へ，勅令から憲法へ，タイ族中心の国民からマレー系ムスリムも統合した国民へと移行する

過程において，「宗教(サーサナー)」の意味合いが変化してきたと言えよう[3]。

3　タイ国憲法における宗教関連条項

　こういった国家体制の理念は，憲法において(あるいは憲法化される過程で変質しながら)具体的な形で現れる。タイでは 1932 年の立憲革命によって，絶対王制から立憲君主制(タイの憲法規定に即して表現すれば，「国王を元首とする民主主義政体」)に移行した。そのときに制定された 1932 年暫定憲法(第 1 憲法)を含め，現在まで数多くの憲法が制定されてきた。

　なお本書執筆時の憲法は軍事クーデター(2014 年 5 月)後の 7 月に公布された暫定憲法(第 19 番目の憲法)であったが，この憲法は，クーデター前の第 18 憲法と比して国王条項に変更はなく(国王に関する条項は 1932 年の憲法から現在に至るまでほぼ同じ文面が維持されている)，また宗教に関する条項などは特に記されていない。逆にクーデター前の諸憲法においては，宗教関連の条項は記されているが，時代によって部分的に変化している点もある。したがって，以下事例としては，第 18 番目の憲法(2007 年公布)における宗教関連条項のみを抜粋し記しておく(加藤和英訳 2008 をもとに一部筆者が修正)。なお訳文中の(　)は，筆者が註記として加えた訳語である。(本書を推敲中の 2016 年 8 月 7 日に第 20 憲法の草案に関する国民投票が行われ，草案は承認された。したがって新憲法の条項についても触れるべきであろうが，本書の他のデータとの時期的な重なりを考慮し，第 18 憲法の条文を取り上げることとする。)

　　第 1 章　総則　第 5 条
　　　　タイ国民は，出生，性または宗教の如何を問わず，本憲法の保護を平等に享受する。
　　第 2 章　国王　第 9 条
　　　　国王は仏教徒であり，宗教の至高の擁護者である。
　　第 3 章　タイ国民の権利と自由　第 2 節　第 30 条
　　　　人は法のもとに平等であり，法の保護を等しく享受する。男女は対等

な権利を有する。

　出生，民族，言語，性，年齢，障害，身体または健康の状態，個人の身分，経済的または社会的地位，宗教上の信仰，教育もしくは憲法の規定に違反しない政治思想の違いを理由に，人を不公正に差別してはならない。

　人が他者と同様に権利および自由を行使できるように，その障害を除去し，促進するために国が定める措置は，第2段落の不公正な差別とは見なされない。

第3章　タイ国民の権利と自由　第2節　第37条

　国民の義務の不履行とならず，国民の秩序または良俗に反しない限り，人は宗教，宗派または信仰[4]を信ずる完全な自由を有し，教義，宗教上の規定に基づく行為または自己の信仰に基づく儀式を行う自由を有する。

　第1段落の自由の行使において，人は，信仰する宗教，宗派，宗教上の教義または説法に基づく行為，戒律，もしくは信仰に基づく儀式が他者と異なることを理由に，国から権利を制限されたり，もしくは正当な利益を損なわれたりすることがないように保護を受ける。

第4章　国民の義務　第70条

　人は本憲法に基づき民族(民族的政治共同体)，宗教，国王および国王を元首とする民主主義政体を保護し維持する義務を負う。

第5章　国の基本政策方針　第4節　宗教，社会，公衆衛生，教育および文化の政策方針　第79条

　大多数のタイ国民が長きにわたり信仰してきた宗教である仏教およびその他の宗教を，国は擁護し庇護しなければならない。また，すべての宗教の宗派間の理解と調和を図るとともに，道徳を涵養し生活の質の向上を図るため，宗教の基盤となる教えを活用することを促進しなければならない。

第5章　国の基本政策方針　第4節　宗教，社会，公衆衛生，教育および文化の政策方針　第80条

　国は次の通り社会，公衆衛生，教育および文化の政策方針に従い遂行

しなければならない。

(1)，……

(2)，……

(3)，……

(4)，地方行政機関，共同体，宗教的な団体および民間が，国の基本
政策方針に従って，等しく教育の質的水準を向上させるため教育
の整備および参加ができるように，権力の分散を促進し，支援す
る。

(5)，……

(6)，……

第6章　国会　第2節　下院　第100条

選挙日に次に該当する者は選挙権を行使することはできない。

(1)，比丘，沙弥，修道者または出家者である。

(2)，……

(3)，……

(4)，……

4　行政組織と宗教行政事業

こういった国家体制理念や憲法規定は，法律化され行政組織や行政事業の
基盤となり，より具体化されていく。例えばタイでは，サンガや仏教諸団体
だけでなく，イスラーム団体，キリスト教団体，バラモン・ヒンドゥー教団
体，シク教団体を公認し，これらの諸団体に行政からの補助金や場合によっ
ては公教育へ関わる機会を提供し，布教の便宜(ビザ発給)などを図っている。
なお宗教行政に関わる細かな法的規定については紙幅の都合上触れない[5]。

以下，主として宗教関連行政を担っている官庁を取り上げ，タイの宗教行
政の概要を紹介する。

その業務の中心を担ってきた官庁は度重なる組織改変が行われてきた。も
ともとサンガ支援・統制，その他の宗教支援と統制，ならびに教育行政を担

う「文教庁」として 1889 年に始まり，何度かの組織改変を伴い 1926 年に
「文教省」，そして 1941 年に「教育省」内の「宗務局」として，仏教サンガ
と他宗教の支援・統制の事業を行うようになった。その後も組織改変が数度
行われ，現行制度としては宗務局のサンガ支援・統制の部局だけを独立機関
の「国家仏教庁」として新設(2002 年 10 月 3 日)することとなり，宗務局の残
りの部署は別途新設された「文化省」に移され，仏教ならびに仏教以外の宗
教への支援・統制を行い，それぞれ多様なプロジェクトを遂行している[林
2009b：244]。なお王室儀礼に携わる部局もあり，これもある意味で宗教行政
の中心的部局と見なすことができよう。

　ちなみに教育省の再編(宗務局の再編)に関しては，当初は新設の「文化省」
が仏教を管轄し，そこでは仏教と他宗教を同等に扱い，仏教諸機関の保護・
監督・諮問などを行う委員に非仏教徒も含まれるという案が出されていた。
これに対して保守的仏教徒側からの大きな反対活動が展開され，さらにこの
問題は，新サンガ統治法草案の立案に関する議論にまで広がり混迷を極めた。
そして「国家仏教庁」の設立をもってとりあえずの終息を迎えている[林
2009b：245-249]。本章で後述する憲法への国教明記運動は，この余波の 1 つ
と言える。

　さらにこれら宗教行政の中心部局とは別に，宗教行政の周辺的部局におい
ても，宗教関連の行政プロジェクトが行われてきた。例えば，内務省は，モ
スクの登録などを管轄し[林 2005：76]，また華人廟など公式の「宗教(サーサ
ナー)」に組み込まれていない「信仰・信条(ラッティ)」をも管理対象として
いる[Kataoka 2012：465-469][6]。他にも，教育省，福祉行政，観光行政が部分
的に宗教関連活動を行っているが，これらについての詳細は第 4 章で扱うこ
ととする。

5　仏教の国教明記運動

　以上タイの政教関係の基本事項について概略を説明してきたが，この状況
をどのように捉えるのかを次に考えてみたい。まず簡単な問いではあるが，

答えることが難しい問いについて考えてみよう。それは，仏教は国教なのか否か，といった問いである。かつてタイでこの問題に関する大きな論争・騒動が生じている。この一連の出来事について紹介し，それを踏まえて国教か否かといった問いについて考えてみたい。

　この論争は，2006 年 9 月 19 日にタイの首都バンコクで起こったクーデターの後に巻き起こった。このクーデターは，当時の首相タックシンが国連総会出席のためニューヨークを訪問中に，ソンティ・ブンヤラットカリン (Sonthi Bunyaratkalin) 陸軍司令官を代表とする民主改革評議会 (後の国家安全保障評議会) が政権を奪取し，暫定憲法公布の上，元国軍最高司令官で枢密院議員のスラユット・チュラーノーン (Surayut Culanon) を新首相として選出し，形の上で民政移管を行ったというものであった。その後 2007 年 12 月の総選挙に向けて，新憲法の制定が必要となった。このような政治情勢の中，新憲法に仏教国教化を明記するか否かという問題が，タイ社会の中で大きく取りざたされた。

　一般に軍事クーデターと言えば，独裁的支配がイメージされるだろう。しかし，それだけではない。クーデターは，憲法や議会を一からつくり直す場にもなっている。少なくともそのように公約することが，クーデター政権にとって自らの超法規的な政治行為を正当化する根拠の 1 つとなりうる。しかし，憲法や法律を再度制定するといっても，通例は政権を掌握している者たちの意向が強く反映し，場合によっては限られた者だけが作成の現場に携わる密室談義となるだろう。このときの新憲法作成にもクーデター政権の意向が反映されている。しかし，必ずしもすべてが密室談義とはならなかった。多くの専門家からなる憲法作成のための委員会を立ち上げ，条項について討論し，報道機関に公開し，委員会の多数決によって裁決し，さらに憲法草案を国民投票にかけるという手続きがとられたのである。そしてその新憲法に則って 12 月に国会議員選出の選挙が行われることになった。

　ところが，ここで意外なことが生じた。新憲法草案の作成段階で，仏教を国教として明記することを求める声が，一部の仏教徒から上がってきたのである。1997 年の憲法作成時にもそのような意見があり廃案になっている (な

お新聞等では，国教に該当する用語として，タイ語ではサーサナー・プラチャム・チャート（Sasana Pracamchat），英語では State Religion が用いられていた。国教や State Religion，タイ語のサーサナー・プラチャム・チャートの意味合いと多義性については，本章で後述する）。したがってこのような要望は今回のみの出来事ではない。しかし，今回は，思いのほか国教明記推進派の運動が盛り上がった。このことは，2002 年の国家仏教庁設立に影響した僧侶たちの示威行為を踏まえて考えると，仏教徒の一部の意向が政治の場に強く反映され始めているように思える。まずは，その経過を辿ってみよう。

＊＊＊

　2007 年 2 月 13 日。タイ全国仏教徒ネットワークのメンバーと称する僧侶と在家者約 100 名が国会議事堂の前に集まり，新憲法草案に仏教の国教化を明記するよう要求した。また，マハー・チュラーロンコーン仏教大学の仏法広報課の僧侶プラマハー・チョー・タッサニーヨー師が，国教明記を求める 30 万名分の署名があると述べた［*Matichon* 2550/2/14：15］。3 月 31 日には，タイ北部チェンラーイ県の仏教徒協会の会長が，1 万名以上の協会メンバーが国教明記に賛成で，北部 8 県の協会もそれを望んでいると発言した［*Matichon* 2550/4/1：8］。

　4 月に入ると国教明記を求めるデモ行進に参加する人数が急増する。4 月 16 日にはタイ仏教徒団体を中心に，保守的な団体として有名なタイ仏教徒ネットワークや他の諸団体，マハー・チュラーロンコーン仏教大学の一部僧侶や政治家などが加わり，約 2000 名の比丘・沙弥・在家者がバンコクの王宮前広場から国会議事堂前までデモ行進を行った［*Matichon* 2550/4/17：1］。これは 4 月 19 日に予定されていた憲法草案の国民への開示に合わせたデモ行為であった（実際には 4 月 26 日に草案がまとまったが，その後 30 日間は委員会で細部のつめを協議することになり，国民への開示はだいぶ遅れることとなった）。

　この頃になると政府関係者や憲法起草委員の中に，国教明記の賛否を表明する者が現れ始める。国家仏教庁の元長官チャッカタム・タンマサック（Cakatham Thammasak）が明記賛成の意見を述べたが［*Matichon* 2550/4/17：1］，憲法起草委員会の委員長であるプラソン氏が個人的意見としては明記の必要

はないと発言する[*Matichon* 2550/4/18：1]。一方，クーデター政権の中枢部で
ある国家安全保障評議会からは明記賛成の意見が現れ，同評議会ソンティ議
長(クーデター首謀者)が国教明記容認を明言した[*Bangkok Post* 2007/4/25：
news08]。しかし，暫定政権のスラユット首相は国教明記運動を静観しつつ
も，この運動には隠された政治的意図(反クーデター派の政治的意図)があるよう
だと懸念を示し[*Bangkok Post* 2007/4/26：news01]，首相の側近からはタイ南部
のイスラーム分離独立・過激派に口実を与える恐れがあるとの意見が述べら
れ[*Bangkok Post* 2007/4/27：news00]，事態は錯綜していった。

　5 月以降になると，抗議行動がエスカレートし始めた。抗議デモを行って
いた集団の一部が，ベトナムでかつて抗議の焼身自殺を行った僧侶の写真を
掲載したチラシを配布し，国教明記がなければ同様のことになると主張した
[*Khaosod* 2550/5/4：10]。またタイ北部・東北部の憲法草案公聴会に僧侶集団
が突然現れ，国教明記をすべきだと主張のみ述べて席を後にした[*Bangkok
Post* 2007/5/17：news06]。そして 6 月 2 日に憲法起草委員会のプラソン委員長
が，委員会での国教明記否決を表明すると[*Bangkok Post* 2007/6/4]，600 名の
支援者のもと，僧侶 12 名が憲法への国教明記を主張し断食を始めた[*Mati-
chon* 2550/6/5：1]。憲法起草委員の見解を踏まえつつ最終的判断は憲法起草
議会に移されたが議会は決定を延期し[*Bangkok Post* 2007/6/12]，国教明記デ
モは再び 2000 名規模に増加した[*Khaosod* 2550/6/12：11]。6 月下旬にはデモ
は小規模化したが，比丘や沙弥そしてメーチー(比丘尼・沙弥尼ではない女性の
出家修行者)の中には断食に加わったり，棺に入るパフォーマンスで抗議の意
を示したりする者も現れた[*Khaosod* 2550/6/27：10]。

　そして 6 月 29 日，憲法起草議会の最終決議が行われ，国教明記は 66 対
19 で否決された。これに対して，国教明記派の一部は巨大な鉢をひっくり
返すパフォーマンスを演じている[*Matichon* 2550/6/30：1](覆鉢は在家者から布施
を受け取らないという僧侶の意思の表示。仏教徒に積善の機会と救済を与えることを拒否
し，相手の行為が非法であることを示す)。

　事態は一応収束に向かうかに見えたが，国教明記派は，新憲法そのものを
認めないという新たな戦術に打って出た。つまり，8 月 19 日に行われる新

憲法案への国民投票で，反対票を投じるキャンペーンを始めたのである。これには反クーデターを掲げる旧政権関係者も加わり，さらに新憲法案に関する事実無根の風評まで撒き散らされた。しかし，ここで事態を急変させる出来事が生じた。国民投票約1週間前の8月11日に，王妃自らが，仏教と憲法の問題に関しては清浄なる仏教を政治から遠ざけるべきだと発言し，暗に国教化明記の運動に苦言を呈したのである[*Khaosod* 2550/8/12：1][7]。この王妃の発言を機に，国教明記派の各団体は国教明記推進活動を停止することを宣言した[*Bangkok Post* 2007/8/13：news01]。

　そして迎えた8月19日の国民投票では，賛成57.81％，反対42.19％（投票率57.61％）で新憲法案が採択されることとなった。この結果からは，旧政権の力がいまだ大きく影響していることだけでなく，国教明記派のような少数勢力が投票結果のキャスティング・ボートを握る恐れさえあったことも推察できる。

6　国教明記についての見解

　さてこのような抗議運動が生じたことから，タイにおける上座仏教は国教なのか否か，憲法に明記すべきか否かで意見が揺れていることが見て取れるだろう。確かに，仏教が国教であるとの規定はこれまでの憲法には見られない。しかし，これまでタイで制定されたいずれの憲法にも，「国王は仏教徒であり，宗教の至高の擁護者である」との規定が記されてきた。このような点から，明らかに仏教は優遇されており，タイ国内外の多くの人から仏教が事実上の国教だと見なされているのである。

　このように仏教は事実上の国教として扱われている面がある一方で，国教明記派の運動も盛り上がった。運動を展開した者たちは，むしろ，なぜ事実上の国教なのにそれを明記しないのかと問いかけている。それぞれどのような立場から，このような異なる意見を述べているのだろうか。国教明記について賛否の意見を表明したタイの識者たちの意見を拾い上げてみたい。

　新憲法への国教明記を推進する仏教徒団体には様々なものがある。しかし，

(資料に限りがあるので断言はできないが)一般マスメディアの上では，反対派の意見と比べて推進派の意見は少ない。その中で比較的多く発言している推進派の仏教学者サティアンポン・ワンナポック(Sathianphong Wannapok)の論点は，以下のようなものである。まず，タイの道徳と文化の基盤は昔から仏教である。国王(ラーマ 9 世)も前ローマ法王ヨハネ・パウロ 2 世との会談(1984年)の場で「タイ人はとても信仰熱心です。またその多くは，国の宗教である仏教を信仰しています」と述べている。そしてタイ南部のテロ問題[8]は宗教紛争と言えないものなので，仏教を国教として明記しても国が二分されるようなことはない，世界中には国教制を維持している国もあり，西洋諸国ではイギリスなどがそうであるといった意見を述べている[*Matichon* 2550/3/25：6]。

　要するに，サティアンポンの見解は，国教明記がなされていない現状の方がおかしいのであって，実情を反映させるのなら明記すべきであるし，それで問題が生じることはないということである。しかし，このような原則論が今回の国教明記運動を率いたわけではない。運動の中心人物である，保守的な仏教団体のタイ仏教徒ネットワークの代表者トンチャイ・クアサクン(Thongchai Ku'asakun)陸軍大将は，次のような論点を提示している。第 1 に，タイでは昔から仏教が事実上の国教であり，国王もそのように発言されている。第 2 に，しかし現在のタイ仏教は危機的状態にあり，徐々に廃仏が行われている。南部で僧侶が殺され，寺院が破壊され，仏教徒への迫害が増している。また役所の仏教行事も非仏教徒への配慮から躊躇され，加えて教育と宗教は分離すべきだとの意見も出ている。第 3 に，このような廃仏を阻止するためにも仏教を国教として明記する必要がある。第 4 に，国教明記をしても国は分裂しないし，世界には国教国が多い[*Matichon* 2550/5/9：6]。以上のトンチャイの見解でポイントとなるのは，第 2 項目である。つまり廃仏意識が今回の国教明記運動における最大の大義名分となっているのである。

　他方，明記反対派の意見には多様なものがある。そのうち主要な論点としては次のようなものがある。第 1 に，仏教は危機的状況にあるとしても，それは他宗教によるものではなく，仏教界が商業性を重視している点や，サン

ガの自浄能力の欠如，タイ人の多くがご利益信仰を重視した仏教徒にすぎない点にある。しかし，国教明記によって国家がサンガや信仰実践の改革に積極的になる法律を制定するとも考えられない。したがって国教を明記しても何も変わらないし，これは無意味な主張である[9]。第2に，国教化の主張は非仏教徒への配慮が足りない考えである。国教を明記すれば非仏教徒は二級市民扱いにされる[10]。第3に，国教明記は，現在の南部のテロなどに関わる過激派に活動の口実を与え，南部国境県問題を悪化させる[11]。第4に，国教明記の推進運動は，イスラーム恐怖症による過剰なナショナリズムの発現である[12]。

7　国教明記論争から見えてくるもの

　以上述べてきた国教明記に関する賛否両論から見えてくる論点のうち，本章の問いに関わる点について少しばかり分析を行ってみよう。

　まず第1に，トンチャイらの国教明記の推進運動は，イスラーム恐怖症による過剰なナショナリズムだと指摘されているが，この点を強調しすぎると，事態を見誤る可能性がある。確かに，国教明記派の主張には，将来的な制度的改革ビジョンはないが，廃仏という表現に表される漠然とした不安が示されている。しかしその心情は，南部国境県問題の実際上の経験からいささか離れたところで形成されている[13]。そもそも，国教明記派の運動は今回の草案より以前の，1997年の憲法草案作成時にも行われており，これはイスラーム問題とは関わりがない。また2001年には，タックシン政権時代の行政改革に伴う文化省設立の内容に反対し，仏教を他宗教と同列に扱わず，国家の宗教として特別な扱いを主張した僧侶グループが，仏教の国教化や「タイ仏教省」の新設などを求めて運動を展開した［林 2009b：245-248］。その影響も受けて2002年には，首相直属機関の国家仏教庁が設立されている。つまり制度面から見ると，仏教は危機に瀕しているというより優遇されてきたのであり，今回の要望はさらにその影響範囲を広げるものと言える。

　加えて，国教明記派の声は，日々テロの恐怖にさらされているタイ南部で

はなく，タイ中部のバンコクや北部・東北部から上がってきており，彼らは，寺院の宗教活動の衰退だけではなく，役所や学校における宗教活動の衰退をも問題視している。したがって，国教明記派にイスラーム恐怖症が見られるとしても，それは触媒的作用をなすものであり，運動の主たる理念や情熱は，仏教やサンガが国家によって特別扱いを受け，タイ社会はそのような仏教重視の社会になるべきであるといった仏教至上主義的な考えにあると言えよう。

　第 2 に，この国教明記の妥当性に対しては国民の間でも意見の相違があり，かつこれはセンシティブな政治的問題であるということである。例えばクーデター首謀者のソンティ司令官は，国教化明記を 4 月のデモ発生後すぐに容認している。しかし彼はイスラーム教徒であり，その点も含めての政治的判断に基づく発言であった可能性がある。また，暫定政権のスラユット首相の側近で南部国境県のイスラーム学校協会会長のニデー・ワーバー(Nide Waba)も，南部国境県問題への波及を懸念しつつ，個人的には国教明記に反対しないと述べていた[*Bangkok Post* 2007/4/27：news00]。イスラーム教徒で要職にある者は，仏教国教化問題について反対意見を述べづらい環境にあるようだ。しかし，王室(とりわけ王妃)はむしろ明確に反対意見を述べた[14]。仏教国教化問題による政治的混乱に実質的に終止符を打ったのは，先に述べたように，王妃の発言であった。王室信仰の根強さを新たな形で示した事例とも言えるが，これにより仏教至上主義者と王室は必ずしも同じ理念を持っているわけではない点も明らかとなった。

　しかしながら，第 3 に，一連の問題からは，政教分離といった理念が争点になっているわけではないことも見えてくる。仏教国教化をめぐる論争は，表向きはいくつかの宗教を公認する体制をとっている(公認教制)が，実質的には仏教が多数派宗教として優位な立場にあり，国王との密接なつながりを持つといった，ねじれ現象をどう位置づけるかが争点となっている。これに関して仏教の優位性をより明確にし，仏教に迫りくる危機を取り除くべきだというのが，国教明記派の主張であろう。この 2007 年当時の状況においては，まだスリランカやミャンマーの，仏教至上主義的な政治的発言を行う僧侶たちの活動はそれほど見られないので，国教明記が実質的に社会をどう変

革するのかは見えてきづらいのだが，今日(2016年)ならば，国教明記派の運
動は，改宗禁止，一夫多妻制禁止，僧侶の国政や公教育への参画などの法制
化[田中 2015：324，朝日新聞 2015/8/29]として具体的な主張を出してくる可能
性があるだろう。他方の国教明記反対派は，これ以上の制度的梃入れは無用
であるというわけである。しかし国教明記反対派の識者たちの多くでさえ，
厳格な政教分離を国教化反対の理念として持ち出してくるのではなく，国教
明記が，他宗教に配慮しながらも仏教が実質的な国教的状態にある現状に亀
裂をもたらし，社会が混乱に至る可能性を問題視しているのである。つまり
国教明記か不明記かという論争は，政教分離の問題ではなく，今以上明確に
仏教(徒)を優遇する社会のあり方を目指すか，それとも実質的な国教的状態
とも言える現状を維持するのかといった問題なのである。

8　国教・国家仏教・公認教論・協同型政教関係

　このように，タイ上座仏教を国教と明言したり規定したりすることには，
タイ社会をどのような秩序のもとに形成するかといった理念の争いがある。
しかし，議論の前提は厳格な政教分離制度ではない。この点は，現在の日本
人からすると，理解しにくいものであろう。この点を理解可能にするには，
この前提とされている，政教関係とその関係における社会的秩序のイメージ
(国教明記派はこのイメージに何らかの変化をもたらそうとしている)を，明らかにし
なくてはならない。

　では，そのような政教関係の実態を捉える概念としては，どのようなもの
がふさわしいのだろうか。タイの政教関係の当事者的文脈で使われる国教と
いう用語は，論者の立場によって意味しているものが異なるかもしれない上，
そもそも内実が十分に議論されていない。ではどのような概念であれば，タ
イの実態に近づけるのだろうか。以下，「国教」という用語も含め，これに
関連した政教関係に関する用語の意味を考察し，その問題点を指摘する。こ
れを踏まえて次章で，その問題点を乗り越えるモデルを提示してみたい。

8-1　石井米雄の国教論

　はじめに，国教という用語から考えてみたい。ちなみに前章で取り上げた
石井米雄の『上座部仏教の政治社会学』の副題は「国教の構造」であった。
そこで石井の議論をまず整理してみたい。なお，石井の議論展開自体は，わ
かりやすいものである。しかし，国教という用語に注目して読むと，その議
論の前提に様々な疑問点が浮かび上がり，わかりやすい議論の背景に隠れて
いるやや錯綜した事象が見えてくるだろう。

　石井はこの著作において，憲法に国教が明記されていないタイの状態こそ
が，国教の本当の姿を示しているという，逆説的な議論を展開する。

　カンボジア，ラオス，ビルマ(ミャンマー)の憲法の国教規定を念頭に，石
井がまず示した「国教」の定義は次のように，国家が選び特別の保護と権益
を与えた宗教，というものであった。

　　国家によって，国民全体(あるいは国民の大多数——筆者15))の信望の対象と
　して選ばれ，特別の保護と権益を与えられた宗教(傍点筆者)と規定するな
　らば，ここで言う「国家の de l'Etat, khōng prathēt, naingandaw」はま
　さに国教選択の主体が，国家であることを示す表現ということができる。
　［石井 1975：63］

　その上で，このような意味の国教として，スリランカ，カンボジア，ラオ
ス，ビルマ(ミャンマー)では仏教が選択され，これを憲法に明記する(してい
た)こと，ないしは仏教に「至高の地位」を与えるという規定が記されてい
たことを，石井は指摘している。また，これに対してタイでは，そのような
規定は憲法に見られないこと，関連規定として「国王は仏教徒でなければな
らない。"Phramahākasat tong song pen phutthamāmaka."そして(国王は)，
宗教の至高の擁護者である。"lae song pen akkharasāsanūpathampok."」
という規定のみが記されており，国教規定が欠けているということを指摘し
ている［石井 1975：63-64］。

　このような状態が生じているのはなぜなのか。石井は，その背景について次のような論を展開する。まず，タイの国王が仏教徒でなければならない理由については，

　　タイ国は「仏教国 mǔang phutthasāsana」であって，タイ人の大多数が仏教を信奉しており，仏教は，古来「(タイ)民族の宗教 sāsana pracam chāt」であったから，タイの国家元首たる国王は，仏教徒でなければならないのであるという論理を用いる点で一致している。[石井 1975：65]

　また，「(タイ)民族の宗教 sāsana pracam chāt」という言葉について，次のように述べている。

　　いま「民族の宗教」と訳した sāsana pracam chāt を，"pracham"という語の意味に即して敷衍的に翻訳し直すならば，「タイ民族という概念に内属した宗教」ということになろう。すなわちタイ人にとって，タイ族と仏教徒とは同義語であり，仏教徒であることは，タイ人としての資質の一部であると考えられているのである。したがってタイ族の国家であるタイ国の首長であるタイ国王が非仏教徒であることは，古来の慣行に反する行為とされる。[石井 1975：65]

　なお，「(タイ)民族の宗教 sāsana pracam chāt」という用語こそが，先述のように憲法への明記をめぐって注目された言葉であり，英字新聞などでは State Religion と翻訳されているものである。
　しかしそのような背景があるのならば，むしろ憲法に国教規定が記されてしかるべきであろう。ところが実際にはそのようになっていない。この矛盾について石井は次のように述べている。

　　タイ憲法が，あえて仏教を「国教」とする明示的規定を欠いているのは，おそらく，それを必要としないからであろう。仏教はすでに一般意識に上

らないほどに、「タイ民族に内属」しているのである。われわれが、「国教」の構造の分析に際して、その材料をタイ仏教に求めたのも、こうした歴史と性質をもつタイ仏教のなかにこそ、かえって「国教」の真の姿が実現されており、それを分析することによって、「国教」なるものの本質がよく解明されると考えたからにほかならない。[石井 1975：67]

このような石井の立論からは、以下のようないくつもの問題が指摘できる。1）国王の帰属宗教と国教制との関係が論じられていない点、2）国家が宗教を選び保護と権益を与える国家制度の次元と、歴史的・社会的に慣行として見られる特定の宗教という事実上の次元を区別していない点、3）しかも後者の次元を真の国教としている点、4）加えて、後者の事実上の次元は歴史的な事実と齟齬がある点、5）そのようなむしろ歴史的フィクションとさえ言える事柄を、国家制度の次元に暗黙裡につなげている論法は、まさに「ラック・タイ」イデオロギーの論法そのものだという点である。

まず、1つ目の問題について取り上げる。論点は、国王の宗教と、国家が選択し特別の保護と権益を与える宗教とは、論理的には区別できるということである。例えば、戦後日本における皇室による祭祀の位置づけのように、神道全体に対しての国家的な保護や権益付与と制度的に切り離せる可能性はある。もっとも、国王による仏教の支援や統制が、国家事業とし行われてきた、タイの歴史的経緯からすれば、そのような切り離しはしにくいかもしれない。しかし少なくとも、「国教」に国家による宗教選択という基準を用いるのであれば、この点はもう少し緻密に論じておくべきことがあるだろう。

2つ目の問題は、意識に上らないほどタイ民族に内属しているから、上座仏教は事実上の国教であり、真の国教なのだという論法自体の問題である。タイ民族に内属しているということは、歴史的に継続性があり社会的に幅広く行われているような習慣ということになるだろう。しかしそれは、歴史的・社会的事実であり、それゆえに自動的に法的権利を持つとは言えない。たとえて言えば、ご飯とみそ汁のセットといった食文化が、ある時期から歴史的に継続されかつ社会的に広範に及ぶ日本人の習慣になっているという事

実があるとして，それゆえにこれが国民食として選ばれ，法的に保護や権益の対象として認められる(学校や官公庁ではこの食習慣が義務とされるなど)わけではないのである。また本書で後述するように，タイ仏教の位置づけをめぐる，タイ独自の比較宗教の学問的・教理学的な歴史的背景があったことを踏まえると，国教の明記を無意識的に行わなかったという論は，説得力に欠けるように思える。

　3つ目の問題は，真の「国教」というものについて明確に規定せずにいる点，ならびにタイの政教関係をむしろ「国教」の基本モデルにしようとしている点である。ここでいう真の国教とは，おそらく，石井がその著作の中で提示しているような，国王が正法(仏法)の擁護者としてサンガを支え，サンガが正法を伝え，その正法によって国王の統治の正統性が保証されるという伝統的な上座仏教王権の統治モデルであり[石井 1975：81]，そのモデルを含んだ価値理念(ラック・タイ)を近代国家が擁護することにより，国家は統治の正統性を得るというもの[石井 1975：296]と推察される。そのモデル自体の是非はここでは置いておくとして，仮にこのような特殊モデルに「国教」という用語を限定的に使用する(真の国教とする)つもりであるとすれば，やや先走りの議論となるだろう。加えて，国教という用語にこだわることで，かえって重要な点が見えにくくなってしまいかねない。実際，石井のこの論点から抽象化して概念化することにより，幅広く論を展開することが可能と思われる。第10章で論じる権威主義的統治は，その試みである。

　4つ目の問題は，仏教がタイ民族に内属した宗教であるという事実表現に疑問が呈されるという点である。つまり，民族的政治共同体(チャート)や宗教(サーサナー)が創造され，一体化していくのは近代国家化の過程においてであるということ，前近代社会において必ずしも仏教が地域に偏りなく広がっていたわけではないこと，そして仏教を実践していたとしてもその実態は，今日の仏教理解から見て正しい仏教であったとも言いがたいということなどである。

　そして5つ目の問題は，上記のような問題点を踏まえた場合，石井が「国教」の真の姿をタイの政教関係に見るといった議論，つまり民族的習慣とし

ての宗教を国家選択の宗教と暗黙裡のうちに接続し，そこに国王の帰属宗教
をもつなげていく議論は，むしろ国家や仏教徒エリートの統治イデオロギー
の描写と考えた方がよいのではないか，といった点である。

　以上やや脇道にそれた考察も行ったが，石井の国教論の内容について考察
を加えた。そこで石井は，2 つの意味で国教を捉えている。1 つは，主要民
族に内属しそれゆえに，（国王が帰属し）国家が暗黙裡に保護し権益を与える宗
教という意味であり，これがおそらく真の「国教」とされるものであろう。
しかしこれは分析概念として使用するには無理がある。このような「国教」
は，国教的な政教関係のパターンの中の 1 つにすぎない。主要民族に内属し
ていても国家が選択しないケースもあるし，主要民族に内属していなくても
国王が帰属するゆえに国家が権益を与える宗教に選択するというものもあり
うるだろう。そもそも，暗黙裡ではなく，憲法に規定するということも国教
的な政教関係の 1 つの基準になりうる。ここでの「国教」という用語は，タ
イの政教関係というつかみがたい事象を，大まかに捉え，漠然としたイメー
ジとして伝えるための仮の用語にすぎないと思われる。

　一方，石井が他国の事例を踏まえて定義した，国家が選択し保護と権益を
与える宗教という制度面からの定義については，分析概念として使用できそ
うにも思える。しかし実際には，これも問題がある。次にこの点について論
じてみたい。

8-2　その他の国教論

　国家が選択し保護と権益を与える宗教といった点から国教を捉える議論は，
政教関係を論じる憲法学などで展開されてきた。例えば，欧米諸国の憲法・
政教分離と日本のそれとの比較研究などを行っている百地章は次のように述
べている。

　　このように，「政治」と「宗教」の任務と役割を明確に分離し，相互の
　介入および干渉を禁止することをもって「広義の政教分離」と名付けた場
　合，この意味での政教分離は今日，わが国を含む西欧型近代国家において

はかなり普遍性をもつ。即ち，アメリカやわが国のようないわゆる政教分離国家のみならず，国教国イギリスや公認教制(折衷制)国たるドイツなどでも実現されていると考えられる。[百地 1997：5-6]

つまり，政治と宗教の領域を区分けし相互に不介入とする「広義の政教分離」を西欧型近代国家の基盤とし，その上で，国家と宗教団体の関係を，国教制(特定の１つの宗教に特権付与や財政支援を行うイギリスなど)，公認教制(認定された複数の宗教に特権付与や財政支援を行うドイツなど)，狭義の政教分離制(厳格な政教分離。いずれの宗教団体にも特権や財政支援を与えないフランスやアメリカなど)に分けるといった考え方である。

ただし，国教の意味をもう少し厳格に捉えようとする見解も，近年見られる。例えば2001年に皇學館大学神道研究所が行ったシンポジウムにおいて，発題者の１人であった高畑英一郎は，国教(establishment of religion)のヨーロッパ的な意味を次のように規定し直そうとしている。

宗教あるいは宗派が，政府との結びつきを通じて，法的に独占的な特権を享受することです。具体的には，第一に異教徒の信仰の自由の制限あるいは禁止，国教宗派の信仰強制・教義教育の強制，第二に異教徒に対する公務就任資格の剝奪，財産権などの制約，第三に国教宗派に対する寄付の強制(後の教会税となる)，第四に国教宗派の内部事項——例えば宗教指導者の指名や儀式もしくは教義の内容——についての政府の干渉です。[原田・高畑・大石他 2003：48]

他方，アメリカ的な意味では，複数の宗教，プロテスタント全体を，法的に承認し財政支援を与えるといったものとし，これは国教というよりは，「法定教会制」と訳したいと述べている[原田・高畑・大石他 2003：48]。

また別の発題者の大石眞は，フランスの政教関係について，アンシャン・レジーム時代の「国教制度」は，他宗派の自由を認めず，ときに迫害をも行うもので，「絶対的国教主義」と呼ぶべきだとし，その後コンコルダート体

制における「国教制度」を「相対的国教主義」もしくは「公認教制度」と呼ぶ方がよいと述べている〔原田・高畑・大石他 2003：58〕。

　さらにもう 1 人の発題者の原田一明も，イギリス国教会制が，国教会の教義を拡張して他宗派を取り込む「包括」方式ではなく，多元的な宗派の存在を認める「寛容」方式を採用してきた経緯，ならびに，（聖職者の一部が上院議員となれる，牧師が民法上の婚姻を施行するなどの特権を持っているものの）国教会が国家から財政的支援を得ていない点，あるいは（聖職者は国王への忠誠を誓うが）国王が必ずしも教会の実質的な指導者であるわけではない点などから，国教制度の国という見方に関して問題提起をしている〔原田・高畑・大石他 2003：47〕。

　以上のようにこのシンポジウムの発題者たちは，国教というものを，厳密には特定の宗派以外の宗派に対しては信仰実践を認めず，日常生活を行う権利も与えないような，およそ近代国家としては認めがたい意味合いのものに限定しようとしている。こうなると，近代社会の国家に国教という用語を使用するのは控えるべきこととなるだろう。

8-3　国 家 仏 教

　では，別の用語を用いれば，タイの政教関係を捉えられるだろうか。例えば「国家仏教」などはどうだろうか。筆者も一時期，国家仏教という用語を「国家が主導し行政が活動の場を提供・運営する仏教活動の領域」として用いたことがある〔矢野 2010：91〕。また村上忠良は，タイ北部とミャンマーのシャン州の国境地域で生活しているタイ系民族のシャンの仏教の変容を「国家仏教」化という点から論じ，その際「国家仏教」を「近代領域国家の理念に基づき国家を単位として再編される仏教」と定義し，「国家仏教」は国家（中央政府）が法制度や政策を通じて実現を目指す理念的な仏教のあり方で，いまだ実現されてはいないが，「人々の仏教実践にも大きな影響を与えている」と述べている〔村上 2009：174〕。村上の定義は，近代に領域を限定しているので誤解される余地は少ない。ただ日本仏教史の文脈では奈良時代の鎮護国家を目的とした仏教に対しても「国家仏教」という用語が用いられており，

他の事例との比較を想定した場合には，やや誤解を招く可能性もある。少なくとも，多かれ少なかれ世俗性を重視する近代社会の政教関係を捉える用語としては，やや輪郭がぼやけてしまう。加えて現代タイならば，イスラームの全国組織も国家が公式に支援し統制するものとなっており，その意味ではタイには国家イスラームもあるということになってしまう。

8-4　公　認　教

　その点，「国教」や「国家仏教」よりも「公認教制」の方が使いやすい用語である。これは特定の複数の宗教集団(一般的にその数は少数限定的)を国家が法的に公認し，支援・統制を行うものである。ただし，先の憲法学の議論のように，「国教制」と「公認教制(折衷制)」は分けて論じられてきた。もっとも，特定の1つの宗教を公認する制度と，特定の複数の宗教を公認する制度の大きな相違点は，公認される宗教の数が単数か複数かといった点にある。

　なぜそのようなところに区分線を引いたのか，その根拠について筆者は十分な知識を有していないが，国教制(単一宗教の選択)と政教分離制(すべての宗教を選択しない)の中間として，公認教制が位置づけられ，それゆえに折衷制とも称されていることが影響しているのではないかと思われる。そのような分類の背後には，正しい宗教は1つしかないのでそれ以外国家は選べないといった考え(おそらく個人も1つの宗教しか選べないという考え)と，宗教の立場は無数にあるのでどれも国家は選べないといった考え(宗教は個々人で選ぶべきだという考え)があり，その両者の考えのせめぎ合いの中で，近代の政教関係は形成されたのではないだろうか。

　ただしそのような価値観や歴史的文脈から離れていたタイなどを考えた場合，国家が公認する宗教は元来単一であるという発想は，1つのオプションにすぎないだろう。例えば，アユッタヤー時代のタイ国王は仏教を護持する正法王という側面を強調するとともに，ヒンドゥー教系の思想をも取り込み自らが神の化身であるという点も強調していた。全体的には仏教優位の政教関係であるが，ヒンドゥー教的な理念や儀式も国家レベルで行われていたのである[田中 1989：151-205][16]。

　こういった点も踏まえて公認教制を広く定義し直す(国教制と公認教制をまとめる)とすれば，いわゆる国教的な制度，タイの政教関係もカバーできるかもしれない。しかしそれでもまだ問題がある。例えば，戦前の日本のように非公認宗教を弾圧対象とする介入度の強いケースとなる場合もあれば[洗 1985：24-25][17]，現代ドイツのように，一定の規定(世俗的規定)を満たせば原理的にはどのような宗教も公認されるといった宗教への国家の介入度が低いケースもある。また，タイのように公認された宗教集団への支援・統制だけでなく，教育行政などを通じて国家主導の仏教教育やイスラーム教育なども行われるなど，一面で介入度は高いが，非公認の場合でも比較的自由に宗教活動ができるというケースもある[18]。加えてタイの場合には，国家体制理念としては，宗教特に仏教と国王の関係を重視した体制となっている。

　こういった点を考慮すると公認教制の中の質的な差異に注目する必要があるように思える。特に，宗教団体の自律性の強いドイツにおける公認教制(公認宗教団体を公法人化し国家のパートナーと位置づける)と，タイのサンガのように，組織化そのものが国家主導で行われ自律性が弱い宗教団体を前提とした公認教制とを分けて考察することは，事象に即した適切な考察につながるだろう。

8-5　協　同　型

　公認教制内の質的差異を考慮した分類という発想に近い議論として，J・フォックスが提示した「Official　GIR」(国家における宗教の公式の役割)がある[Fox 2008：48]。フォックスは 1990 年から 2002 年にかけて，世界各国の政教関係における国家介入(GIR：government involvement in religion，国家による宗教に対する支援や統制や制限)の状況を調査し，多様な変数を用いて GIR を測定している。その基本的な変数の 1 つに Official GIR がある。Official GIR は以下のような尺度に区分けされている。

　1) Hostile，2) Inadvertent　insensitivity，3) Separationist，4) Accommodation，5) Supportive，6) Cooperation，7) Civil religion，8) The state has more than one official religion，9) The state has one

official religion．［Fox 2008：48］

　フォックスによる分析では，タイもドイツも協同型(Cooperative，国家によって特定の宗教のみに支援が行われるとまではいかないが，いくつかの宗教が他の宗教よりも国家からの支援を得ている)の分類に位置づけられている［Fox 2008：108，182］。

　確かにタイの憲法では，仏教を含め特定の宗教を国の宗教とするなどの記載はない。しかし，「国王を元首とする民主主義政体」と「国王は仏教徒であり，宗教の擁護者」という規定を合わせて考えれば，仏教が特別な地位にあるようにも読みとれるし，実質的にはサンガ統治法などの世俗法によって，サンガへの支援・統制を行っており，加えて他の公認された宗教にも援助額は小さいが支援を行っている。また，1997年以降の憲法には，「大多数のタイ国民が長きにわたり信仰してきた宗教である仏教およびその他の宗教を，国は擁護し庇護しなければならない」(第79条)と明記されている(ただしフォックスの議論では，この憲法規定については触れられていない)[19]。いずれにしてもこれらの点を考慮すれば，タイはフォックスの市民宗教型(Civil Religion，国家が特定の宗教に公式の役割を与えることはないが，ある1つの宗教が非公式的に国家の市民宗教としての役割を担う)や複数公定宗教型にも当てはまりそうに見える。ただそれでも部分的な相違もある[20]。

　もちろんOfficial GIRの項目は特定の変数をもとに判断する1つの尺度にすぎない上，フォックスのGIR研究は，Official GIR以外にも宗教法制など多面的な調査項目を用意している。そこではタイが特定の宗教への支援を行っていることは宗教法制の項目で抜かりなく取り上げられている[21]。加えてそもそも国家介入の全体的な特徴を炙り出すことが研究の主目的とされており[22]，逆に言えば，国家介入の歴史的経緯や動機などは扱わず，調査項目自体の持つ現地での意味合いや，ある法的規定を通じて実際には何が行われているのかといった点について，フォックスは研究上の禁欲をもって議論していない。

　政教関係について比較的汎用性の高い通文化的な比較を念頭に置いて研究をするのならば，フォックスの手法は実りあるものになるだろう。しかし，

特定の国家の歴史的文脈を踏まえそれを説明できるモデルの構築，そして一定程度の汎用性を踏まえた抽象化(フォックスの研究ほどの汎用性は望まない)を目指すのであれば，もう少し違った形で概念を整える必要がある。それには公認教制に質的差異を導入する方向，しかもフォックスの研究が提起している国家介入的な状況の有無とその度合いへの注目といった点が重要である。

＊＊＊

　以上述べてきたように，国教，国家仏教，公認教，協同型関係などの概念は，現代タイの政教関係をきめ細かく捉えるには，必ずしも適切ではない。「国教」はそもそも概念としてかなりあいまいなものであり，それゆえに，多様な意味を含み込んだ象徴的用語として政治的に用いられ，感情的な憧憬や反発を誘発する力を帯びてしまう。そういった側面から距離をとり，学術的に厳密に定義しようとする試みもあるが(欧米諸国の事例)，そこで提示されたものは，信教の自由の理念とは全く相いれない前近代の政教関係に限定されつつある。「国家仏教」はより限定的に使用される概念ではあるが，そもそも仏教にしか焦点を合わせていない。

　一方，公認教制はより汎用性の高い概念ではある。しかし，国教制と公認教制を区分する論拠が明確でない。加えて，西洋近代社会の歴史的・社会的条件を前提に構築された概念という傾向があり，政治と宗教がそれほどきれいに区分されていない国々の状況や，宗教への国家介入がある現実をあまり考慮していない。この点については，フォックスの GIR 研究はより現実を踏まえた概念をつくろうとしている。しかしフォックスの主要な目的が世界各国の比較にあるため，用いられる概念に汎用性はあるのだが(もちろんそれは欠点ではないのだが)，それぞれの国の特殊事情といった質的要素(歴史的・文化的・政治的な経路に依存した社会形成のあり方)を加味した分析にはあまり向いていない。例えば，本書で後述するように，国家自体が宗教活動の主要なアクターの１つになることや，非自律的な宗教団体(組織の形成そのものを近代国家が行った宗教団体)の形成といった，タイにおける特殊事情は，政教関係の把握において考慮されていない。つまり，国家と宗教団体を明確に区切るという発想自体が，タイの政教関係には必ずしもきっちりと当てはまらないの

である。次章では，この特殊事情を加味しながらどのようにタイの政教関係
を整理したらよいのか，その案を提示したい。

1) チャートという概念は，タイの隣国ミャンマー（ビルマ）とインドシナの国々が，イ
ギリスやフランスに植民地化される1880年代の政治状況において形成された［村嶋
1987］。
2) それ以前にラーマ4世は，宗教比較の視点から，仏教を位置づける書簡を記してい
る（第12章を参照）。
3) このようにラック・タイの意味内容は時代によって微妙に変化している。また，
1932年の立憲革命以降，国王の政治力がそぎ落とされていた時代にサガーは，民
族・宗教・国王というラック・タイの中身に憲法を付け加えて，4つの基盤と改訂し
ている（1935年版）。しかし，国王の政治力が増してきた時代になると，例えば1976
年版『ラック・タイ』では，付加された「憲法」の記述が削除されている［赤木
1989：90-94］。
4) 「信仰」は，宗教（サーサナー）という用語ではなく，「ラッティニヨム・ナイ・サー
サナー」という語が使用されている。これは教えが確立して広く知られている伝統宗
教以外の諸信仰といった意味を持つ言葉である。
5) 布教活動の規定や，寺院などへの不敬行為は処罰されるという法規定もある。もっ
とも，不敬行為については，現代日本の法律にも該当するものがある。例えば，刑法
第2編　罪　第24章「礼拝所及び墳墓に関する罪」第188条「礼拝所不敬及び説教
等妨害」。
6) その他，南部マレー・ムスリム集住地域における，紛争解決・復興事業に関わる組
織もある。
7) この発言は，ドイツで催されたパーティーの席で，タイ人学生からの質問に答えた
ことに端を発する。そこでの発言を，王妃がタイに帰国後，自身の生誕祝いの場で述
べ，マスコミに取り上げられたのであった。国民投票直前という発言の時期，一学生
が仏教と憲法というセンシティブな事柄を，あえて王妃に質問したという異例さから
して，これは周到に用意された発言だったのではないだろうか。
8) 古くは，タイとマレーシア国境域にあり，イスラームを文化的基盤としたパッター
ニー王国が，100年ほど前にタイへ併合されたことが問題の端緒であるが，今日，タ
イ南部の国境県近郊で生じている暴力事件・テロ事件は，2004年頃から頻発するよ
うになった。これはイスラームの分離独立・過激派の活動と見られている面もあるが，
地元の利権争いや麻薬取引等の違法ビジネスなども絡んでいると言われている。いず
れにしても，仏教徒・ムスリムを問わず，毎日多くの犠牲者が生み出されている。
9) バンコクポスト紙副編集長ウィーラ・プラティープチャイクン［*Bangkok　Post*
2007/3/26：news18］，歴史学者ニティ・イアオシーウォン［*Matichon* 2550/4/2：6b］，
社会批評家・僧侶のパイサーン師［*Matichon* 2550/4/15：6］。

10）バンコクポスト紙社説［*Bangkok Post* 2007/2/16：news19］，元首相の故ククリット・プラモートのかつての意見［*Matichon* 2550/3/23：2］。

11）バンコクポスト紙副編集長ウィーラ・プラティープチャイクン［*Bangkok Post* 2007/3/26：news18］，社会批評家・僧侶のメーターナンドー師［*Matichon* 2550/4/2：6a］。

12）バンコクポスト紙社説［*Bangkok Post* 2007/2/16：news19］，ジャーナリストのサンティスダー・エーカチャイ［*Bangkok Post* 2007/4/5：news22］。

13）深南部の仏教徒には寺院や僧侶をターゲットにしたテロの発生など深刻な問題が生じ，2002 年から寺院や僧侶を守るために寺院を砦化し武装した兵士が護衛につくようになった。そのため，寺院周囲のムスリムは言うまでもなく，地域の仏教徒たちまで寺院に通いにくくなっていった。さらには，南部以外の出身者で新たに出家し，南部の寺院に移ってきた僧侶には，元軍人などもおり，なかには秘密で銃を所有している僧侶がいるという報告もある［Jerryson 2009］。

14）なお，南部のテロ問題への対策として王妃の支援のもと，仏教徒の村落を中心に銃器を所持した自警団の形成がなされた［McCargo 2009：24］。したがって，王妃は国教を明記しないことで，現在の諸問題が解決するとはおそらく考えていないであろう。むしろ，場合によって，自衛という形で武力を用いてでも，現在まで培ってきた秩序のあり方を守ろうというのではないだろうか。

15）この引用文内の「筆者」とは，石井自身のことである。

16）神王思想は近代化の過程で影響力を失っていくが，国家儀礼などに若干その残存が見られる。例えば，1950 年に行われたラーマ 9 世の即位式においては，ヒンドゥー教儀礼から始まり仏教儀礼へと接続する流れや，ヒンドゥー教的要素を仏教的意味で捉え直すことなどが見られた［吉川 1990：209-213］。

17）ただし小島伸之が論じているように，明治維新から終戦までの日本の政教関係は，時代によりそのあり方を度々変化させてきた点には注意を払わなくてはいけない［小島 2010］。

18）なお，ベトナムの場合は，近年，政治的状況の変化から，公認される宗教団体が急激に増えている。

19）ちなみに，タイのこの規定は 1932 年の最初の憲法には見当たらない。1968 年憲法でも見られない。1997 年憲法と 2007 年憲法には記されている。1972 年から 1991 年の間の 7 つの憲法（暫定憲法を含む）においてどのように記載されているのかについては，筆者はまだ調査していない。

20）フォックスがこの研究において使用したデータは，The Religion and State Project のサイト上で公開されている。http://www.religionandstate.org/ （閲覧日 2014 年 8 月 1 日）。

21）またこの変数と，他の 4 つの変数（Restriction on Minority Religious Practices, Regulation of All Religion or the Majority Religion, Religious Legislation）を組み合わせて，General GIR を測定しようとしている［Fox 2008：48-54］。

22）フォックスの調査における定義に即した形で，国家介入がなく政教分離がなされて

いる国は世界でも11%弱しかない上，1990年から2002年にかけての変化を見ても，国家が宗教に介入している状況にほとんど変化はない，といったことなどが示されている［Fox 2008：101-103］。

第3章　二重の政教関係
——国家と宗教，国王と宗教——

1　国家の公定宗教と3つの型(公設型・公認型・公営型)

　前章では，国教，国家仏教，公認教制，協同型などといった用語が，タイの政教関係を的確に捉えることができないという点を確認した。本章では，前章で取り上げた論点を組み込み，またタイの現場の状況をもとに抽象化した用語を用いて，タイの政教関係を捉える概念を練り上げてみたい。ここでの問いは，政治と宗教，国家と宗教団体といった区分の自明視を取り払った場合，どのような政教関係が見えてくるかということである。

　また国家と宗教に関する政教関係だけではなく，国王と仏教(宗教)の関係といった政教関係をもこれに加えた，二重の政教関係として，タイの政教関係を捉えてみたい。

　まず前者の政教関係について，試みに，「公定」宗教制という用語を使って捉えてみる。公定宗教制という用語が対象とするのは，政教分離制とは異なり1つ以上の特定宗教を国家が形成・選択して特別に支援・統制する制度であり，国家介入的な面が強い点で公認教制とも異なった政教関係の制度である。前章で取り上げたフォックスのGIR研究に関連づけて言えば，国家介入的な制度のうち，何らかの宗教実践(教化活動，儀礼の実施，集団形成，その他の活動など)を国家主導で行っているケースである。

　先述のように，タイの政教関係を捉えるには，政治と宗教の役割区分，あるいは国家と宗教団体という集団区分に対し，現代日本のような政教分離制

の社会が想定している区分線を安易に当てはめてはいけない[1]。タイでは宗教活動も国家の行政活動も，我々が想定する区分をまたいで展開している。

　そういった独特な区分の連関に注目することは，世俗主義の文化人類学的研究を進め，「今日のムスリムは世俗の概念をどのようなものと理解しているか」[アサド 2006：272]との問いを立てた T・アサドが，植民地時代のエジプトにおける，法律と宗教と道徳などの新たな行為領域を定義する「道徳的地勢」の創出，新たな諸概念・諸制度のマトリックスとそこから立ち現れる主体の形成を論じたことに近い。

　アサドは，法的に基礎づけられた近代的な家族と，その家族を維持する道徳といった制度的領域が創出されたこと，そしてその道徳を支える「人的地位の法」としてシャリーアが位置づけられ，これによって「宗教」は法を通じて公共に関わるものとなっていった経緯を取り上げている[アサド 2006：271-337]。そして，こういったエジプトのケースを理解するために，アサドは「文化的に特徴的な概念と，概念相互の連結の具合とを注意深く分析する」と述べている[アサド 2006：272]。

　タイの場合にはそれが，政治と宗教，国家と宗教団体の区分を独特な形で区切り（むしろ独特の区切りをもって相互に連結した諸概念・制度的空間としての道徳的地勢を形成し），国家主導の宗教活動（社会秩序を構築する道徳的実践）の領域を生み出したと言えよう。ただしここで筆者は，タイのみが独特な政教関係を持っていると述べたいわけではない。そのような言い回しは，ともするとタイの仏教的な文化ナショナリズムを追認しかねない。むしろどの国や地域であれ，それぞれ独特な近代の制度的布置連関を構築するものであり，また国家を宗教活動のアクターの一部としている国も，タイだけに限らないという立場である。

　以上のような視点に基づき，以下，タイの公定宗教制を3つの型（公設型・公認型・公営型）に分けて整理してみたい。ただしこれは，タイの事例にのみ依拠し，さらに筆者の観点から行った抽象化にすぎない。他国においては，そして他の研究者の視点からは，これとは異なる型で構成される公定宗教もありうるだろう。例えば宗教者を中心とした政党が国政で議席を持っている

ケースなども考えられる。逆に言えば，少なくともタイでは，国家介入かつ国家主導の政教関係が，この3点を中心に構成されていると筆者が考えているということである。

1-1　公　設　型

まず公設型から取り上げる。これは，国家が自国領土内で既存の宗教集団を何らかの形に区分・統合し，共通ルールを策定して制度化し，そして支援や統制を行うタイプの公定宗教である。利害の異なる集団が調整のために設ける協議機関としてのコーポラティズムを組み込んだ政教関係と言ってもよいであろう。

これは自律的な宗教団体とそれに対抗する国家といった二項対立から外れるような政教関係である。おそらくこの二項対立を前提とした政教関係は，自律的な中世ヨーロッパの教会と帝国・諸侯国といったローカルモデルがもとになったのかもしれないが，実際には宗教実践を行う社会関係が，自律的で境界の明確な集団を形成していないこともある。緩やかなネットワークや局地的な集団，もしくは系譜関係を形成することはあるが，それらがそのまま自律的な組織を形成するとは限らない。それどころか国家は，そのような無数の無自覚の社会関係には目もくれず，独自の視点から宗教団体を主体化・実体化させることさえある。

タイ国サンガがその典型的な例である。近代タイ国家形成以前には，統治範囲のすべての寺院と僧侶を束ねるような集団は存在していなかった。それが法的に整備され始めたのは，1902年のサンガ統治法からである(後に，1941年，1962年に新たなサンガ統治法が制定された。さらに1992年に一部改定された[林2009b：246])。しかもタイ領土内のサンガ統一は，近代社会における自律した社会集団として自ら形成したものではなく，あくまでも国家行政の視点から他律的に，しかもタイ全土に行き渡る地方での教育制度の基盤として形成された。つまり，タイのサンガという枠組みとその実体化は，国家行政の思惑で形成されてきたものであった。したがって少なくともその設立当初は，集団的な一体性に欠けており，(個々の成員は別として)この集団自体が自律性

を持って国家に対抗したり，信教の自由を掲げて国と対峙したりするということは，想定しにくい宗教集団なのである[2]。

　なお実際には公設された上座仏教サンガの中に，ごく少数の寺院と僧侶からなるベトナム系大乗仏教と華人系大乗仏教の2つの団体が組み込まれている。未確認ではあるが，これらの団体は後述の公認型に近いものと思われる。もしそうならば，公設のタイ国サンガには，公認団体も組み込んでいるといった複雑な形をとっていることになる。

　このようなサンガの公設化は，具体的には自国領土内での組織化と，域内の標準化，支援と統制を伴うものであった。例えば，タイやその周辺における寺院や僧侶は，各地域別の緩やかな寺院間のまとまりや，複雑につながる師弟関係によるネットワークを持っていた。国家による自国領土内での組織化とは，このようなネットワークをあまり考慮せずに，全国規模で組織化したものである。ただし現在でもインフォーマルグループとして，地域社会における諸関係，師弟関係の系譜，出身地別の人脈，教学学校でのつながりなどは，残されている[3]。

　もっともこの変化は，タイの国家全体の変動の一部と捉えておくべきであろう。タイ上座仏教研究者で文化人類学者のタンバイアは，サンガの変化を含む国家全体の変化を，銀河系的政体から放射的政体への移行として捉えている。前近代のタイ国家やサンガのあり方は，銀河系的政体，つまり中心権力の重力場の大きさ(権力の大きさ)の如何により支配地域が波紋状に拡大収縮し，地方でもこれと同種だが規模の小さな権力を中心とした支配圏が拡大縮小するという，入れ子状で伸び縮みする社会構造が形成されていたとタンバイアは捉える[Tambiah 1976：102-199]。そしてこの前近代的な社会構造が，20世紀初頭の近代化政策によって中央集権的な放射的政体に変化したと論じている[Tambiah 1976：193-199]。

　このような領域内組織化とともにその標準化も並行して行われた。例えばタイ国サンガの事例は，サンガ統治法，共通の言語(パーリ語や中部タイ語)，共通の教学試験，共通の位階制度などの制定といった作業である。タイの場合には，このような標準化作業に積極的に関わったのは，王室に近いタンマ

ユット派出身の高僧ワチラヤーン親王であった。彼は近代化政策を進める
チュラーロンコーン王のもとサンガ改革に携わり，タイ国サンガの長である
サンカラートも務めた人物である［石井 1975］。

　加えて，国家が教育政策や同化政策あるいは福祉政策などにサンガを活用
するという面も見られるが，この点は後に述べる公営型の公定宗教の特質と
して取り上げる[4]。このようにサンガと国策における関係には密なものがあ
るが，他方でサンガや僧侶が，議員選出の選挙活動に関わること，特定の政
党を支持したりすること，さらには政治的デモに参加するといった政治活動
をすることは，禁止されている［Somboon 1982：101-102］。理由はそのような
政治活動は，出家者の清浄性を損ない，サンガに党派的な分裂をもたらす恐
れがあるからという面が強いのだが，他方で公設のサンガは公務員組織のよ
うな体制内組織だと考えればわかりやすいであろう。タイ国サンガには，こ
のような制度化・標準化・行政資源化・政治活動の禁止など，国家による統
制が見られるが，後の章で述べるように，僧侶の教育支援や寺院の修繕や新
設等の補助金支給など，国家による支援もなされている。

　このように公設型の公定宗教とは，まずもって組織面，もしくは電流や情
報の流れる配電盤の設置といったようなハード面の構築からなされた国家主
導の制度化である。ちょうどそれは，明治時代に，神仏分離で神社と寺院の
間に制度的な区分が明確化されたことや全国の神社を国家が組織化したこと
などと，同種の事例と言えよう。

　なお公設型といった制度化は，タイで国内第2位の宗教人口を持つイス
ラーム（約4.5%。仏教徒は約94.5%）に対しても行われた。1945年に制定された
「イスラームの擁護に関する勅令」は，イスラームに対するタイ国王の擁護
を実施する国王代理者としてのチュラー・ラーチャ・モントゥリー（宗主）と
いうイスラームの代表者を選定し，その下に，内務省の行政局・教育省の宗
務局諮問機関としてのタイ国イスラーム中央委員会を設置し，さらにその下
に各県イスラーム委員会，さらにその下に各スラウ・イスラーム委員会（各
モスクの委員会）と階層状の組織をつくり，個々のムスリムは特定のモスクに
所属を登録するという制度である［石井 1977：358-361，サオワニー 2009：815-

825]。その後チュラー・ラーチャ・モントゥリーは，国王代表から教育省の
諮問に応じる顧問職となり，勅令も1997年には「イスラーム組織行政法」
として改定されたが[林 2005：75]，基本的な統治様式に変化はない。ただし，
実際のムスリムたちは，複数のモスクに関わるケースもあれば，行きつけの
モスクを変えていくケースもある。先のタイ国サンガと同様，内部のイン
フォーマルグループが活動の主体となっている。

　一方，タイのキリスト教に関しては，公設型と解釈できる面もあるが，お
そらく教会側の組織形成の自律性が強いと思われるので，以下の公認型に含
めておく。

1-2　公　認　型

　次に，公認型について述べるが，これは既存の宗教集団をそのまま国家が
認可して，支援や統制を行うタイプの公定宗教である。もちろん先述の公設
型の公定宗教は，公認された状態にもあるが，ここで公認型として区別して
いるのは，既存の自律的な集団の存在が前提となっているケースである。こ
れは，前章で取り上げた，公認教制と同じ政教関係であるので，国家介入的
な政教関係とは分けて考えるべきかもしれない。ただ，タイの場合，公認の
基準は必ずしも明確ではなく，1979年以降は公認の認可もなされず，新た
な団体を既存の団体の傘下に置いて管理する方針をとっていると見られてい
る[西本 2009：515]。その意味で，認可に関しての国家の主導権は極めて大き
いと言えよう。なお，タイにおいて，非公認団体の宗教活動が全く不可能と
いうわけではない。政府当局は，問題が生じない限り非公認団体の布教活動
などを静観している[西本 2009：516]。

　公認型の例としては，タイでは在家の仏教団体やイスラームやヒンドゥー
教の諸団体がそのまま公認対象として認可されている場合などがある。これ
らは「種々の宗教に関する宗務局規則」(1969年)において，規模と目的によ
り「宗教的な大団体」，「宗教的な小団体」，「宗教的な特別団体」と区分され
公認される[西本 2009：514-515][5]。

　またキリスト教に関しては，タイ国カトリック教会とプロテスタント4派

(タイ国キリスト教会，タイ国クリスチャン連合，南部バプテスト教会，タイ国セブンスデーアドベンティスト教会)を合わせた5大教会組織が制定されている[西本 2009：533]。この場合には，カトリック教会やセブンスデーアドベンティスト教会など一宗派単位での公認化と，個々の宗派や教会が，連合組織に加入することで公認されている場合とがある。後者の連合組織については，国家主導の組織枠組みであるならば公設と分類してよいだろうが，(十分な確証を得ていないが)むしろ教会側の主導で自律的に形成された組織であり，国家がそれを公認したと理解する方がよいと思われる[6]。

　なお実際には，5大教会組織に属さずに活動する教会や宗教者も少なくない[林 2005：77]。またタイの政教関係と比べドイツの政教関係では，公認型の宗教団体の社会的影響力が強く，公立学校等での宗教教育の主導権は国家にではなく教会側にある。

1-3　公　営　型

　以上述べてきた公設型と公認型は，何らかの実体的な宗教集団の制度化が前提となっていたが，次に述べる公営型の公定宗教は，そのような集団的実体性はなく，行政事業(プロジェクト)として展開される公定宗教，多様な行政目的の遂行と宗教的な教化活動や儀礼活動が一体になった，あるいは宗教を行政資源として活用した公定宗教を意味する[7]。

　これらの公営型の公定宗教といった事象については，教育学からのアプローチを除き，タイの宗教研究ではあまり注目されてこなかった。

　従来の研究のように，タイ仏教を，政教分離社会の区分を前提とし，一般的に宗教者の実践と見なされる領域として捉える視点からは，公営型の仏教は見えてこないだろう。例えば，タイの仏教を，解脱志向，タンブン(功徳積み)志向，呪術志向と区分すること[小野澤 1994：23-26]，あるいは僧侶の仏教と民衆の仏教(村落や特定流派の寺院を中心とした僧侶と信徒の織りなす日常的な宗教実践)に分ける視点からは，行政事業として展開されている宗教実践は漏れてしまう。唯一例外的に，教育学の研究において，(ただし教育実践として)取り上げられてきた[野津 2005，森下 2003]。宗教を主たるテーマとしてきた研

究者は，むしろ宗教を宗教者や宗教団体が行うものとして狭く位置づけてきたのかもしれない。そのため，国家が宗教的理念を持ち，宗教実践(行政事業)のアクターとなることは，視野の外に置かれがちだったのではないだろうか。もしくは，近代社会にあるべきではない不適切な事象して，触れずにおいたのではないだろうか。公営型の公定宗教への着目は，このように教育学が注目してきた事象を，宗教研究，政治学などにつなげていく試みとなる。

　このような公営型の公定宗教は，先述の公設型，公認型と比較するとその特性が見えてきやすい。公設型と公認型が，組織や制度といったハード面・インフラ面の形成に重きを置いていたとすれば，公営型は，ハード面の上に流れるソフト面に重きを置いた，あるいは配電盤の上を流れる電流や情報のような，公定宗教である。

　ただし，公営型のソフト面が展開するハードの領域は，公設型・公認型の公定宗教の組織にとどまらない。行政事業なので，各省庁とその地方出先機関や地方行政機関からなる行政ネットワークを通じて展開する場合もある。公営型の公定宗教は，タイの場合，特に国家による教育事業や福祉事業と連動して行われている。なお，戦前の日本の事例で言えば，文部省による修身教育や，国家総動員法(1938年)以降に見られる特高警察による皇道宣布のための取り締まり活動[小島 2010：89-91]なども，同種のものと捉えることができよう。

　第9章で詳述する事例の先取りになるが，この公営型の公定宗教における仏教，特に教育行政と連動した国家の教育・宗教事業の主要なものは，画一的な宗教的知識・情操を教育(布教)するという側面がある(ただし近年，多元的・ホリスティックな教育と連動したプロジェクトも見られる(第6章および第7章を参照))。タイの場合，宗教科の授業が週に2時間行われており，学習指導要領に該当する「ビジュアルマップ」は，教育省主導下において僧侶を含む関連分野の専門家が策定している。また近年では，この授業を専門に担当する教員として僧侶を派遣するといった政府プロジェクトも行われるようになった(それまでは，在家者である一般教員が行うことが多かった。今でも僧侶教師の派遣を得られない場合には，一般教員が宗教教育を担当している)。つまり，組織としては教

育省管轄下の公立学校と教員，および国家仏教庁や文化省宗務局と関わるサンガの組織という，制度のハード面を利用し，道徳教育という行政事業の一環として宗教教育が展開されているというわけである。

　なおタイの公立学校における宗教教育では，人口の約94.5％を占める仏教徒と，約4.5％のイスラーム教徒向けに，それぞれ異なった教科書を使用し，異なる教育内容が定められている。それ以外の宗教の信徒や無信仰者に対しては，仏教の授業への参加も含めケース・バイ・ケースの対応をとっているが，仏教の授業へ参加することも多い。

　公営型の他の事例としては1963年と1965年にそれぞれ始まる仏教布教事業などがある。いずれも僧侶が布教師として派遣されている。前者はタンマトゥート（法の使節）と呼ばれ，仏教大学が立ち上げ宗務局が担当行政部署となった事業であり，タイ北部や東北部などの仏教徒を対象とした村落開発事業と仏教教育を兼ねた布教であった。後者はタンマチャーリック（法の巡歴）と呼ばれ，当時の内務省公共福祉局の梃入れで始まっている。これは山地少数民族を対象に，国民化教育を促す布教であった。ちなみにこれらの布教事業は，周辺国における共産化がタイ国内へ浸透しないよう予防線を張る，反共政策に基づく事業であった。

　なおこの事業については，反対意見も少なくなかった。タイの著名な知識人であり国際的なエンゲージド・ブッディズム組織の重鎮でもあるスラック・シワラックは，僧侶が政府に利用されることを強く批判している。またタイの政教関係研究において著名な，タイ人宗教社会学者のソンブーンは，1950年代からの軍事独裁政権下での開発政策を通じて，国政によるサンガの利用が始まったことを指摘している。ソンブーンは明確にこの事象を批判しているわけではないが，このような反共政策事業の影響が，暴力を肯定する政治僧（1970年代のタイに現れた，反共を主張する右翼的な僧侶と，反米・反資本主義という政治的理念を掲げる左翼的な僧侶）の台頭につながった点を問題視している[Somboon 1993：63-65]。石井は，後者のタンマチャーリックについて，近代化への対応努力ではなく，旧来の仏教観のままで単に政治的な現実主義に迎合していると批判している[石井 1991：175]。さらにカイズは，サンガが国

政に利用されるのは，宗教的自由を奪われることであり，また不用意な仏教
布教が山地少数民族の精霊信仰とつながり，反政府的な千年王国運動に展開
しかねないと述べている[Keyes 1971：559-567]。

　この政策の目的・効果・手法などについての是非は別途考察すべきであろ
う。しかし，これを単に，軍事独裁下における僧侶やサンガの政治利用とし
て批判するだけでは，的確な批判とはならない。なぜなら，先に述べたよう
に，現在においても，教育を中心に，国家による僧侶やサンガの利用は続い
ているからである。その他，規模は小さいものの行政の福祉・衛生事業や地
域文化振興事業に，サンガや仏教文化が活用されるケースも見られる(第4章
を参照)。そもそも，20世紀初頭のタイ国サンガの組織形成自体が，全国規
模の公教育制度の構築にあたり施設と人材の不足を補うために，寺院と僧侶
を活用するということから始まったものであった[Wyatt 1969，石井 1975：
146-147]。

　つまりタイ国サンガや仏教の教理や関連する諸文化は，現在に至るまで国
政に利用されてきたのであり，宗教(特に仏教)による社会問題解決への直接
的な取り組みとして，国家レベルで許容され推進されてきたのである。国家
は宗教集団の組織化というハード面を構築・維持するだけでなく，政策に基
づく行政事業・行政サービス(教育，福祉，文化，観光事業など)というソフトな
面も構築・提供している。仏教教理は公立学校での授業用に「道徳」として
整えられ，地方の仏教文化は行政お墨付きの伝統芸能とされ，寺院や僧侶，
仏教教理や仏教文化は，様々な行政事業に合わせて活用される行政資源とし
て位置づけられている。公営型の公定宗教とは，このような国家主導の諸事
業として行われている宗教実践なのである。

2　公営型の公定宗教の特徴

　タイの公定宗教のうち，公設型はこれまで最も多く論じられてきた。次い
で，少数ではあるが，キリスト教を中心に，公認型の宗教についての研究も
見られる[西本 2009]。しかし，公営型に関しては，先に述べたように，教育

の一環として教育学の研究者が取り上げているだけで，これを宗教論や政教
関係論として論じたものは見られない。本書は，この公営型の公定宗教を主
に取り上げ，その実態を明らかにすることが目的の1つである。その具体的
なあり方については，次章以降で詳細に扱うこととし，本章では，タイの公
営型公定宗教の全体的特徴について，簡単にまとめておきたい。

　公営型の公定宗教は，タイにおいてはその中心は中央省庁とその出先機関
の組織の活動からなる。しかしその事業が，中央省庁とその出先機関のみに
よるものに限定できない上，またこれら省庁の事業活動が国家全体として
「一枚岩的」な仏教活動や仏教理解の普及を，「トップダウン式」に企画して
いるとイメージしてはいけない。この点について本節では，試みとして行政
学(国家および地方公共団体などの官僚組織制度とその運営実態に関する学問)の知見を
用いて考察してみたい。

　まず，第1点目として，公営型の公定宗教の諸活動は，必ずしも国家トッ
プや中央省庁の視点からのみ構成されるものではないという点を述べておき
たい。行政学における政策過程の研究によれば，政策の議題設定(問題提起)
自体は中央省庁の官僚の頭の中だけで生まれるものではなく，行政機関内の
ボトムアップを含め，マスメディアや企業や財界や市民運動あるいは政党や
政治家など多様なアクターから提起されることが指摘されている[真渕
2009：428-434]。

　例えば，仏教の朗経と民謡が融合しタイ語の歌詞が付いたサラパンという
仏教讃歌の普及を目的とした「サラパン朗経コンテスト助成計画」が文化省
宗務局によって行われているが，これは，地方出先機関の国家文化委員会事
務局と文化会議が地域文化振興政策として発案し，中央省庁(文化省宗務局)レ
ベルで政策決定されて全国化したものである[加藤 2009]。また，後に第6章
で詳細を紹介する教育省の「仏教式学校プロジェクト」は，私立の仏教系学
校で実践されていた運営スタイルをパイロット・ケースとし，マハー・チュ
ラーロンコーン仏教大学の支援も得て，教育省の国家プロジェクトとして政
策決定されたものである。そして政策実行段階においても中央で企画化され
たモデルと現場での応用が，相互作用するような方式を採用している。

　第2点目として，公営型の公定宗教は，全国レベルで画一化した仏教の知識や活動を広める作用を持っているものの，他方でそれは一枚岩のイメージでは捉えられないという特徴を有する。むしろ一枚一枚模様の若干異なった布地の服を何枚も重ねているような，重ね着をイメージする方が実態に近い。この重ね着は，色合いなどのコーディネートがマッチすることもあれば，ちぐはぐなこともある。ときには，無用な重ね着や寸足らずになることもある。

　そのような重ね着的な実施状況になることについては，タイの行政機関の内情にまで踏み込んだ調査を筆者は行えていないため，ごく一般的なことしか述べられない。その範囲で言えば，行政機関の政策決定過程に見られる一般的な特質が，重ね着状況を生むと推察される。例えば行政学上の政策過程研究などでは，政策の議題が上がってきて後これを決定する際，各省庁間での重複や矛盾を調整せずに省庁別に決定されることや，逆に各省庁の役職者が他省庁との権力闘争の中で駆け引き的に決定を行うこと，もしくは政策決定自体が十分な情報や特定人物・集団のイニシアティブ等もなしに，極めて無秩序な偶然的作用によって決定されること(マーチ＆オルソンの「ゴミ缶モデル」)などがあると述べられている[真渕 2009：435-443]。

　例えば，週末に寺院関連施設等で子供への教育を行う「日曜仏教教育センター助成計画」(文化省宗務局担当。1958年から)(第8章で詳述)と，学校・寺院・地域社会が共同し，学外活動も含めて包括的な教育実践を行う「仏教式学校プロジェクト」(教育省・基礎教育委員会事務所・教育運営イノベーション開発事務室担当。2002年から)(第6章で詳述)には，一部に機能的な重なりがある。また，文化省宗務局は，世俗の公立学校の仏教(道徳)の授業に，教師として僧侶を派遣する「道徳教育僧侶の学校派遣への経費助成計画」を2002年に打ち出した。これなどは教育省の「仏教式学校プロジェクト」と重なり合う面が非常に多い。実際，2008年になり，この活動の予算は，文化省宗務局から教育省に移され，活動の管理運営も宗務局からマハー・チュラーロンコーン仏教大学(教育省管轄)に移管されている。さらに，小さな活動ではあるが，宗務局は「エイズ予防と問題解決における地域の能力開発支援」といった活動において，エイズ予防や患者のケアなどに関わる僧侶への支援なども行ってい

る。しかし，この活動は，比丘や沙弥を主として管轄する国家仏教庁が担当する方が適切な分担に見えるし，あるいは保健省が主管した方が患者や治療に関する情報の流れもスムーズになるのではないかとも思われる。

　最後に第3点目として，公営型の公定宗教は，その諸活動が中央省庁（および出先機関）や地方公共団体のみによって担われているわけではないという点があげられる。例えば，先述の公設型の公定宗教の集団であるタイ国サンガは，サンガ統治法という国家の「世俗法」のもと，主として国家仏教庁（以前は宗務局）によって管理され，国家仏教の業務を実行する集団となっている。しかしタイ国サンガは中央省庁でも地方公共団体でもない。

　このように行政上の事業を遂行していながら，しかし厳密な意味で行政機関ではない集団をどう考えるべきか。もちろんタイ社会における仏教の特殊性という点を無視することはできないが，しかし行政機関ではないものの行政事業を遂行する諸集団は，実は現代の多くの国家に存在する。行政学では，このように行政機関と国民の間をつなぐ様々な外郭団体を「グレーゾーン組織」と呼び，これを通じて広がる行政活動とその領域を「行政ネットワーク」と呼ぶ。例えば日本では，元国鉄などの特殊法人，日本銀行などの認可法人，国立大学法人などの独立行政法人といった公的グレーゾーン組織，また各種業界団体や行政連携型 NPO などの私的グレーゾーン組織があげられる［真渕 2009：116-137］。国家や地方公共団体による行政活動は，このようなネットワークの中で行われるのである。とりわけ財政支出を抑えた「小さな政府」を目指すニュー・パブリック・マネジメントを実施する際には，いわゆるエージェンシーと呼ばれる政府から独立したグレーゾーン組織に行政執行機能を委託することが多くなる。

　このような視点を導入してみると，タイ国サンガや仏教関連機関の位置づけがわかりやすくなるのではないだろうか。つまり，タイ国サンガは資金・法制・業務面で政府の影響下にあるが，一方で政府機関から独立した組織であり行政とは異なる活動も可能な，公的グレーゾーン組織と考えられる。またタイには宗派別の2つの仏教大学があるが，これは宗派立の私立大学ではなく，公設（国立。以前は王立）の大学である。もちろん財政面でも公費支出の

割合が高い。ただし，運営に関しては官僚や有識者とともに各宗派やサンガなどが関わる。

　このように考えてみると，地域開発を兼ねた地方への仏教伝道である「タンマトゥート」や「日曜仏教学校」(後の「日曜仏教教育センター」)といった活動を発足させたのが仏教大学であり後に宗務局がこれらの活動を管轄した点，また「仏教式学校プロジェクト」のコーディネートを仏教大学に属する僧侶が行いつつ，これを教育省が管轄していることの意味が見えてくる。いずれの活動も，僧侶個人や特定の寺院が行っていたわけではなく，公的グレーゾーン組織である仏教大学が行っていた活動を，中央政府が取り込んでいったものなのである[8]。

3　公定化の背景

　本章の最後に，タイで公定宗教が生じる理由，つまり国家が宗教に介入し，国家自体も宗教活動の一翼を担うといった事態がなぜ生じるのかについて考察したい。この点については，タイの近代国家がサンガ統治に介入する3つの要因を，ソンブーンが指摘している(サンガ浄化支援による社会統合，行政資源となるタイ国サンガ，国内最大組織の1つとしてのタイ国サンガに対する治安対策)[Somboon 1982：3, 25, Somboon 1993：125]。本節では，ソンブーンによる研究を踏まえつつ(その内容の詳細は第13章で取り上げる)，独自の見解も加味して，要因を4つほど指摘する。

　第1の要因としては，市民社会形成以前に，国家主導で近代化が進んでいくという状況が考えられる[玉田 2001]。自由な個人による社会契約という市民社会的な社会秩序や道徳観念をもとにした，世俗主義のナショナリズム形成と産業化へと向かわない場合[9]，それとは異なる社会秩序・道徳観念のモデルを用いて，国民国家化・産業化を進めなくてはならない。そこで持ち出されるものの1つが，伝統的な統治原理，宗教・道徳的な社会秩序，包括的な哲学思想などを基盤とした社会的秩序の観念であろう。とりわけ王室といった伝統的支配者集団が，そのまま近代社会の統治を行うようになったタ

イの場合，王室とその統治の正統性を支える仏教が，社会秩序・道徳観念の
理念やモデルの一部を提供することとなった。その理念やモデルの構造は，
石井米雄やタンバイア，ソンブーンなどが詳細に捉えている。

　この点についてソンブーンは，さらに次のような見解を示している。上座
仏教圏の国々であるタイやカンボジアやラオスが近代化に着手したとき，西
洋的な民主主義や代議制を十分に理解しこれにコミットできた政治的エリー
トは少なく，民衆の多くも伝統的な権威主義的統治しかイメージしていな
かった。さらに植民地化から脱したばかりの新興国の場合でも同様の状況が
生まれる。つまり宗主国の再介入を避けるため，政治的エリートは自分たち
の統治が民主的であることを示す必要があるのだが，民衆の方は伝統的世界
観に基づく統治イメージの中で生活している。それゆえ国家が近代化を進め
るために，宗教性を帯びた伝統的統治のイメージが動員される，といった状
況が生まれてくるのである[Somboon 1993：6, 61-63]。つまり近代国家形成初
期には，国民よりも近代国家が先に形成され，市民社会も未成熟な状態で近
代化が推進される。そこで近代化を急ぐ政府が民衆から正統性を得るために，
宗教的権威に依拠した伝統的な統治の正統性原理を持ち出さなくてはいけな
いといった，ねじれが生じるというわけである[10]。

　「秩序のイデオロギー」[ユルゲンスマイヤー 1995]，「市民宗教」「公共善の諸
伝統」[ベラー 1973, 1991]，といった概念は，それぞれ違った含みを持ってい
るが，こういった近代国家の背後にある社会秩序のイメージやイデオロギー
を捉えようとしたものと考えることもできるだろう。

　これらの社会秩序モデルを，国民統合のために機能する宗教的なナショナ
リズムと捉えることは的外れではないが，もう少し分析の焦点を狭めてみる
と，次のような点も見えてくるだろう。つまりこれらモデルは，言語の共通
性や歴史といった(社会構築的ではあれ)すでにあるものの共有によるナショナ
ルな一体感の形成基盤となるのみならず，現在から未来において目指され実
現されるべき秩序とも見なされ，まだ見ぬ社会の実現を信じ，その中に各人
を位置づけ，人々に社会的行為の目的やそれらに関する物語を提供する力を
持つのである。

　第2の要因としてあげられるのは，行政資源の不足という点である。単純化した見方は慎まねばならないが，経済的な発展が不十分であれば，おおむね税収も十分とは言えないだろう。近代化当初の国のもう1つの問題は，財政不足や人材不足の中で急激な近代化を進めなければならないという点である。そこで生じる選択の1つは，既存の集団や資産を活用するということである。

　タイの場合は，全国的な教育制度を構築するために，宗教集団への大規模な国家主導の統制や介入が展開され，サンガ組織が構築されていった。近年の英米などでも，福祉行政資源の不足を補うことを前提とした宗教活動の法制化が行われている（ただし，極力，政教分離に抵触しないように慎重な対応をしているが）。

　第3の要因として，治安維持の問題がある。例えば，宗教集団間の紛争，宗教集団から国家権力への政治的圧力への対処といった，危機管理対応という点も，国家介入的な政教関係が展開しやすい背景として考えられる。しかしそれ以前に多数派の宗教集団自体が潜在的な治安上の脅威と感じられる場合もある。例えば，ミャンマーの場合には軍人よりも僧侶が多いと言われ［土佐 2012：5］，タイの場合には，サンガは全国的な組織を自律的に形成していたわけではないが，組織化すれば国内最大級の集団となる。加えて末端の村レベルでの影響力を持っている［Somboon 1982：25, Somboon 1993：3］。このような集団が存在するということは，潜在的とはいえ為政者にとって脅威であろう。つまり，タイ国サンガは，政治的な意見を持った独立集団とならないよう，体制内化された組織として構築されてきた（公設化された）と言えよう。

　第4の要因は，上記の3つの要因とは異なる問いの仕方に関わる。つまり，信教の自由を認め，また世俗が重視される近代社会において，なぜ国家が宗教に介入し，国家自体が宗教活動を行うことが，どのような理念や概念を用いることで可能になるのかといった視点からの問いに関わる。

　タイは世俗的な社会ではない，伝統社会のまま近代化していない社会なのだと，この問いを切り捨てることは，適切ではない。むしろタイはどのような制度や認識枠を用いて，近代社会を構築しようとしているのか，その独自

の制度的・認識的な布置連関を明らかにすることが重要となる。あるいは多様な近代の1つとして，タイ社会をどう捉えるかという視点に立つべきであろう。とりわけ，どのような認識の枠組みを用いて，近代社会において国家介入が可能になったのかが問われるべき重要な問いの1つとなる。

　そして，この認識枠組みのあり方が宗教への国家介入の第4の要因となる。これについては，第12章で詳述するが，概略を述べれば，タイでは宗教というものを国家や社会を文明化させる社会秩序の源として位置づけ，そのことにより宗教を私的な領域ではなく公的なものとして位置づけていった。仏教はその中でも最も重要な宗教と見なされていった。ここには宗教を比較する視点が入り込んでいる。したがって，仏教以外の他宗教もそういった枠組みの中に位置づけられるようになっていったのである。

4　公定宗教制と権威主義的統治体制

　本章で論じてきた公定宗教制という議論は，前章の問題を引き継ぎ，タイに見られる「国教」的政教関係をどのように概念化するかといった議論であった。それは近代的な政教関係の議論の中にタイの事例を位置づけ，一定程度の比較の可能性を開くことが目的とされていた。

　しかしこの議論には，十分に議論していない大きな問題が1つ残されている。それは国王と仏教(宗教)の関係を，国家と宗教の関係である政教関係にどのように接続するのかといった点である。石井米雄が『上座部仏教の政治社会学』で主として取り上げたもの，そしておそらく国教的なもの(真の国教)として捉えようとしたのが，この論点，とりわけ国王と仏教(宗教)の関係であった。したがって，この点を踏まえなくては，タイの政教関係を全体的に捉えているとは言えない。

　石井が詳細に述べているように，国王と仏教および宗教の関係は，大枠としては，国王が正法(仏法)の擁護者としてサンガを支え，サンガが正法を伝え，その正法によって国王の支配の正統性が保証されるという伝統的な上座仏教王権の統治モデル[石井 1975：81]と，そのモデルにチャート(民族的政治共

同体)をも含んだ価値理念であるラック・タイ(タイ的原理)に体現されている
と言えよう。またそれを近代国家が擁護することにより，国家は統治の正統
性を得るというものであろう[石井 1975：296]。

　ただし，第1章で論じたように国王の正法擁護は，儀礼的・経済的・政治
的な形でのサンガへのサポートにとどまらない。仏教理念に基づいて社会秩
序を形成するという道徳的役割を持っている。そしてその役割は今日，近代
的な意味に翻案され，主体も国王自身というよりは国家によって担われるも
のとなっている。これが本書の主たる論点であり，本書ではそのような国家
の宗教実践を含めた制度を公定宗教として捉えている。

　したがってタイの政教関係は，二重制度になっている。1つは，石井が論
じた国王と仏教(サンガ)の関係，もう1つは国家と宗教の関係である。言い
換えれば，前近代に重きを置いた制度(しかしそれさえも実は近代的にカスタマイ
ズされている)と，本書が公定宗教として論じる近代的な国家と宗教に関する
制度である。石井の議論では，この二重制度を1つにまとめ，国王と仏教
(サンガ)の相互補完関係を国民(民族)が支えるという状態をさらに国家が擁護
することで国が支配の正統性を得る関係として捉えている[石井 1975：296]
(本書第1章の図2・図3を参照)。また，この二重性のうち石井が国教の構造と
して論じたのは，主に前者の関係であった。

　しかし前近代の様式に重きを置いて論じた石井の議論だけでは，近代国家
としてのタイの政教関係を十分に捉えることはできないだろう。またこの二
重制度は，それぞれ別のモデルとして概念化した方がよいとも思われる。な
ぜなら後者の国家と宗教の制度的関係は近代国家のいずれにも生じうる現象
だが，前者の国王と特定の宗教との制度的関係は，近代国家の中でも王室が
存続しているといった歴史的オプションを満たす場合にのみ生じる現象だか
らである。端的に言えば，国王なしでも公定宗教は成立しうる。

　したがって理論的には二重制度を2つに区分して考えた方がよい。その際
本書では，国王と仏教の相互補完関係については，より抽象化した，権威主
義的統治として議論してみたい(第10章を参照)。そして国家と宗教の関係に
ついては，本章で述べたように，公定宗教制と捉える。この2つの政教関係

は憲法にもあるように，宗教という用語の多義性によってつながれており，仏教重視の中で複数の宗教を公設・公認するような仏教包括主義の体制となっている。ただし，その場合の仏教や宗教は，近代化の過程において，独特の意味合いを付されてきたのである(第 12 章を参照)。

1) もっとも天皇崇敬や関連する諸制度を考慮に入れれば，日本の場合もそれほど政教関係の区切りは明瞭ではないかもしれない。
2) 集団的アイデンティティが醸成され，また利権関係が固定化していくことで，タイ国サンガの自律性が生じる可能性はあるだろう。
3) 日本の公立学校の教員も，日本の文部科学省や全国的な教員組織の中に所属しながら，個々の教員間でインフォーマルグループを形成しているだろう。タイの僧侶もそのような多重の関係において，それぞれの役割を果たしていると言えよう。
4) なお公設型の宗教に関して，公教育の場においては，細かな宗派の相違を際立たせない説明になっており，仏教やイスラームという大きな括りで実体化された帰属意識の形成を促している。親が仏教徒であり仏教文化の中で育つ子供は，親しい地元の僧侶や行きつけの寺院への帰属ではなく(タイに檀家制度はない)，特定の宗派への帰属でもなく(タイの場合，在家信者の宗派への帰属意識は，ほぼ皆無といってよいが)，仏教徒(上座仏教徒)として自らを認識し，学校の宗教教育科目として「仏教」を選択することになる。さらに 7 歳以上になると国民携帯証の作成と保持が義務づけられており，これには顔写真や氏名や住所など身分証明になる情報とともに，帰属する宗教も記載することとなっている。そこには，細かな宗派や教団名ではなく，例えば「仏教」「イスラーム」といったレベルの集団カテゴリーが記載される。なお国民携帯証への帰属宗教の記載は 1994 年からのものであり，それ以前は内務省管理の戸籍謄本に帰属宗教が記されていた。一方，戸籍謄本への記載は 1996 年以降削除されるようになった[林 2005：56]。
5) 1969 年の「種々の宗教に関する宗務局規則」に基づく，独自の教義と 5000 名以上の信徒を持ち，タイの法律に反せず，政治的目的を隠し持たない「宗教団体」[西本 2009：514]とは，本書で論じている公認された宗教に該当すると考えられる。「宗教団体」自体の具体的事例が明らかではないのだが，少なくとも仏教のサンガや，イスラームの全国組織については，サンガ統治法やイスラーム組織行政法といった別法規が存在する。このことからすれば，サンガなどは「種々の宗教に関する宗務局規則」に基づく「宗教団体」とは別種の集団であると考えておいた方がよいであろう。タイの法規の上でも，公設と公認の違いがあると言えよう。
6) もっとも，公設型と公認型の線引きは他国の事例を踏まえるとそれほど確かなものとは言えない。インドネシアのバリ・ヒンドゥーや仏教のケースのように，唯一神と教祖と体系化された教義など，一神教的な形式を整えた集団が宗教集団として認定される制度においては，認定されるために新たに組織形成した伝統宗教集団がこの認定

基準を満たし，標準化された教育内容のもと，公教育へ参入することもある[福島
1991a，蓮池 2015]。

7) なお筆者はこれまでこの公営型の公定宗教となっている仏教を「行政仏教(官製仏
教)」と呼んできたが，この現象は仏教のみに生じるとは限らないので，他宗教にも
使用可能な公営型の公定宗教と呼ぶことにしたい。

8) 教育学者の村田翼夫は「日曜仏教学校」について「寺院による自主的ノンフォーマ
ル教育機関として発展した」[村田 2007：102]が，1998年からは教育省により「日曜
仏教教育センターと名称が変更され，国家から規制と援助を受けるようになった」[村
田 2007：99]と述べているが，この表現には，寺院は国家の公的領域から区分される，
私的なもの・民のものといった想定があるようにも見えるし，少なくとも仏教大学と
いったグレーゾーン組織の制度的位置づけが十分に考慮されていないと思える。

9) 統治技術の近代化や産業化については，他国との競争や闘争(ゼロサムゲーム)とい
う状況があるため，他国と同様もしくはそれよりも良い方法で早急に取り組むといっ
たインセンティブが働く。他方，市民社会化は，他国との競争・ゼロサムゲームでは
ないので，他国との競争とは違うテンポで展開しうる。また異なるインセンティブで
人々を動員しなくてはならない。

10) もちろん市民社会が成熟していけば，国家による宗教の活用は低下するかもしれな
い。ただし市民社会の側が国家主導で組織化された宗教的組織インフラを利用する
ケースや，むしろ文化的多元化の中で文化的・宗教的アイデンティティが強調され，
政府が対応を迫られるという可能性も考えられるだろう。

第2部　タイの行政と宗教

第4章　宗教関連行政の広がり

1　はじめに

　本章ならびに次章では，公定宗教とりわけ公営型の公定宗教の広がりを確認することを目的とする。まず本章では，タイの国家行政機関がどのような宗教関連事業を行っているのかを明らかにする。ただし，言うまでもなく宗教関連事業すべてが国家行政による宗教活動(公営型の公定宗教)であるというわけではない。例えば，宗教法人に関する管理・指導や設立・解散等の認証などの行政の業務は，日本のように厳格な政教分離性を持っている国においても行われている。本章では，そのような一般的な宗教行政がタイにおいてはどのような広がりを持っているのかを確認し，さらにその中に寄進や説法などの宗教活動そのものが行われているケース，宗教(特に仏教)の教えや実践を行政事業に組み込んでいるケースなどがあることを明らかにする。

　まずタイの国家行政組織にどのようなものがあるのかを確認したい。以下のような省ならびに独立機関から行政組織は構成されている(ここに示した組織構成は2006年国家機構を基本としている。訳語は玉田芳史・船津鶴代の用語を参照した[玉田・船津 2008：ix-x]。機関の順序はタイ語表記に基づいている。なお，国家選挙委員会，枢密院，国会，裁判所などの国家機能の監視機関等は，行政機関とは異なるので調査の対象から外している[1])。

独立機関，首相府，首相直属機関，国防省，財務省，
外務省，観光・スポーツ省，社会開発・人間安全保障省，

農業・協同組合省，運輸省，天然資源・環境省，

情報技術・通信省，エネルギー省，商務省，内務省，法務省，

法務大臣直属機関，労働省，文化省，科学技術省，教育省，

保健省，工業省，工業大臣直属機関

ここで示した「省(Krasuwang)」や独立機関(Nuai rachakan isara)等は，それぞれ10部署程度の「局(Krom)」，「事務所(Samnakgan)」といった下位組織から構成されており，加えて「局」，「事務所」の中にも，「事務室(Samnak)」など多くの下位部署がある。実際の様々な事業は，そのような下位部門の組織で行われているが，そのすべてについて網羅的に情報を把握し宗教関連業務の有無を見極めることは，大掛かりな調査になるため断念した。そこで次善の策として，次の点を考慮して対象を絞ることにした。

まずは，これまでタイに関する諸研究や，タイの新聞・雑誌において，宗教関連業務が取り上げられた省庁を対象に据えるというやり方である。次いでこれらの省庁の局・事務所レベルに着目し(実際，局・事務所レベルは独立性の高い組織であり[玉田・船津 2008：11]，活動報告書などもこのレベルで発刊されることが多い)，宗教関連業務のありそうな部署を，あくまで主観的判断であるが，ピックアップした。そして，それらの局・事務所の活動報告書や活動広報などを図書館等で閲覧，ないしは各省のホームページから閲覧し，宗教関連業務の有無を確認するという方法をとった。なかには，局レベルよりも下位の組織で広報や報告書などを出している場合もあるので，可能な限りそのような末端部署の活動状況も対象とした。なお本章のデータは，2011年8月にタイ(バンコク)で行った現地調査および当時のホームページ情報を中心としている。

以上のような手順を踏んで，宗教関連業務の実施が確認できたのは，独立機関(宮内庁その他)と5つの省庁(観光・スポーツ省，社会開発・人間安全保障省，文化省，教育省，保健省)であった。これは明らかに限定的な情報にすぎないが，タイの行政機関における宗教関連業務の広がりの主要なところは把握できていると思われる。以下，独立機関と5つの省庁の宗教関連事業の内容につい

て，概略を報告する。

2　宗教関連事業に係る国家行政機関とその活動

2-1　独 立 機 関

1) 宮 　 内 　 庁(王宮事務室)(Samnak Phrarachawang)

　宮内庁(王宮事務所)は，国王ならびに王族の安全を守り，公務遂行を支える業務を行う機関である。18 の部署からなる宮内庁は，具体的には，国王ならびに王族の所有物・所有地および王室寺院の維持修理，王室儀礼・国家儀礼の遂行，王室資産の管理などを行っている[Samnak Phrarachawang ホームページ，トップページ]。

　今回の調査で，宗教関連の事業として把握できたのは，王立寺院の筆頭とも言える王宮寺院ワット・プラケーオ(通称エメラルド寺，正式名称プラシー・ラッタナ・サーサダーラム寺)の維持管理・広報活動と，王族の葬儀・法事の実施・広報といったものであった。

　前者は，ホームページ上で，ワット・プラケーオの見学可能な日の一覧を紹介し，またワット・プラケーオと旧王宮についてホームページ上でのヴァーチャルツアーなどを提供している[Samnak Phrarachawang ホームページ，Palaces of the King]。基本的には観光情報の提供であるが，その管理は宮内庁が行っている。また他の王立寺院の管理も行っていると記されているが，同種の業務に関わってきた国家仏教庁(国家仏教事務所)や文化省宗務局の同種の業務との区分がどのようになされているのかは記されていない。

　後者では，王族の葬儀についての情報提供・広報・記帳活動などが行われている。

2) 国家仏教庁(国家仏教事務所)(Samnakgan Phraphuthasasana haeng Chat)

　国家仏教庁は，タイ国サンガと政府のつなぎ役となり，仏教・サンガ関連の業務を中心に行う組織であり，2002 年に旧教育省宗務局から分離し，首相管轄下の国家機関となった。国家儀礼センターのプッタ・モントン，寺院

資産管理，タイ国サンガの最高意思決定機関である大長老会議の秘書部，布教や寺院教育支援，各県の仏教事務所活動などに携わる10部署からなる[Samnakgan Phraphuthasasana haeng Chat ホームページ，Wisaithat Phantakit Yuthasat]。

　なお，国家仏教庁はタイにおける宗教行政の中心的機関の1つであり，その活動の詳細については次章で扱うこととする。

　3）国王陛下御盛栄行事委員会(Khanakammakan Kancatgancharoem Phrakiat Phrabatsomdet Phrachaoyuhua)

　先述1）の宮内庁以外に，国王・王室関連の国家機関としては，国王官房や国王プロジェクト調整特別委員会，王室財産管理局などもあるが，今回は情報を入手できなかった。ただし，これら国王・王室関連機関とは別組織の「国王陛下御盛栄行事委員会」なる組織があり，国王関連の様々な行事を行っている。その中には，国王生誕日行事や国王によるカティナ衣奉献祭(雨安居明け後に行われる僧侶への僧衣寄進の行事)なども含まれている[Khanakam-makan Kancatgancharoem Phrakiat Phrabatsomdet Phrachaoyuhua ホームページ，トップページ]。国王陛下御盛栄行事委員会は，実行委員長が首相であり，その他の委員も副首相や政府広報局局長，芸術局局長，内務次官等である点から考えれば，国家行政機関の一部だとは思われるが[Khanakammakan Kancat-gancharoem Phrakiat Phrabatsomdet Phrachaoyuhua ホームページ，Khanakamma-kan]，実際に国家機構の中でどのような位置づけにあるのかは，十分に把握できていない。

　4）南部国境県行政に関わる諸機関

　先に記した玉田・船津の2006年国家機構には明確に記されていないが，南部の紛争地域の問題解決に携わる諸機関が，2010年の南部国境県行政法の制定によって形成されている[2]。この法には主として以下の3つの機関の設置が記されている。

　第1の，南部国境県開発戦略委員会(Khanakammakan Yutthasat Dan kan Phatthana Cangwat Chaidaen Phaktai)は，首相が委員長となり，首相が任命する副首相を副委員長とし，その他南部国境県の社会・経済開発や治安維持に

関わる政府機関の長などによって構成されている［柴山 2012a：44-45］。主要業務は，次に述べる南部国境県行政センターが提案する開発戦略を審議・承認するものである。

　第 2 の，南部国境県行政センター(Sun Amnuai Kan Borihan Cangwat Chaidaen Phaktai)は，首相直轄の機関で，首相が任命した長官および副長官，その他の職員から構成され，長官の地位は省庁長官と同等と見なされている［柴山 2012b：48］。このセンターの役割は，南部国境県開発の戦略，計画，事業・プロジェクトの策定と実施を行うことにあり，その業務の中には，サウジアラビアへの巡礼の際の便宜供与，地域文化特にマレー・イスラーム文化の振興などイスラーム関連のものも含まれている［柴山 2012a：45-49］。

　第 3 の，南部国境県行政・開発顧問院(Sapha Thi Purksa Kan Borihan lae Kan Phattana Cangwat Chaidaen Phaktai)は，各県の統治機構代表，区長・郡長・村長，女性グループ代表，各県の商工会議所代表，マスメディア代表だけでなく，「各県イスラーム委員会代表，中央モスクのイマーム，仏教寺院住職代表およびその他宗教関係代表」，「各県の地域社会の開発，地域の知恵や生活に精通している者の代表」，「各県の教育関係者，伝統的イスラーム教育機関の代表，私立宗教学校の代表」などから構成される。純粋に行政機関というよりは，民間と行政をつなぐ機関であり，主に地域の情報や住民の意見を，南部国境県行政センターに提供する役割を有している［柴山 2012c：53-55］。

2-2　観光・スポーツ省(Krasuwang Kanthongthiao lae Kila)

　観光・スポーツ省は，観光とスポーツ・体育を支援し，経済・社会・文化・環境の発展に寄与する活動を行う省であり［Krasuwang Kanthongthiao lae Kila ホームページ，Wisaithat lae Phantakit］，局や事務所など 8 つの部署に分かれている。この 8 つの部署のうち，今回の調査で，宗教関連の行政事業に関する報告等を見つけることができたのは，以下の観光局のみであった。ただし当然ながら，観光局における宗教関連の行政事業の中心は，観光対象の一部として宗教を位置づける点にある。

1) 観　光　局(Krom Kanthongthiao)

　観光局では，観光地の水準を高めるため，観光の基準評価マニュアルを作成・配布している。例えば，何が文化観光の対象となり，何が歴史観光の対象となるのか，またそれらをどう提供するべきなのかなどについての基準などを明示している。ここでは日本の文化行政・観光行政と同様に，寺院や宗教施設などは文化観光や歴史観光の対象とされている[Samnakgan　Phatthana Kanthongthiao 2549a, 2549b]。歴史観光には，現在のタイでは信仰の対象とはあまり見なされていないクメール遺跡などが組み込まれている。

　また観光局内の「観光業・ガイド登録事務室(Samnak Tabian Turakit Nam Thiao lae Makkuthet)」のホームページでは，著名な祭りとその日程を紹介している箇所があるが，ここでは出安居や国王によるカティナ衣奉献儀式など仏教関連の行事だけでなく，華人系の信仰と結びついている菜食祭りや，タイ北部の土地神信仰であるインタキン柱祭り，仏教と龍神信仰が合わさったヤソートン県のロケット祭りなど，精霊信仰にまつわる行事なども比較的多く紹介されている[Samnak Tabian Turakit Nam Thiao lae Makkuthet ホームページ，トップページ]。国家機関の行政事業でタイの公設・公認教(仏教，イスラーム，キリスト教，ヒンドゥー教，シク教)以外の宗教行事を取り上げているのは，おそらく観光局のこれらの活動(と後述の芸術局の一部の業務)だけではないだろうか。精霊信仰の著名なものは観光や芸術としての位置を与えられているのである。

　さらに「観光開発事務所(Samnakgan Phathana Kanthongthiao)」は，『観光のためのハラール食品　サービスの範囲内容表示基準』というパンフレットの作成・配布を行っている[Samnakgan Phathana Kanthongthiao n.d.]。これはタイ語で作成されているので，タイ国内のムスリム観光業者・飲食業者向けに，ハラール食品の品質管理を行うことが目的と思われる。もちろん，国内外のムスリム観光者への便宜となるための管理規定であろう。

2-3　社会開発・人間安全保障省(Krasuwang Kanphathana Sangkom lae Khuwammankhong khong Manut)

社会開発・人間安全保障省は，社会的弱者に対して生活上の安全を確保し，社会福祉の機会を設け，支援を行うことを主たる業務とし，局や事務所など9つの部署に分かれている[Krasuwang Kanphathana Sangkom lae Khuwamman-khong khong Manut ホームページ，Nenamkrasuwang]。この9つの部署のうち，今回の調査で，宗教関連の行政事業に関する報告等を見つけることができたのは，以下の3つの組織である。

1)　社会開発・福祉局(Krom Phathana Sangkhom lae Sawatdikan)

社会開発・福祉局は，社会的弱者や貧困者や無職者等への社会福祉の機会提供などを主たる業務としており，局内に15の事務所等の下位組織を持っている[Krom Phathana Sangkhom lae Sawatdikan ホームページ，Wisaithat Khaniyom Ongkon lae Phanthakit]。この局のホームページでは，2011年7月10日にバンコクのベンジャマボーピット寺で行われる山地民の出家行事を共催し，この行事への参加をホームページ上で募っていた(8月に入ってからもこの情報は削除されずに掲載されていた)。なおこの事業は第3章で取り上げた，反共政策と国民統合を目的とした山地少数民族への伝道僧侶派遣とバンコクでの出家事業などを実施した，いわゆる「タンマチャーリック」(1965年に内務省公共福祉局が立案し，宗務局が引き継いだ)と同種の活動と言えよう[石井1975：255-256]。タンマチャーリックが，現在行われているのかについては確認がとれていないが，社会開発・福祉局のように宗教行政が中心業務ではない国家機関において，かつてもそして現在もこのような活動が行われているのは注目すべきであろう。

2)　女性問題・家族制度事務所(Samnakgan Kicakansatri lae Sathaban Khrop-khrua)

女性問題・家族制度事務所は，社会や家庭における男女平等を進めることを主たる業務としており，事務所内に4つの下位組織を持っている[Samnak-gan Kicakansatri lae Sathaban Khropkhrua ホームページ，Wisaithat Phanthakitlak

Pharakitlak]。同事務所の 2009 年度年次報告書には数多くの事業報告がある
が，その１つとして，「堅固なタイ社会形成のための家族道徳事業(Khrong-
kan Khropkhrua Khunnatham Nam Sangkhomthai Khemkheng)」が報告されてい
る。この事業報告では，各県・各地区の自治体機関などと連携し，宗教施設
において家族道徳と仏教の教えを学び，また宗教施設の保全や地方の知恵の
大切さを学ぶといった活動が記され，2009 年度は４県で実施され 4951 家族
が参加したと報告されている[Kongklang Samnakgan Kicakansatri lae Sathaban
Khropkhrua 2552：50-51]。

　3)　児童・青少年・社会的弱者・障害者・高齢者の保護および安定支援事
　　　務所(Samnakgan Sogsoem Sawatdiphap lae Phitakdek Yaochon Phudoiokat lae
　　　Phusungayu)

　児童・青少年・社会的弱者・障害者・高齢者の保護および安定支援事務所
は，名称が示す通り，これらの人々の生活上の安全確保や社会福祉の提供な
どを主たる業務としており，内部に 10 の下位組織を有している[Samnakgan
Sogsoem Sawatdiphap lae Phitakdek Yaochon Phudoiokat lae Phusungayu ホーム
ページ，トップページ]。同事務所の 2007 年度年次報告書には，「児童・青少年
の社会的免疫力形成事業(Khrongkan Sang Phumikhumkan Thang Sangkhom ke
Dek lae Yaochon)」という事業が報告されている。これはタイ各地の学生が
集まって議論や様々な活動を行うもので，その１つである倫理道徳活動では，
仏誕祭や入安居などの仏祭日に，バンコク周辺から 1230 名の学生や教員が
集まり，「若者・新世代・仏法への関心(wairun runmai faicaithamma)」という
スローガンで活動を行ったと報告されている[Samnakgan Sogsoem Sawatdi-
phap lae Phitakdek Yaochon Phudoiokat lae Phusungayu 2550：30-31]。

　上記３つの部署における宗教関連の事業は，１つには仏教徒として出家す
ることで山地少数民族に文化学習(仏教文化とタイ族の文化の学習。同化とも言え
よう)ならびに社会的機会(寺院を通じての教育や社会移動の機会)を提供すると
いったものであり，もう１つは宗教とりわけ仏教を倫理道徳として位置づけ
て，青少年の問題解決に活用するというものと言えよう。

2-4　文　化　省(Krasuwang Watthanatham)

　文化省は，かつての教育省から主として宗教と芸術に関わる部署を移管し
て形成された省である(ただし，サンガや寺院の監督等は先述の国家仏教庁へ移され
た)。文化省は，仏教のみならずイスラームやキリスト教等を含む宗教，古
典芸術，現代芸術，工芸，遺跡，さらに現代民衆芸能等，広く文化に関わる
支援育成を通じ，道徳性と良い価値観を持ったタイ国民を育成することを活
動の目的としている[Krasuwang Watthanatham ホームページ，Wisaithat Phantha-
kit lae Yutthasat]。同省は，局や事務所など 9 つの部署に分かれている。こ
の 9 つの部署のうち，宗教関連の行政事業に関する報告等を見つけることが
できたのは，宗務局と芸術局であった。

　1)　宗　務　局(Krom Kansasana)

　宗務局は，次官事務所，宗教支援課，倫理道徳発展事務局，局長直属事業
室の 4 つの部署から構成され，仏教だけでなく他宗教に関しても行政業務を
行っている[Krom Kansasana ホームページ，Prachaya Wisaithat Phanthakit Yuttha-
sat]。宗務局は，宗教行政の中心的国家機関の 1 つであり(仏教中心の行政は，
省から独立して首相管轄下にある国家仏教庁(国家仏教事務所)が担当している)，その
活動内容の詳細については，次章で取り上げることとする。

　2)　芸　術　局(Krom Sinlapakon)

　芸術局は，古典的・伝統的な芸術・芸能，王室や国家儀礼などをタイ文化
のアイデンティティとして，保護・維持・修繕・復興・継承していくことを
主たる業務としている[Krom Sinlapakon ホームページ，Wisaithat lae Phanthakit]。
芸術局は 11 部署からなり，なかでも考古学事務室(Samnak Borankhadi)，工
芸事務室(Samnak Chang Sipmu)，国立博物館事務室(Samnak Phiphithaphan
Sathan haeng Chat)，文芸・歴史事務室(Samnak Wannakam lae Prawatisat)，伝
統芸能事務室(Samnak Kansangkhid)などが，芸術という枠内で，宗教に関連
する行政事業を行っている。

　考古学事務室では，クメール系ヒンドゥー寺院をも含む遺跡寺院や仏像な
どの古美術品の保護・管理を行っている。例えば芸術局は，大規模洪水被害

にあった遺跡寺院等への修繕費予算を計上している(ただし考古学事務室のみの予算というわけではない)[*Khaosod* 2554/9/24：29]。工芸事務室は，手工芸品の維持・管理・育成などを業務としており，その一部に，仏具なども含まれる。また，国立博物館事務室は，博物館管理を行っており，言うまでもなくそこには，宗教に関連した物品が収められている。なお，国立博物館事務室は，数多くの僧侶を招いて食事の寄進とともに博物館見学もしてもらう(タイ語でthawai khuwamru (知識の寄進))といった行事も行っている[*Khaosod* 2554/9/23：29]。文芸・歴史事務室は，古い時代の経典なども含む古文書などを管轄している部署である。例えば，第一級の古文書ではないかと取りざたされている『プラマーライ三界経』が，フランスのパリ国立図書館に保管されていたと発表したのは，文芸・歴史事務室室長であった(発見者はタイのブーラパー大学の教員)[*Khaosod* 2554/9/21：32]。この他に，伝統芸能事務室の管轄する芸術の中にも，影絵芝居など宗教的な物語を含んだものもある。

　これら芸術局の事業は，道徳や信仰を表に出した宗務局の活動と異なり，芸術として宗教文化を扱っている。その活動は，日本で言えば，文化財保護法や文化芸術振興基本法に基づく，文化庁などの文化事業に当たるものであろう。ただしタイの場合，国立博物館事務室のように，宗教活動と言えるものが混ざり込むこともある。

2-5　教　育　省(Krasuwang Su'ksathikan)

　教育省(文部省と表記される場合もある)は，タイ国民への教育提供を行う国家機関であり，基礎教育から職業教育・高等教育あるいは生涯教育などに関わる部署として6つの事務所から構成されている[Krasuwang Su'ksathikan ホームページ，トップページ]。なお，各事務所の中には数多くの部署が含まれている。6つの事務所のうち，今回，宗教関連の行政事業に関する報告等を確認できたのは，以下の基礎教育委員会事務所だけである。ただし，教育省と仏教大学との関係について補足説明を加えておく。

1) 基礎教育委員会事務所(Samnakgan Khanakammakan Kansu'ksa Khan-
　phu'nthan)

　基礎教育委員会事務所は，学習者が知識と道徳において基礎教育の水準を
得られるよう 15 年間の基礎教育を国民に提供し，学習の場を整え，また教
育者の能力が発揮できるよう配慮することを業務としている[Samnakgan
Khanakammakan Kansu'ksa Khanphu'nthan ホームページ, Nayobai Wisaithat
Phanthakit]。同事務所の中には，この業務を担当する 15 の事務室等の部署
がある。このうち，宗教関連の業務を行っていることがわかっているのは教
育運営イノベーション開発事務室と学習指導要領研究事務室の 2 つの事務室
である。

　・教育運営イノベーション開発事務室(Samnak Phathana Nawatakam Kan-
　　catkan Kansu'ksa)

　この事務室は，基礎教育の質の向上のための研究を行い，新たな教育方法
を具体化し実践することを業務としている。内部は 7 つの班に分かれている
[Samnak Phathana Nawatakam Kancatkan Kansu'ksa ホームページ, Wisaithat/
Phanthakit]。その中の「学校における道徳向上・環境保護研究班(Klum
Wicai lae Songsoem Khunnatham lae Anurak Singwetlom nai Sathan Su'ksa)」にお
いて，「仏教式学校プロジェクト」(学校教育・地域コミュニティの再生・家庭内の
生活学習を仏教的理念に基づいて総合的に行う事業)が推進されており，全国の学校
に広まっている。仏教式学校プロジェクトの詳細については第 6 章で紹介す
る。なお，この班では，同プロジェクト以外にも，環境保護学習についての
事業も行っている。

　・学習指導要領研究事務室(Samnak Wichakan lae Matrathan Kansu'ksa)

　この事務室は，基礎教育についての学習指導要領やカリキュラムについて
研究し，それらを作成することを主たる業務としている[Samnak Wichakan
lae Matrathan Kansu'ksa ホームページ, Nenam So. Wo. Ko.]。この部署で，仏教
やイスラームといった教科についての，指導要領・カリキュラム・(一部の)
教科書が作成されている(もちろんこれらの科目以外のあらゆる教科について指導要
領・カリキュラム・教科書を作成している)。行政主導の仏教知識・信仰普及活動

の中心をなすのは，学校で行われる仏教学習であろう(野津はこれを「学校仏教」と言っている[野津 2005])。その基盤となる指導要領・カリキュラム・教科書がこの部署で作成されているのである。活動そのものの実態があまり外に見えてこない行政事業ではあるが，宗教行政の点からは極めて重要な活動と言えよう。なお，仏教科教科書の内容については第9章と第10章で取り上げる。

　2)そ　の　他

　以上の2つの事務室以外に，教育省が関わるより広い意味での宗教関連事業としては，イスラーム学校の監督，仏教大学(マハー・チュラーロンコーン仏教大学とマハー・マクット仏教大学)の監督という業務がある。ただしこれは，小・中・高等学校や大学を教育省が監督しているということにすぎない。こういった教育省の監督機能そのものよりも，むしろ注意すべき点は，学生も教員も大半が僧侶であるようなマハー・チュラーロンコーン仏教大学(マハーニカーイ派)とマハー・マクット仏教大学(タンマユット派)が，いずれも宗派立の私立大学ではなく，国家機関から独立し(国家仏教庁からも独立し)法人格を持った国立の大学(独立行政法人)であるという点にある[Samnakgan Khanakammakan Krisadika 2546a, 2546b]。このような国家行政と密接なつながりを持ったグレーゾーン組織(外郭団体)に，宗教的な要素を色濃く持った法人があるということも，タイの宗教行政の構造を考える上では，無視できない事象であろう。

2-6　保　健　省(Krasuwang Satharanasuk)

　保健省は，国民が健康で幸せと感じる社会を形成するため，疾病予防や治療等の公平かつ効率的な健康促進制度を構築する業務を行っている。保健省直属の機関として4つの部署があり，また保健省からは独立しているが関連する機関として8つの部署がある[Krasuwang Satharanasuk ホームページ，Wisaithat Phanthakit lae Khaniyom]。

　これらの部署のうち，今回の調査で，宗教関連の行政事業に関する報告等を見つけることができたのは，保健省直属機関の精神健康局と疾病予防局，

および外部機関の国民健康保障事務所の 3 つの組織である。

1) 精神健康局(Krom Sukhaphapcit)

精神健康局は，国民における精神面の健康を発展させるための予防・治療・回復活動，精神面の健康に関するテクノロジーや情報の収集と提供といった業務を行っている[Krom Sukhaphapcit ホームページ, Wisaithat Pahthakit lae Khaniyom]。自殺防止事業なども行っている。同局は，12 の病院を含む計 25 の部署から構成されている。

各部署から様々な冊子や報告書などが発行されているが，その一部において宗教とりわけ仏教実践の重要性が指摘されている。例えば，精神健康局が配布している『県レベルで健康になるための基本(Khumu' Sangsuk Radap Cangwat)』といった冊子では(編集は局外の健康増進基金事務所ではあるが，この組織以外に精神健康局と統計局やマヒドン大学が協賛となっており，精神健康局や健康増進基金事務所で配布されている)，幸福の意味として，仏教における定義や現代タイ学僧としては名高いパユットー師の解説などを引用している[Phengansangsoem Sukhaphapcit 2554：21]。さらに同書では，幸福が信仰や瞑想実践と正の相関にあること[Phengansangsoem Sukhaphapcit 2554：69]や，寺院において在家ボランティアが病人に仏教の教え(精神面)とマッサージ(身体面)のサービス提供を行う事例[Phengansangsoem Sukhaphapcit 2554：166-167]などを記している。さらに，精神健康局発行の雑誌においても，アルコール中毒者の社会復帰に仏教を応用する事業を寺院で行った事例や，病院内の有志が寺院で瞑想修行を行ったという事例が報告されている[Krom Sukhaphapcit 2553：10]。

2) 疾病予防局(Krom Kwapkhumrok)

疾病予防局は，伝染病その他の疾病の予防や阻止といった面での技術や情報を関係者や国民に提供し，疾病予防の専門家を育成するといった業務を行っており，各地域の出先機関を含め 32 の部署を有している[Krom Kwapkhumrok ホームページ, Wisaithat]。ここでは，局のホームページのトップページに局内向け広報として，疾病予防局道徳クラブ主催の催しが掲載されており，その内容は有名僧侶を局内の部屋に招いて説法や瞑想の指導を行ってもらうというものであった。これは厳密には局の行政事業としての宗教関

連事業とは言えないが，局における半ば公の告知として宗教活動が取り上げられている点が興味深い。

　3）国民健康保障事務所(Samnakgan Lakprakansukhaphap haeng Chat)

　国民健康保障事務所は，保健省から独立した組織で，医療制度上のサービス購入に関する予算配分などを行い，医療保険制度の財政的運営などを行う機関である[Samnakgan Lakprakansukhaphap haeng Chat ホームページ，Wisaithat Phanthakit Nayobai]。この事務所の活動については，河森正人『タイの医療福祉制度改革』で「30 バーツ医療制度」の普及における役割などを中心に詳細に論じられている[河森 2009]。同書の一部に，宗教とりわけ仏教寺院や仏教行事を基盤とした健康保険行政の事例が取り上げられている。例えば，寺院を中心に形成されていた貯蓄組合を基盤に，国民健康保障事務所や他の行政および住民からの醵出で，健康基金が設立された事例[河森 2009：156]や，「コミュニティ内障害者機能回復センター」の設置に際し，その事業の一部を外部委託として寺院に委託するといった事例[河森 2009：166]が報告されている。

2-7　そ　の　他

　上記の国家機関以外に，国防省(Krasuwang Kalahom)，内務省(Krasuwang Mahatthai)，商務省なども，少なからず宗教関連業務に関わっていることが，報道や他の研究から見てとれる。例えば，王妃生誕日(国母の日)の記念行事の一環として，近衛兵など国防省関係者による王妃の御盛栄を祝す集団一時出家が催されている[Samnakkhao Kromprachasamphan 2559/7/29]。このような行事は，国王生誕日などにも行われていると推測されるし，国防省以外の省庁からの参加者もいると思われる。また内務省に関しては，モスクの登録を管轄しており[林 2005：76]，比較的若い青少年向けの教育機関であるモスク宗教教室(Sun Oprom Dek Kon Ken Pracam Masid)[柴山 2010：51]，また現在でも華人廟などの管理も行っているとの報告がある[Kataoka 2012：465-469]。上座仏教以外の宗教で治安問題にも関わる領域は内務省が担当するということであろうか。他にも，タイ国イスラーム銀行については商務省が監督を

行っている［Thanakan Islam haeng Prathetthai ホームページ，Khomun Phu'nthan］。
しかしこれらの省についてはこれ以上の情報を得るに至っていない。

3　ま　と　め

　本章では，現代タイの国家行政機構において行われている宗教関連行政
(行政事業・その他の活動)の実態を把握するために，多様な行政機関について
確認を行った。本章の考察で明らかになった点を以下にまとめておく。

1) 国家仏教庁や文化省宗務局などの中心的な宗教行政担当機関以外にも，
　部分的ながら，宗教関連の事業を行う機関が多く存在している。
2) 行政の宗教関連事業は，王室行事・観光・福祉・文化・教育・保健と
　いった領域において見られる。つまり，現代タイ国家は，宗教(仏教)を，
　超俗の教えや実践として強調するのではなく(もちろんその点を否定するわ
　けではないが)，王室行事・観光・福祉・文化・教育・保健といった視点
　から捉えている。
3) 王室の宗教行事は，国家仏教庁や文化省宗務局だけでなく，宮内庁や
　その他の機関が中心になって行っている。これらは周辺的な宗教行政と
　いうよりは中心的な宗教行政と考えてもよいかもしれない。
4) イスラームに関しては，内務省や教育省が主に管轄しているが，南部
　国境県問題に関しては省を超えた機関による取り組みがなされている。
　またハラール商品やイスラーム銀行といった点では，それぞれの監督省
　がある。
5) 精霊信仰の中にも，全国的に著名な儀礼があり，それらは観光という
　区分の中に位置づけられ，行政レベルでも許容されている。
6) 通常業務の中に宗教活動(寄進，教えの応用的実践，瞑想活動)とも言える
　ものが含まれていることがある。

こういった点から，タイの行政機関は，明らかに日本など厳密な政教分離

制をとる国とは異なる思考枠組みで動いていることが見えてくる。この点を確かなものとするには，より幅広い調査を行うということも必要であろう。ただしこういった行政事業は時々刻々と変化する上，なかには単発的な活動もある。そのため，悉皆調査のようなもので全体像を把握できるというわけでもない。とりあえずは，行政全体の中での，宗教関連業務の広がり，なかでも行政主導の宗教活動がどのような形で，またどの程度許容されているのかを，大まかながらも把握することが重要であろう。この情報を踏まえて，次章以降では，宗教関連行政の事業を中心的に行っている機関に対象を絞り，より詳細に活動内容を把握し，行政の宗教活動がどのような思考枠組みで動いているのかを確認していきたい。

1) 枢密院や裁判所は，王室とのつながりの強い機関である。そのため王室の宗教行事等に何らかの関わりを持っている可能性が推察されるが，この点については調査を行うことができなかった。
2) 本項で後述する，南部国境県問題の調整に携わる国家機関である南部国境県行政センターが，2006年の国家機構に記されていない理由は，単に法制定が2010年だったからというわけではない。実は同センターはそれ以前から存在していたが，タックシン政権時代の2001年に廃止されている。この廃止が南部国境県問題をエスカレートさせた一因だという見解もある。そして同センターが再設されたのが2006年なのである(その法的根拠は2008年国内治安法ではないかと柴山は推測している)［柴山2012c：57］。このため2006年の国家機関に記されていなかったのではないかと思われる。

第5章　国家仏教庁および文化省宗務局の事業と予算配分

1　はじめに

　本章は，前章で概観した国家行政の宗教関連事業のうち，宗教行政を主たる業務としている2つの省庁(国家仏教庁と文化省宗務局)の活動に着目し，それぞれどのような事業を担い，どの事業に比重を置いているのかを明らかにする。具体的には，この2つの省庁のある年度の事業内容全体と予算配分を明らかにする。これによりタイにおける公営型の公定宗教の主たる活動内容が見えてくるだろう。

　具体的な分析に入る前に，第2章でも触れた教育省宗務局に関わる省庁編成について，もう一度確認しておきたい。各部署での仏教関連儀礼なども含め，広い意味でタイの宗教関連事業に関わる省庁は，前章で確認したようにかなりの数に上ると思われるが，主たる業務として宗教行政を担っている部署は，現在3つの省庁に分散されている。

　教育省改組が決定する2002年10月(予算への反映は2004年から)までは，この旧教育省に宗教行政の権限が集中していた。具体的には，旧教育省の中に宗務局が所属していた。そしてこの宗務局が仏教およびその他各公認型の公定宗教の財産管理や布教支援事業，サンガ大長老会議秘書業務などを担っていた(なお，宗務局は1892年に「仏法省」として開設され，その後紆余曲折を経て，教育省内の部局となっていった)。また寺院等の遺跡や美術品管理などを行う芸術局なども教育省に属していた。さらには，タイ仏教の2大宗派(派閥)別の仏

教大学(マハーニカーイ派のマハー・チュラーロンコーン仏教大学,タンマユット派のマハー・マクット仏教大学)の管理部門も同省に属していた。加えて,これらの部局よりも大きな予算を持つ一般公立学校の管理部局が,当然ながら教育省に属している(むしろこちらが教育省の中心部分であろう)。そしてこの公立学校の管理部局内に,仏教その他の教科書のカリキュラム(学習指導要領)作成部署や検定部署が設置されていた。

　しかし,行政改革で教育省の改組が行われ,宗務局・芸術局は新設の「文化省」へ編入された。これに加えて,宗務局から仏教部門の多くの事業が外部に移され,各省・首相府から独立した首相直属の「国家仏教庁」設立へとつながったのである(図5を参照)。

　このような省庁再編において特徴的と言えるのが,国家仏教庁を新たに創設したことである。新設の背景には,教育法改定に際して持ち上がった「宗教・文化委員会」の設置に対し,この委員会設置が非仏教徒によるサンガ管理となり,サンガ大長老会議の権威失墜につながるとする批判や,教育省改組に対する僧侶たちの意見が影響している[林 2009:245-248]。当時(2002年9月),僧侶たちによる仏教部局の省への昇格と独立を求める運動・デモ行進が,バンコクで度々行われていた。

　この結果,国家仏教庁は,省にはなれなかったものの,庁として独立を確

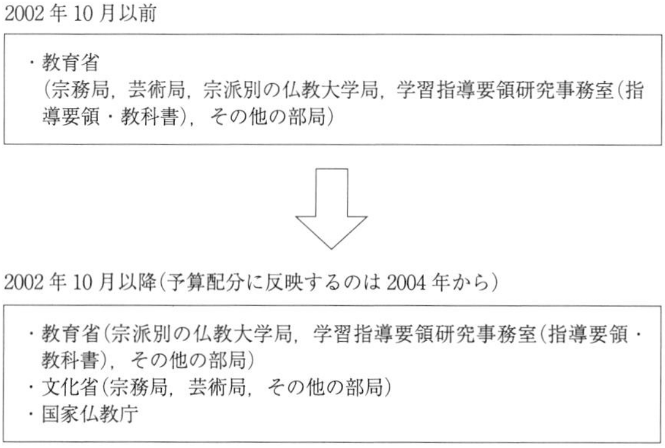

2002年10月以前

・教育省
　(宗務局,芸術局,宗派別の仏教大学局,学習指導要領研究事務室(指導要領・教科書),その他の部局)

2002年10月以降(予算配分に反映するのは2004年から)

・教育省(宗派別の仏教大学局,学習指導要領研究事務室(指導要領・教科書),その他の部局)
・文化省(宗務局,芸術局,その他の部局)
・国家仏教庁

図5　教育省改組に伴う宗教行政担当部署の配置変動

保したのである。他宗教者，および教育省や文化省の他部局との意見調整の必要のない，首相直属の機関として独立したという点から，一部仏教徒の政治力の強さが読みとれるだろう。また僧侶のデモ行進の指導者であるプラ・シー・パリヤッティモリー師(マハー・チュラーロンコーン仏教大学の教師僧)の意見・計画は，国家仏教庁の業務内容と一致するものが多い[Phrasi Pari-yatimoli 2545：92-98]。

　なお後述の資料から明らかなように，国家仏教庁の予算は，宗務局の 7 倍から 9 倍の額となっている。そのため，国家仏教庁は大きな力を得たように見えるが，実は，予算面から言えば教育省時代と比べて増額したわけではない(本章末の表 1 を参照)。また現在の宗務局と国家仏教庁の予算の合計は，以前の宗務局の総予算とそれほど変わらない。しかし，このような予算面に現れる以外に，プッタ・モントンという広大な国家儀礼センター(公園を兼ねている)の管理を任され(この管理予算と国家仏教庁の予算との関係について筆者は把握できていない)，この敷地内に，国家仏教庁の建物だけでなく，サンガの大長老会議の建物も設置されるようになったのである。また，各県に，出先機関および国家儀礼センターとして，各県プッタ・モントンの建設も進められている(この建設・維持予算と国家仏教庁の予算との関係についても筆者は把握できていない)。これらの点を踏まえれば，国家仏教庁という組織の形成により，行政組織内における仏教関連行政の影響力は増したと言えるだろう。

　ただし，このような国家仏教庁の活動に対し，宗務局側は仏教に関する支援活動のすべてを明け渡すという形にはならず，むしろ独自の支援活動を行い続けている。それどころか，新たな仏教支援事業も始められている。加えて，教育業務に特化した教育省からも，サンガを巻き込んだ「仏教式学校プロジェクト」など新規プロジェクトが立ち上げられている[Krasuwang Su'k-sathikan 2546]。

　このように文化省宗務局，国家仏教庁，教育省の 3 部署が，現在のタイ国宗教行政に主として携わっている。また部署別の活動にも一部重複した点が見られる。

2　宗教行政基礎資料の概要

　以下，本章で紹介するタイの宗教行政基礎資料について概要を述べておきたい。

　本章では，宗教行政に関わる予算執行・成果の報告書の内容を提示する。提示する資料の内容は下記の 3 点であり，予算事務室，国家仏教庁，文化省宗務局の年次報告書をもとに筆者が翻訳および編集したものである。

　表 1　国家仏教庁と宗務局の予算比較

　表 2　国家仏教庁の事業計画・活動および予算　仏暦 2548（西暦 2005）年度

　表 3　文化省宗務局の事業計画・活動および予算　仏暦 2547（西暦 2004）年度

　なお，表 2 と表 3 に見られるように，部局によって取り上げる年次が異なっている。これは，筆者が当該省庁を訪れた際（2006 年 8 月），その部署で最新の資料を入手したことによる。文化省宗務局からは，すでに各省庁等に配布された完成版（2004 年度版）の冊子を入手できたが，国家仏教庁では 2005 年度版の草稿資料のみ入手できた。

　創設後間もない国家仏教庁では，2004 年度の活動は過渡期の様相を呈しているものと思われる。したがって，2005 年の資料の方が，国家仏教庁の活動の特質をより明確に表していると言えよう。一方，文化省宗務局については，仏教関連の事業が少なくなったものの，以前からの継続事業も多いので，2004 年度版でも宗務局の特色は十分見られる。もっとも，国家仏教庁との比較という観点からは，宗務局の資料としても 2005 年度報告書の方が好ましいと言えよう。しかし，これは当時まだ作成されておらず，草稿版も入手できなかった。そのため，本章では 2004 年度のものを参考としている。

　また，各表における予算の合計金額（つまり宗務局と国家仏教庁の報告書に見られる項目別予算の合計金額）と，予算事務室の統計に表れている合計金額が一致していない点については，今のところ筆者は理由を把握できていない。

　以下，国家仏教庁と文化省宗務局の事業・計画と予算について，概要を述べ，特徴的な点について簡単ながら説明を付しておく。なお，国家仏教庁と

文化省宗務局の事業と予算の詳細な表(表2・表3)は，表1とともに本章末尾にまとめて掲載しておく。

3　資　料　解　説

次に本章で提示する基礎資料について，まず事業内容と執行予算配分の大枠について概説し，またいくつかの特徴的な点を示したい。

3-1　大枠の事業内容と執行予算配分

まず事業内容と予算配分の大枠であるが，2005年の国家仏教庁は，14億3815万2300バーツ(予算事務室による総計で15億3760万バーツ)の予算を持ち，「宗教・芸術・文化事業計画」と「基礎教育事業計画」の2つの事業計画を行っている[1]。前者「宗教・芸術・文化事業計画」は，「宗教維持発展支援事業・仏教維持発展支援」(国家仏教庁予算全体の60.3%)，「宗教維持発展支援事業・宗教施設管理」(同0.1%)，「宗教布教事業」(同3.2%)といった3つの下位事業に区分され，後者「基礎教育事業計画」は，「教法学習事業」(同36.4%)という1つの下位区分が記されている。さらに，これら下位業務は，全体として28項目の活動(計画)に分けられている。

大枠の予算配分から見れば，国家仏教庁の場合，「宗教維持発展支援事業・仏教維持発展支援」(60.3%)に最も多くの予算を配分している。この事業は寺院関連施設の修繕費用や，管理職にある僧侶などへの定期支給金や活動費，サンガ管理のための会議費などからなる。

次に予算配分が多いのは「教法学習事業」(36.4%)であり，こちらは，主として出家者向けに教法・パーリ語教育を行う教学学校の運営費に充てられている。

一方，2004年の文化省宗務局は，総額1億6758万7430バーツ(予算事務室による総計で1億8030万バーツ)の予算を持ち，「宗教維持発展・支援事業」(宗務局予算全体の29.2%)，「道徳倫理向上事業」(同50.1%)，「重点事業」(同19.5%)，「その他の事業」(同1.3%)といった4つの事業を行っている。また各事業は，

下位区分として全体で 37 の活動 (計画) を有している。

　宗務局の場合，大枠の予算配分から見れば「道徳倫理向上事業」(50.1%)に最大の予算が充てられている。この事業は，一般国民 (非聖職者) 向けの道徳教育活動が主たる内容となっている。タイでは仏教その他の宗教が道徳教育にも活用されており，また現在の宗務局の主要業務の 1 つがこの点にあるというのは特徴的であろう。

　次に予算配分が多いのは「宗教維持発展・支援事業」(29.2%)であるが，これはイスラーム，キリスト教，バラモン・ヒンドゥー教，シク教の団体への活動助成を主たる内容としている。ただし先述のように，宗務局は一般国民向けに仏教教育を兼ねた道徳普及活動も行っている。加えて仏教祭礼の諸活動や，一部の王立寺院の維持費負担なども行っており，国家仏教庁と宗務局の役割分担原則は，報告書を見る限りでは必ずしも明確でない点もある。

3-2　活動・計画レベルの執行予算配分

　事業の下位区分 (活動・計画) レベルに目を移してみると，その部局が重要な基本業務として行っている活動や現在特に重視している活動が見えてくる。

　国家仏教庁であれば，下記の 4 つの事業計画に，とりわけ多くの予算が配分されている。

　　「寺院修繕・発展および宗教支援助成計画」(活動番号 1。以下数字のみ記す)

　　「管理職僧侶・僧位保持者・パーリ語試験合格者への常施食助成計画」(5)

　　「教法学習支援事業　一般教育」(27)

　　「教法学習支援事業　教法・パーリ語教育」(28)

　宗務局では，下記の 6 つの事業計画に，予算の多くが割かれている。

　　「宗教施設修繕助成計画 (イスラーム)」(1)

　　「道徳教育僧侶の学校派遣への経費助成計画」(16)

　　「日曜仏教教育センター助成計画」(19)

　　「夏季の比丘出家・沙弥出家・女性出家助成計画」(25)

　　「モスク対象イスラーム助成および道徳訓育センター助成計画」(26)

「王妃生誕奉祝計画」(30)

　加えて宗務局の場合には，王室関連の祝賀行事(29〜32)と仏教関連祝祭日の行事(33〜35)を，重点事業に指定している点も重要である。

4　全体的な特徴

　次に，国家仏教庁と文化省宗務局の事業内容から読みとれる，全体的な特徴を指摘しておきたい。

　まず第 1 に，王室関連行事や王室関連の宗教施設への支援が，行政活動の中に組み込まれている点が特徴的である。ここからは，一方で，王権と仏教サンガの伝統的な互酬関係の維持を行政がサポートしている点が見えてくるが(例，宗務局の「国王御聖徳盛栄事業」(12))，他方で，仏教儀礼や道徳普及活動を通じて，功徳や善行を国王や王妃に捧げるといった奉祝活動も組み込まれている(例，宗務局の「国王生誕奉祝計画」(29))。後者については，仏教活動を表現手段として直接的に王室への崇敬を行うという特質が見られる。

　しかしながら，第 2 に，王室との直接的なつながりのない宗教行政もかなり多いという点が見えてくる。

　そして第 3 点として，そのような宗教行政の主たる業務は，教化活動そのものよりも，教化活動への多様な支援という間接的な役割にある。つまり，修繕費，活動資金の助成，会議の開催，祭事の手配などが中心となっている(例，国家仏教庁「寺院修繕・発展および宗教支援助成計画」(1)，宗務局「国家諸宗教者関係計画」(6))。

　さらに，第 4 点として，行政と諸宗教団体との緊密な関係が見えてくる。宗務局や国家仏教庁の助成支援計画などが，会議内容も含め比較的明確な内容を持っている点からすると，このような事業計画は，行政側が一方的に決めているというのではなく，サンガや他の宗教団体との間であらかじめ協議がなされていると思われる。逆に言えば，公設・公認の宗教集団の活動は，私的な宗教集団の活動ではなく，政府予算の交付に関する面で公的な行政活動に関与しているとも言えよう[2]。

　しかし，第5点として，宗教行政の一部は，支援活動にとどまらず，行政主導の教化活動（もしくは宗教・道徳・倫理運動）をも展開している。宗務局の「道徳教育僧侶の学校派遣への経費助成計画」(16)（第8章で取り上げる「道徳教育僧侶の学校派遣プロジェクト」に該当）や，本章資料には含まれていないが，教育省・基礎教育委員会事務所・教育運営イノベーション開発事務室の「仏教式学校プロジェクト」（宗務局も共催で会議開催助成を行っている）は，このようなタイプの行政事業かと考えられる。

　前者の「道徳教育僧侶の学校派遣への経費助成計画」は，2002年から始まった活動で，文字通り僧侶を道徳教師として公立学校に派遣する活動である。一般教員では仏教道徳の授業を的確に行うことが難しいので，専門家である僧侶がサポートする，という趣旨である。2005年には僧侶教員は4000名派遣されていたが，翌年には1万名に増加するという計画がなされている。詳細は第8章で取り上げる。

　後者の「仏教式学校プロジェクト」は，2002年から始まったもので，学校・家庭・地域社会そして寺院の協力によって，学校生活や生徒の生活全般を仏教的な道徳に基づくものに改善しようという活動である。2006年には全国3万校の小・中・高等学校のうち，名目だけの参加も含めて約63%がこのプロジェクトに参加している。詳細は第6章で取り上げる。

　これら行政主導の宗教（道徳・倫理）活動が行われる背景には，一般にタイ国民の道徳心が衰退しているという意見や，家庭における道徳教育の不足，学校での一般教員による仏教教育の質の問題などがあるという意見が見られる。

　また，第6点に，宗務局の活動は，宗教活動による社会問題の改善という目的があるとも記されている。例えば，宗務局は，貧困・賄賂・麻薬の3大国家問題の改善に，宗教行政を通じて取り組むと述べている［Krom Kansasana Krasuwang Watthanatham 2548：4］。つまり，宗教行政は，王権・国家への統治の正統性付与を目的としているだけではなく，多様な行政目的を達成するためにも行われており，サンガを含む公設・公認の宗教集団は，半ば公的な事業遂行集団として位置づけられているようである。

　以上，本章ではタイの宗教行政の中心的な部署の活動内容を明らかにする
ために，国家仏教庁と文化省宗務局の事業・予算報告書の内容を基礎資料と
して提示した。これらの資料は，タイの中での時系列的比較，あるいは日本
を含めた他国の宗教行政との比較などの際にも，基礎資料として利用可能と
思われる。特にタイにおける社会変動と宗教行政の変遷の関係について明ら
かにするには，各項目と予算配分の時代的変化という時系列的比較が必要と
なるだろう。

　1）タイ行政内部で使用される用語（区分）については，暫定的に次のような訳語を充て
　　た。事業計画(phaengan)，事業(gan)，計画(khrongkan)，活動(kichakam)。なお
　　khrongkan は，文脈によってはプロジェクトと訳してもいる。
　2）国家からの活動資金の助成額が，当該宗教団体の活動資金全体の中でどの程度の割
　　合を占めるものなのかは未確認である。

表1　国家仏教庁と宗務局の予算比較

政府・部局名	予算仏暦2546(西暦2003)年 (バーツ)	国家予算内比率 (%)	教育省予算内比率 (%)
国　家(全体)	999,900,000,000		
教育省(全体)	158,729,800,000	15.875	
教育省宗務局	1,819,000,000	0.182	1.146

政府・部局名	予算仏暦2547(西暦2004)年 (バーツ)	国家予算内比率 (%)	文化省予算内比率 (%)
国　家(全体)	1,163,500,000,000		
国家仏教庁	1,698,500,000	0.146	
教育省(全体)	190,262,800,000	16.353	
文化省(全体)	2,239,600,000	0.192	
文化省宗務局	180,300,000	0.015	8.051

政府・部局名	予算仏暦2548(西暦2005)年 (バーツ)	国家予算内比率 (%)	文化省予算内比率 (%)
国　家(全体)	1,200,000,000,000		
国家仏教庁	1,537,600,000	0.128	
教育省(全体)	203,844,100,000	16.987	
文化省(全体)	2,525,600,000	0.210	
文化省宗務局	214,200,000	0.018	8.481

出所）予算事務室『年次国家予算概要』(仏暦2546年，2547年，2548年)〔Samnak Goppraman
　　2546, 2547, 2548〕をもとに，筆者が作成。

表2　国家仏教庁の事業計画・活動および予算　仏暦2548(西暦2005)年度

①宗教・芸術・文化事業計画

◆宗教維持発展支援事業・仏教維持発展支援

	活　　動	予算(バーツ)	単　位	結　果
1	寺院修繕・発展および宗教支援助成計画	231,958,500		
	・寺院修繕		寺院	559
	・寺院を地域社会の中心として発展させる，寺院内に学習広場を設置する		寺院	1,696
	・被災寺院への宗教的支援		寺院	8
	・被災寺院への消費財支援		セット	2,500
2	寺院修繕・発展および宗教支援助成計画(寺院内タイ式生薬計画助成)	2,000,000		
	・タイ式生薬畑を寺院内に設置		寺院	85
3	王立寺院修繕・発展助成計画	31,200,000		
	・王立寺院の修繕および発展		寺院	75
4	排煙抑制式火葬塔建設助成計画	36,000,000		
	・火葬塔設置		寺院	20
5	管理職僧侶・僧位保持者・パーリ語試験合格者への常施食助成計画	475,892,800		
	・管理職僧侶・僧位保持者・パーリ語試験合格者への常施食		名	44,467
6	サンガ組織管理助成計画(地区管理僧侶事務所)	18,186,000		
	・地区管理僧侶事務所への助成		箇所	1,158
7	サンガ組織管理助成計画(管理職僧侶への交通費)	5,860,000		
	・管理職僧侶への交通費		名	517
8	サンカラートの宗教活動のための助成計画	23,000,000		
	・サンカラートの宗教活動のための助成		名	1
9	管理職僧侶のセミナー・研修会開催助成計画	2,689,000		
	・新住職向け研修		名	238
	・行政区レベル管理僧侶への情報提供		名	281
	・県および地区の秘書役僧侶，僧侶長・副僧侶長の会議		名	117
10	出家者として不適切な振る舞いのサンガ組織や僧侶についての調査・視察，および戒律監督僧侶への活動助成計画	1,685,300		
	・各地域サンガ運営調査		地域	26
	・バンコク戒律監督僧侶業務センター		箇所	1
	・地方戒律監督僧侶業務センター		箇所	41

	活　　　　　動	予算(バーツ)	単 位	結 果
11	国王からの任命書・勅号の授与・三衣献納・パーリ語資格授与の儀礼への助成計画	1,494,500		
	・国王からの任命書・勅号の授与および三衣献納の儀礼		回	5
	・パーリ語3段資格授与の儀礼		回	6
12	専門管理知識僧侶への助成計画	1,492,400		
	・専門管理知識僧侶への助成		名	92
13	地方寺院の在家者執事への研修助成計画	342,000		
	・地方寺院の在家者執事への研修		人	555
14	セミナー・研修会開催費用(地方職員向け)	717,800		
	・地方職員向けセミナー研修会		人	225
15	仏教書籍・雑誌・教科書費用計画(仏教書の印刷)	1,860,600		
	・『仏教　タイの貴重な財産』〔著者不明——矢野註〕		冊	1,500
	・『生活のための規律』〔著者はPo・O・パユットー師——矢野註〕		冊	60,000
	・『人生の手引書(タイ語版)』〔著者はプッタタート比丘——矢野註〕		冊	30,000
	・『人生の手引書(英語版)』〔著者はプッタタート比丘——矢野註〕		冊	10,000
16	備品・扇・位階・パーリ語資格者費用計画	8,000,000		
	・僧位拝受者・パーリ語試験合格者へ贈られる長柄団扇の製作		本	2,822
17	通信技術発展費計画	24,439,800		
	・問い合わせ場所の設置		箇所	1
	・ハードウエア関係の設置およびシステムとネットワークの構築		システム	1
	・人材教育。コンピューターとインターネットに関する初級カリキュラム		人	350

◆宗教維持発展支援事業・宗教施設管理

18	廃寺および中央管理敷地の情報に関する合同会議助成計画	1,250,000		
	・廃寺および中央管理敷地の情報に関する合同会議		寺院	2,418

◆宗教布教事業

19	国内仏教布教助成計画	16,631,500		
	・「法の使節」布教僧侶への経費支援		名	3,216
	・伝道師僧の業務への支援		名	2,923
	・「法の使節」布教僧侶への研修支援		名	100
20	国内仏教布教助成計画(各行政区における研修施設建設支援)	6,858,000		

	活　　　　動	予算(バーツ)	単　位	結　果
	・行政区自治体への助成交付(75県)		行政区	5,440
21	仏教布教人材育成助成計画(瞑想指導僧侶研修への助成)	2,750,000		
	・瞑想指導僧侶研修		名	403
22	仏教布教人材育成助成計画(伝道師僧侶育成への助成)	3,133,900		
	・伝道師僧侶育成		名	404
23	仏教布教人材育成助成計画(説法師僧侶訓練計画への助成)	4,312,000		
	・一般説法師僧侶研修		名	404
	・雨安居期間の説法師僧侶研修		名	400
24	仏法修行と道徳訓育助成計画	7,951,000		
	・僧侶および在家者向け奉祝仏法実践研修		名/人	6,973
	・道徳訓育および仏教学習センター		人	46,732
25	外国仏布教助成計画	3,881,500		
	・外国人僧侶への教法学習奨学金助成		件	40
	・外国への布教を行う「法の使節」僧侶への研修		名	126
26	万仏節(マーカ・ブーチャー)祭実施助成計画	512,000		
	・万仏節祭		回	1

②基礎教育事業計画
◆教法学習事業

27	教法学習支援事業　一般教育	369,313,700		
	・教法学習学校・一般教育科		校	400
	・中学生		名	39,375
	・高校生		名	12,161
	・校舎改築修繕協同助成		記載なし	記載なし
	・皇女奉祝奨学金助成		名	192
28	教法学習支援事業　教法・パーリ語教育	154,740,000		
	・サンガ運営による教室・学習所		箇所	10,443
	・パーリ語科学生数		名	38,805
	・教法科学生数		名	161,754
	・在家者向け教法科学生数		人	507,220

註)　単位欄の「人」は在家者,「名」は比丘・沙弥。
出所)　国家仏教庁本部計画課『2548[2005]年度　事業計画・事業別年次予算』2005年, 草稿版[Kongklang Faipaenngan Samnakgan Phraphutthasasana haeng Chat 2549a], および国家仏教庁本部計画課『2548[2005]年度　初年度・事業成果』2005年, 草稿版[Kongklang Faipaenngan Samnakgan Phraphutthasasana haeng Chat 2549b]をもとに, 筆者が作成。
備考)　仏暦2548(西暦2005)年　全国統計
　　　　比丘数265,442名, 沙弥数75,093名　寺院数34,331寺院

表3　文化省宗務局の事業計画・活動および予算　仏暦2547（西暦2004）年度

①宗教維持発展・支援事業

	活　　　動	予算（バーツ）	単位	計画	結果	％	備考
1	宗教施設修繕助成計画（イスラーム）	計20,000,000					
	・モスクおよび被災・倒壊モスクへの修繕助成		施設	1,000	933	93.3	仏暦2547年度は倒壊モスクなし
2	その他宗教施設修繕助成および宗教活動助成計画（イスラームの宗教活動）	計6,700,000					
	①チュラー・ラーチャ・モントゥリー維持発展助成〔チュラー・ラーチャ・モントゥリーは、タイのイスラーム共同体最高責任者──矢野註〕	120,000	月	12	12	100	仏暦2546年10月-2547年9月
	②チュラー・ラーチャ・モントゥリー事務局助成	5,000,000	月	12	12	100	仏暦2546年10月-2547年9月
	③タイ・イスラーム中央委員会事務局助成	60,000	回	1	1	100	
	④県イスラーム委員会事務局助成	500,000	県	33	33	100	
	⑤モスク青年センター助成	420,000	施設	28	28	100	
	上記②-⑤は、宗務局の重点事業となっている王室・仏教関連祝祭日の活動への助成						
	⑥国家中央ムハンマド生誕祭実施経費助成	300,000	回	1	1	100	
	⑦国際クルアーン読誦コンテスト助成	300,000	回	1	1	100	
	上記⑥-⑦は、宗教活動助成						
3	宗教施設修繕助成計画（キリスト教、バラモン・ヒンドゥー教、シク教）	計600,000					
	①宗教施設修繕助成		施設	10	4	40	助成申請の施設が助成対象規定を満たしていなかったため
	②宗教活動助成		施設	100	87	87	
4	マッカ巡礼経費助成計画	計8,845,400					
	①マッカ巡礼者書類確認	50,000	人	8,622	8,622	100	仏暦2546年12月1日-2547年4月30日

活　動	予算(バーツ)	単位	計画	結果	％	備考
②サウジアラビアでの対応係官派遣	4,506,000	回	1	1	100	仏暦2546年12月19日-2547年3月3日
5　宗教活動助成計画	計2,200,000					
(キリスト教, バラモン・ヒンドゥー教, シク教) ①宗務局政策周知のための宗教指導者会議。於チェンマイ県ロータス・パーンスワンケーオ・ホテル		回	1	1	100	仏暦2547年9月17-19日
②国王御言葉と宗務局方針に即した道徳倫理向上活動組織		回	100	84		中央部42カ所,地方42カ所
③各組織の宗教祭礼日活動への助成						
6　国家諸宗教者関係計画	計800,000					
・国家宗教間関係事業　諸宗教者関係協力計画「平和の持続する社会形成」というテーマでの国家セミナー会議開催。於チョンブリー県アンバサダー・シティー・ホテル		回	1	1	100	仏暦2547年9月24-25日
7　県宗教儀礼実施および儀礼司会者向け研修計画	計1,662,500					
①県宗教儀礼司会者研修計画 第1回ローイエット県		人	220	267	121.4	仏暦2547年3月8-11日
第2回チェンマイ県						仏暦2547年3月20-22日
第3回ペップリー県						仏暦2547年3月24-26日
②省庁部局への宗教儀礼司会者向け手引書の印刷・配布		冊	15,000	15,000	100	
8　省庁部局宗教儀礼実施・司会者向け研修計画	計300,000					
・各省(中央)の局および局同等部署の儀礼実施担当者向け研修。全体で20省。於バンコク都ミラクル・グランド・ホテル		人	153	157	102.6	仏暦2547年6月28-30日
9　宗教儀礼に関する県担当者の実施状況評価計画	計169,230					
①計画実施と評価方法についての説明を目的とした, 県文化事務局担当者向け会議開催	3,630	人	40	40	100	

	活　　　　動	予算(バーツ)	単位	計画	結果	%	備考
	②県宗教儀礼司会担当者の業務実施。於王宮内プラシー・ラッタナ・サーサダーラム寺布薩堂〔この寺院の通称はワット・プラケーオ──矢野註〕	165,600	人	40	40	100	
10	県宗教儀礼司会者補佐向け研修計画	計134,000					
	・ウドンターニー県・カーラシン県文化事務局担当者および保護局職員向け研修	20,000	人	200	232	116	予算以外に74,500バーツを使用
	・ノーンカーイ県文化事務局担当者向け研修	64,000	人	54	54	103.7*	
	・地方保護局およびサムットサーコーン県文化教育施設ネットワーク職員向け研修	50,000	人	60	71	118.3	
	・マハーサーラカーム県職員研修						郡管理組織予算を使用
	1）ポーントーン郡	16,200	人	57	57	100	ポーントーン郡予算を充当
	2）ノーンチョーン郡	16,000	人	72	72	100	ノーンチョーン郡予算を充当
	・ナコーンシータンマラート県村落郡市民代表者向け研修	40,000	人	125	125	100	県管理組織の予算を充当
	・ローイエット県地方保護組織向け研修	175,000	人	300	300	100	参加者各500バーツの参加費を予算に充当
	・アムナートチャルーン県地方保護組織向け研修	47,500	人	300	300	100	参加者各200バーツの参加費を予算に充当
11	勅命による仏教施設および宗教擁護助成計画	計248,000					
	①布薩堂内および周辺の電気代助成	小計170,000	寺	3	3	100	
	1）ボウォーンニウェート・ウィハーン寺	93,000					
	2）ベンチャマ・ボーピット寺	57,000					
	3）ラーチャー・ティワート寺	20,000					
	②学習所維持助成（王立寺院）	小計28,000	寺	5	5	100	
	1）マハータート・ユワラーチャランサリット寺	7,700					
	2）スタット・テープワラーラーム寺	6,800					
	3）ボロムニウェート・ウィハーン寺	6,800					

	活　　動	予算(バーツ)	単位	計画	結果	%	備考
	4) プラチェータポン・ウィモンマンカラーラーム寺	3,700					
	5) アナワッカラーム寺	3,000					
	③収益寄進用土地物件の補償助成	小計 50,000	寺	1	1	100	
	1) ナコーンシータンマラート県マハータート寺	50,000					
12	国王御聖徳盛栄事業	計 3,697,500					
	①仏教祝祭日の御聖徳業務		回	5	5	100	
	②王室祝祭日		回	5	5	100	
	③王室によるカティナ衣奉献儀礼		回	16	16	100	
	④マハーチャート・カムルアン読経		回/日	3/9	3/9	100	
	⑤僧位保持者および寺院への財産寄進者の王室後援葬儀		回	310	330	106.45	
	⑥王室後援要望等		件	50	55*	100	
	⑦王室後援葬儀		回		301		御下賜要望数次第*
	⑧中央・地方における王室参加行事実施		回		226		
	⑨王室によるカティナ衣奉献用の備品購入	2,467,500	組	283	283	100	
	⑩僧位・パーリ語教法段位・カティナ衣授与用の一段式三衣購入	1,230,000	揃え	1,600	1,600	100	
	⑪二重三衣購入(タンマユット派)		揃え	63	63	100	
13	被災・生活品欠乏比丘・沙弥への支援計画	計 3,500,000					
	・様々な被災状況にある比丘・沙弥へ寄進用物品の購入						

②道徳倫理向上事業

	活　　動	予算(バーツ)	単位	計画	結果	%	備考
14	夏季青年訓育への助成計画	計 2,000,000					
	①夏季青年訓育・県文化事務局への助成金交付。各県 20,000 バーツ	1,500,000	県	75	75	100	
			人	5,625	7,204	128.1	
	②プラユーン寺における夏季青年訓育実施の際の中央部への助成金交付	20,000	人	100	169	169	
15	道徳普及部署助成計画	計 288,000	部署	135	36	26.67	業務実施で成果のあった部署にのみ交付
	・中央・地方における道徳普及部署への助成金交付						

	活　　動	予算(バーツ)	単位	計画	結果	%	備考
16	道徳教育僧侶の学校派遣への経費助成計画	計 10,000,000					
	①仏暦 2546 年度の助成金を得た，学校で道徳を教える僧侶教員の実践に関する会議開催。於プッタ・モントン事務所		名	619	524	84.65	還俗者や物故者がいたため
	②職業学校で道徳授業を行う僧侶教員の意見交換研修。於バンコク都ヤーンナーワー寺		名／人	242	120	49.59	
	③僧侶教員への謝金助成金交付。各僧 12,000 バーツ		名	800	736	92	
17	教育施設における仏教集団への助成計画	計 1,140,000					
	・中央・地方の教育施設における仏教集団への助成金交付	1,140,000	団体	153	76	53.15	計画評価報告のある団体にのみ交付
18	仏法演劇計画	計 2,500,000	回／人	7／7,000	7／15,800	100／225.7	幼年・青少年が対象
	・演劇「お国の良き子になりたい」の上演。中央と地方において合計 7 回の公演 ①中央 　於サーラー・チャルーンクルン映画館。3 回上演。仏暦 2547 年 8 月 24-25 日 ②地方 　1) コーンケン大学。仏暦 2547 年 8 月 20 日 　2) ラーチャパット大学ソンクラー校。仏暦 2547 年 8 月 23 日 　3) ブーラパー大学。チョンブリー県。仏暦 2547 年 8 月 26 日 　4) チェンマイ大学。仏暦 2547 年 8 月 30 日						
19	日曜仏教教育センター助成計画	計 24,512,000					
	①全国日曜仏教教育センター運営助成	22,385,000	センター	1,416	1,274	89.97	評価報告のあるセンターにのみ助成
	②中央・地方における仏法講演助成	970,000	箇所	18	18	100	
	③全国日曜仏教教育センター・セミナー会議開催。於プッタ・モントン	957,000	名/箇所*	1,300	1,432	110.2	
	④国母の日の活動行事を行う日曜センターへの助成	200,000	箇所	1	1	100	

	活　　　　動	予算(バーツ)	単位	計画	結果	％	備考
20	学生倫理向上計画	計 1,425,000					
	・中央・地方における道徳教育訓育活動を通じての御盛栄事業支援		人	8,500	28,288	332.8	
21	サラパン朗経コンテスト助成計画	計 2,690,000					
	・県	1,923,000	県	75	75	100	
	・中央(バンコク都)	150,000	回	1	1	100	
	・地方レベル	337,000	地方	18	18	100	
	・全国レベル	280,000	回	1	1	100	
22	仏法観光計画	計 2,600,000					
	・県の規定に即した様式で観光計画の整っている県への予算交付		県	59	59	100	
	・青年仏教徒協会の仏法観光計画への助成。青少年団体による修行を兼ねた4行政区の聖地巡礼	300,000	回/人	1/50	1/20	100	仏暦 2547 年3 月 23-30 日
23	仏教布教助成計画(外部7組織)	計 7,500,000					
	・宗務局の方針に即した下記団体の活動への助成						
	①世界仏教徒連盟	3,000,000	箇所	1	1	100	
	②プーミパロー比丘財団	2,000,000	箇所	1	1	100	
	③タイ国パーリ語・教法学習協会	1,000,000	箇所	1	1	100	
	④タイ国仏教協会	700,000	箇所	1	1	100	
	⑤タイ国青年仏教徒協会	200,000	箇所	1	1	100	
	⑥タイ国青年仏教協会委員会	300,000	箇所	1	1	100	
	⑦世界仏教大学	300,000	箇所	1	1	100	
24	タイ善人国化計画	計 375,000					
	①善人紹介のウェブサイト作成　www.khondee.net　②「1郡・1名の善人」を目標に善人を選出するための予算として，各県に5,000バーツ交付	375,000	人	10,000			継続中
25	夏季の比丘出家・沙弥出家・女性出家助成計画	計 13,500,000					
	・仏暦 2547 年 4 月 1-30 日の期間における出家助成実施	7,808,000	名／人	100,000／25,000	112,534／32,057	112.53／128.22	
26	モスク対象イスラーム助成および道徳訓育センター助成計画	計 12,900,000					
	・モスク対象イスラーム助成および道徳訓育センター助成		人／センター	136,000／1,621	173,264／1,621	127.4／100	

	活　　　　動	予算(バーツ)	単位	計画	結果	%	備考
27	イスラーム指導者セミナー会議計画	計 1,662,500					
	・イスラーム指導者セミナー会議開催		回	1	1	100	
28	宗教事業の研究・発展のための支援計画	計 800,000					
	・一般研究助成		件	3	7	221	
	・大学院生研究助成		件	1	1	100	

③重点事業成果報告

	活　　　　動	予算(バーツ)	単位	計画	結果	%	備考
29	国王生誕奉祝計画(仏暦 2547 年 12 月 5 日。国王誕生日祝賀)	計 350,000			3,000*		
	大地の力・麻薬撲滅慶祝計画の一環として，宗務局は青少年の道徳倫理向上計画を立ち上げ，麻薬の危険から人々を守るための活動を行っている						
	①麻薬防止に関する仏法クイズ実施						
	②仏教および他宗教団体における麻薬防止についての展示						
	③麻薬問題への取り組みに貢献した人物への盾の授与	各学校 2,000					18 校
	④教育施設における麻薬防止活動支援						
	中央						
	於バンコク・タイ文化センター						
	地方						
	於共同活動を行っている教育施設						
30	王妃生誕奉祝計画(仏暦 2547 年 8 月 12 日。王妃誕生日祝賀)	計 28,970,000 (中央部予算)					
	シリキット王妃 60 歳祝賀儀礼の一環として，宗務局は下記計画施行を奉祝事業下賜委員会より委託された						
	①奉祝比丘出家計画						
	1) 比丘出家実施		名	5,548	7,581	136.64	仏暦 2547 年 7 月 29 日
	・中央　於ヤーンナーワー寺						
	・地方　各県 73 名の出家について，県文化事務局が実施者および出家先寺院の決定者となる						
	2) 書籍印刷						

活　　動	予算(バーツ)	単位	計画	結果	%	備考
・一時出家者(15日間)向け教法学習手引書		冊	2,000	2,000	100	
・朝夕の読経手引書		冊	10,000	10,000	100	
・出家証明書		枚	10,000	10,000	100	
3) 新参比丘への研修実施		日	15	15	100	仏暦2547年7月30日-8月13日
新参比丘数および施設数*は，上記1)を参照						
新参比丘全員に宗務局の規定に即し学習と修行の機会を布施する。この奉納は御聖徳となる						
4) 托鉢僧への積徳儀礼実施		回	1	1	100	仏暦2547年8月12日
・中央　於サナームルアン広場						
・地方　県文化事務局が場所を設定						
新参比丘は全国一斉に托鉢を行う						
5) 仏教徒表明儀礼実施		回	1	1	100	仏暦2547年8月17日
還俗式および仏教徒表明儀礼実施						
②奉祝道徳訓育計画	4,759,000					
1) 奉祝道徳訓育実施		人	5,648	9,526		仏暦2547年8月7-12日
・中央　於タイ国青年仏教徒協会。173人						
・地方　県文化事務局で実施。各県73人						
2) 研修実施		日	4	4	100	
宗務局が訓練カリキュラムを作成し，県文化事務局で研修実施						
3) 仏暦2547年8月12日の行事実施		回	1	1	100	仏暦2547年8月12日，全国一斉に実施
・托鉢僧への積徳行その他宗教活動						
・功徳奉献儀礼実施						
・功徳奉献者署名						
・栄典証授与						
③諸宗教の奉祝関連宗教活動計画						
1) 全国セミナー会議「平和の持続する社会形成」開催。於チョンブリー県アンバサダー		回	1	1	100	仏暦2547年9月24-25日
		人	400	400		
・シティー・ホテル						

活　　動	予算(バーツ)	単位	計画	結果	%	備考
2) タイの各宗教団体ネットワークに加盟している各宗教施設で，王室の歴史についての展示開催		回	1	1	100	仏暦 2547 年 8 月 1-31 日
3) 王妃への功徳奉献のための勝利吉兆奉祝儀礼を，各宗教信徒が一斉実施		回	1	1	100	仏暦 2547 年 8 月 12 日
4) 御生誕日の奉祝行事における，タイ王国サンガによる勝利吉兆奉祝読経		回	1	1	100	仏暦 2547 年 8 月 12 日
31 皇太子生誕関連行事計画(仏暦 2547 年 7 月 28 日。皇太子誕生日祝賀)						省庁への仏像下賜など
32 皇女生誕関連行事計画(仏暦 2547 年 4 月 2 日。皇女誕生日祝賀)		県	75	75	100	
33 仏誕節(ウィサーカ・ブーチャー)関連計画	計 2,063,330					
仏暦 2547 年 5 月 23 日-6 月 2 日 中央　サナームルアン儀礼場						
①仏教への貢献者表彰計画	540,000	名/人	172	172	100	
・貢献者の選定						
・貢献者に関する書籍印刷		冊	2,000	2,000	100	
②貢献者の実践に関する会議開催。仏教の智慧宝庫	176,300	名/人	200	280	140	
・仏暦 2547 年 5 月 28 日　於ローヤル・ラタナコーシン・ホテル。生中継番組あり。10 時 30 分-12 時						
③「仏教式学校　社会救済の学習」実践に関する会議開催		名/人	250	400	160	
・仏暦 2547 年 5 月 29 日。於バンコク都シンラパコーン大学。宗務局と教育省基礎教育委員会事務所による共催						
④仏壇展示開催	347,000	壇	73	101	138.36	
・仏暦 2547 年 5 月 27 日-6 月 2 日。正しい仏壇設置に基づく儀礼を推奨するための仏壇展示コンテストを開催						
⑤全国仏法講演コンテスト	250,000	人	144	144	100	奨学金と盾の費用を含む
・仏暦 2547 年 5 月 25 日開催。於プッタ・モントン事務所						
⑥道徳学習室の設置		県	75	75	100	

	活　　　動	予算(バーツ)	単位	計画	結果	％	備考
	・中央広場儀礼区域に道徳学習室を設置。青少年向けの，読経コンテスト，仏法クイズ，仏教徒表明儀礼，証明書授与などを行う場所						
	⑦サラパン朗経コンテスト		県	75	75	100	
	・仏暦2547年5月23-25日に開催。於バンコク都クローンサーン区アノンカラーム寺。コンテストの結果発表と奨学金付与						
	⑧仏教徒表明儀礼開催		県	75	75	100	
	・仏暦2547年5月27日，6月2日に開催。首相主催						
	地方　各県に10,000バーツの助成を行い，全国一斉に下記の行事を行う	750,000	県	75	75	100	
	仏法講演コンテスト						
	仏壇コンテスト						
	サラパン朗経コンテスト						
	修行実践						
	説法拝聴および仏教徒表明儀礼						
	道徳学習室での展示						
	托鉢僧への積徳行および行道儀礼(ウィアンティアン)						
34	万仏節(マーカ・ブーチャー)関連計画	計480,000					
	中央	130,000	人	200	180	90	
	①中央部修行実践。バンコク都プラカノーン郡タンマモンコン寺。国家公務員のみ						
	地方	350,000*	県	75	75	100	
	②75県地方部宗教実践。各県に予算5,000バーツ交付						
35	入安居祭関連計画	計750,000					
	下記の活動などへの資金として，75県に各県予算10,000バーツ交付		県 人	75 22,500	75 258,920	100	
	・安居蝋燭の設置						
	・五戒保持活動						
	・安居期間の禁酒計画						
	・仏教徒表明						
	・五戒五法キャンペーン						
	・仏教旗掲揚						

④その他の事業

	活　　動	予算(バーツ)	単位	計画	結果	%	備考
36	宗務局の広報活動	計225,000					
	①万仏節ちらし印刷	100,000	枚	10,000	20,000		
	②仏教徒表明ちらし印刷	25,000	枚	5,000	20,000		
	③仏誕節ちらし印刷	100,000	枚	10,000	20,000		
	④仏誕節ポスター印刷		枚	10,000	20,000		
	⑤仏壇ちらし印刷		枚	10,000	20,000		
	⑥儀礼ちらし印刷		枚	10,000	20,000		
	⑦王妃72歳誕生日(仏暦2547年8月12日)奉祝ポスター印刷		枚	10,000	20,000		
37	エイズ予防と問題解決における地域の能力開発支援	計2,000,000					
	①仏教と県文化についての会議	58,974	名／人	65	71	109.23	
	②エイズ患者治療	1,110,000	人	960	960	100	
	③エイズ患者職業支援	290,000	人	433	433	100	
	④エイズの危険についての広報	305,000	人	4,000	4,920	123	
	⑤業務成果評価	56,000	箇所	23	24	104.35	
	⑥業務実施報告書印刷	180,026	冊	1,000	1,000	100	

註)　単位欄の「人」は在家者もしくは仏教徒以外、「名」は比丘・沙弥。
　　表中の「*」は、元データの数値や表記に疑問を感じる箇所を示している。
　　なお予算欄や%欄の一部が空欄となっているが、これも元データに即したものである。
出所)　文化省宗務局『2547[2004]年度　宗教業務年次報告』2005年[Krom Kansasana Krasuwang Watthanatham 2548]、「事業成果総括」(127-142頁)からの翻訳および筆者による一部補足。
備考)　仏暦2547(西暦2004)年　全国統計　全人口　62,308,887名
　　　　仏教徒 57,324,600名、イスラーム教徒 2,815,900名、
　　　　キリスト教徒 438,600名、ヒンドゥー教徒 2,900名、(シク教徒 不明)
　　　　儒教徒 4,900名、その他 19,900名、宗教なし 61,000名、不明 4,500名

第 3 部　タイの宗教教育

第6章　教育省のプロジェクト
──仏教式学校──

1　はじめに

　本章ならびに以下の2つの章では，宗教行政の一環として行政が直接的ないしは間接的に宗教活動（とりわけ道徳教育としての教理学習と実践活動）に携わるケースを取り上げる。まず本章では，教育省の新規プロジェクト「仏教式学校プロジェクト」の特色と形成の経緯について取り上げ，次の第7章では教育省の支援も得ながら外郭団体が展開している「善徳プロジェクト」を紹介し，その後第8章では，文化省宗務局が立ち上げた「道徳教育僧侶の学校派遣プロジェクト」について考察する。いずれも2002年以降に創設された新たなプロジェクトであり，相互に連関する部分もある。

　なお，事例を取り上げる順番としては，宗教行政の中心部署から，周辺部署，外郭団体という流れ（つまり，「道徳教育僧侶の学校派遣プロジェクト」，「仏教式学校プロジェクト」，「善徳プロジェクト」の順）がよいかもしれないが，人的ネットワークと活動手法の点で，第6章の「仏教式学校プロジェクト」と第7章の「善徳プロジェクト」の間に特につながりがある。そのため第7章の最後でこの2つのプロジェクトを合わせて分析を行っている。他方，第8章の「道徳教育僧侶の学校派遣プロジェクト」は，第9章以降の仏教科教科書の学習内容とのつながりが強い。したがって，このような分析の仕方に合わせて配置を入れ替えることにした。

2 仏教式学校プロジェクトへの注目理由

　仏教式学校プロジェクト(Khrongkan Rongrian Withi Phut)は，仏教原理に基づく学校運営，仏教の教えを基本に据えた教育実践を行う，政府のプロジェクトである。学校でのあいさつや食事といった基本的な生活慣習から，多様な教科学習やクラブ活動まで，すべてを仏教的に捉え直して実践する活動である。さらに，寺院や家庭や地域共同体ともつながりをつくり，地域共同体を知る学習，身近な問題の解決などバリエーションに富んだ活動が行われている。

　このプロジェクトは，教育省の6部署の1つである基礎教育委員会事務所内にある，教育運営イノベーション開発事務室において推進されているプロジェクトの1つである。2002年12月から開始されたこのプロジェクトは，各公立学校からプロジェクト参加の有志を募り全国規模に展開している。中学校の参加が多い。学校全体の活動ではなく学内有志を中心とした小集団の活動になるケースもあるが，参加校の数で言えば，2006年8月には2万475校(全国3万2411校の63.1%)が，このプロジェクトに参加している。またタイ南部では，Sang Khuwamrak Samakhi と名づけられた[1]，教育省によるムスリム向けの同種のプロジェクトも行われている。運営費も，2010年には2億5000万バーツ[2]に上る規模であった[教育省のプロジェクト担当者からの聞き取り，2006年8月，2010年9月]。

　このような言わば官製の宗教運動として展開する行政事業は，このプロジェクトだけではないし，これ以前になかったわけでもない。したがって，なぜ筆者が，様々な国家プロジェクトの中でも仏教式学校プロジェクトに着目するのか，その点について以下に簡単に述べておきたい。

　まず第1に，このプロジェクトには教育改革による制度変革の影響が強く現れており，時代の変化を映し出す事例になっている。第2に，教育省のこのプロジェクトには，教育省だけでなく，文化省宗務局や国家仏教庁といった別の行政組織，ならびにサンガからの支援を得た活動であり，現在の複雑

な宗教行政の姿を炙り出してくれる。第3に，このプロジェクトには，民間の宗教活動・教育活動家や社会活動家も協力している。そのため，このプロジェクトは民間・行政・サンガのいくつかの集団のそれぞれの運動が相互に連携しながら展開しており，行政事業と民間の活動の連携による一種の宗教・社会運動という興味深い側面を有している。第4に，活動の手法に新しさが見られる点があげられる。一種のイノベーションが加味された，つながりづくりのホリスティックな教育実践である。

　以下，仏教式学校の活動内容，プロジェクトの成り立ち(活動形成の経緯・組織)，プロジェクト周辺の協力者について述べていきたい。

3　仏教式学校の活動内容

　仏教式学校とはいかなるものなのか。教育省が作成した冊子『仏教式学校の運営方法』(2003年)には，次のような定義が記されている。

　「仏教式学校とは，通常の教育制度に基づいた学校であるが，仏教の基本的教えを教育の場に生かし，また教育の運営方法として仏教の教えを応用し，教育の場の発展とともに学習者の成長を促し，とりわけ三学の統合的な実践に基づいた成長のあり方を重視する学校のことである」[Krasuwang Su'ksathikan 2546：3]。

　まず通常の教育制度に基づいた学校ということは，仏教式の特別な学校やカリキュラムがあるわけではないということである。沙弥や比丘が通う教学学校や，仏教的理念を重視した私立学校というわけでもない。公立学校そのものを仏教式学校にするということであり，さらに生活様式を仏教化するということである。

3-1　3つの特色

　それでは公立学校が仏教式学校になるということは何を意味するのであろうか。どのような活動を実践すれば仏教式学校と言えるのであろうか。この点については，3つの特色がある。1つは，先の定義に見られるように，「三

学」の実践を基本に据えるということである。三学とは，戒 定 慧といった
仏教における3つの基本修行項目である。戒(Sin)とは戒律，定(Samathi)と
は禅定・瞑想，慧(Phannya)とは智慧のことであるが，これを単に出家者の
修行内容と解するのではなく，一般の在家者しかも生徒・学生の生活を改善
するための実践枠組みとして捉えている。

　この考えは，教育省独自のものというわけではなく，後述のように，教育
省がこのプロジェクト立ち上げの際に相談したタイの著名な学僧ポー・
オー・パユットー(Po. O. Payutto)師(現在の位階名はプラプローム・クナーポン
(Phraphrom Khnaphon))の解釈に依拠している(なお，パユットー師の経歴等につい
ては，第8章で紹介する)。パユットー師は，人間の特徴は学習し開発(発展・成
長)できることにあり，正しい学習と良き成長のためには，三学の実践が必
要と考えている。また，その実践は個々人で完結した行いではなく，社会関
係の中で実践されるものであり，個々人の成長が社会の発展につながると考
えている。例えば，戒の実践とは，個々人が物理的外界と社会的外界に接し
交渉する際に使用する，感覚器官とその作用に注意を向けることを意味する。
定の実践とは，外部環境との交渉において生じる心の働きに注意を向けるこ
とであり，慧の実践とは，知識・理解・思考といった点に注意を向けること
を意味する[ポー・オー・パユットー 2008：344-363]。

　こういった考えで学習を行うということは，何か特別の学校や特別のカリ
キュラムを設けるといったことではなく，通常の学習活動の中に仏教実践を
取り込んでいくことであり，教育自体を仏教的に捉え直す試みだと言えよう。
仏教教義や瞑想実践を学習するということではなく，生活様式を仏教的に捉
え直すといった，生き方の学習という意味である。仏教についての知識を学
ぶのではなく，あらゆることを仏教で(仏教を通して，あるいは戒定慧といった三
学の仏教実践として)学ぶ，という考え方である。さらに，学校を中心に寺院
と地域共同体がともに学びに参加するというものでもある。

　仏教は教育そして実生活において活用されるものとなる。それは俗世を超
えた境地をいきなり目指すのではなく，生活を整え，人を育むといった基礎
の基礎と言える仏教実践を目指している。それは知識学習にとどまらず，学

習者それぞれの生活において知識を意味あるものにする試みである。そのために，戒定慧の三学に即して教育過程を捉え直す。つまり社会・自己の外部とのつながりを整える戒，自己の内面を整え集中力や忍耐力を育む定，論理的にも道徳的にも正しい冷静な思考としての慧という 3 つの視点を，教育の基盤に据えるということである。知識教育が不要だというわけではないが，何のための知識教育なのかを仏教的に位置づけ，自他の人間性をともに向上させていくための教育が目指される。

　仏教式学校の第 2 の特色は，日常生活における感覚器官の作用に注意を向けることで，智慧を持って生活改善を行うということである。そのキャッチフレーズとして，「どのように食・住・視・聴を行うかを身につける（Kan kin yu du fang pen）」といったことがある（具体的事例は後に述べる）。

　そして第 3 の特色としてあげられるのが，精神面・知識面そして社会面も含んだホリスティックな教育であるということである。その重要なキャッチフレーズに「ボー・ウォー・ン」という用語がある。これは国王（ラーマ 9 世）が示したとされている用語で，バーン（Ban 家庭・村などの地域共同体）・ワット（Wat 寺院）・ローングリアン（Rongrian 学校）を意味するタイ語の頭文字（B・W・R，ただし R は N で発音）をつなげたものであり，また「卓越した・最高の」という意味をも持つ単語との語呂合わせにもなっている。つまりこの教育は，生徒や学生だけのものではない。教員，僧侶，子供の保護者，地域共同体の関係者も，ともに参加し学びの過程に組み込まれるのである。生活の改善が必要とされるのは生徒・学生だけではなく，学校の教員や家庭の保護者，ときには僧侶も互いに向上し，支援し合うことが運動の目的となっている。そして理想視されたタイの伝統的共同体の姿を構築しようというわけである。

　このような地域ぐるみの実践という考えにおいても，パユットー師の仏教教理解釈の影響がある。例えば，師は三学実践に導く前段階としての外部要因（周囲の良き人々や良い慣習や社会規範など。「善友（ぜんう・ぜんゆう）（Kalayanamit）」という用語で表現）と内部要因（自身で理路整然と考察する能力。「如理作意（Yonisomanasikara）」という用語で表現）を整える点を強調している。つまり，

生徒・学生の三学実践の前提として，教員や保護者そして僧侶など周囲の人々の支援が必要であり，しかもそれが良き支援であるためには，教員・保護者・僧侶も正しい行いの実践が必要となる。そのような循環を通して，個々人の改善を社会の改善につなげようというのが，パユットー師の思想であり，仏教式学校の理念である［ポー・オー・パユットー 2008：364-367, Phra-phrom Khnaphon 2547b：(8), 11-13, 17］。

　ただしこのような地域ぐるみの活動への注目は，単純に仏教的理念からのみ導かれたものだとも言えない。プロジェクトに関わる教育官僚たちは，次のような現状認識を持ち，それに対応する戦略を模索している。

　グローバル経済の浸透や消費社会化により，タイの社会は大きく変質し，学生の精神面・道徳面での荒廃も著しくなった。そういった問題を解決する方法の1つとして，仏教による精神面からの改善といった定番の方法が考えられる。しかし，昨今では慣習儀礼として寺院に関わる者はいるとしても，寺院や僧侶を頼りに相談を持ちかける人々は少なくなっている。したがって，仏教の教えを伝えようとしても寺院を中心とした活動では目的が達せられない。そこで，この事態を改善するには，学校を活動の基盤に据えることが必要となる。なぜなら，学校にはいつも生徒・学生がおり，行事があれば保護者たちも集まってくる。学校と生徒・学生を中心に，そこから寺院と家庭・地域共同体へのつながりをつくり直す，そういった戦略に基づいて，このプロジェクトは形成されたのである［教育省のプロジェクト担当者からの聞き取り，2006年8月］。

3-2　実践の事例

　以上述べてきた理念に基づいて，仏教式学校の運営は行われる。

　実際のプロジェクト活動は，初歩的なものから高度なもの(地域共同体と一体となった組織的活動)まで多様な段階がある。また種類としても多岐にわたる。例えば，最も初歩的な活動としては，学校を訪れたら校庭に置かれた仏像に手を合わせること，仏教学習の時間に瞑想をすること，祭礼の際に皆で寺院に参詣し説法の拝聴や瞑想実践，境内の清掃を行うことなどがあげられる。

ただしこれらは，仏教徒の多いタイの公立学校ではどこでも行われる当たり前の活動である。ただ，おざなりになりがちなことでもあるので，活動としてそこから真剣に始めるという学校も少なくない。

　しかしそれは仏教式学校プロジェクトの本来の活動とは言えない。それ以上の新たな活動が，求められている。それは先に述べたように，生活全体における学習としての仏教実践というものである。例えば，初歩的なものとしては，プロジェクト解説書に記載されている食育があげられる。これは飲食物摂取という外界と自己の接触行為について，智慧を持って考察しながら飲食するというものである。もともとは，僧侶の修行の1つであり，飲食の本来的価値，つまり何のために飲食すべきなのかを反省する行為である[3]。つまり自分の体を壊す暴飲暴食，人に自慢して相手の心を乱すような飲食，環境を害する飲食，さらに，食事をしないことでイライラして人に当たるような空腹感は，本来のあるべき飲食のあり様ではない。自身の社会における責務(学生の学業など)へ従事する力を得ることが飲食の本来のあり方であるという。その上で，食事を用意してくれた周りの人々に感謝の念を持つ。そういったことを念頭に置きながら，学校での昼食の前に食の考察の言葉を唱え[Phraphrom Khnaphon 2547a：14-20]，食後には自分で食器を洗い，自身の責務を全うし自立心を養うようにする。またそのような活動を家庭においても進めていく。

　他によく行われる活動としては，道徳・仏教実践をテーマとしたキャンプ(課外活動)なども多い。これらの活動は，学校によってはこのプロジェクトが始まる以前から行われていたものである。このプロジェクトでは，無理をせずにできることから始めることが指導されているため，活動としてそれほど特別なことを行っていないというケースも見られる[Khrogkan Rongrian Withi Phut 2548]。

　このプロジェクトで実践する内容は，生徒・学生の生活改善や道徳教育に寄与し，社会とのつながりをつくる実践であればどんなものでもよい。特殊な実践のケースとしては，菜食の実践，体から心を制御するストレッチ体操，伝統楽器の演奏や読書習慣を身につける実践事例など[Khrogkan Rongrian

Withi Phut 2548]もある。

　また，日常のあいさつである「サワッディー」という言葉を，聞きなれない「タンマ(仏法)・サワッディー」という言葉に言い換えて，仏教への意識喚起を行うという実践もある。また「タンマ・サワッディー」に慣れてきたら，新たなあいさつ用語をつくり出すという臨機応変な対応をしている。その他，国語・社会・数学などいろいろな学科教育において扱う事例から，仏教的な教えや実践をそこに導入するという試みもある[仏教式学校プロジェクト・サンガ担当者プラマハー・ポンナリン師からの聞き取り，2008年1月]。活動のしっかりした学校では，学校内の様々な問題を持ち寄り，智慧を用いて正しいあり方に改善しようという組織立った実践も見られる[Khrogkan　Rongrian Withi Phut 2548：28]。

　以上の事例からもわかるように，このプロジェクトは特定の実践を生徒たちが行うよう提案しているわけではない。むしろ各実践者の状況に合わせて活動内容が選択されているし，新たな活動を自ら構築していくことも奨励されている。例えば美術の時間に，仏法用語を描いたポスターをつくって校庭の木々に飾ること，廃品で制作したリサイクル美術品を配布することなど，無駄にしないこと，工夫をすること，人を喜ばすことなどを学ぶ活動もある。筆者が取材に訪れた都市部のある学校では，理科クラブの学生たちが仏教式学校プロジェクトに参加し，手に障害を持つ人が使えるコンピューター用マウスを開発していた。

　別の学校では，社会科の授業として，学校近隣の村落に出向いてインタビューを行い，人々の生活知(食・医療・健康・信仰・伝統文化など)を持ち寄り，内容をまとめて印刷し，人々に共有してもらうべく配布するという，コミュニティ活動なども行われている[Khrogkan Rongrian Withi Phut 2548：7]。すべて，戒定慧の三学を生徒・学生が生活に即して応用し，身につけていくことが求められるのである。したがって，生徒・学生と教員は，現場に即した自分たちの課題を自主的に見つけていくことが重視される。

　さらに，寺院に捨てられた野良犬を保護し育てる活動など，子供だけでは対応の難しい課題に挑戦した場合には，僧侶や地域住民のみならず，村落行

政の役職者や外部機関(衛生局など)と連携しながら，活動を進めていく。学校という信頼できる組織，子供の活動という大人が支援したくなるインセンティブ(誘因，やりがい)，これを活用して，家庭(地域共同体)・寺院・学校がつながり，社会状況の改善を行う。この段階まで到達したときに，子供だけでなく大人も学び成長するような，より良い社会が形成され[Krasuwang Su'ksathikan 2546：35]，仏教式学校の活動の目的に達するのである。

　また，教員自身の生活改善も活動の目的の1つであり，仏教式学校の指導者向けの研修会なども行われている。学校によっては，教員・学生・父母が一緒に活動する道徳訓育のキャンプなどを行っているケースもある[Khrogkan Rongrian Withi Phut 2548]。

　これらの実践については，仏教式学校プロジェクトを管理・運営する教育省やサンガの責任者により，情報収集と指導・研修などが随時行われている。プロジェクトの展開としては，まず第1段階で，仏教が心に起因する問題を解決でき，道徳的な改善を行う能力があるのだと子供たちに伝え，第2段階で，子供たちの学習様式や生活様式を整えるよう工夫し，第3段階で，寺と学校と地域社会が一緒になってこれらの実践を維持し安定した状態を保つ，というプロセスを想定している[プラマハー・ポンナリン師からの聞き取り，2008年1月]。先述の瞑想やあいさつなどの簡単な実践例は，第1段階を重視した実践と言えよう。また，実際としては第3段階に達しているケースはあまりない。場合によっては，順調だった活動が，村落内のもめ事や教員の異動で振り出しに戻るということもある。そのときには，地道に第1段階から再出発するのだと，プロジェクトの総合管理の一翼を担う僧侶は述べている[プラマハー・ポンナリン師からの聞き取り，2008年1月]。

　ただしこのような計画には一部構造的な問題があるように筆者は感じている。筆者は，教育省の当プロジェクト担当者に，次のような質問をしたことがある。

　　「地方で家族やコミュニティの結束を再生するという点についてですが，
　　地方の村落ではそもそも親が出稼ぎで家に帰らず，祖父母が子供たちの面

倒を見ていることが多いと思います。祖父母の世代は社会の変化について
いけず，子供の学習面だけでなく，生活面についても十分面倒を見られな
いと思います。どういった家族を再生しようというのでしょうか」

　これに対する担当者の回答は，以下のようなものであった。

　「その通りなのです。何か良い解決策はありませんか？　実際，地方では
30〜40％の親が離婚しています。そして祖父母に子供の養育を任せます。
仏教式学校の影響で改善できそうなことがあるとすれば，土・日は寺に家
族で出かけ楽しみ，月曜から金曜にかけては教室で教え，放課後に学生を
社会見学などに連れていくといった程度のことです」[教育省のプロジェクト
担当者からの聞き取り，2010 年 9 月]

　後述のように，仏教式学校プロジェクトは，都会の比較的階層の高い人々
の教育実践をもとにして生まれたものである。地方村落の現場から問題提起
されてできたプロジェクトではない点が，このようなずれを生み出している
のかもしれない。

4　プロジェクトの成り立ち

4-1　プロジェクト形成の経緯

　仏教式学校プロジェクトの特色は，上記のような活動形態だけではなく，
その形成過程と組織構造のあり方にも見られる。仏教式学校のプロジェクト
開始の正式な日付は，2002 年 12 月 25 日となっている。これは「タイ児童
発展の新カリキュラム」会議において，ワチラーウット大学のチャイアナン
博士が仏教の教えを基盤に運営を行う学校づくりを提案し，これを当時の
タックシン首相が了承した日である[タイ教育省 2004：序文]。
　このプロジェクトは，当時のタックシン首相による教育改革の一環で，

様々な特色を持つ学校を設立するパイロット・プロジェクト（4種の特殊学校プロジェクト）の1つとして始まり[4]，後に全国化していった。基本のやや漠然としたアイデア自体は，タックシン首相によるものであったが，その内実を具体化していったのが当時の教育副大臣シリコーン・マニーリン（Sirikon Manirin）であった（実務レベルでは教育省・基礎教育委員会事務所・教育運営イノベーション開発事務室のスタッフが担当）。シリコーン副大臣は，翌年2月に先述のパユットー師を訪れ仏教式学校の運営についての意見を求め，解説書を執筆してもらっている。また同時に，僧侶や在家の専門家から意見を聴取し，別の解説書も作成している。同年5月には，このプロジェクトへの第1次募集が始まり，同年6月には教育省主催の会合を開き，タイ仏教の2宗派の仏教大学から知識と人員の提供を得ること，および地方サンガの協力を得ることが了承された。とりわけ，マハー・チュラーロンコーン仏教大学の学長であるプラタンマ・コーサーチャーン（Phrathamma Khosacan）（プラユーン・タンマチットー（Prayun Thammacito））師[5]（第8章で経歴等を紹介する）と，バンコクの名刹サケート寺の住職でタイ・サンガ最高議決機関である大長老会議の重鎮の1人であるソムデット・プラ・プッターチャーン（Somdet Phra Phuttacan）師が積極的な支援を行うようになる。その後は，様々な地域において仏教式学校の会議を開催し，学校関係者へのオリエンテーションを行っていった［プラマハー・ポンナリン師からの聞き取り，2008年1月］。

　公式の形成経緯は上記のようなものであるが，他にも公式な形では前面に出てこない3者のキーパーソンがいる。第1に，このプロジェクトのモデルとなる教育実践を先駆けて行っていたいくつかの仏教系私立学校の教員たち（詳細については後述する）。第2に，これらの学校の活動に関わりその活動内容を教育省に紹介した僧侶プラマハー・ポンナリン（Phramaha Phongnarin）師（活動に関わった当初はマハー・チュラーロンコーン仏教大学の学生であった。師は次章で取り上げる善徳プロジェクトのリーダーでもある）。そしてこの提案を公立学校のネットワークに広めていった教育運営イノベーション開発事務室の行政官（タイの国立大学で教育学の博士号を取得している人物）。この3者の熱心な取り組みにより，全国規模の運動・政府プロジェクトへと展開していったのである。

4-2　プロジェクトへの加入

　以上，プロジェクトを形づくった中心的なスタッフについて述べてきた。次にプロジェクトに参加する側(学校)についての概況を記しておく。教育省のプロジェクト担当者から得た資料には，全国3万2411校の公立学校のうち，どのくらいの学校がこのプロジェクトに参加しているかが詳細に記されている。これによれば，2002年にプロジェクトを立ち上げた年には，89校の参加数にすぎなかったが，2004年には約1万1000校に急増し，2006年8月には2万475校(全体の63.1%)にまで伸びている。地域別(2006年8月)で見てみると，北部が68.29%，南部が32.35%，中部が67.51%，東部が72.15%，東北部が67.69%となっており，イスラーム人口の多い南部を除き，どの地域でも約7割の学校が参加している様子が見て取れる[6]。とはいえ，コミットの度合いは様々であり，非常に熱心に取り組んでいる学校もあれば，とりあえず参加登録をしただけという学校もある[教育省のプロジェクト担当者からの聞き取り，2006年8月]。

　教育省のプロジェクトとはいえ，強制参加ではなく，各学校に予算配分がなされるわけでもないので，参加・不参加は各学校の代表者・活動担当者の意思による。参加を希望する場合には，学校の代表者が各学区(全国で178学区)の教育指導主事内のプロジェクト担当者に連絡して登録を行う。各学区のプロジェクト担当者は，プロジェクトの登録者への連絡，研修や効果測定などを行っている。

　また登録校には，仏教式学校の理念・経緯・活動方法・活動事例・評価方法などを記した，以下のような書籍とビデオCD(VCD)のセット，および他の参考書籍が配布される。

　配布セット
　・教育省『仏教式学校の運営方法』(内容：活動の理念や方法の概説)
　・教育省・基礎教育委員会事務所・教育運営イノベーション開発事務室
　　『仏教式学校の運営自己点検』(内容：活動の評価方法)
　・プラプローム・クナーポン(Po・O・パユットー)『基礎から学ぶ，実り

ある学習と教育』(内容：仏教思想の観点から仏教式学校の活動を解説)
- VCD ①『仏教式学校　タイにおける教育の美』,『仏教式学校運営の考え方』
- VCD ②『ソムデット・プッターチャーン師講演(於 「仏教式学校発展の戦略」会議)』,『プラテープ・ソーポン師　法話　本当の道・仏教式学校』
- VCD ③『プラプローム・クナーポン(Po・O・パユットー)　法話　仏教式学校・総合的な教育改革』

その他の配布書籍
- プラプローム・クナーポン(Po・O・パユットー)『食住のあり方から始まる学習』(内容：仏教的観点からの躾について解説)
- プラプローム・クナーポン(Po・O・パユットー)『学校がタイ社会を救う　精神の成長を促し智慧を身につける』(内容：仏教式学校の理念・教義的背景を解説)
- 教育省・基礎教育委員会事務所, 国家仏教庁『仏教式学校発展の戦略』(内容：仏教式学校に関する合同会議の記録)
- 教育省・基礎教育委員会事務所・教育運営イノベーション開発事務室『仏教式の良き学校』(内容：仏教式学校のモデル校の活動内容の紹介)
- プラタンマ・コーサーチャーン(プラユーン・タンマチットー)『積極的伝道』(内容：仏教伝道の方法について, 自らの外国伝道経験を踏まえた論考)

5　仏教式学校プロジェクトの周辺

　先述の仏教式学校のプロジェクトの成り立ちからわかるように, このプロジェクトは教育省の一部局によって主導されてきたものであった。しかしその活動内容は, 単なる政府プロジェクトというよりも, 臨機応変に活動内容を展開する運動としての特質も持っている。このような弾力的対応をもたらしているのは, このプロジェクトがこの部局内で完結せず, 外部の関係者を数多く巻き込んでいることが一因と考えられる。以下, 仏教式学校プロジェ

クトの周辺で協力している外部の関係者について，彼らがどのような方法で
プロジェクトへ協力しているのか，また彼らが協力する理由について述べて
おきたい。ここでは，外部関係者としてサンガと私立学校を取り上げる。

5-1　サンガによる協力

　サンガが仏教式学校プロジェクトに協力するようになった背景には，1997
年以降の制度的変容がある。1992 年からの民主化運動・政治改革運動の結
果，1997 年には新たな憲法が発布され，その後，「1999 年国家教育法」が制
定された。この新たな教育法には，この時期に始まる教育改革が強く影響し
ている。またその教育改革には，省庁外の改革派知識人の影響が見られ，加
えて 1997 年に生じたアジア通貨危機への反省やグローバル化する社会状況
への対応が見られる［平田・森下 2000，鈴木・森下・スネート 2004，船津 2007：
176-178］。

　そしてこの新たな国家教育法に即し，学習カリキュラムの全面的な見直し
が行われ，「2001 年基礎教育カリキュラム」が作成された。この基礎教育カ
リキュラムでは，タイ人らしさとともに国際性が重視され，また社会全体が
教育に参加することが提唱され，さらに学習者中心の教育，地域の事情に合
わせた弾力的カリキュラム構成，多様な形態の教育を提供することなどを，
基本的な原理として掲げている［タイ教育省 2004：9］。一方では改革派の見解
やグローバル化への適応が基礎教育カリキュラムの特色となっているが，他
方で従来のようにタイ文化を重視した内容も盛り込まれている。

　2002 年に始まった仏教式学校のプロジェクトは，この一連の制度改革の
影響を少なからず受けている。例えば，当時の教育大臣は仏教式学校の会議
の開会式において，学習者を中心とする教育改革が現在推進されており，仏
教式学校は真の意味での教育改革であると述べている［Samnakgan Khanakam-
makan Kansu'ksa Khan Phu'nthan, Krasuwang Su'ksathikan, Ruamkap Samnakgan
Phraphutthasasana haeng Chat 2547：9］。

　ただしこの表現は，教育改革と仏教式学校プロジェクトの接点について言
及しているにすぎず，サンガが公教育に組織的に関与するということへの言

及は見られない。

　この点からさらに一歩進み，サンガがこのプロジェクトに関わるための正
当化を行ったのが，プロジェクトの中心的指導者の 1 人であるプラタンマ・
コーサーチャーン（プラユーン・タンマチットー）師（当時の僧位名はプラテープ・ソー
ポン（Phrathep Sophon）師）である。師は，新たな国家教育法とそれに基づく新
カリキュラムを，サンガが一般の公教育に参入する大きなチャンスだと捉え
ている。2004 年の仏教式学校プロジェクトの会議において，師は，1999 年
国家教育法の第 8 条第 2 項にある「社会が教育に関わること」という文言を
指摘し，その意味を，学校だけが教育の主役ではなく地域社会や宗教集団も
主役の一部となり，僧侶が一般の公立学校で教育を行う扉が開かれたのだと，
解釈している［Samnakgan Khanakammakan Kansu'ksa Khan Phu'nthan, Kra-
suwang Su'ksathikan, Ruamkap Samnakgan Phraphutthasasana haeng Chat 2547：
26-27］。

　なお教育省は 2002 年に，2001 年基礎教育カリキュラムに即した仏教教育
の学習内容[7] を作成するよう，プラタンマ・コーサーチャーン（プラユーン・
タンマチットー）師に依頼している。師はこれを承諾し，加えて同年に始まる
仏教式学校の支援にも携わるようになった。この点から見ても，新たな教育
法の施行，そしてそれに即した新カリキュラムの制定（その原理の中にも社会に
よる教育や，学習者中心という考えが記されている）というものが，仏教式学校に強
く影響していると言えよう。

　ただし先述の 2004 年の会議において，サンガの大長老会議の重鎮メン
バーであるソムデット・プラ・プッターチャーン師は，仏教式学校の活動に
ついていささか保守的な視点から評価する意見を述べている。例えば，仏教
式学校のプロジェクトは，タイのアイデンティティである仏教に基づく教育
であり，民族の智慧の保持につながるものであり，タイ社会の礎である民
族・仏教・国王のうち仏教の部分を堅固にする活動だと述べている［Samnak-
gan Khanakammakan Kansu'ksa Khan Phu'nthan, Krasuwang Su'ksathikan, Ruam-
kap Samnakgan Phraphutthasasana haeng Chat 2547：18-19］。もっとも，このよ
うな保守的見解と，社会による教育・学習者中心といった改革派的見解やグ

ローバル化への対応の必要性という考えが混在しているのが2001年基礎教育カリキュラムの特色でもあるので，必ずしも奇異な意見ではない。

　このような法解釈や活動意義のもと，サンガはこの行政プロジェクトに協力するようになっていった。プロジェクトの中核指導員でもあるプラマハー・ポンナリン師によると，このプロジェクトに関わっている僧侶は，全僧侶約30万名のうち1万名程度だとされている[プラマハー・ポンナリン師からの聞き取り，2008年1月]。しかしそのような協力の多くは，サンガが直接行っているものではない。その大きな理由は，プロジェクト活動を行う資金が，ほとんど局付きの政府予算として配分されているからである。したがって仏教式学校へのサンガによる協力は行政経由で行われている。しかも文化省宗務局，国家仏教庁，仏教大学といった複数ルートからの協力を行っている。

　このようなサンガと行政の複雑な関係が生じている背景には，教育制度改革によって，2002年10月に省庁再編が行われたことが影響している。第5章で詳述したように，それ以前は，宗教関連の部局がすべてかつての教育省に属していた。例えば，旧教育省には，宗務局，芸術局(遺跡管理なども行う部局)，宗派別の仏教大学局，学習指導要領研究事務室(指導要領の作成や教科書の作成・検定を行う部局)などが属していた。しかし，教育改革とそれによる混乱や仏教保守派の台頭により，現在，宗派別の仏教大学局と学習指導要領研究事務室は教育省に残り，宗務局と芸術局は新設の文化省に移動し，旧宗務局の仏教管理部門が独立して新設の国家仏教庁となっている(ただし，次に述べるように，現在の宗務局も仏教管理業務を継続している)。

　このような分散状況において，学校や教員の管理を主要な業務とする教育省が，仏教式学校プロジェクトを立ち上げたわけである。そしてサンガは，分散した省庁の各ルートから，仏教式学校に協力を行っている。例えば，文化省宗務局は自身の部局にいくつものプロジェクトを抱えており，その中で関連する「夏季の沙弥出家プロジェクト」や「道徳教育僧侶の学校派遣プロジェクト」[8]を通じて仏教式学校プロジェクトに協力し，さらに教材提供などを行っている[Samnakgan Khanakammakan Kansu'ksa Khan Phu'nthan, Krasuwang Su'ksathikan, Ruamkap Samnakgan Phraphutthasasana haeng Chat 2547：31-

32]。また国家仏教庁は，説法やパーリ語などの専門家を多く有しているので教師派遣などで協力可能であり，またプロジェクトの1つである学生向けのキャンプ(仏法修行と善徳キャンプ)でも協力できるとしている[Samnakgan Khanakammakan Kansu'ksa Khan Phu'nthan, Krasuwang Su'ksathikan, Ruamkap Samnakgan Phraphutthasasana haeng Chat 2547：33-34]。

＊　＊　＊

　以上の点をまとめると，まず，サンガによる仏教式学校への協力は，一方で社会による教育や学習者中心の教育といった改革的な理念の延長線上にあるが，他方では，民族・宗教(仏教)・国王といった従来型のナショナリズムを強化するものとしても行われている点が指摘できる。

　次いで，サンガは国家規模の宗教活動において主導権を持っていない様子が見えてくる。しかし，他方で国家レベルの宗教活動が行われている点も明らかである。それは行政主導の宗教活動として行われている。なぜそのような形になっているのかと言えば，活動の資金が，サンガに由来するものではなく，政府予算として下りてくるからである。ただし，国家行政全体で統合された宗教活動が展開されているというわけではない。実情は局主導の多様なプロジェクトが展開されている。そこには局単位で予算作成・使用の権限を持っていることによるセクショナリズムが反映しているのかもしれないが，実情は把握できていない。

　いずれにしてもタイ国サンガという全国組織自体が，仏教式学校プロジェクトのような大きな活動を主導しているわけではない。しかし行政の各部局とサンガ内部の諸集団とのコネクションを通じて，影響力を行使するということは考えられる。例えば，マハーニカーイ派の仏教大学関係の一部のグループが，現在の教育省に影響力を持っているようである。なぜなら仏教式学校の中心的な支援者は，パユットー師やタンマチットー師，プラマハー・ポンナリン師など，いずれもマハー・チュラーロンコーン仏教大学(マハーニカーイ派の仏教大学)関係者で占められているからである[9]。

5-2　仏教式の私立学校による協力

　次に，政府の仏教式学校プロジェクトに大きな影響を与えている，いくつかの私立学校の試みを取り上げる。その私立学校とは，トーシー学校(Rongrian Thawsi)，ルン・アルン学校(Rongrian Rung Arun)，ヌー・ノーイ学校(Rongrian Nu Noi，現在の校名はサヤーム・サームトライ学校(Rongrian Sayam Samtrai))であり，いずれも政府の仏教式学校プロジェクト開始以前から，仏教式学校の教育を模索し実現してきた学校である。この3つの学校は相互に協力関係にある[10]。これら3つの学校，なかでもトーシー学校とルン・アルン学校は，政府の仏教式学校プロジェクトに活動方法や運営方法などを提供してきた，先進的な取り組みを行っている私立の幼稚園・学校である。以下，この3つの学校を紹介する。なお以下に述べるようにこれらの私立学校は，タイの著名人を顧問などに多く抱えている著名な学校である。学費もそれなりに高く，上流階級向けの教育機関となっているようである[11]。

トーシー学校

　トーシー学校は，創立者・校長のブッパーサワット・ラッチャタータナン(Bupasawat Rachatatanan)を代表に，1990年にバンコク都市部の幼稚園として始まった。1998年には初等部を設立している。初等部を設立後，仏教式学校と称するようになった[Rongrian Thawsi ホームページ, Prawat Khawam Pen Ma]。先述のプラマハー・ポンナリン師(政府の仏教式学校プロジェクトのサンガ側からの指導員)は，この学校で仏教式の教育法を学び，その情報を教育省に提供している。また，同校は，政府の仏教式学校プロジェクトに運営上のアドバイスを行っている。

　トーシー学校の教育方針は，知識重視の教育ではなく，体験し楽しみながら生徒が学べる教育にある。そして仏教の実践を人格教育であると捉え，学校教育の中に取り込む試みを行っている。つまり試験のための教育や手に職をつけるための教育ではなく，人生をより良いものにし，自己・家族・社会のためになる人間の育成を目指すと述べている。そのため，現在のサンカ

ラート（タイ国サンガの長）であるソムデット・プラ・ヤーンサグオゥン（Som-
det Phra Yansagwon）師や，革新的な仏教思想家として有名なプッタタート比
丘，仏教実践の社会性を強調する先述の学僧パユットー師，国際森の寺
（Wat pa nana chat）の元住職チャヤサロー（Cayasaro）師の教えを教育に取り入
れようとしている。特にチャヤサロー師は，同校の顧問となっており，仏教
式学校としての初等部設立の際には，学校側から相談を受けている。

　仏教式学校としての同校の教育目的は，智慧を持つ人々の共同体・社会の
形成にあるという［Rongrian Thawsi ホームページ, Prawat Khawam Pen Ma］。具
体的には，子供・親・教員の共同体を形成することや，如理作意[12]に基づ
く理解力・分析力を養う教育を目指している［Rongrian　Thawsi ホームページ,
Prachaya lae Nayobai］。

　トーシー学校では，生徒に課題を与え，生徒自らが本などの参照物を使っ
てその課題の答えを導き出す学習なども行っている。その際，教師は一方的
に知識を与える指導者になるのではなく，生徒からの質問に答えながら生徒
自身の体験や思考を促すサポート役となるよう努める。また仏教的な教育と
いう面では，瞑想や五戒を唱えるなど仏教独自の実践も行われているが，仏
教的用語や考え方を通常の授業の中に織り込み，日常的に使える考え方とし
て学ぶという方法も重視している［*Bangkok Post* 2004/9/26：out01］。

ルン・アルン学校

　ルン・アルン学校も私立の仏教式学校として注目を浴びている学校である。
また同校は，政府の仏教式学校向けの研修会に，運営・指導方法を伝える人
員を派遣している。

　ルン・アルン学校は1997年にバンコクに設立された。幼児部と初等部・
中等部・高等部の学校を持っている。設立者の1人プラパーパット・ニヨム
（Praphaphat Niyom）が，全体を代表する理事長となっている。また，プラ
パーパットは，政府の仏教式学校の研修コーチングチームのカリキュラムを
作成している人物でもあり，その点からルン・アルン学校は，現在，政府系
の仏教式学校に最も影響を与えている私立学校と言える［プラマハー・ポンナリ

ン師からの聞き取り，2008年1月]。

　プラパーパットは，長年にわたりチュラーロンコーン大学で建築学を教え，その後バンコク副知事にもなった人物である。彼女が学校経営に関わるようになったきっかけは，自身の子供の教育経験を通じてのものであった。まず娘が中学・高校での学習について疑問を抱いた。その教室で生徒は真剣に先生の話を聞かず，教員も生徒の理解度などを確認せずに授業を進め，試験の際には補習で補い，試験が終われば学んだことは忘れてしまう。どうしてこんな勉強をするのかといった問いであった。プラパーパットはその後，他の学校も似たり寄ったりであることを知り，教育環境を選択できるイギリスに娘を留学させ，そこでは子供たちが，教科書を覚えるのではなく，学んだことを自分の言葉で語れる学習がなされていることを知った。

　その後，小学生の息子が自閉症であるとわかる。彼は人とコミュニケーションをとることが難しく，教師が勉強を教えるのが非常に困難だった。しかしある日，どういうわけか，自分なりに文字の読み方を覚え新聞も読めるようになっていた。プラパーパットは，この子は人と学び方が違うのだと気づき，子供一人一人に学ぶ力があり，それぞれに合った学び方をしていく方がよいのだという見解を持つようになる[Rongrian Rung Arunホームページ，Samphat Ro So Praphaphat Niyom：2-7]。

　こういった経験を経てプラパーパットは，様々な教育の方法を模索し，ルン・アルン学校を設立することにつながっていった。ルン・アルン学校の教育目標は，生徒それぞれの方法で学んでいくホリスティックな教育を提供することにある。競争教育・入試のための教育ではなく，身体・感情・社会性・精神性を育む教育を目指している[Rongrian Rung Arunホームページ，Khuwam Pen Ma haeng Rongrian Rung Arun]。例えば，米についての学習ならば，実際に米づくりを行い，それを通じて稲や土についての知識，稲作にまつわる伝統儀礼，農作業と環境問題などが総合的に学べるような学習環境を提供する[*Bangkok Post* 2004/9/26：out01]。

　また単に体験重視の教育というだけではなく，先のトーシー学校と同様に仏教式の教育を行っている。特に，パユットー師(先述のように政府系の仏教式

学校にも協力している学僧)を学校の最高顧問に迎え，師の説法にあるキン・ユー・ペン(どのように食住をなすかを身につける)を，様々な学習を通じて生徒・学生に教えている[*Bangkok Post* 2004/9/26：out01]。そこには，教育の方法も単に外国式を取り入れるのではなく，身の周りにあるタイ文化に即した学習にした方がよいという考えもあると思われる[Rongrian Rung Arun ホームページ，Samphat Ro So Praphaphat Niyom：6]。例えば，タイ東北部の僧侶を訪れ，森林保護にも携わる校外学習などを行っている。そこでは生徒が地方を自ら歩くことで，地理や地元の人々の生活や経済状況を知る試みにもなる。生徒たちは，歩き疲れ，食事も地元のもち米くらいしか手に入らない状況に，当初は文句を言っていたが，地元の子供たちの食生活などを見学することで，その状況を受け入れ，帰宅後には経済格差を肌で受け止め，寄付なども考えるようになった。このように，プラパーパットはインタビューで述べている[Rongrian Rung Arun ホームページ，Samphat Ro So Praphaphat Niyom：10]。

　財団として現在運営されているこの学校は，他の財団や財界の代表 5 名による土地と資金の提供を得て設立された。学校設立後にこの 5 名の支援者により学校委員会が構成され，委員長には NGO 連絡組織の代表であり著名な知識人であるプラウェート・ワシー(Prawet Wasi)医師が就任している。彼らは，この学校への支援を利益のためではなく，社会のための投資と考えており，特定の人のための学校ではなく社会の共有財産として運営することを目的としている。とりわけ，最高の教育を用意するよう心がけ，スタッフへの教育も欠かさず常に教育方法を発展させる学校運営を目指し，そしてその成果・方法を他の学校に提供することで，タイ社会の教育問題の解決に寄与することを目的として掲げている[Rongrian　Rung　Arun ホームページ，Khuwam Pen Ma haeng Rongrian Rung Arun, Prawat Kan Roem Kotang]。政府系の仏教式学校への研修支援も，このような理念のもとになされていると考えられる。

ヌー・ノーイ学校(現サヤーム・サームトライ学校)

　現在のサヤーム・サームトライ学校の前身となるヌー・ノーイ学校は，1980 年に設立された。設立者は現在の代表者であるアニンティター・ポー

サクリスナ(Aninthita Posakrisna)と彼女の両親ナーイペート・ウドム・ポーサクリスナ(Naiphaet Udom Posakrisna)，クンイン・マッタニー・ポーサクリスナ(Khunin Mathani Posakrisna)である。設立当初は，チュラーロンコーン大学の実験的教育を行う学校で取り組まれていたイスラエル式の教育を導入していた[Tippawan 2558]。

　その後1986年にパユットー師に出会い，仏教式学校の教育に変えた(筆者による聞き取りでは，1997年となっている)。学校の名称もパユットー師に名づけを依頼し，サヤーム・サームトライとなった。サヤームは，タイの旧称シャムのタイ語表記と同じものであるが，パユットー師によれば，よく自律していることを意味し，サームトライは三宝(仏法僧)・三相(無常・苦・無我)・三学(戒定慧)をまとめたものとされている[サヤーム・サームトライ学校での聞き取り，2010年9月]。

　学校の教育方針は，タイ式(Withi Thai)，自然式(Withi Thammachat)，仏教式(Withi Phut)の3本柱である。タイ式は，外国ではなくタイの歴史・文化・作法を学ぶことであり，毎週木曜日や行事日にはタイ式の服を着用する。自然式は，植物の育成，自然環境を知る校外授業，森林保護活動などを行う[Tippawan 2558，サヤーム・サームトライ学校での聞き取り，2010年9月]。仏教式は，寺院訪問や僧侶を招いて説法に耳を傾けるといった基本的なことも行うが，パユットー師が示した10項目の実践内容を，各学年の活動に組み込む試みも行っている。筆者が，同校を見学した際には，朝礼の後に生徒たち20名程度(幼稚園児から小学校高学年)と教員が舞台で，ジャータカをもとにした劇を演じていた。これは週1回行う公演であり，保護者も見学に来る。公演後には，この演劇に関連した学習を行う。例えば，幼稚園(年中・年長クラス)では，演劇を見て，興味を持ったことを，意識化・想起し，絵として描く学習が行われていた。教員の説明によれば，如理作意つまり筋道立った智慧を使った学習であり，これはパユットー師から学んだ実践だとのことである。

＊　＊　＊

　以上の内容から見えてくることは，まず政府の仏教式学校プロジェクト以

前に，民間の学校において仏教式学校教育を普及させる運動が展開していたという点，次いでそのような民間の宗教的な社会運動が政府系プロジェクトである仏教式学校に理念・運営方法・人材などを提供しているという点，しかもこれら民間の学校は改革派知識人・改革派僧侶などの影響が顕著であるという点があげられる。

6　ま　と　め

　本章では，タイの教育省が推進している仏教式学校プロジェクトの活動内容と特色，活動形成の経緯，サンガや私立学校といった政府外組織の協力について，主としてプロジェクト推進者側の見解や広報内容をもとに概説してきた。最後に本章のまとめを行っておく。

　まず，第1に述べるべき点は，タイでは行政が主導する仏教活動が展開されているということである。仏教式学校プロジェクトの活動主体は，教育省・基礎教育委員会事務所・教育運営イノベーション開発事務室である。この事例では，主として教育現場を活動の拠点と定めているが，活動内容は狭義の世俗的教育や，宗教性を排した道徳教育ではない。仏教は，道徳や生活様式を伝える教育の役割を担うという考えのもとに，教育現場に仏教的価値観や思考・行動様式を取り入れている。

　第2に，一方でこのプロジェクトは，教育省の1部局のみによる活動ではなく，行政の他の部局のプロジェクトとも連携し，行政外部の集団や運動の協力も得ている。ただし，すべての省庁が常に協力的というわけではない。教育省の仏教式学校プロジェクト担当者によれば，内務省が非協力的で，学校周辺にある，子供に悪影響を与える施設の移動を行ってくれないと述べていた[13]。

　第3に，この政府プロジェクトには，パユットー師など社会派の学僧やマハーニカーイ派の仏教大学関係者，ならびに改革派知識人の影響を受けた仏教系私立学校が大きな影響を与えてきた。これらの私立学校は政府プロジェクトに対し，理念や方法や人材を提供している。

　第4に，他方でサンガにおける保守的な見解を持つ僧侶たちをも活動に組み込んでいる。これにより，多くの僧侶の協力を得やすくなったと言えよう。

1) 「愛と団結を育む」といった意味。
2) 2009年には王室関連の特殊事業とも重なり5億4000万バーツの予算が計上された。
3) パユットー師は，このような食育思想の基本として，僧侶も子供も他者からの食の施しに頼って生きている存在と見なせるといった，共通点を指摘している。つまり，施しによって生命を維持する僧侶は，仏法に基づいて自身の向上に励み，良き人となり，社会の礎となって仏法が社会で実践されるよう努力することを責務として課されている。同様に，子供たちは親などの施しによって生きているのであり，良き人となるよう学習する責務を負っている。飲食への考察は，このような人間観がその背後に見られる。とはいえ，パユットー師は，タイ随一の学僧ではあるが，子供の教育のスペシャリストではない。つまり，このような人間観や基本的発想は，あくまで仏教に根ざした実践であるためのガイドラインであり，個々の実践に行き詰まったときに帰るべき理念と言えよう。実際の活動の場においてはより簡略化した説明や実践がなされている。
4) 仏教式学校以外に，「1郡に1校，夢の学校を設立」，「ICT式の基礎学校」，「語学学校」といったプロジェクトがある。
5) 1997年から学長に就任。仏教式学校プロジェクトに関わり始めた頃の位階名は，プラタンマ・コーサーチャーンではなく，プラテープ・ソーポンであった。
6) タイ南部のパッターニー県，ヤラー県，ナラーティワート県の一部の区では，このプロジェクトへの参加率が1桁台と全国の最低レベルにある。これらの地域は南部のムスリム中心地であり，今日，爆弾テロ事件が頻発しており，ムスリム・仏教徒を問わず多くの犠牲者を出している。
7) 学校で使用する教科書は，この学習内容・項目に即したものでなくてはならない。
8) これは文化省宗務局が重視しているプロジェクトであり，2002年から開始されている。これもまた教育法の改定と関連があると思われる。第8章を参照。
9) このネットワークの実質的なつながりについては，筆者は把握できていない。またなぜ，タンマユット派とのつながりがあまり見えてこないのかも明らかではない。
10) これら3つの学校はいずれにおいても，女性が校長・創立者である。タイの教育界では女性の教員・管理職などが多い。
11) 本章で取り上げている私立の仏教式学校3校は，社会的には上層階級の家庭の生徒が多いのではないかと，バンコクのバーンラック幼稚園の佐藤喜園長よりご教示いただいた（2010年9月10日）。実際，筆者がサヤーム・サームトライ学校を訪問見学した際，教員の立ち居振る舞い，客人のもてなし方など，至るところに品の良さを感じた。教員や顧問などに貴族系統の苗字を持つ人なども散見された。なお，佐藤園長からは，仏教式学校の位置づけ以外にも，シュタイナー教育など，タイにおいてオルタ

ナティブ教育を行っている幼稚園・学校の概要などについてもご教示いただいた。その内容については本書では十分に生かされているとは言えないので，今後の課題としたい。

12)　如理作意については本章 3-1 を参照。

13)　教育省内でもこのプロジェクトに対してやや温度差があるようにも見える。先の教育省の仏教式学校プロジェクト担当者は，自らタイ国内の至るところを訪問し，活動を行っているが，この人物が久しぶりに省庁のオフィスに戻ってきた際，部局の違う同僚が「またチェンマイに行ってたんだって？　お寺ばかり行ってるから，出家したんじゃないのかって噂してたよ」とやや揶揄気味に声をかけているのを，筆者は目撃した。

第7章　外郭団体の宗教教育活動
──善徳プロジェクト──

1　善徳プロジェクト

　前章の「仏教式学校プロジェクト」に続いて，本章では，「善徳プロジェクト(Khrongan Khunnatham)」を紹介する。またこの2つのプロジェクトに関して，ソーシャル・キャピタルの形成という点から，分析を試みる。

　善徳プロジェクトは，学生が身近な社会問題の解決活動などの善行を通じて，人々とのつながりをつくり，皆で成長していくという実践である。先の仏教式学校プロジェクトと活動内容が大きく重なるが，その理由は，同じ人物がプロジェクト運営の中心を担っているからである。その人物とは，バンコク中心部に位置する名刹スタット寺のプラマハー・ポンナリン師である。彼は，仏教式学校プロジェクト形成時に，私立学校の前衛的な試みを教育省に紹介し，また自らも仏教式学校運営の事業開発にコミットしてきた。そしてその運営方式を，国王崇敬と結びつけ，さらに全国コンテスト化という形で結実させたのが，善徳プロジェクトである。

　このプロジェクトは，2006年に始まったものであるが，初年度の参加プロジェクト数だけでも全国から1000以上の応募があり，翌年にはその数は1万件以上に達した[プラマハー・ポンナリン師からの聞き取り，2008年1月]。また王室や教育省基礎教育委員会事務所(仏教式学校に関わる教育運営イノベーション開発事務室を有する部署)，ルン・アルン学校(仏教式学校を先駆的に実践していた私立学校の1つ)などからの支援も受け，2008年度までに政府から総計4200万

バーツ(計 2 万件強のプロジェクト 1 件当たり約 2000 バーツ)の資金援助も得ている
[Phramahaphongnarin, Sagwonsi 2552：16-17]。

　プロジェクトのリーダーである，プラマハー・ポンナリン師がこの活動を
始めるようになったのは，それほど昔のことではない。化学の修士号をタイ
国内で取得した後，タイの慣行である男子の一時出家を行ったのが 1998 年，
25 歳の頃であった。しかし一時出家のつもりが仏教に深く興味を持ったた
め，マハー・チュラーロンコーン仏教大学の修士課程に入学して仏教の学習
と研究に携わるようになる。

　そこで執筆した修士論文が，私立学校で行われていたホリスティックな仏
教式の教育(後の政府による仏教式学校のモデル)に関するものであった。この修
士論文は，プラマハー・ポンナリン師自身が，学校の仏教式教育に携わりな
がらそれを理論化し，さらに自身のプロジェクトに取り込んでいく，一種の
アクションリサーチになっている。

　彼がこの教育方法に興味を持ったのは，ある西洋人僧侶(瞑想実践と国際的
な瞑想実践普及で著名な故チャー師の，西洋人弟子の 1 人)の記した本の内容に感化
されてのことであった。彼の心を揺り動かしたのは，この僧侶が外国で説法
した際に受けた質問(「仏教は素晴らしい。タイ人は仏教を大切にするというが，タイ
社会には犯罪やエイズなどの問題が多い。なぜなのか？」)であり，またそれへの返答
(「タイでは政治家や社会的に影響力のある人が，仏教を学んでいない。エリートは，キリ
スト教系の学校に行って英語を学び，高等教育では外国に留学し，そして帰国する」)で
あった。プラマハー・ポンナリン師は，自分も同じような境遇にあり，タイ
の中上流の家庭でよく見られるように，英語学習などに力を入れているカト
リック系の小学校に通い，中学に進学した際には基本的な読経ができなかっ
たと述べている。優秀な人物になろうと努力すると，仏教に触れる機会が少
なくなる。したがって，高等教育以前に，学校で仏教を身につける必要があ
るし，またそれを社会改善につなげていく必要もあると，考えたわけである
[プラマハー・ポンナリン師からの聞き取り，2008 年 1 月]。

　また，仏教を宗教(religion)としてではなく[1]，一種の教育として捉える視
点を，先の西洋人僧から学んでもいる。ヒューマン・デベロップメントや人

間の育成としての仏教を自覚的に捉え直すことは，後に善徳プロジェクトへ
と結実することになる［プラマハー・ポンナリン師からの聞き取り，2008 年 1 月］。

　しかし，学生に仏教と社会改善への興味を持たせるような人間教育を行お
うと思っても，学生への十分な支援体制や資金がなかった［Phramahaphong-
narin, Sagwonsi 2552：16］。そこで，政府支援や寄付を募りこれを学生各自の
活動への助成金とし，また国王へ奉献する善行という動機づけを与え，さら
に企画と成果を競い合う全国コンテスト（王室から賞が与えられる）を設置して
競争意識も持たせる，といったプロジェクトを考案したのである。もっとも，
このプロジェクトの原型とも言える，理系面での学生の能力向上を目指す，
サイエンス・プロジェクトといった全国コンテストがすでにあり，善徳プロ
ジェクトはこれを応用したものであった［プラマハー・ポンナリン師からの聞き取
り，2008 年 1 月］。この全国コンテストの様式は，言わば日本の学生スポーツ
における全国大会のようなものである。ただし善徳プロジェクトでは，良い
人間関係の構築，目的意識と計画的な実践，社会問題の解決へ取り組む姿勢
のあり方をめぐって，競い合うということになっている。

　もちろん仏教式学校プロジェクトと同様に，仏教を活動の基盤に据えての
善行が重視されている。プラマハー・ポンナリン師は，善徳プロジェクトの
実践過程（これは仏教式学校プロジェクトにもそのまま導入されている）を，4 つの段
階に分け，仏教的に説明している。まず，良い外部要因をつくり・集める。
この良い外部要因を仏教用語で「善友（ぜんう・ぜんゆう）(Kalayanamit)」と呼
ぶ。善行を行いたい有志を募るのである。まずは仲間 8〜10 名くらいと，そ
れを支援する大人（相談役，外部への連絡役となる教師・僧侶・保護者など）が 1 つの
ユニットを組む。プラマハー・ポンナリン師が述べているわけではないが
（そしておそらくパユットー師の思想に基づくと思われるが），この点は，他の仏教道
徳論とはやや趣を異にし，個人の心の問題に還元するのではなく，個人の心
の状態が良い社会関係との相関において生まれてくるものだという理解をし
ている。まずつくるべきものは，社会関係だということである［Phramaha-
phongnarin 2552：3］。

　次いで第 2 段階では，内部要因に当たる「信(Sattha)」と「如理作意

(Yonisomanasikan)」を形成する。信とは言わば，善行を持続するインセンティブになる価値である。信の対象は，善行や智慧に導くものなら何でも誰でも構わないが，国王に善徳を奉献するためということがタイでは広く同意を得やすいと，プラマハー・ポンナリン師は述べている[2]。さらに，善行として何を実行しどのように成果を出すのか，智慧に基づいて理路整然と吟味する「如理作意」を身につける。ちなみに，この「如理作為」という言葉も，パユットー師が多用する用語の1つである。

　第3段階では，戒定慧の三学に即して目標を遂行し成果を出していく。ここでいう戒定慧とは広い意味で捉えられており，戒とは身の振る舞い方や社会関係のつくり方を意味する。集団活動において，他者をさげすんだりせず，助け合い，許し合い，他者を傷つけないように言動を慎むことである。定とは，精神面の学習であり，集中し，勤勉であり，くじけず，忍耐を持つなど，個人的にも，集団活動の中でも必要となる資質の育成となる。そして慧とは，物事を注意深く観察し，精査し，熟考し，道理に基づいて決断するといったことを学ぶものである[Phramahaphongnarin 2552：5-6]。

　そして第4段階では，プロジェクト活動者だけでなく活動に関わった人々（善徳プロジェクトによって支援を受ける苦難を抱えた人々，プロジェクトを外から支援してくれた人々）も，身体性の修習・社会性の修習（戒）・精神性の修習（心）・智慧の修習を通じて発展する，四修習（パーワナー・シー）を身につけることになる。このように成長した人々は，さらなる善友となって，先の第1段階に関わり，これを循環しながら，社会を変えていく[Phramahaphongnarin 2552：4，プラマハー・ポンナリン師からの聞き取り，2008年1月]。

　以上述べたプロセスは，様々な活動を抽象化し，また理想化したプロセスである。具体的には，次のようなことが行われている。

　まずは，教員の指導などを得ながら学生有志が集まり（多くは中学生以上），活動目標と実施方式を模索する。仏教式学校プロジェクトや他の政府プロジェクトと連動することもある。活動目標は，学校や地域でのつながりづくりを通しての，身近な問題の解決や生活の改善などである。さらに目的に向けて活動をモニタリングし，成果報告や広報活動も学生自身が行う。

　活動内容は多岐にわたる。例えば，比較的多く行われているのが，寺院に捨てられた犬や猫の世話をする活動である。ある活動の報告では，次のようなことが記されている(表4の1-①を参照)。この活動では，捨てられた犬や猫の世話を通じて，慈悲や忍耐心を育み，また寺院や衛生局など大人の社会と連携しながら，地域共同体の安全と衛生改善につなげることが目標となった。活動理念を示す標語には，仏教の五戒(不殺生・不偸盗・不邪淫・不妄語・不飲酒)・五法(慈悲・正命・愛欲制御・真実・正念正知)，ならびに国王ラーマ9世の愛犬トーンデーンにまつわる話が用いられた。自分たちの活動を広報し，村の有力者や衛生局とも相談し，寄付や地方条例の改正なども働きかけた。この活動を行った学生の1人は，獣医になりたいと勉学に励むようになった。指導する教員も，学生に対してより親身に接するようになった[Phramaha-phongnarin, Sagwonsi 2552 : 25-30]。

　別の事例では，ラーマ9世が提唱した「充足経済」(環境に優しい節度ある発展や，道徳・宗教的に正しい生活を目指す経済)をテーマに掲げている活動もある(表4の3-⑨を参照)。そこでは，昼食の弁当を持ち寄りにするという試みがなされている。貧富の差が現れやすい弁当を皆でシェアすることで，楽しくまた栄養が偏らないようにするといった地道な，現場に即した活動である。またこの活動グループは，学校に木蔭を増やして居心地を良くしたり，マッサージを学んで学校周辺のお年寄りの家を訪れて対話とマッサージを施したり，外出できないお年寄りのため，僧侶の訪問説法をアレンジするなど，学校・寺院・地域共同体をつなぐ活動を展開している[Phramahaphongnarin, Sagwonsi 2552 : 132-134]。

　なかには周囲の協力が得られず苦慮する活動などもある。例えば，女子学生の性暴力被害や妊娠・中絶を減らすための活動などは，当初学生から，恋愛禁止の活動だと誤解され，また恋人のいない学生が集まる場所などと揶揄された(表4の2-⑦を参照)。しかし後に活動は評価され，村から支援金を得ている。活動内容は，女性がどのような状況で男性との関係において危険な状況になるのかについての学習，男性の考え方の取材，女性だけの寺院瞑想修行，プラバートナンプ寺(エイズ患者・HIV感染者のケア活動で有名な寺院)への訪

表4　仏暦2551(西暦2008)年度御威徳奉祝

1　御威徳奉祝・善徳プロジェクト　全国大会　「人々の幸福への貢献」　最優秀賞(第2年継続)
　◆3年連続で王室から賞の授与(昨年度と今年度　国王からの賞授与)
　　2549年度にプラテープ王女より優秀賞授与，翌2550年度に国王より最優秀賞授与。3〜4年の活動継続期)。1校受賞。

	プロジェクト名	グループ名	学　校　名
①	動物を愛し社会を愛するプロジェクト	慈悲の教えの若者グループ	チョンブリー「スカボット」学校

2　御威徳奉祝・善徳プロジェクト　全国大会「人々の幸福への貢献」　最優秀賞(第1期第1年)
　◆2年連続で王室から賞の授与(今年度　国王からの賞授与)
　　2550年度にプラテープ王女より優秀賞授与。その後活動を拡大し3年目に入る。2551年度から2552年

	プロジェクト名	グループ名	学　校　名
①	高齢者への愛情とケア，敬愛する国王	高齢者を愛するボランティア	プラソーン・サーマッキー・ウィッタヤー学校
②	タイ青少年・周囲の人との絆づくり	アロマセラピー	バーン・ノーンティウ学校
③	王様へ捧げる，良き青少年を育む仏教ソング	仏法兄弟	マタヨム・ワットクワン・ウィセート・ムーラニティ学校
④	偉大な国王へ捧げる，善を生み出す善徳クリニック	リッティヤワンナーライ善友	リッティヤワンナーライ学校
⑤	禁煙・禁酒・絆づくり，敬愛する国王	法眼	ウィアンモーク・ウィッタヤー学校
⑥	充足に根ざした人々への本当の貢献	善行成果を集める青少年	パークナーム・チュンポーン・ウィッタヤー学校

　◆プロジェクト委員会が活動のさらなる発展を要望し，審査期間を延長したプロジェクト

	プロジェクト名	グループ名	学　校　名
⑦	国王へ捧げる，自己の清らかさを守る善行実践	結びつき	プラーンクー学校

　◆「人々の幸福への貢献」最優秀賞のみを受賞したプロジェクト(国王からの賞授与なし)

	プロジェクト名	グループ名	学　校　名
⑧	小さなハートが微笑み合うため，心から愛情を捧げて家族の絆をつくる	仏教式の善徳ある子供	バーン・パークカヤーン学校

3　御威徳奉祝・善徳プロジェクト　全国大会　優秀賞
　◆プラテープ王女より賞授与。ならびに最優秀賞の継続審査候補対象

	プロジェクト名	グループ名	学　校　名
①	身近な人をケアし関心を持つ青少年	小さなボランティア教師	ワット・クラバンマン・クラーラーム学校

・善徳プロジェクト全国大会入賞成果報告

と拡大。広く地域社会への貢献を続けている。特別に今年度も国王から最優秀賞授与。第1年第2期(後

学区事務所	活 動 概 要
チョンブリー1	寺院等に捨てられた犬や猫などの世話

度にかけての活動が評価され，今年度は国王から最優秀賞授与。第1年第1期(前期)。6校受賞。

学区事務所	活 動 概 要
ナコンパノム1	高齢者への恩返し，孤独な高齢者の身の周りの世話
ブリーラム4	高齢者向けタイ式マッサージのサービス
トラン2	仏教ソングの作詞作曲とプロモーションビデオ作製，各学校の道徳キャンプなどへの提供
バンコク2	学校内の諸問題の解決相談，四聖諦に基づく心の面からの問題解決
ランパーン2	地域や家庭の協力を得ながら学生の喫煙・飲酒の問題を解決
チュンポーン1	自然保護，身の周りの自然から生活用品の製作，地域の生活知についての学習

学区事務所	活 動 概 要
シーサケート3	女子学生への性暴力・妊娠や堕胎問題への対応

学区事務所	活 動 概 要
スコータイ2	父母のいない学生へのケア，保護者や教員に働きかけ代理父母ボランティアを募集

学区事務所	活 動 概 要
ピサヌローク3	父母や祖父母が勉強や宿題を指導できない状況の改善。学生ボランティアによる補講

②	3つのソー(気づき，精神力，輝き)　御父王のために満足し悪弊をやめる	御父の良き子供	チュムチョン・バーンチョン・セームサーン学校
③	善徳のトンボ	色とりどりの仏法	チョンブリー「スカボット」学校
④	社会の危機に気づく新時代の青少年	国王陛下に付き従う善徳の若き使節	プラーオ・ウィッタヤーコム学校
⑤	ボランティア精神で紙をリサイクルし社会をきれいにする	紙のリサイクル	チュラーポンナラート・ウィッタヤーライ・ペップリー学校
⑥	廃材からの充足，節約への充足	ター・ディンデーン	シー・シーマート・ウィッタヤーライ学校
⑦	力と心を合わせ王様へ奉献を行う青少年	心をつなぎ微笑みをつくるタイの若者	ナラーシッカーライ学校
⑧	父王のために，優しさと知識を友達に施す	若き善徳	ベンチャマ・ラーチュティット・チャングワット・パッターニー学校
⑨	地域社会の危険回避と環境保全，善徳を充足経済へ導くボランティア精神	チョンプー・パンティップ(モモイロノウゼンの木)	ターチャーン・ウィッタヤーカーン学校

4　御威徳奉祝・善徳プロジェクト　全国大会　優良賞
　　受賞 14 校(詳細略)

5　御威徳奉祝・善徳プロジェクト　全国大会　入選
　　受賞 22 校(詳細略)

6　御威徳奉祝・善徳プロジェクト　全国大会　準入選
　　受賞 5 校(詳細略)
　　(プロジェクト・ハンドブックに即した活動修正で，より高い評価を得る可能性のあるプロジェクト)

7　御威徳奉祝・善徳プロジェクトのイノベーション
◆御威徳奉祝・善徳プロジェクト奨励校　小学校
　　受賞 3 校(詳細略)

◆ドキュメンタリー短編映像　最優秀賞
　　受賞 3 校(詳細略)

◆ドキュメンタリー短編映像　優秀賞
　　受賞 9 校(詳細略)

◆御威徳奉祝・善徳広報プロジェクト
　　受賞 3 校(詳細略)

◆御威徳奉祝・善徳ビジネス・プロジェクトならびに御威徳奉祝・善徳政治プロジェクト
　　受賞なし
　　活動は多いが短期的な成果では評価できない。審査期間を延長。

註)　2551 年度のプロジェクト申込数は 1 万校以上。全体の採択数は不明。
出所)　プラマハーポンナリン・ティッタワンソー，サグウォンシー・トゥリーテーププラティマー編『国発計画』2009 年[Phramahaphongnarin, Sagwonsi 2552]，285-294 頁の一覧表をもとに，筆者が作成。

チョンブリー3	学生の麻薬・喫煙・飲酒問題の撲滅のため，温かい家族と地域社会をつくる
チョンブリー1	捨てられた犬や猫のケア，および飼育のための資金調達ビジネス
チェンマイ2	学生の性行為問題への対応
ペップリー2	学校の紙ごみを資源として利用し，リサイクルでの売り上げを視覚障害者学校へ寄付
スコータイ1	学校や地域社会のごみの再利用，リサイクル・ビジネスの利益を善行活動資金に活用
ナラーティワート1	南部のテロ被害者への慰問や精神的支援
パッターニー1	授業についていけない学生に勉強を教えるボランティア，養護学校生徒への支援
シンブリー	充足経済に基づく節約と家族・地域の絆形成。弁当の持ち寄り，高齢者ケア，自然保護

王に善行を奉献するタイの青少年　第3年　成果記録　2551[2008]年度　御威徳奉祝・善徳プロジェクト開

問学習などである。このように，女子学生が自分の置かれた危険な状況に自覚的になるよう促し，性暴力・妊娠・中絶を減らす努力がなされている［Phramahaphongnarin, Sagwonsi 2552：81-88］。

　また善徳プロジェクトの対象は仏教徒だけとは限らない。ムスリム人口の多いタイ南部では，仏教徒とムスリムの学生が共同で活動を行っている事例もある(表4の3-⑦⑧を参照)。知的障害者の支援活動，南部のテロ行為によって焼失した学校への慰問と精神的支援，テロで負傷をした人々への見舞いとそれぞれの宗教に即した精神的支援などを行っている。もちろん活動の基盤に据える標語は，仏教とイスラームのそれぞれの教えから抜粋された用語や文章が使用されている［Phramahaphongnarin, Sagwonsi 2552：128-131, 134-138］。

　なお，こういった諸活動を行うためには，プロジェクト本部に活動計画書を提出することが必要である。計画書には，活動内容を記した題目(タイ語と英語の双方で表記)，活動内容，達成目標，目標達成のための手順，活動理念となる標語(仏教やイスラームの用語や国王のお言葉から選ぶ)などを記さなくてはならない。例えば，活動計画書の事例には，活動の「基本となる主要な仏法(Lak thamma samkhan)」として「五戒，苦界への6つの道，三学」，「国王のお考え・お言葉(Phrarachadamri/Phrarachadamrat)」として「ボー・ウォー・ン(地域共同体・寺院・学校)と充足経済」が記されている［Phramahaphongnarin 2552：23］。

　こういった計画書を(教員の監督・指導のもと)学生自らが準備することも，自律心や社会問題への関心を育む訓練だとされている。そのため，学生が自ら計画，準備した場合には，審査において高く評価される。また，四聖諦(苦諦・集諦・滅諦・道諦)に即した論理的な思考による問題解決も重視されている。四聖諦に即した思考方法とは，問題把握，原因把握，改善目標，改善方法ということであり，計画書にはこの4つに合わせた計画が記されることになっている［Phramahaphongnarin 2552：24］。

　これらの点を踏まえて書かれた計画書に対して，プロジェクト本部が審査を行う。審査を通過したプロジェクトには，活動資金が与えられ，3〜4カ月間の活動を始める。活動後に成果報告が義務づけられている。これらの活

動のうちのいくつかが，地域レベルの選抜に選ばれ，成果発表の研修会など
を経た後に，さらに 4 カ月程度活動を展開する。その後また審査を経て，全
国レベルのコンテストに進出し，優秀な活動には王室から賞が与えられる。
このような褒賞活動は，アイデアの拡散やイノベーション効果，外部社会へ
の広報効果を持っており，これが次年度のさらなるプロジェクトの応募と支
援につなげられていくのである［Phramahaphongnarin 2552：25］。

2　ソーシャル・キャピタル形成の思想

　以上，簡潔ながら，「善徳プロジェクト」について紹介してきた。すでに
指摘していることではあるが，前章の「仏教式学校プロジェクト」と本章の
「善徳プロジェクト」は，運動を率いる人物に重なりがあり，また活動の理
念や手法も似通ったものがある。したがって，この 2 つの行政関連プロジェ
クトについて，まとめて考察を行ってみたい。とりわけ，ソーシャル・キャ
ピタルの形成という視点から考察を試みる。この 2 つのプロジェクトの目的
は，仏教的知識を学習することではなく，社会問題の解決を直接の目的では
なく言わば手段としながら，むしろ人とのつながりを，より良い形で紡ぎ上
げ，その実践を仏教の理念において行うことが目的となっている。その意味
では，ソーシャル・キャピタルの視点からの分析は，このプロジェクトの特
質をつかみやすいと思われる。
　なお，これらのソーシャル・キャピタルの形成に関わるプロジェクト運営
の政治性については，第 10 章で王制と権威主義的統治を論じる際に若干触
れているが，教育改革の政策的妥当性やプロジェクトの背後にある価値観や
運営にまつわる権力関係などについては，十分に議論を深めることはできて
いない。また実際の効果という点について，例えば諸活動が本当につながり
をつくったのかどうか，諸活動に関わったのは各学校の学生数の何パーセン
トなのか，活動に参加した学生は何を考え，参加しなかった学生はどう思っ
ているのか，活動による負の影響はなかったのか，反対者はいないのかなど
を問うことは，本章の趣旨に即せば欠かせないものでもある。しかし調査は

そのレベルまでには至っていない[3]。

　したがって，本章で考察できる事柄は，ソーシャル・キャピタルが揺らぎ始めているとされる(少なくとも運動発案者がそう認識している)状況において，いかなる方法でその再構築が企図されたのかという，制度的な思想やアイデアを理解する点に限られる。ここでは，ソーシャル・キャピタルの認知的な側面[稲葉他 2011：14]，つまり協調的な行動につながる社会への信頼や互酬性の規範(本章では社会秩序イメージという点から捉える)を，どのように構築しようとし，それがソーシャル・キャピタルのネットワーク的側面にどうつなげられようとしているのかに，焦点を合わせたい。

　また，ここで取り上げたプロジェクトは，宗教運動の様相を帯びながらも，資金と期間の限られたプロジェクトといった面も持つ。仏教式学校プロジェクトは，政府が政策的に必要なしと判断すれば即刻中止されるし，政府外の活動である善徳プロジェクトも，その多くの資金を政府からの補助金に依拠している。そこでプロジェクト・リーダーたちは，組織運営や成果獲得と広報を重視するといったマネジメント志向を自覚的に有することになる。この点は自然発生的な宗教運動を見る視点とは異なった分析のあり方が必要であろう。本章では，この点について，経営学の概念を利用しながら考察を試みる。

2-1　ソーシャル・キャピタル形成の認知的側面

　認知的側面からのソーシャル・キャピタルの形成という点で，仏教式学校プロジェクトと善徳プロジェクトは，特に新たな試みを行ったわけではない。タイ社会でこれまで活用されてきたアイデアを従来のやり方で利用している。以下この点について，既存の社会秩序意識，その背後にある伝統的価値観，さらにそれらを具体的な社会関係につなげる特殊な用語の3点から整理してみたい。

　まず既存の社会秩序意識から見ていこう。前章と本章で取り上げたプロジェクトのリーダーたちは，地域共同体や家庭が，学生の全人格的教育に十分な配慮をしていないと，少なからず感じている。仏教式学校のプロジェク

ト・リーダーである教育官僚は，昨今タイ社会における寺院や僧侶とのつながりが希薄になっているため[4]，学校を基軸に家庭と寺院を教育支援につなげたいと考えている。善徳プロジェクトを率いるプラマハー・ポンナリン師は，タイ社会における犯罪等の社会問題の背景として，エリートになるほど子供の頃から仏教に親しむことがない点を問題視している。そこで仏教信仰と国王崇敬に基づいて，秩序ある良い社会をつくろうというわけである。

　こういった社会秩序意識がタイでは随所に見られる。自ら仏法を持つ国王が，仏法を正しく伝えるサンガへの支援と統制を行い，（本書第 1 部で論じたように）為政者が道徳を示し，そのことによって教えが社会に伝わり，人々が規範意識を持って秩序が形成される［石井 1975, Somboon 1993］，といった考えは，国王の統治の正統化にも寄与する，一般的な社会秩序イメージである。また筆者はときおりタイ人から，「日本の人はタイ人ほど宗教を大切にしているように見えないのですが，どうして規則を守る良い人が多いのですか」といった類の質問を受けることがある。これは，様々な問題の根源は個々の人間の心のあり方・ものの見方に問題があり，そこから改善する仏教実践を行えば，社会秩序が形成・維持されるといった，仏教的な秩序構築イメージを前提とした問いであろう。ちなみに先の西洋人僧侶への質問のように，仏教が盛んなのになぜタイで犯罪が多いのかといった意地の悪い切り返しをしたとしても，この問いの前提が疑われることはあまりないと思われる[5]。

　このような社会秩序のイメージ，つまり規律ある良い人々（徳のある人々）によって構成された信頼できる社会，それを根底で支えているのが，仏教の教えや国王・王室といった，個々人の外部にある他律的な価値である（仏教の場合，唯一絶対神やその啓示が持つような他律性があまり見られない点に，十分な注意が必要であろう。しかし，教えの完璧な体得も常人にできるものではなく，それをなしえたのはブッダや阿羅漢などの一部の人々であるといった信念がある。その意味では，個々人が自己のあり方の根拠を自己で規定しているという，西洋的な自律性とは異なった，「一種」の他律的なものへの信仰があると捉えておきたい）。

　つながりづくりと人間性の発展に，こういった価値への「信」が必要であ

ると，プラマハー・ポンナリン師は述べていた。実際，価値を共有できる点
は，タイ社会がソーシャル・キャピタルを形成する際の強みと言える。なぜ
なら，明確な利益配分がない場合でも，共有する価値の中に自己の役割を見
出していくことが，継続的な協同行為を動機づけるインセンティブとなるか
らである。利益配分と関わらないインセンティブという課題は，非営利組織
の経営において重要な課題の1つである［高石 2005：92-99］。本章で取り上げ
たプロジェクトにおいては，このインセンティブを既存の社会秩序と価値観
に依拠することで保とうとしていると言えよう。

　さらにこのような価値と社会秩序イメージは，善友や「ボー・ウォー・ン
(地域共同体・寺院・学校)」といった特殊な言葉によって，具体的な社会関係
のネットワークに接続されていく。社会的なつながりは，至るところにある。
しかしそれが持続性や協同性を帯びた信頼の置けるものであるかどうかはわ
からない。そういった資材や原石のような生の「素材(マテリアル)」にすぎ
ない周囲の人との関係を，存在自体に価値があり交換(流通)も可能な社会関
係「資本(キャピタル)」として切り取り，有意味化する認識レベルでの仕掛
け，つまり資本化作用(あるいは隠れた資源(リソース)の発掘作用)がこの言葉に組
み込まれている。経営学における価値創造戦略に近いが，対象の再定義にと
どまらず，対象の区切り方の再考をも含めた，認識レベルでの組み換えとい
う点が独特なものである。

2-2　ソーシャル・キャピタル形成のネットワーク的側面

　ソーシャル・キャピタル形成のもう1つの側面，ネットワークつまり実際
のつながりや人間関係の形成については，先述の認知的側面に依拠しながら
も，これまでに見られない新たな試みが企図されている。ここではそのよう
な企図を，学校への注目，国王崇敬との連動，問題解決を通じた集団化と
いった3点に整理してみたい。

　仏教式学校プロジェクトや善徳プロジェクトが，つながりづくりで拠点に
据えたのは，学校と学生であった。いずれも教育省関連のプロジェクトなの
で，当然と言えば当然なのだが，そこには現代タイにおいて，学校が有する

ソーシャル・キャピタルの形成力を見据えた判断が働いている。言い換えれば，現代タイの環境において，学校がソーシャル・キャピタル，とりわけ，つながり(ネットワーク)づくりに適したポジションを得ている点を活用したと言えよう。学校にはつながりづくりの強みがあるということである。

　その強みの1つは，公的制度の一部である学校への信頼である。地域共同体における寺院の役割が衰退していると捉えるプロジェクト・リーダーたちは，地域共同体におけるつながり形成の核に学校を据えた。寺院に代わる信頼の場所が学校なのである。強みの第2は，学校が家庭・地域共同体・寺院さらに外部の行政組織ともつながりを持っている点である。それが希薄な必要最低限のつながりでしかなく，資本として十分に活用されていないという点を改善し，活性化させようというのがこのプロジェクトである。さらに学校の強みの第3として，生徒や学生という存在が，周囲の大人をプロジェクトの支援に導くインセンティブとなる点である。直接的な報酬を得られなくても，子供たちを支えるため，また未来の社会への投資として，協力する大人は少なくない。寺院訪問には消極的な親でも学校には顔を出すのだと，プロジェクト・リーダーたちは言う。そして，そのような学生の活動を支えるためならば，政府補助金もつくのである。

　次に，学校以外に注目されたのが，国王への崇敬心であった。もっとも，国王への崇敬を重視するタイ社会の価値は，今になって形成されたわけではない[6]。国王や王妃の生誕日に合わせて集団出家をしてその功徳を奉献する行為，オリンピックでメダルを取った選手が，真っ先に国王の写真を高々と掲げ，帰国後にメダルを奉献する行為など，国王や王妃，王子や王女に対して，良い行い，努力の証を奉献するという作法は，このプロジェクト以前から社会のあちこちで見られた。僧侶を含め，徳が高く社会のために行動する人々への寄進や奉献は，それ自体善行である。自分たちの善行がめぐりめぐって社会に行き渡る。それゆえ，寄進や奉献を行うのである。善徳プロジェクトの場合，このような美徳とされる文化を自覚的に活用し，善行を通じた人間的成長とつながりづくりを行おうとしたのである。そこに従来の半ば無自覚な慣習とは一線を画す，マネジメント意識がある。

　2つのプロジェクトの企図における新しさの最後の点は，問題解決を通じた集団化というものである。つまり問題解決と集団化と価値規範を組み合わせるという一種のイノベーションが行われたのだ。しかも問題はそのつど発掘される。2つのプロジェクトの目的は，問題解決自体でもつながりづくりでもない。子供たちの，精神面も含めた全体的な成長が目的であり，そのために，問題解決と社会的なつながりづくりが必要とされるというわけである。問題解決型の運動は，ともすると解決できないことによる閉塞感にさいなまれることや，自分たちの問題とは関わりのない問題には目を向けなくなることもある。2つのプロジェクトは，その点については極めてフレクシブルな対応をする。さらに，つながりづくりというと，これも地域の多数の参加を望むような窮屈さにもつながりかねないが，これらのプロジェクトは，そのつど形成されるインフォーマルなつながりを優先する。さらに，問題発掘がマンネリ化しないように，また活動に飽きがこないように，ネットや冊子を通じて全国の活動情報を共有し，情報を交換し，さらに競争を促すコンテストも導入している。

　以上のように，学校への注目，国王崇敬との連動，問題解決を通じた集団化という3つの点で，仏教式学校プロジェクトと善徳プロジェクトの企図は新しく独特なものだと言えよう。

3　ま　と　め

　最後に，以上述べてきたことを簡単にまとめ，加えて，この運動・プロジェクトの問題点と可能性について，若干の考察を行ってみたい。

　まず前章と本章で取り上げた仏教式学校プロジェクトと善徳プロジェクトは，前者が行政内部，後者が外部から行政と連関した宗教運動・教育運動であり，また予算と期間に限定があり着実な成果を求められるプロジェクトでもあった。また双方の活動は連携している。そこで求められているのは，仏教の教えを活用し，学生を，精神面・知識面・社会面といった総合的見地からより良く育む，ホリスティックな教育である。そしてそこに身近な問題の

解決とつながりづくりを連動させていくというものであった。

　これらのプロジェクトをソーシャル・キャピタルの認知的な側面から見ると，仏教や国王(王室)といった価値，それを基本とした社会秩序の構築，そういった価値・規範を現実の社会関係につなげていく用語選択(ソーシャル・キャピタル化，隠れた資源の発掘)といった点が特徴的であり，それは従来からタイで見られるものであった。一方，新しいアイデアが導入されているのが，ソーシャル・キャピタルのネットワーク的側面(つながりづくりの面)である。そこでは，学校への信頼と，学校が持つ外部へのつながりを生かし，また大人へのインセンティブとなる子供という点を強調し，家庭・地域共同体・寺院と接続するという戦略をとっている。さらに国王崇敬を活用した活動の組織化も見られた。そして，問題解決とつながりづくりを行いながらも，現場の多様性と自主性を保ち，競争をも促していくといった，フレクシブルなプロジェクト運営という手法をとってきた。これらの試みは，教育運営に関する研究開発の中で，意図的に生み出されてきたイノベーションであった。

　しかし本章で述べてきたことは，プロジェクト企画者たちの理念であり，それに即した成果報告のみを資料とし，そこに筆者の解釈を施したものにすぎない。実際の活動には問題解決に至らないものもあれば，活動することにより逆に人間関係が軋んだケースもあるだろう。また活動の社会的効果もそれほど大きなものとは言えないだろう。しかしそういったことを単純に失敗と見なしてよいのかどうかについては，少し慎重に考えなくてはならない。なぜなら学生の全人格的教育，良き大人になるための「レッスン」を施すことが，プロジェクトの目的であるからである。実際に，プラマハー・ポンナリン師は，活動が失敗したり衰退したりするならば，また一から始めればいいだけのことだとも述べていた[プラマハー・ポンナリン師からの聞き取り，2008年1月]。

　それを差し引いた上で，本章の課題であるソーシャル・キャピタルの点から評価するためには，例えば次のようないくつかの問いを立てることができるだろう。実際につながりはつくられたのか。それとも既存のネットワークを上塗りしただけで，新たなつながりなどはできていないのだろうか。活動

を通じてつながりを持った大人たちが形成した社会関係や信頼，そして学生たちが将来大人になったときに彼らが紡ぎ上げる社会関係や信頼は，どのようなタイプのものなのだろうか。

　実際につながりが生まれたのかどうか，既存のつながりの上塗りにすぎないのかどうかについては，十分なデータを持っていないので確かなことは言えないが，1つ言えることは，同時並行的に行われている他の様々な政府プロジェクトなども考慮に入れておかなくてはいけないという点である。それぞれの省庁で，家族・地域共同体の活性化のプロジェクトが動いており，加えて文化省宗務局では僧侶を仏教授業を担当する教員として公立学校へ派遣するプロジェクトも始まっている（第8章を参照）。公立学校への僧侶派遣プロジェクトは，これまでにないつながりを僧侶と学生の間に実際につくっていくものであり，これは仏教式学校プロジェクトとも相互に支援し合う活動なのである。そういった点まで考慮すれば，確かにこれまでにないつながりが生じ始めていると言えよう。

　ただしそういった活動で形成されるつながりは，むしろタイに従来からあるパトロン・クライアント関係（流動性の強い，親分・子分的な2者間の上下関係）を活性化する形で，展開しているのかもしれない。そうであれば社会一般への信頼を醸成するような，マクロなソーシャル・キャピタルの形成とは少し異なる成果をもたらすことになるだろう。

　一方，国王に対しての善行奉献によるつながりは，より安定した関係を生むかもしれない。そこで形成される集団意識やつながりは，言わば理想の国王という他律的な存在との関係において自律的な一種の個をつくり，個が協力し合うというものではないだろうか。想像力をたくましくして述べれば，その関係は唯一絶対の神に対面する個人と似ており，そこには伝統のくびきを逃れ，個を生み出す契機もあると言えよう。しかも国王は神と異なり，目に見え，実際に声をかけてくれるし，善徳プロジェクトでは褒賞も与えてくれる。国王までの距離は遠く，もっぱらイメージによって穴埋めされるものだとしても，社会的関係を築ける対象なのである。

　とはいえ，流動的なパトロン・クライアント関係も，他律的な国王と各個

人が紡ぎ出す関係も，中間集団(地域共同体，学校，会社など)や社会一般への信頼，民主主義につながっていくのかどうかは，不確かな点が多い(第 10 章でこの点をさらに論じている)。さらに付け加えれば，そもそも社会一般への信頼の形成などは，経済格差・階層差の厚い壁に阻まれてしまうのかもしれない。昨今のタイ国内の対立，つまり，反独裁民主戦線(通称赤シャツ隊。軍・官のエリート層に対抗しタックシン元首相の支持者が多く，タイ王制のあり方に疑問を呈している者もいる)と民主市民連合(通称黄シャツ隊。王室擁護を掲げ，反タックシン元首相の立場にある)の争いなどに見られるように，国王崇敬の意識でさえ，国民統合の機能を果たせなくなりつつある。

　また私立の仏教式学校のみならず，善徳プロジェクトのリーダーであるプラマハー・ポンナリン師も，都市部の中上層の社会階層に属しており，これらの教育・宗教活動は，彼らに共有されている生活様式，思考様式，仏教理解などを，階層を超えて広げていく運動と見ることもできる。しかし，前章で指摘したように，出稼ぎで親不在の家庭が多い地方農村の問題を，家族の絆を再構築することで対応するといった矛盾も一部で生じている。これらの運動が階層をつなぐ効果を持つのか，あるいは，特定階層からの一方的な文化様式の押しつけに終わるのか，そういった点からの地道な調査も今後必要であろう。

1) ここでいう religion とは，おそらくキリスト教的なものを意味しているのだろう。
2) プラマハー・ポンナリン師のプロジェクト活動は，学僧パユットー師の思想を基盤としている。確かにパユットー師は，仏教的な智慧(慧・叡智)の獲得へと向かう修行や善行の初期段階において，「信」というものが重要であると述べている。しかしパユットー師はさらに加えて，信は慧に向かう最終段階で消えていくものであり，信が残っているうちは慧に達していないとも解説している[ポー・オー・パユットー 2008：244]。その意味では，どこかで信を相対化する契機が必要となるということであろう。しかし，仏教や国王への信を相対化できるのか，どういう相対化なら可能なのか，相対化は必要とされるのか，こういった点についてはさらなる吟味が必要だろう。
3) 実際に活動を行っている場を取材にいくことは，限られた調査期間の中ではうまく日程が合わなかったこともあるが，かなり以前から取材の申し込みをしても，学校見学で生徒の日常生活を見学することは難しかった。なぜなら，教育省などを通しての

正式な見学は，むしろ「偉い人」の視察という形になり，演台や看板などを設けて視察を歓迎する式典となってしまうからである。それは，王室や政治家など社会的影響力のある人物による学校視察と同じ様式である。こうなると，生徒も先生も自分たちの一番良いところのみをアピールすることになる。一定の地域に何度も足を運ぶか，現地研究者のカウンターパートと調査方式を綿密に連絡しながら行うという形でないと，日常の風景を見ることは難しい。

4) いつの時代でも，仏教の衰退や社会の危機という言説は流布しているので，この言葉を額面通り信じてよいのかについては注意が必要である。本当に希薄になっているのか，いつから，どの程度，どの地域でそういう現象が生じているのかについては，実証的な調査が必要である。

5) 日本における社会全般への高い信頼や互酬的な規範意識は，中央集権制が弱く，家元集団や藩といった，親族を超えた中間集団ネットワークが強かったという歴史的経緯が影響していること，そしてそれが系列会社といった大企業の形成や経済発展などにつながったことを，フクヤマは指摘している［フクヤマ 1996］。その背後に日本的な儒教という，認知的側面からの影響があることもフクヤマは触れているが，どちらかというとネットワーク主導型のソーシャル・キャピタルの形成として論じている。認知的側面については，おそらく日本文化論などがそれを説明する形で，これまで提示されてきたのではないだろうか。

6) とはいえ，伝統国家における国王への崇敬心と，近代国家における国王への崇敬心とでは，意味合いも崇敬作法もだいぶ異なる。また王制を重視することと，国王個人への崇敬との間には違いもある。なお第 10 章で論じるように，タイでは国王崇敬の質的変化が 1970 年代以降に生じていると思われる。

第8章　文化省宗務局のプロジェクト
——道徳教育僧侶の学校派遣——

1　はじめに

　本章では文化省宗務局が新たに始めた「道徳教育僧侶の学校派遣プロジェクト」について概要を紹介する。またそのプロジェクト形成の背後にある思想や人的ネットワークに触れ，僧侶が近年公教育に組織的に関わるようになった理由や，同時期に「仏教式学校プロジェクト」など新たな方式のプロジェクトが現れてきた背景を掘り下げてみたい。

2　「道徳教育僧侶の学校派遣プロジェクト」の概要

　「道徳教育僧侶の学校派遣プロジェクト(Khrongkan Khruphra Son Sinlatham Nai Rongrian)」[1] は，文化省宗務局が担当する事業で，設立準備が2002年8月に始まり，2003年から実質的な活動が展開されている。これは主として公立学校の「宗教・社会道徳・倫理」の授業に，教員として僧侶を派遣するプロジェクトである。

　現在は，公立学校の授業だけではなく，タンマスクサー(Thamma Suksa)と呼ばれる在家者向けの仏教教理国家試験のための学習や，学校の課外授業の一環で行われる道徳訓育キャンプ，あるいは刑務所内における仏教学習教室にも派遣が行われている[Krom Kansasana Krasuwang Watthanatham 2550：8]。2003年当初の派遣数は700名にすぎず，1郡に1名を目標に4000名までの

僧侶派遣を目指してきた。その後，教育省との交渉を経てさらなる増員が求められ，2008年度には2万名まで派遣数が拡大している。予算の面では，1名の僧侶につき1カ月1000バーツ[2] が，支度金や交通費として支給されていたが，その後1カ月につき2000バーツに増額されている［Krom Kansasana Krasuwang Watthanatham 2550：14］。

　グローバル化時代に対応するため1999年に新たに改定された国家教育法と，これとも関わる教育省などの省庁再編が，宗教行政担当の中心部局であった宗務局の再編へと至った経緯は，すでに第2章および第5章などで述べている。「道徳教育僧侶の学校派遣プロジェクト」は，このように従来の仏教事業から切り離された宗務局が，再スタートを切る際に打ち立てたプロジェクトなのである。また，第5章で確認したように，宗務局は，このプロジェクト以外にも多くのプロジェクトを担当している。2004年度の事業計画によれば，宗務局は37のプロジェクトを行っている。「道徳教育僧侶の学校派遣プロジェクト」は，その中でも比較的予算規模の大きなプロジェクトの1つである。

　また，タイの公教育における宗教および道徳教育は，宗派教育を中心としたものであり，とりわけタイ上座仏教を教えることが基本となっている。タイ国サンガ以外にも，法的に公認されたイスラーム，キリスト教，バラモン・ヒンドゥー教，シク教の団体が，公教育の場で宗教教育を行うことが可能だが，実際には，仏教教育が行われるか，タイ南部のムスリム集住地域でイスラーム教育がなされるといった状態である。なお仏教科の2001年版学習内容によれば，宗教教育の学習時間は，週2時間となっている（詳細は第9章を参照）。

　宗務局は，「道徳教育僧侶の学校派遣プロジェクト」の必要性について，以下のような点をあげている。第1に，経済のグローバル化と物質主義の浸透が，タイ人の道徳意識を弱め多くの社会問題を生んでいるので，これを解決する必要があるというものである。とりわけ青少年を取り巻く環境が悪化し，青少年の薬物使用問題や不純異性行為および暴力事件の増加，道徳心の欠如が大きな問題となっており，これを改善するプロジェクトの立ち上げが

必要だと述べられている［Samnak Phathana Khunnathamcariyatham, Krom Kan-sasana, Krasuwang Watthanatham 2549：5］。

　第 2 に，これら青少年の問題の背後には，青少年への倫理・道徳教育がきちんとなされていない現状があると述べられている。これまでタイの公立学校で倫理・道徳教育（基本的には仏教に基づく宗派教育）を担当していたのは，多くの場合他の教科を専門とする教員であり，一部の学校でのみ何らかの縁で僧侶がその任にあたっていた。しかし，学校教員は仏教に詳しくなく，僧侶は教育訓練を受けていない。このように倫理・道徳教育がきちんと制度化されていないという点を克服する必要性があると主張している［Krom　Kan-sasana Krasuwang Watthanatham 2548：61-62］。

　第 3 に，2002 年以降，宗務局が教育省から切り離され，仏教の教えが教育の場につながりにくくなった点の改善も必要だという［Krom Kansasana Krasuwang Watthanatham 2550：5］。

　これらの問題点と必要性を踏まえ，また仏教大学を卒業した教育能力の高い僧侶の協力を得て，宗務局が「道徳教育僧侶の学校派遣プロジェクト」を推進するというわけである。ただし，このような理由づけは，仏教道徳教育が展開される場における，典型的な言い回しであり，額面通りに受け取ることには慎重を期すべきであろう。また後述のように，このプロジェクトの青写真とも思われるアイデアは，1979 年にすでに提示されており，そこで提起されているもう 1 つの問題の解決といった側面も，この新規プロジェクトには込められていた可能性がある。

3　活　動　内　容

　「道徳教育僧侶の学校派遣プロジェクト」は，学校からの要望と寺院からの参加希望を募り，これを仏教大学が仲介して契約を交わすという仕組みになっている。この活動へ参加を希望する僧侶は，宗務局が行う教育方法のセミナーなどに参加し，資格認定の証明証を得なくてはならない。また志願者は仏教大学の卒業者か在学者で，ナクタム（Naktham）と呼ばれる仏教教理国

家試験の1級(最高段位)保持者であることが望ましいとされている。

　このようにして選ばれた僧侶が学校に派遣されるわけであるが，派遣僧侶の総数はまだ足りない状況にある。学生数が多い場合，僧侶が派遣されても，その学校の仏教の授業をすべて受け持つことができるとは限らない。例えば，1学校に1名の僧侶しか派遣されず，週2回小学5年生と6年生の授業のみを担当するといったこともある。また，1名の僧侶が，いくつかの学校をかけもちするということもある。

　教育内容は，1999年国家教育法を踏まえ，教育省が新たに作成した2001年基礎教育カリキュラム(ただしその後もカリキュラムの改定がなされている)の仏教科学習内容に即したものである。もともと一般教員が教えていた科目を，専門家の僧侶が代替するようになったため，当然既存の公立学校用カリキュラムに基づく教育となる。このカリキュラムでは，8つの主要学習グループの1つに「社会科・宗教・文化」といったグループがあり，このグループの中が，「宗教・社会道徳・倫理」，「市民の義務・文化・社会生活」，「経済学」，「歴史学」，「地理学」の5つに区分されている。派遣された僧侶が担当するのは，主としてこの「宗教・社会道徳・倫理」の科目である。

　プロジェクト開始当初は，学校と寺院と宗務局の連携がうまくとれておらず，教育成果の確認や派遣日程なども不明確で，それぞれの関係者が不満を感じていた[Samnak Phathana Khunnathamcariyatham, Krom Kansasana, Krasuwang Watthanatham 2549：13]。その後，マハー・チュラーロンコーン仏教大学やマハー・マクット仏教大学が仲介役に乗り出し，コーディネートすることにより，以前より相互の意思疎通が円滑になった。しかしながら，まだまだ派遣僧侶の数が足りず，加えて1人1カ月2000バーツの補助金では，額が不十分であり，大概は僧侶や寺院が不足分を補っている状態だと指摘されている。

　授業内容は，「宗教・社会道徳・倫理」の科目における仏教の授業(次章で取り上げる)が中心となる。筆者が2010年9月にインタビューしたある僧侶(タイ東北部ローイエット県の郡長僧の地位にあり，この郡の「道徳教育僧侶の学校派遣プロジェクト」に関わる僧侶の監督者でもある)によれば，僧侶に能力があるなら

ば，コンピューターや語学や社会科などを教えるといったケースもあるとのことである。また校外で行われる在家者向けの仏教教理国家試験(タンマスクサー)への引率なども行っている。

　教室での授業だけにとどまり，個別指導などを行いにくいとの問題も指摘されているが[Samnak Phathana Khunnathamcariyatham, Krom Kansasana, Krasuwang Watthanatham 2549：31-32]，過度に個別指導が行われるようになると，僧侶と学生(とりわけ女子学生)との間で，不適切な関係が生じる可能性もある。特に昨今は個人的にネット上でのやり取りもできるので，実際に一部の僧侶と女子学生が親密になってしまうという問題も生じている[プロジェクト監督僧からの聞き取り，2010年9月]。

　2005年の同プロジェクト成果報告に，チュラーロンコーン大学教育学部教授のポンチュリー・アーチャワアムルン(Phonchuri Achawaamrung)による同プロジェクトの評価論考が掲載されている。そこでは，プロジェクトが急ごしらえで，僧と省の連携が悪い点，資金が不足している点，宗務局の側から見た教育の質の問題(暗記重視，規定通りに教えない僧侶，途中で教育をやめたり還俗したりしてしまう僧など)が指摘されている。また逆に，評価される点としては，僧自身が道徳実践の模範となる点，教員や親も仏教徒としての自覚を持つようになり，寺院行事などに家族で出かけるようになった点などが記されている。

　また，僧侶教員・校長・一般教員・保護者・学生それぞれの視点からの評価も記されている。その一部を取り上げてみると，校長や教員からは僧侶が来ることで学生の規律が正され，正しい教えを学ぶことができ，仏法や文化の学習がより身につくようになったとしている。学生の方は，智慧をもって心を整え，三学の実践を行うことを学び，仏教は不注意にならないよう智慧を強調する教え，分析的で普遍性のある教えであることを学んだとしている。また絵・画像・音声などを用いて教えてくれて，生活の仕方を学べるといった意見もある。一方，僧侶教員の側には，賃金目当ての仕事としてではなく道徳教育自体に興味を持ち，自己成長の機会と捉える傾向が見られ，また，まじないや地獄・天界といった信仰へ向かわないよう，正しい仏教を教える

機会になっているという意見[3] が見られる［Samnak Phathana Khunnathamcari-
yatham, Krom Kansasana, Krasuwang Watthanatham 2549：29-36］。

　この評価論考にあるように，プロジェクトの導入により，学生の素行が良
くなったという教員からの意見なども見られるが，筆者がインタビューした
先の僧侶は，多くの学生の素行や性格が急激に改善されたりすることはない
と述べている。ただし，現在，僧侶と子供たちの関係は，以前と異なり疎遠
なものとなっているが，このプロジェクトがその穴埋めをしているとも，こ
の僧侶は述べている。つまり，僧侶への形式的な敬意ではなく，人格や振る
舞いも含め具体的な宗教者として信頼し尊敬するという学生が増え，相談事
も持ちかけやすくなったというわけである［プロジェクト監督僧からの聞き取り，
2010年9月］。また，現在の子供たちは，かつてのように幼少の頃から寺や僧
侶に親しむという状況が減っていると言われている。この点は，第6章で取
り上げた，「仏教式学校プロジェクト」でも同様の認識に立っている。

4　同種のプロジェクトと道徳衰退言説

　ただし，このような生徒への道徳教育の展開は，このプロジェクトに始ま
るものではない。そもそも，長年にわたって，倫理・道徳教育として公立学
校で行われてきたものである。また，1958年に始まった日曜仏教学校（現在，
日曜仏教教育センター）など，学外のノンフォーマル教育として始まった先駆的
な取り組みもある。この活動は日曜日に寺院に子供たちを集め，道徳教育・
タイ文化教育や学校教育の補習，英語による仏教の学習やタイ北部では地域
言語のランナー語学習などを行うという活動である。2001年の統計では，
センターの設置総数は1340カ所（バンコク48カ所，地方1292カ所）となってい
る［村田 1994, 2007：99, 102, 107］。また第5章でも触れているように，この
プロジェクトは，宗務局の中でも予算規模の比較的大きなプロジェクトであ
る。

　教育学者の村田翼夫によれば，日曜仏教学校の活動が形成され広まった背
景には，1950年代末頃より，欧米文化の流入や家庭での両親の共働きなど

から，子供の非行問題，麻薬問題，性道徳の乱れなどといった青少年のモラル低下が広まったという問題意識があるとされている。この問題に対応するため，マハーニカーイ派のマハー・チュラーロンコーン仏教大学の教員や学生(僧侶)が，スリランカの日曜仏教学校をモデルとして，日曜仏教学校の活動を始めたのであった。その後 1961 年にタンマユット派のマハー・マクット仏教大学も日曜仏教学校を設立し，いずれも全国に広まっていった。その後，1991 年に教育省宗務局(現在の文化省宗務局)による新たな規程が制定され，日曜仏教学校は日曜仏教教育センターに改称され，成立条件やカリキュラムや評価方法などが一律化されていった。また，寺院のみならず，「財団，協会，教育施設，政府機関，軍隊，刑務所」などにも，センターを設立できるようになった[村田 2007：99，102，108-109]。

　このような活動について，児童・生徒も保護者も満足しているものが多いとされている。1990 年に村田がバンコクとチェンマイでセンターとなっている寺院で行ったアンケート調査(バンコク 180 名，チェンマイ 121 名)によれば，センターに通うのが楽しいかという設問に対し，児童・生徒の 83 名(27.6%)が「たいへん楽しい」，143 名(47.5%)が「楽しい」，85 名(28.2%)が「普通」と回答し，3 名が「楽しくない」，4 名が「退屈」と回答している。また保護者においては，65 名(65%)が「大変満足」，39 名(39%)が「満足」と回答し，「不満」とした人は 1 人もいなかった(数値・回答表記は原文のまま)[村田 1994：96，2007：107]。

　このように 2002 年の「道徳教育僧侶の学校派遣プロジェクト」創設以前より，「日曜仏教学校(日曜仏教教育センター)」といった，目的を同じくし，内容も重なる活動が展開されていた。その上でさらに近年「道徳教育僧侶の学校派遣」といった別種の活動も展開しているのである。この状況を見ると，プロジェクト担当者の活動趣旨をそのまま上書きするのは，いくらか矛盾することになるだろう。つまり 1950 年代末から青少年のモラル低下が問題になった。そして日曜仏教学校が急激に増え，児童・生徒や保護者もこの活動に満足している。しかし，2002 年にも青少年のモラル低下が大きな問題であり，僧侶を道徳指導者として学校に派遣し，その評価は，学校の一般教員，

学生，保護者，僧侶を含めて効果的だと考えている，というわけである。

　ここには，学校での仏教活動が形成・維持される，独特の思考とその制度化が見られる。つまり，社会一般の，もしくは青少年のモラル低下といった漠然とした問題意識から始まり，そういった悪行を正し，社会秩序を形成するには，個々人への道徳教育が必要である。その教育は仏教の教えを知り実践することにある。そのために仏教や僧侶は教育現場に必要である。そしてその実践をしている当事者は，良い人となる。しかし青少年のモラル低下は大きな問題として残る。そのためさらなる活動の拡大が目指される。こういった思考があり，それに即した制度的空間ができているのではないだろうか。社会問題は個々人の心の問題に還元され，そこに仏教の「活躍」の場が確保されていくのである。

　活動によって本当に社会全体で青少年のモラル低下が改善したのかどうかは，誰も問わない。当初の問題と実際の教育の対象となる学生が同じ人物なのかどうか，学校や寺院における道徳教育が，学校の外での実際の社会問題の場でどの程度有効なのかなどは，問われないのである。問題認識と対処法のずれは問われない。それを問うことは，場合によっては，仏教の実践効果を疑うことになるかもしれないし，そうではなくても僧侶の活動の場を狭めることになるかもしれない。

　以前，第6章で取り上げた，仏教式学校プロジェクトを監督する教育官僚に，筆者は単刀直入に「9年間のプロジェクトによって，タイの子供たちの道徳性は向上しましたか，問題は減りましたか？」と尋ねたことがある。その回答は次のようなものであった。

　「子供の問題は全く減少していません。情報が早く広まるようになり，麻薬問題や性道徳の乱れ，喫煙なども減っていません。子供はすぐ真似しますからね。別の原因としては，政府の他の部局が，我々の活動に協力してくれないのです。例えば，警察などは，学校の周りにあるゲームセンターやマッサージ施設などへの対応をとってくれません。そういうところでは，酒やたばこが手に入りやすいのです」[仏教式学校プロジェクト担当者からの聞き

取り，2010 年 9 月〕

　たとえ，問題が改善されていないとしても，また他の要因に気づいている
としても，社会問題は個々人の心に根本的な問題があり，仏教は心の問題を
扱う最適な文化であるといった思考様式は揺るがない。青少年の道徳の衰退
や生活の荒廃の問題は，たとえ効果が薄くても何もせずに放置することが難
しい事象であり，またそのような問題の本当に有効な解決策を誰も明確には
持ち合わせていない。活動当事者にとってみれば，自分たちが対応できる限
られた条件の中で，仏教的な解決に賭けているということなのだろう[4]。
　では，プロジェクト担当者らが掲げる問題設定と対処法を額面通り受け取
ることができないのならば，これらのプロジェクトが生まれてきた背景は，
もう少し別のところにあるのかもしれない。次にこの点について，考察して
みたい。

5　学生向け仏教教育プロジェクト展開の背景

　本章で取り上げた「道徳教育僧侶の学校派遣プロジェクト」ならびに第 6
章で取り上げた「仏教式学校プロジェクト」は，いずれも 2002 年末以降に
形成され広まった。前者のプロジェクトは 2 万名もの僧侶を動員し，数多く
の青少年を対象に仏教教育を充実させており，後者のプロジェクトは，全国
60％以上の公立学校の学生と教員，保護者と地域社会を巻き込んだ広域の活
動である。いずれも規模の点では極めて大きな活動と言えよう。
　ではこのような大きなプロジェクトが，なぜこの時期に現れたのか，また
どのようにして大規模なプロジェクトとして設立可能であったのか。この点
を探ることは，これらのプロジェクトが単なる行政事業ではなく，独特な仏
教思想に基づき，その思想の信奉者によって組織化された社会改革運動，つ
まり一種の宗教運動でもあるといった面を明るみに出すこととなる。以下，
この点について，教育改革の余波，次いでその余波の中を対処していった 2
名の僧侶の思想と活動という点から，考察してみたい。

5-1　教育改革の余波

　まずこの大きな2つの政府プロジェクトが，2002年末以降に突然現れた背景には，教育改革の余波があったと言えよう。先述のように，プロジェクト形成の目的として，タイ社会とりわけ青少年を取り巻く環境の悪化や道徳の衰退が指摘されているが，そのような社会問題は2002年よりだいぶ以前から見られ，また根本的な解決に至っていない問題である。そうなると，プロジェクト形成の具体的なきっかけは，2002年当時の大きな問題，つまり教育改革の問題にあったと考えられる。

　このときの教育改革の基本となったのが1999年国家教育法である。グローバル化時代に対応した人間形成を新たな目的に掲げた法であった。ただし，この法律をもとにして策定された2001年基礎教育カリキュラムについては，宗教とりわけ仏教を強調したナショナリズム教育も強調されている[森下 2003：267-268]。また教育改革の余波は，省庁再編にも及び，先述のように2002年10月に，宗教行政の中心部署が教育省から外され，仏教関連の主要業務は他省庁から独立した機関である国家仏教庁へ移され[5]，他宗教を中心に一部の仏教関連業務を担う宗務局が文化省に所属することになったのである。

　しかし，そのような新たな役割分担を覆すかのように，2002年12月に教育省内部から「仏教式学校プロジェクト」が立ち上がり2003年には文化省宗務局の「道徳教育僧侶の学校派遣プロジェクト」が実質的な活動を開始することとなる。前者は，学校を基盤とした活動であるため，教育省が主導するという主張にもそれなりの根拠があると言えよう。しかし後者に関しては，サンガを支援管理する新設の国家仏教庁ではなく，なぜ宗務局がこのプロジェクトを担当するのかについて，明確な説明は見られない。もちろん，宗務局が教育省から離れたことで教育事業との連携がとりにくくなったことが，「道徳教育僧侶の学校派遣プロジェクト」創設の理由の1つだとは述べられている。しかし現在，同プロジェクトは，文化省宗務局付きの予算で行われているものの，実質的な運営は教育省傘下の仏教大学に任せている。そうな

ると，むしろ教育省からもサンガ管理からも外された宗務局が，局の存在意
義の模索と予算獲得のために新規プロジェクトを設立したかのようにも見え
かねない。

　新規プロジェクトと教育改革の関係について以上述べてきたが，公立学校
における仏教教育の重視を主張し，省庁再編に対抗する事業を後押ししてき
たのが，どのような政治家や行政官であるのかについて，筆者は現段階では
十分把握できていない。しかし，このような仏教復興の流れに大きな影響を
与えてきた人物として，パユットー師とタンマチットー師といった 2 名の僧
侶を指摘することはできる。

5-2　ポー・オー・パユットー師(プラプローム・クナーポン師)

　パユットー師(1938 年生まれ)は，現代タイ随一の学僧であり，多くのタイ
人から尊敬されている高僧である。パユットー師は沙弥(未成年の見習僧)の時
期にパーリ語国家試験の最上級(9 段)に合格し，国王が後援する特別な得度
式を受ける資格を与えられた人物である。師が 1971 年に執筆し，その後増
補改訂を繰り返し大部の書物となった『仏法(Phutthatham)』は，上座仏教
教理の体系的な解説書としてタイで最も権威のある書籍の 1 つとなっている
(増補改訂版については私家版ではあるが野中耕一訳がある[ポー・オー・パユットー
2011])。さらに 1974 年にマハー・チュラーロンコーン仏教大学の副事務総
長となり，1994 年にはユネスコ平和教育賞を受賞している[森部 2001]。

　また，パユットー師は，上座仏教教理を社会的な実践として解釈し，それ
を修習ないしは自己開発という視点から説明している[ポー・オー・パユットー
2007]。仏教は自己と社会・環境との関係を，調和を保ちながらより良いも
のにする，智慧を持った実践であるというわけである。そのような意味での，
仏教は実践を含む学習であり，深い意味での教育であると述べている。

　こういったパユットー師の上座仏教解釈は，住民参加型開発を展開する
「開発僧」(下からの開発僧)の思想基盤の 1 つとなっていると，一部の研究者
(心の発展成長と住民主体の下からの開発を重視する論者)から指摘されている[西川
2001]。もっとも，パユットー師の立場は場合によっては政府側にも近い点

があり，「政策的な，上からの開発」[西川・野田 2001：116]にも，積極的に関わってきた人物である。

　パユットー師は，仏教とは学習・教育そのものであると述べ，西洋的な意味での宗教ではないのだと論じている。加えて，宗教と道徳を分け，また宗教と教育を分けるような西洋式の概念区分，とりわけアメリカ式の教育について，厳しい批判を行い，タイ社会の歴史と現状に即した，そして仏教を基盤とした教育の大切さを主張している[Po. O. Payutto 2544：46-51]。さらにそのような考えを「仏教式学校プロジェクト」の思想基盤として提供しているのである。また，同プロジェクトのプロトタイプとなった私立学校の仏教式の教育方法や理念は，パユットー師からの思想的影響を強く受けており，パユットー師自身これらの学校の顧問などになっている。

　加えて，パユットー師は1979年に学術雑誌に掲載された論文(英訳版は1987年)の中で，仏教大学等を卒業した地方出身の多くの僧侶が，地元へ戻らずに還俗して都市部で就職するという流れが，大きな問題だと指摘している[Phra Rajavaramuni (Prayudh Payutto) 1987]。パユットー師が問題にしているのは，教育制度全般の引き起こす問題と，それに絡んだサンガ組織の維持に関する問題である。まず教育制度全般の問題として，師は，近代教育が優秀な人材を中央(都市)に集中させ，地方の地域社会に指導力を有した優秀な人材が還流せず，都市と地方の経済的・社会的・文化的格差を広げ，教育ある人々を地域社会から遊離させてしまうという問題を指摘している[Phra Rajavaramuni (Prayudh Payutto) 1987：15]。

　この問題は，寺院の教学学校や仏教大学(学生の大半が僧侶)における教育についても当てはまる。むしろ，地方村落の貧困家庭の男子児童への教育福祉対策として機能している教学学校においては，この問題はより顕著に現れ，しかも二重の問題を含んでいる。1つは教学学校や仏教大学で学んだ僧侶が地方へ戻らず中央都市で活動することを好むという問題であり，もう1つは仏教大学卒業後に還俗して都会で働く者が多いという問題である[Phra Rajavaramuni (Prayudh Payutto) 1987：11-16]。沙弥・比丘向けの学校が，経済的・社会的な上昇移動のルートとして機能することは，学業出家に頼らねば

ならなかった地域社会の貧困状況の改善につながらないというわけである[6]。

　さらに，もう1つの大きな問題が教学学校・仏教大学の制度に生じている。それはサンガの再生産がうまくいかなくなるという問題である。なぜなら，世俗の代替教育を寺院に求める沙弥・比丘たちは，仏教の学習よりも世俗教育の学習に力を注ぐことになり，世俗の知識を得て学位を取った多くの出家者が還俗してしまうからである。これではサンガはもとより，代替教育の制度を支える次期指導者さえも十分に育たない。そのためシステム自体が崩壊してしまう可能性があるということである[Phra Rajavaramuni (Prayudh Payutto) 1987：11-12]。このような崩壊の可能性は，内側からだけ生じるのではなく，外側からも生じうる。世俗の義務教育制度の拡充が十分に行われた暁には，国家が代替教育としてサンガを活用することをやめ，そのため知識のある有能な僧侶も減少してしまう可能性があるのである。

　そこでパユットー師は問題解決の方法を提示している。それは，1つには，僧侶が道徳教育者として地域社会に入って活動することを奨励することである。次いで，社会や国家の側に対しては，伽藍などの箱ものへの援助ではなく，優秀な僧侶を育成するための教育に支援を注ぐように意識の変革を促すというものである[Phra Rajavaramuni (Prayudh Payutto) 1987：17-19]。つまり，教学学校や仏教大学で学んだ有能な僧侶を生活全般における道徳教育の専門家として地方の地域社会に還流し，地域間格差とサンガ再生産の問題を一挙に解決しようというのである。この提言は直接的に「道徳教育僧侶の学校派遣」のプロジェクト案を提示しているわけではない。しかしこのプロジェクトの理念と大きく重なるものであろう。

　パユットー師のこの論考は，1979年に発表されたものである。しかし，それ以前から，このようなサンガの教育制度の問題に悩み，現代僧侶の役割について疑問を感じた僧侶による新たな試みは始まっていた。むしろパユットー師の主張(1979年の論考)は，そういった取り組みの背後にある共通の問題を考察したものなのかもしれない。例えば，共働き家庭の増加によって子供の道徳教育がおろそかになっている問題に対応した，日曜仏教学校の活動が，マハー・チュラーロンコーン仏教大学を中心に，1958年から始まって

いる［村田 1994］。先述したように，これは日曜日に寺院に子供たちを集め，道徳教育や学校教育の補習を行うという活動である。その後，この活動は全国規模となり，教育省宗務局（現在は文化省宗務局）が管轄するようになった。また，タイ仏教の2大宗派のそれぞれの大学が，1960年代頃より世俗の科目を大幅に増加している。さらに1963年には，マハー・チュラーロンコーン仏教大学を卒業した僧侶を，地方に教師として派遣する活動も始められている。この活動は1965年に宗務局が支援を始め，タンマトゥート（法の使節）というプロジェクトとなる。その後サンガが管轄する活動となり，貧困地域の生活改善活動とともに，共産主義の阻止という政治的目的も加わった活動として定着していた［石井 1975：249-254］。現在では共産主義対策の必要性はほぼなくなったと言えるが，タンマトゥートは行われている。その意味では，タンマトゥートを国策への迎合や，サンガの政治利用という視点だけで理解することは不十分ではないだろうか。

　このようなサンガの社会参加活動について，タイ歴史研究者の石井米雄は，サンガによる近代化への対応であり，近代社会においてサンガの威信や伝統的な世俗的役割を復興させる試みであると指摘している［石井 1991：167］。また仏教日曜学校の普及について，教育学者の村田翼夫は，社会的環境の悪化や道徳教育の不足という問題に対応した社会活動であり，また都市部の新興仏教団体の隆盛に対する既存寺院の危機感の表れではないかと評している［村田 1994］。いずれの見解も一理ある。しかしもう一歩問いを進めてみたい。

　ここに述べたサンガから一般社会への対応活動が，末端の寺院や，サンガ上層部から生まれたのではなく，いずれも仏教大学から発生しているのはなぜだろうか。おそらくその答えは，先述のパユットー師による議論に示されている。近代化への対応といった危機感や，道徳活動の必要性への着目というものは，パユットー師の指摘した僧侶教育制度の差し迫った問題と直結しているのである。だからこそ，サンガによる一連の新たな試みは，僧侶教育システムの頂点であり，かつ制度弊害の集積所となっている仏教大学から発信されたのではないだろうか。

　また，仏教大学は宗派の私立大学というよりは，国公立大学に近い位置づ

けにあるという点も見逃してはならない。仏教大学は教育省内に管轄部署が
設置されており，国家の仏教行事に際しては，仏教大学関係者が協力するこ
とも多いのである。つまり，仏教大学は(また寺院や僧侶も)，近代タイの行政
制度において，「私」的領域のものではなく，「公」の一部として位置づけら
れているのである。第 3 章で述べたように，仏教大学は公的グレーゾーン組
織，つまり政府の外郭団体と考えられるのである。これはもちろん，政府の
意向にすべて従う存在だという意味ではない。しかし，仏教大学の関係者に
は，タイ社会全体の問題への関心と対応の模索といった，公的役割の意識は
あったと思われる。

5-3　プラユーン・タンマチットー師(プラタンマ・コーサーチャーン師)

　さらにもう 1 名重要な人物について触れておく。パユットー師の思想を，
より具体的な形に変換し，活動として推進していったプラユーン・タンマ
チットー師(1955 年生まれ)である。タンマチットー師は，現在マハー・チュ
ラーロンコーン仏教大学の学長を務め，海外留学およびアメリカでの布教経
験も長く，タイで行われる仏教関連の国際会議などにおいて基調講演や議長
の任を果たすことも多い。タンマチットー師もまた有能な学僧であり，12
歳で仏教教理国家試験の最高位ナクタム 1 級に合格し，21 歳でパーリ語国
家試験 9 段を得ている。師は多くの著作を有しているが，ここではその内容
よりも，師の組織運営，事業遂行能力に注目してみたい。

　タンマチットー師は国際会議など数多くの事業を手掛けてきたが，本章と
の関わりで重要なのは，教育改革に連動した仏教教育の刷新に大きな影響を
与えてきた点であろう。先述の 2001 年基礎教育カリキュラムが策定された
後，このカリキュラムを教科ごとに具体化した学習内容[7] が作成されたが，
その際，仏教科目の学習内容作成委員会の委員長を務めたのが，タンマチッ
トー師であった。

　この仏教科目の学習内容作成の背景や学習内容の意味について解説した書
物を見てみると，いくつか興味深い点が見えてくる。1 つは，仏教科目の学
習内容の説明において，頻繁に，先述のパユットー師の用語や解説が参照さ

れている点である。次いで，この学習内容の教育実践を想定して「道徳教育僧侶の学校派遣プロジェクト」を形成するよう委員会が要請していることが記されている点である［Phrathepsophon (Prayun Thammacitto) 2545：6］。つまり，タンマチットー師は，パユットー師の理念を，教科書の学習内容と，それを教授する僧侶教員を通して，具体化し制度化していったのである。

　加えて，第6章で取り上げた仏教式学校プロジェクトにおいて，政府とサンガと学校の3者間を取り持つコーディネーターの役割を果たしていたプラマハー・ポンナリン師は，タンマチットー師と近い関係にある僧侶である。筆者はプラマハー・ポンナリン師に取材を行っているが，その際に，仏教は（真の）教育であるといった表現や，パユットー師が強調した仏典上の語句など，パユットー師の思想に感化されている様子が，会話の端々に表れていた。

　タンマチットー師とパユットー師の直接の関係については，筆者はいまだ把握しきれていない。しかし以上のような点から，パユットー師は上座仏教の新たな実践の発案とその意味づけを行い，タンマチットー師がそれを制度化していく有力なオーガナイザーとしての役割を果たしてきたとは言えるだろう。

6　ま　と　め

　本章ならびに第6章・第7章で取り上げた現象は，教育とりわけ倫理道徳教育の領域において，仏教の役割を広げる1つの宗教運動と言えるものであった。しかもそれは，行政プロジェクトとして，あるいはそのサポートを得て，静かにそして広範囲に広がる，官製（準官製）の宗教運動と言えよう。民間の宗教運動と比べると，こういった官製の宗教運動は，地味であり（カリスマ的指導者が前面に立つものではない），宗教研究者もあまり注目しない（上からの教育事業は宗教性よりも政治性が濃く，また布教ではなく通常の教育の延長にすぎないとのみ位置づけられがちであろう）。しかし，伝統宗教という資源（仏教思想の諸解釈，サンガ組織），補助金付きの制度化（政府プロジェクト化）という手段，広域への活動拡張性（全国に広がる学校を利用）といった，政府のプロジェクト・運

動ならではの利点を生かした波及力を見落とすことはできない。加えて，独特の宗教思想に基づいた活動であるという点も軽視できない。

　このようなプロジェクト・運動を展開したのは誰であったのか。筆者は，現在のところ，その全体像を把握することがまだできていない。しかし，キーパーソンの1人と言えるのが，先述の学僧パユットー師であろう。ただしパユットー師の思想がすぐに国策として制度化されたわけではない。これまでその思想は，師の教えを仰ぐ多くの人々がそれぞれの場で実践するにとどまるものであった（「下からの開発」を強調する「開発僧」やその研究者もその一部であった）。

　そこでパユットー師の思想を制度化する人物が必要となる。本章では，そのような有力なオーガナイザーとして，マハー・チュラーロンコーン仏教大学の現学長タンマチットー師に注目した。タンマチットー師を中心に，仏教教育内容の刷新，私立学校と公立学校の仏教式教育の接合，道徳教育を行う僧侶の育成といった事業がなされてきた。

　つまり，パユットー師やタンマチットー師といったキーパーソンを中心に，さらに仏教式学校プロジェクトや善徳プロジェクトの企画や実務を担ってきた人物たちなどの緩やかなネットワークが形成され，そのような人脈を土台に，第6章・第7章・第8章で取り上げたプロジェクト・運動が展開しているのである。

　ただしこの人脈は，単に価値観や信仰のあり方の近い人々のつながりというだけではなく，一定の階層に偏るネットワークでもある。その偏りは，サンガの高僧（とりわけマハー・チュラーロンコーン仏教大学の学僧），行政官（有名国立大学の博士号取得者など），大都市バンコクの郊外に敷地を持つ中上流層向けの有名私立学校（代表者も高学歴，上流出身が多い）など，社会の上層におけるネットワークと言い換えることもできるだろう。本章で取り上げたプロジェクトは，一部の政治家や官僚の考えをトップダウン式に広めるというわけではないが，上流階層の人々の社会観や現実感覚に基づいた，社会階層の点で「上から」の改革的な事業・運動という側面を持つと思われる[8]。

　一方，プロジェクト・運動が遂行される各現場（学校や寺院や地域社会）では，

必ずしもプロジェクトの目的通りの効果が表れているとは限らない。税金を投入する政府プロジェクトであるため，効果が薄いとの評価が下されれば，突然プロジェクトが中止される可能性も否めない。ただし，そのような仏教関連行政プロジェクトに対する批判的評価は，仏教を否定することにつながりかねない。加えて，青少年の道徳の衰退や生活の荒廃の問題は，何も対応せずにいることが難しい対象であり，また目に見える効果的な問題の解決策を誰も持ち合わせていない。そのため実際には問題解決に至らないとしても，あるいは逆説的に問題解決に至らないからこそ，仏教道徳が教育行政の中に入り広がっていくのである。

1) プロジェクト名を直訳すれば，「学校で道徳を教える教師僧侶プロジェクト」となる。
2) 2011年10月のレートで約2800円。
3) 地獄や天界に依拠しない仏教の教えというものは，特に学校内での教育で重視されている。ただし実際に僧侶が皆この考えを持っているわけではない。
4) なおこの思考様式は，教育の場だけで見られるものではないだろうし，タイの仏教にだけ限ったことでもないと思われる。
5) 経緯については第2章や第5章などで取り上げている。
6) タイ国サンガの組織は，社会階層における上層移動のための二次的な公教育制度として活用されてきた。これは，義務教育後の中等・高等教育へ進学する経済的余裕がない家庭の児童(男子児童のみ)を，沙弥(見習僧)として出家させ，寺院に付設された教学学校で学習の機会を与えるという制度である。現在では無償義務教育が中学3年まで拡張されているので沙弥の人数は減少傾向にあるが，全国で5万1950名の沙弥が，中学・高校段階の教育を受けている(2004年の統計)[Kongklang Faipaenngan Samnakgan Phraphutthasasana haeng Chat 2549a：189]。またこのような教学学校を統括管理しているのは，首相直属の国家機関，かつサンガ上層部との意見調整機関である国家仏教庁である。そして教学学校へは，この部局を通じて国家予算が配分されているのである。したがってこの制度を二次的な公教育制度と筆者が述べているのは単なる機能的同等性としての比喩にとどまらない実質があるのである。
　教学学校の学習内容については，筆者は十分な情報を入手していない。ただし上級の仏教大学への進学時に，仏教教学やパーリ語(聖典語)に関する試験だけでなく，英語・タイ語(大学によってはさらに数学・一般常識)の試験も課されていることから推測すれば[永崎 1993：41]，教学学校でも世俗科目を学んでいると思われる。また仏教大学では現在，仏教学以外の世俗的学問(人文諸科学や社会科学)の学科も設置されており[石井 1991：165-166]，そのような知識を身につけ卒業した後に還俗し世俗社

会で働く者も多い。なお，かつては，出家時に取得した教学の資格やパーリ語試験の段位が，中等教育の卒業資格や短大卒以上の資格として認められたが，1975年頃までにはそのような互換制度は廃止されているようである［Tambiah 1976：294］。しかし，教学学校や仏教大学で中等以上の教育を受けた者は，卒業後に（還俗するにせよ僧侶として活躍するにせよ），比較的高給の職業・職位にめぐり合うチャンスが多い。それは地方村落の出身者で，小学校・中学校卒程度の学歴しか有しない者には得ることのできないものである。

　このように，サンガ組織の配電盤（地方から県中央そして首都バンコクへとつながる，寺院・教学学校の組織）の上には，二次的な公教育回路が設置されているのである。ただし，そのような上昇移動のための回路は女子の生徒・学生にはそれほど多くは用意されていない。貧困家庭の児童への代替教育を目的とした制度という観点から見れば，そこに欠陥があると言えよう。

7) 教科書の内容は基本的にこの学習内容に即したものとなる。

8) ただし，宗教活動に関わるタイ政府のプロジェクトは，本章で取り上げたケース以外に，非常に多くのものがある。他のプロジェクトについては，その由来や理念やキーパーソンについて，別途考察が必要であろう。

第9章　宗教科目教育制度と仏教の教科書

1　はじめに

　本章ならびに次章では，仏教科の教科書の内容を中心に，公教育の現場で
宗教とりわけ仏教の何がどう教えられ，それが近年の国王崇敬とどのように
関わっているのかについて考察する。まず第9章では宗教科目に関する教育
制度がどのようになっているのかを概観し，その後かつてと現在の宗教科
(仏教)教科書についての比較を行う。続く第10章では，近年の国王崇敬状
況をトピックに取り上げ，権威主義的統治とそこにおける国王イメージの変
遷を，教科書の記述などを踏まえて考察する。

　まず本章では，なぜタイでは宗教・道徳などの授業があるのか，なぜ宗教
を近代の公教育の中で教えることが可能なのか，そして学校で仏教の何をど
のようなものとして学ぶのかといった，一連の問いに答える中で，タイ国家
における仏教の位置づけを明らかにしたい。

2　タイの教育制度

　本章の中心は，教科書内容の紹介と内容の考察となるが，その前に，その
ような教科書が位置づけられる，教育制度とその歴史的変遷について簡単に
確認しておく。

　前近代タイの教育では，寺院が主たる教育機関であり，少年僧や寺の手伝
いをしながら教育を受ける寺子などが，タイ語やパーリ語の読み書き，仏教

などを学んでいた。官吏になるためにもこのような教育を受ける必要があった[村田 2007：75]。

　近代教育の導入も，当初は寺院での教育実践を基盤として行われた。1898年11月11日「地方教育の整備に関する布告」が交付され，同年12月6日に「地方教育整備に関する計画書」が作成された。この計画書には，寺院を教育機関とすること，比丘と沙弥が教員となること，読み書き・算数・仏教倫理・実業の4科目を教えることなどの規定も見られた。さらに，1902年サンガ統治法の制定に伴い，全国規模の初等教育制度を構築するために，仏教寺院と僧侶が活用され全国的に組織化されていった[Wyatt 1969，Tej 1970，平田 2003a，2003b，石井 1975]。

　しかし，民衆は近代教育の重要性をなかなか理解しなかった。加えて近代教育に理解のある教育監督僧侶が不足し，サンガが近代教育を担うのはかなりの負担となったようである[村田 2007：35]。その後，より確かな形で近代教育の水準を満たすため，初等教育の義務化が求められ，1921年9月1日に，ラーマ6世ワチラーウット王によって，7歳から14歳を対象に，男子5年・女子3年を無償の義務教育期間とした「初等教育法」が公布され，同年10月1日から施行されることとなった[渋谷 2003：213-215]。

　第二次世界大戦後に，タイの教育制度は，3度大きな改革が行われた。最初の教育改革は，1951年と1960年の国家教育計画に基づくものであった。1951年の国家教育計画では4年制小学校だけでなく，3年制の普通中等学校を開設することが盛り込まれ，さらに1960年の国家教育法では，ユネスコによって途上国の教育発展計画として提示されたカラチ・プランの影響を受け，初等義務教育が4年制から7年制に変更された（もっとも，この体制が全国的に急速に普及したわけではない）。加えてこの当時のカリキュラムはアメリカのものを転用していた[野津 2007：77]。この時代の教育目標は，「理想主義的で，責任感と規律を備えた道徳的で知性ある健康な市民の育成を掲げて」いたとされている[村田 2003：217]。なお1960年代からすでに，国家主義的な教育が進められていったが，それがカリキュラムのレベルで確固たるものになるのは，1978年からであった[野津 2007：75-77]。

　1970 年代に入り，第 2 の教育改革が行われた。そこでは 2 つの視点から
この教育制度や目標の変革が求められるようになった。一方は都市と農村の
教育や経済の格差を是正しようという平等主義的な考えであり，他方は
1975 年のベトナム戦争終結によってタイの近隣諸国が軒並み社会主義国と
なったことへの対応が必要だという考えである。そして 1976 年 10 月のクー
デターによって軍事政権による統治が行われ，そのもとで 1977 年に新たな
国家教育計画が作成され，翌年に制定された。その内容は，先の 2 つの視点
を併せ持ったものであるが，この当時からとりわけ，「ラック・タイ」(タイ的
原理。民族的政治共同体・宗教・国王への三位一体的な忠誠)を強調した国家主義的
な道徳教育が再び重視されるようになった。同様に 1978 年カリキュラムで
も「ラック・タイ」が強調されるようになった。また，1978 年には学校制
度が 6・3・3 制に変更されている。

　次いで 1990 年代に入り，第 3 の教育改革がなされた。その背景には，タ
イが急速な経済成長を遂げ，またグローバル化社会に対応した教育の必要が
迫られているということがあげられる。タイ的原理の教育がなくなったわけ
ではないが，国家主義的な教育は以前と比べれば強調の度合いが減少し，さ
らに外国語学習や異文化集団への配慮を含めた教育も考慮されるようになっ
た。また，前期中等教育(中学 3 年)までが義務教育期間，後期中等教育(中学 6
年。現代日本の高校 3 年)までが無償教育期間として定められた。このような方
針は，1999 年に新国家教育法として制定され，2001 年には新カリキュラム
(2001 年基礎教育カリキュラム)が制定されている[村田 2003]。本章で後述する中
学 3 年向けの宗教科(仏教)教科書は，この時代の国家の教育理念を反映した
ものであり，この新カリキュラムに即して執筆されている[1]。

3　公教育における宗教教育

　以上のような制度の中で，宗教教育はどのように位置づけられるのだろう
か。まず仏教教育から述べていく。

3-1　仏 教 教 育

　タイの公教育における宗教教育の中で，最も重視されているのは仏教教育であろう。それは単に，仏教の知識を身につけるというだけではなく，上座仏教の信仰心を育むための宗派教育であり，また道徳教育でもあり，さらにはタイ王権や国家に対する忠誠心の教育とも重なっている。これには，近代以前の伝統国家においてタイが上座仏教を重視し，仏教の擁護者であり仏教的な道徳に基づく行いで統治の正統性を得る国王と，仏教の教えを保持し伝えるサンガ(僧団)との間に，相互依存の関係があり，そのような王権が近代化を推進していったという経緯がある。

　また先述のように，近代教育制度の構築と寺院・僧侶との歴史的なつながりもあり，現在でも，寺院と学校が同じ敷地ないしは隣接している状況も多い。加えて国の公休日となっているタイ上座仏教の主要な祭礼日には，学校行事の一環として仏教行事が行われることも少なくない[野津 2005：155]。さらに，寺院は今でも教育制度としての役割を果たしており，そこに国家の補助金が付与されている点では二次的な公教育制度と言っても過言ではない。

　なおタイ国民は7歳になると国民携帯証という身分証明証を役所で作成し携帯することが義務づけられており，この国民携帯証には自分の所属宗教を記載する欄がある(帰属宗教の記載は 1994 年から始まる。それまでは戸籍謄本に記されていた[林 2005：56])。そして，子供たちは，学校教育においても，形式的には自らの宗教を選択して，その宗教の授業を受けることになるのであるが，実際には自動的に，自身の(ないしは親の)帰属宗教をそのまま学ぶこととなる。もちろんタイにおいて自覚的な仏教信仰者が少ないというわけではないが，一方では，このように宗派意識や無信仰者の自覚などを制御する国家の微細な統治システムの水路づけの中で，仏教徒という存在のあり方も構築されており，それを背景に，仏教重視の教育体制も維持されていく。

　このような仏教重視の宗教教育・道徳教育の傾向は，歴史的に行われていた実践が，近代国家によって継承・編成されていったものでもある[2]。前近代のタイでは，男子は寺院で読み書きや仏教道徳を学んだ。道徳の内容は仏

教の教えに基づくものであり，戒(Sin)では，良いことと悪いことの区別を
知的に理解し社会的責任や義務を学び，法(Thamma)の段階で，良いことを
して，悪いことをしないよう，自分の心に集中し抑制する心理面の統御を学
び，慧(Phannya)の段階で，認識能力や理に適ったものの見方で世界のあり
方を捉えるというものであった［村田 2007：88］。このように，戒とは儀礼な
どの特別の日に五戒を授かり実践するといったものにとどまらず，一般的な
道徳をも意味するものであり，それは今日のタイにも引き継がれている考え
である。

　その後，近代的教育制度の形成過程においても，仏教は道徳教育の中心を
なしていった。1909 年の基礎教育と初等教育では，道徳教育(Wicha Canya)
がカリキュラムに明確に位置づけられ，主に仏教道徳教育がなされた。次い
で 1937 年の初等教育カリキュラムでは，道徳教育に代わり，倫理(Sinla-
tham)と国民の義務(Nathi Phonlamuang)が科目として設けられ，仏教だけで
はなく，家庭，社会，国家，国王などへの義務や憲法遵守などを学習するよ
うになる［村田 2007：89-90］。

　第二次世界大戦後には，カリキュラムに「社会科」という分野が設けられ
るようになり，1954 年カリキュラムでは，道徳は歴史や地理や公民と統合
されるようになったが，実際には，これらはそれぞれ別々の時間に学習する
ようになっていた。そして 1960 年の国家教育計画においては，道徳教育が
重視されるようになった。カリキュラム面からは，社会科の一部として道徳
科目があり，仏教の教えやタイの伝統と文化，民族共同体や国王への忠誠な
どが教えられた。1978 年カリキュラムでも，仏教教育が道徳教育の中心と
され，また仏教は，伝統文化や合理性を育むものと見なされていった。その
後の 1990 年カリキュラムにおいても，仏教道徳に基づく道徳教育が継続さ
れるが，グローバル化への対応という点から，他宗教との共存や共生といっ
た側面も学ぶようになってきた［村田 2007：90-98］。このような仏教的道徳教
育の特性についての詳細は，本章第 4 節で，2001 年カリキュラムにおける
仏教教育の状況については，本章第 5 節以降で取り上げる。

　以上見てきたように，公立学校での道徳教育は，主として仏教教育に基づ

くものであった。仏教は，近代教育の1つの柱に据えられ，家族・社会・国家・国王への敬愛と結びついた道徳，伝統文化，合理性といった諸理念を体現する形に編成されていったのである。ただし，以下に概略を示すように，南部のイスラーム教徒集住地域には，公立の小・中・高等学校でイスラーム関連科目の学習機会も設けられており，その学習時間も増えてきている。その点を踏まえると，タイ国家は，仏教を重視しつつ，多文化主義的な傾向を進めつつあると言えよう。

3-2　仏教以外の宗教教育

　2001年基礎教育カリキュラム下では，仏教徒以外の学習者でも，自分が信仰する宗教を正規カリキュラムの中で学べるようになった[森下 2003：271]。以前のカリキュラムでは，仏教徒以外の学習者には，仏教学習の免除や，道徳教育による代替などの対応がとられていたとされている。ただしここでいう「自分が信仰する宗教」なるものが，公設・公認の主要な宗教のカテゴリーを意味しているのか，それ以外の宗教や宗派についての学習も許されるのかどうかについては明記されていない[3]。また，新カリキュラムは弾力的な運用を前提とした基礎的枠組みであり，3年ごとの学習ステージ(小学1〜3年，4〜6年，中学1〜3年，4〜6年(現代日本の高校1〜3年))において中央が定める学習水準を満たすことができれば，それ以上の教育については，各学校の裁量に任されている面がある。つまり，新カリキュラムでは，各学校で独自の宗教教育ができる可能性も加わったのである[森下 2003：272]。もっとも，そのための能力ある教員や，時間や設備が，どの学校にも平等に備わっているわけではない。

　以下，宗教別の状況を概括する。タイで仏教に次ぐ宗教人口を持っているのはイスラームである(約4.6%)。その人口の大半は，マレーシア国境近辺のタイ南部に集中している。その他，タイ中部と北部にも若干のイスラーム人口集中地域がある。しかし，中部と北部のムスリムが，その地域での宗教人口として少数派であるのと異なり，南部では県人口の半数以上がムスリムであるというところも多い。また南部では，日常言語もタイ語ではなくマレー

系言語が長年使用されてきた。そもそも，タイ南部は 18 世紀末までシャム
から半独立状態のパッターニー王国の支配地であり，イスラーム王権の伝統
を維持していた地域であった。タイ南部のマレー系ムスリムにタイ国籍を与
え，タイの国民として位置づけたのは，タイの絶対王制が立憲君主制に変
わった 1932 年からである［横山 1994：170］。イスラームもそれ以後，タイ国
内の公設・公認の宗教として認められるようになった。

　このようにムスリムをタイ国民と位置づけ，イスラームの全国組織を公設
し，関連団体を公認したタイ国家は，教育の世界でもイスラームとの折り合
いをつけることが必要となっていった。その方法は多岐にわたっている。以
下，「公立学校(でのイスラーム教育)」，「私立イスラーム学校」，「ポーノ教育施
設」，「未登録ポーノ」の 4 つの学習機関に分けて概説する。まず 1 つ目の公
立学校でのイスラーム教育は，「1921 年教育省初等教育令」に始まる［柴山
2010：51］。これは，伝統的なイスラーム教育が展開していた南部の国境地域
にも，タイ政府主導の近代教育・タイ文化志向教育の制度を導入するという
ことであった。ただしその後しばらくは，公立学校でのイスラーム教育は公
式には認められていなかった。ようやく 1976 年になってから，タイ南部の
国境 4 県のムスリム生徒が過半数を超える小学校において，課外教科として
イスラーム教育を行うことが認められるようになる。ただしこの時点では，
授業はタイ語のみで行われることになっており，イスラーム教科に関しても
現地のマレー語パッターニー方言などを使用することは認められていなかっ
た。1981 年に初等教育課程で，1982 年に前期中等教育課程で，そして 1984
年に後期中等教育課程において，イスラーム教育が必修となるが，いずれも
授業はタイ語のみで，時間数も週 2 時間となっていた［小河 2016：95，柴山
2011：72-73］。

　その後 1999 年国家教育法が発布され，新たなカリキュラムとなり，公立
学校でのイスラーム教育は拡充されていった。具体的には，2003 年に公示
された「基礎教育カリキュラムに基づく社会科・宗教・文化学習内容グルー
プにおけるイスラーム教育の学習内容」では，信仰原理，イスラーム法，道
徳，イスラーム史，クルアーン(コーラン)，アラビア語などイスラーム教育

を体系的に学べるようになり，時間数も週10〜14時間と増加した(ただし，普通・職業教育課程以外に，イスラーム教育課程が追加されるという形での増加である)。また公立学校でもマレー語パッターニー方言の使用が認められるようになった[柴山 2011：73]。教科書に関しては，仏教の教科書と同様に，政府のガイドラインに基づいたイスラーム教科書なども作成されている(教育省が作成)。なお南部の公立普通学校では，学生はムスリムだけでなく仏教徒もいる。学校によっては，朝礼時に，仏教徒学生とムスリム学生が，それぞれの作法で礼拝を行うというところもある[西井 2001：201]。また仏教徒が他宗教を学ぶのと同様に，ムスリム生徒も仏教をタイ人の教養学習の1つとして学ぶとの見解もあるが[4]，実際の状況について筆者は把握していない。

　2つ目に掲げた私立イスラーム学校は，ポーノ(マレー語でポンドック)と呼ばれるイスラーム私塾(寄宿塾)における伝統的な教育に，タイ国家が介入することによって形成されてきた学校である(なおポーノ以外にも，クルアーン(コーラン)朗唱教育を主とするクルアーン塾やモスクに付設されイスラームの多様な知識を学ぶモスク宗教教室などの伝統的教育施設もある[小河 2016：95])。タイ政府は，国家管理下になく，近代教育や国民教育も行わないポーノを問題視し，国家への取り込みを模索してきた[小野澤 1982：144-145]。例えば，1961年には「第2教育管区におけるポーノ改編推進に関する1961年教育省規程」が公布され，ポーノの政府登録化，イスラーム教育とタイ語による普通教育の実施の推奨，補助金支給などが行われた。次いで1965年には，政府に登録したポーノを「人民イスラーム学校」として改編し，1982年には「私立イスラーム学校」へと名称を変更していった[柴山 2010：52-54]。

　3つ目の「ポーノ教育施設」とは，政府によるポーノの登録推進にもかかわらず，未登録のポーノが数多く残っており，これに対処するために設置した教育施設である。政府は「ポーノ教育施設に関する2004年教育省規程」を公布し，未登録のポーノに登録を呼びかけた。これによって登録されたポーノが「ポーノ教育施設」である。ただし，これによってもまだ登録を行わない「未登録ポーノ」(先述の4つ目の学習機関)はかなり存在している[柴山 2010：54-55]。

イスラーム以外の宗教教育については，詳細が把握できていない。情報を
得にくい理由の 1 つは，宗教人口が極めて小さく(第 3 位のキリスト教でさえカ
トリックとプロテスタントを合わせて 0.7%程度)，またムスリムのように集住して
いるケースが少ないことにもあると考えられる。例えば，本章第 5 節で言及
する都市部の進学校のケースでは，キリスト教徒の学生がごく少数ながらい
るが，彼らは基本的に仏教の授業を受けていた。ただし，読経の際には，他
宗教の信仰者は唱えずに立っているだけでよいとされていた。ちなみに，教
育省の学習指導要領研究事務室で教科書内容の認定検査に関わる担当者によ
れば，キリスト教，ヒンドゥー教，シク教の学校教育用教科書は作成されて
いないので，市販の入門書などで代用されているとのことである[教育省学習
指導要領研究事務室からの聞き取り，2006 年 8 月][5]。

4　宗教科(仏教)教科書——近代初頭から 1980 年代初頭まで

以上のような教育制度，道徳・宗教教育の変遷の中で，具体的にはどのよ
うな内容の仏教道徳教育がなされてきたのか。あるいはタイ国家は仏教をど
のような形で切り取り，成形してきたのか。この点について，近代初頭から
1980 年代初頭までのカリキュラムや教科書と，2001 年カリキュラムによる
教科書の内容比較を通じて，明らかにしていきたい。まずは，スワンナー・
ウォンワイサヤワンによる研究[Suwanna 2529]をもとに，近代初頭から 1980
年代初頭までの仏教道徳カリキュラムや教科書の特色をまとめてみる。

スワンナーは，タイの公立学校における仏教道徳教育のカリキュラムや教
科書の内容を，サンガ改革を遂行した僧侶であり，ラーマ 5 世チュラーロン
コーン王の異母弟であった，ワチラヤーン親王(1860-1921)の考え(つまり政府
権力側からの仏教の意味づけ)を引き継ぐようなものであったと捉えている
[Suwanna 2529：43]。

公立学校の道徳教育内容は，仏教道徳によって良き国民を育成することが
目的であり，当初から現代に至るまで，それほど変化はなく，ラック・タイ
理念，国王や国家への忠誠，規律・年長者への敬意と報恩など仏教的な諸道

徳が中心となっている[Suwanna 2529：44, 46]。この特質は王制から民主制(立憲君主制)になっても，さほど変化してはいない。例えば，自燈明(自らを頼りとする実践)の教えも，そのような自燈明を実践している両親・教師・親戚・年長者・国王・政府・民族共同体・宗教を思い起こし，これらの人や制度を守っていくことが大切だと説かれる。あるいは，「吉祥経」に触れながら，仏法の会話は自分の考えを示しそして相手の意見も聞くことだとし，それは民主主義を実践できる国民となるための良い訓練になると説明され，またブッダは民主主義を深く理解していたといったことなどが記されている[Suwanna 2529：47-49]。つまり，そのときの国家にとって価値ある事柄を，仏教用語を用いて教育するという様式になっている。また権威主義的な道徳実践の傾向もある。

　より具体的な分析として，スワンナーは，1978年と1981年の中学・高校カリキュラムを事例に，4つの特徴を指摘している。まず第1に，仏教の普遍性とタイ仏教ナショナリズムが両立するような語り方があるという点を指摘している。仏教は宗教一般の中に位置づけられるとともに，普遍宗教として諸外国に広まっている教えであるとされている。しかし，仏教とりわけ上座仏教は近隣諸国では衰退してしまい，タイこそが国を超えて仏教を伝えてきた，仏教の中心国であるといった説明も付される。事例として，ラオスやカンボジアの仏教がタイから伝わったものであるといったことや，近年インドネシアやシンガポール，さらにはヨーロッパにまで，タイのサンガが布教を行っていると記されている。また，比較宗教学的な視点も取り込み，神への忠誠を基盤とするキリスト教と異なり，仏教は天界や地獄というもので教えに導くのではなく智慧で導くのだと，暗に仏教を高く評価する記述も見られる[Suwanna 2529：52-54, 67]。さらに，タイではどんな宗教を信仰していようと，仏教を支援しなくてはならないとも述べている[Suwanna 2529：55]。

　第2の特徴は，仏教を王制・社会改革・合理性の視点から説明しようとするというものである。例えば，ブッダが王族であるということの強調，そのためタイ国王など王族に用いる特殊な敬語(王族用語)を，タイではブッダにも用いてきたこと(現行の教科書でもブッダには王族用語を用いている箇所がある)，

タイ国王は仏教支援の義務を有していることなどが取り上げられている。さらに，ブッダは社会問題を解決する指導者として強調される面もある。加えて，ブッダの歴史的実在性や仏教の合理性を強調するため，奇跡的な話は取り上げないか，比喩として解釈していく。仏教は，論理的で科学的な思考と同様の合理性を持つと強調される[Suwanna 2529：56-58]。

　第3の特徴として掲げられていることは，仏教徳目を重視している点である。その徳目はラーマ5世チュラーロンコーン王時代(在位：1868-1910)から変わりなく，道徳教育の徳目として取り上げられている。例えば，中庸，知足，報恩，責任，恥を知る，犠牲，正直，非暴力，規律など。これらの徳目は，仏教用語で記される。また頭で理解するだけではなく，実践で身につけることが強調される[Suwanna 2529：59-60]。

　第4の特徴は，仏教をタイ文化やタイの指導者たちと関連づけて学ぶという点である。この点は，仏教がタイの「国教」(正確に言えば，タイ民族という概念に内属した宗教(Sasana pracam chat))であるということの理由となる。例えば，タイ人らしい振る舞いや，タイの言葉・芸術に，仏教由来のものが多いといったことである。そのため仏教道徳の教科書で，タイ仏教にまつわる芸術や仏像を学ぶことになる。また，歴代国王が行ってきた仏教的義務(寺院保全，在家へ教えを説くこと，聖典の結集など)についても学ぶ。なお，1981年カリキュラムからは，これまであまり強調されていなかった，タイ社会におけるサンガの役割が取り上げられており，10名の僧侶の来歴と活動が記されるようになったと指摘している[Suwanna 2529：61-64]。

5　2001年基礎教育カリキュラムと教科書

　以上が，以前のカリキュラムの内容であるが，この内容と比較をなすために，2001年基礎教育カリキュラムとこれに基づいて執筆された近年の仏教教科書の内容について紹介する。まずは新カリキュラムが教科書にどのように反映されるのかについて簡単にまとめておきたい。

5-1　教科書認定と教科書の使い方

　タイでは国家が認定する教科書は，すべて国家が策定した基礎教育カリキュラムの理念や学習内容・学習水準を反映したものでなければならない。教科書には，国家が認定したことを示す検印が押されている。各学校では認定された教科書の中から，適宜選択して使用する。また国の認定を受けていない教科書については，副読本として採択することもできる。

　ただし，教科書選択や実際の用い方は，学校により大きな差も見られる。例えば，本章で後述する宗教科(仏教)の教科書については，筆者が2005年に取材した首都バンコク近郊ナコーンパトム県の進学校と地方県の村落部にある一般の学校では，同じ公立学校でありながら，新カリキュラム版の教科書への対応姿勢が全く異なっていた。都市部の進学校でも村落部の学校でも，週2時間の仏教(宗教)の授業を行っている点は同じだが(中学3年のカリキュラム)，進学校では，学生に指定教科書として1社の教科書(本章で紹介する教科書)を買うよう指示しているが，仏教教育に携わる教員たちは，4～5社の教科書を使用し，この学校の学習に適切と思われる内容を適宜選択しながら授業を行っていた。

　一方，タイ東北部のローイエット県の村落部の小さな学校では，使用されていた教科書は，旧カリキュラム版のものであった。新カリキュラム版の教科書を使用していない理由について明確な回答は得られなかった。単に，業者から配布された教科書がこれだったからであり，授業については新カリキュラムを踏まえているし，中身はそれほど変わらないから大丈夫だと担当教員は述べていた[担当教員からの聞き取り，2006年8月]。一律のカリキュラムや教科書を用いたとしても，実際になされる教育が同じものとなるとは限らない点には注意が必要であろう。

　なお先の進学校では，前期に『仏教』というタイトルの教科書(本章で後ほど紹介する教科書はその1つ)を学び，後期には『社会科・宗教・文化』という教科書(仏教だけでなくキリスト教やイスラームなども学び，また社会・文化も学習する教科書)を使用しており，仏教だけを学ぶのではない様子がうかがえる。

5-2　2001年基礎教育カリキュラム

　さて，本書で紹介する教科書が依拠している2001年基礎教育カリキュラムだが，この新カリキュラムは，1999年に新たに制定された国家教育法が基本となっている。この国家教育法はグローバル化時代に即した国際的競争力を有する人間の育成を基調とし，これまでのタイの教育に見られたナショナリズム教育が後退していると指摘されている［森下 2003：264］。しかしこの国家教育法を基盤として策定された2001年基礎教育カリキュラムにおいては，ナショナリズム教育，およびこれに関連する宗教とりわけ仏教教育が強調されるようになり，双方の見解のバランスをとるという方針に変化したとされている。

　このような内容を持つ2001年基礎教育カリキュラムには，9つの目標が掲げられている。その最初の項目には，「自分自身の価値を認識し，自律の精神を持ち，仏教または自分が信仰する宗教の教義に基づいて行動し，望ましい道徳，倫理，価値観を身につけること」というように，宗教教育，特に仏教教育の重要性が記されている［タイ教育省 2004：9］。旧カリキュラムの目標には「仏教」という言葉はなく，また新カリキュラムの草稿にも「仏教」という語は記されていなかったので，何らかの理由によって，仏教教育が重視されるべきだという認識がカリキュラム制定段階で加えられたとも言われている。なお「仏教」という語が記載された背景には，アメリカで起こった同時多発テロの影響もあったのではないかと，森下は推測している［森下 2003：268］。ただし，仏教教育が旧カリキュラム下の教育制度よりも重視されているのかどうかについては，仏教教育全体の時間数の増減なども把握した上で判断しなくてはいけないだろう。

　新カリキュラムの学習内容は8つの学習内容グループ（「タイ語」，「数学」，「理科」，「社会科・宗教・文化」，「保健・体育」，「芸術」，「仕事・職業・テクノロジー」，「外国語」）に区分されている。この区分の中の「社会科・宗教・文化」のグループはさらに，「宗教・社会道徳・倫理」，「市民の義務・文化・社会生活」，「経済学」，「歴史学」，「地理学」という5つに区分されている（傍線は矢

野による）。仏教やその他の宗教に関する科目は，この「宗教・社会道徳・倫理」の範囲で行われることになっている[6]。

　ちなみに，「宗教・社会道徳・倫理」について，到達すべき学習水準は以下のように定められている。「水準1　仏教または自分が信仰する宗教の歴史・重要性・教義を理解し，宗教の教義を共生のための実践の原理として用いることができる。／水準2　社会道徳・善行を確信し，優良な価値観をもち，仏教または自分が信仰する宗教を信仰する。／水準3　仏教または自分が信仰する宗教の教義・宗教儀礼，優良な価値観にもとづき自ら行動し，実践し，そのことを，平和な共生のために，自ら発達させ，社会と環境に対して有益になるよう応用することができる」[タイ教育省 2004：24]。

　このような学習区分や学習水準が教育内容の大枠を規定するのであるが，これだけでは教科書執筆のための基準としては漠然としている。そのため教育省は，各学年，各科目ごとの，学習内容の詳細を記した「ビジュアルマップ」というものを用意している。教科書の執筆・編集者は，このビジュアルマップを基準にして，教科書作成を行うことになる。その後，教育省において担当係官や仏教大学の教員その他の有資格者からなる委員会が各教科書内容を確認し，必要ならば訂正を要求する。教育省の承認を得た教科書は，5年間有効の検印を得ることができる。

　ビジュアルマップの項目は，ほぼそのまま，教科書の目次となっている。ビジュアルマップの大項目（教科書の目次項目）は，小学1年から中学6年（高校3年）まで，同じものとなっており，学年ごとの違いは小項目の学習内容によって規定されている。例えば，仏教の教科書では，大項目は，仏法僧の三宝を基準にした以下の3部構成となっている。

　　「仏（ブッダ）」の部　　仏教の歴史と重要性，仏伝とジャータカ，仏教における重要な日

　　「法（ダンマ）」の部　　仏教の基本的な教え，仏教格言と仏教用語，三蔵およびそのエピソード，精神を集中し智慧を深める

「僧(サンガ)」の部　　仏弟子と模範的な仏教徒，仏教徒の義務と仏教儀礼，仏教徒の礼儀作法と僧侶への接し方，仏教討論会：問題解決と発展

　これらの部と項目は，12 年間変わらないが，教育内容については，小項目の内容で変化を持たせ，学年が上がるごとに広がりまた深まるようになっている。例えば，「仏(ブッダ)」の部，「仏教の歴史と重要性」の大項目では，中学 1 年で結集やタイの仏教伝統の歴史などを学び，中学 2 年でタイの近隣諸国における仏教を学び，中学 3 年で西洋や東アジアを含むアジア諸国の仏教について学ぶというように，小項目の内容がビジュアルマップによって規定されている。

　なお，新カリキュラムは，グローバル化時代に対応する教育を目指しているとともに，タイのナショナリズムも強調する 2 つの特色が混じったものになっている。ただし，グローバル化に関わる内容は，無償義務教育の期間を終えた後の高校 1 年時から，重視されるものであり，義務教育期間まではナショナルな価値観を基盤とした教育が主たるものとなっている[鈴木 2007：134-136][7]。さらに，宗教に関しては，仏教のみを公教育で重視するというわけではなく，先述のように，南部のムスリム集住地域などでは，公立小・中・高等学校におけるイスラーム教育を制度的に拡張し充実させる傾向が見られる。

　なお，以上述べてきたような宗教(仏教)科目と学習内容に基づいて，公教育における宗教教育が行われているのであるが，その他の科目においても，仏教に関する教育が組み込まれている点を見逃してはならない。例えば，学習内容「市民の義務・文化・社会生活」においても，「現代社会における政治・統治制度を理解し，信仰を確信し，国王を元首とする民主主義政体を保持する」という学習水準規定がある。また，学習内容「地理学」においても，知識教育として諸宗教について学習する機会がある[Krom Wichakan Krasuwang Su'ksathikan 2546：59]。その他，タイ国王や国の歴史およびタイ芸術についての学習は，仏教(の知識学習)と切り離せない部分がある。さらには，8

つの主要な学習内容グループ以外に，「学習発達活動」という科目(生徒個々人の独自な能力開発が目的)の中にボーイスカウト・ガールスカウトの活動などが組み込まれているが，この活動の教科書にも，仏教に関する信仰実践についての学習項目が組み込まれている。

6　宗教科(仏教)教科書・中学 3 年(2001 年基礎教育カリキュラム版)

　以下，2001 年基礎教育カリキュラムに即して執筆された，仏教の教科書 (Carat Phayakkharachasak, Kawi Isiriwan, *Nangsu'riang Sarakanrianru Phu'nthan Phraputthasasana Mo 3*, Borisat Samnakphim Wathanapanit Camkat Pho So 2548.『基礎学習内容教科書　仏教　中学校 3 年』ワッタナー・パーニット社，2005 年)の内容について紹介し若干の考察を加えてみたい[8]。なおこの教科書は筆者が日本語訳し出版されている[9]。

　中学 3 年の教科書を取り上げる理由は，現在のタイの教育制度上，義務教育の最終年次の教科書であるという点にある。つまり，現在のタイ政府が国民に対して，最低限この内容と水準までは学んで欲しいという意思が示されている教科書というわけである。またワッタナー・パーニット社によるこの教科書は，先述の都市部の公立進学校で主たる教科書として採用されていたものである。他の著名な出版社の同学年の仏教教科書と比べても，ワッタナー・パーニット社のものは情報量が比較的多い方であり，内容の濃い教科書の 1 つと言える。

　(なお同教科書の増補改訂版が旧版出版の翌年である 2006 年に出版されている。序文が全面的に書き換えられているが，どのような経緯で増補改訂が行われたのかについては記されていない。また，旧版と新版の違いとしては，次の 4 点があげられる。第 1 に，頁数が 184 頁から 280 頁へと大幅に増えた。基本的な内容や文章に変更はないが，用語の解説や各章末の課題などが増えている。第 2 に，各章末の課題において，グループワーク用の課題や抽象的な質問が減り，生徒個々人が答えを記入する形式の質問や人名を記入するなど答えやすい質問が多くなっている。第 3 に，執筆者がチャラット氏とカウィー氏の 2 名から，チャラット氏とその他 4 名に増えた(執筆者名にカウィー氏の名前がなくなった)。

第4に，旧版巻末に印刷されていた教育省承認の検印がなくなっている。詳細は不明であるが，これらの特徴から推察するに，学習効果を測るための方法をめぐって方針転換があったと思われる。また教育省の承認を得ずに（あるいは申請はしているが，承認が下りる前に）出版したようである。）

　この教科書の目次は表5のようになっている。先に述べたように，「学習単位1　仏（ブッダ）」「第1課　仏教の歴史と重要性」などの学習単位・項目名は，基礎教育カリキュラムをもとにしたビジュアルマップで決められた用語であり，教科書会社が異なっても，また学年が変わっても同じものとなる。また第1課の中の下位項目「世界の国々における仏教伝来と信仰の様子」は他の教科書会社でも同じ項目になるが，こちらは各学年で内容が異なる。

　次に，目次の順に即して，簡単な内容紹介を行う（以下，仏教用語等の表記は先述した筆者による日本語訳に基づいている）。

◆学習単位1　仏（ブッダ）
・第1課「仏教の歴史と重要性」

ここでは，諸外国の仏教概況，ならびに文明構築と平和貢献という点から仏教の重要性を取り上げている。諸外国の仏教については，スリランカ，中国，韓国，日本，チベット，ネパールなどのアジア諸国，そして，イギリス，ドイツ，オランダ，アメリカ，カナダといった西洋諸国とオーストラリアにおける仏教が紹介されている[10]。ちなみに，1学年下の中学2年の教科書における同項目では，ビルマ（ミャンマー），ラオス，カンボジア，ベトナム，インドネシア，マレーシア，シンガポールなどアセアン諸国の仏教が紹介されている。つまり学年を経て段階的に諸外国の仏教について学び，グローバル化・国際化の中でのタイ仏教の位置づけを学習することが求められているのであろう。

　また文明構築と平和貢献については，仏教は人間の心を整えることで社会に貢献し，これにより世の中に文明と平安をもたらすことができるとされている。世の中に安定した文明を築くための教えとしては，聖増長（信・戒・捨・聞）を取り上げて解説し，さらに文明的な統治をもたらす指導者や統治者の資質として，十王法を取り上げている（この点については，本書第12章で論じる）。

表5 『基礎学習内容教科書　仏教　中学校3年』の目次

八正道
十福業事
課題学習／質問
三十八の吉祥
課題学習／質問
第 5 課　仏教格言と仏教用語
期待される学習成果
学習のポイント
仏教格言
1. アッタ・ハヴェ・ジッタン・セヨ
自己にうち克つことは，他の人々に勝つ
ことよりもすぐれている
2. ダンマチャーリー・スカン・セティ
法にしたがって行なう人は，（この世に
於いても，かの世に於いても）安楽に臥
す
3. パマード・マッチュノ・パダン
放逸は死の道なり
4. ススーサン・ラバテ・パンニャン
教えを聞こうと熱望するならば，ついに
智慧を得る
課題学習／質問
仏教用語
我
無我
課題学習／質問
第 6 課　三蔵およびそのエピソード
期待される学習成果
学習のポイント
三蔵
経典の構成と論蔵の概要
課題学習／質問
三蔵とそのなかのエピソード
釈尊の四誓願
課題学習／質問
第 7 課　精神を集中し智慧を深める
期待される学習成果
学習のポイント
精神を集中し智慧を深める
仏を拝み三宝を讃える
慈しみの言葉・追善供養の言葉
数息観を中心とした念処によって，精神を
集中し智慧を深める
課題学習／質問

如理作意の思考法による学習の発展
因縁究明的な思考法
四聖諦的な思考法
課題学習／質問
学習単位 2 ：
法（ダンマ）課題学習の事例

学習単位 3　僧（サンガ）
第 8 課　仏弟子と模範的な仏教徒
期待される学習成果
学習のポイント
仏弟子
アンニャー・コンダンニャ尊者
マハーパジャーパティー・ゴータミー長老
尼
ケーマー長老尼
パセーナディ王
課題学習／質問
模範的な仏教徒
プーンピッサマイ・ディッサクン内親王
サンヤー・タンマサック教授
課題学習／質問
第 9 課　仏教徒の義務と仏教儀礼
期待される学習成果
学習のポイント
仏教徒の義務
僧侶の義務を知る　律と勤行
寺院や仏教施設を維持する
大般涅槃経に見られる釈尊の四誓願に即し，
仏教徒としての義務を果たす
仏教の構成要素について学ぶ
仏教団体への加入について学ぶ
六方礼拝の右方に従い良き弟子となる
課題学習／質問
仏教儀礼
積徳儀礼
課題学習／質問
第 10 課　仏教徒の礼儀作法と僧侶への接し方
期待される学習成果
学習のポイント
個人宅での仏教儀礼における僧侶への接し方
儀礼会場の準備
僧侶と会話をする際の作法
服装

課題学習／質問	学習単位3：
第11課　仏教討論会：問題解決と発展	僧(サンガ)課題学習の事例
期待される学習成果	
学習のポイント	文献目録
仏教と充足経済の関係	訳注
課題学習／質問	

出所) チャラット, カウィー 2008：4-7。

・第2課「仏伝とジャータカ」

　第2課では仏伝の紹介，仏像の諸形態についての解説，ジャータカの紹介が行われている。仏伝では，ブッダの生涯を概説した後に，初転法輪を取り上げ，初転法輪節(アーサーンハ・ブーチャー)の由来が紹介される。次いで，タイで信仰されている曜日ごとの守護仏を仏伝の内容と関連させて紹介している。さらに2つのジャータカについて解説されている。1つはナンディヴィサーラ・ジャータカ(歓喜満牛本生物語)で，牛(過去世のブッダ)が主人公の物語である。言葉遣いの大切さが教訓として指摘されている。もう1つはスヴァンナハンサ・ジャータカ(金色鵞鳥本生物語)で，黄金の鵞鳥(過去世のブッダ)が主人公の物語であり，欲張らないことが教訓として取り上げられている。

・第3課「仏教における重要な日」

　続いてこの課では，仏誕節，万仏節(マーカ・ブーチャー)，初転法輪節，仏舎利八分節(アッタミー・ブーチャー)といったタイで重視されている(ただし，仏舎利八分節は，あまり行われていない)祭礼の紹介がなされている。さらに，仏誕節つまりヴェーサーカ祭(タイ語でウィサーカ・ブーチャー)の祝祭日が，仏教を重視する諸国家の要望によって国連で公認された経緯が紹介されている。また，月に4日ある説法拝聴の日，入安居の日，出安居の日に行われる慣行や儀礼についての解説，説法拝聴時の儀礼手順，寺院を詣でる際の服装や髪形など，細かなマナーについての説明が行われる。最後にやや付け足し気味に，悪事を避けることが述べられている。

◆学習単位2　法(ダンマ)

・第4課「仏教の基本的な教え」

　この課から，仏教の教理用語の解説が始まる。三宝や四聖諦という枠組み

の中で，上座仏教における様々な教えを学ぶようになっている。まず三宝(仏法僧)の概説に続き，日々の読経でも唱える僧の九徳の説明がなされている。次いで，四聖諦の各項目が取り上げられている。苦諦は三相(無常・苦・無我)に関連づけられて説明され，集諦は三輪転(煩悩・業・異熟)と三障礙(渇愛・見・慢)を取り上げながら説明がなされている。滅諦は三利，道諦は三慧，七善士法，優婆塞七法，八正道，十福業事，三十八の吉祥の中の４つの項目(技芸に長ける，適時に法を聞く，沙門(出家者)と会交する，適時に法談を行う)など，多様な徳目を題材にして解説している。

　なお教科書末尾の参考文献一覧には，タイの著名な学僧であるパユットー師(本書の第6・7・8章でも取り上げた人物)による『仏法』や『仏教辞典』など，現代タイ仏教学研究の代表作が多く取り上げられており，教理解説の枠組みも師によるこれらの著作に依拠している点が散見できる。このような点からもパユットー師の教理解釈が公教育の仏教教育に強い影響力を持っていることが推察される。

　・第 5 課「仏教格言と仏教用語」

　ここでは，パーリ語による仏教格言の紹介および我と無我についての用語解説が行われている[11]。仏教格言については，「自己にうち克つことは，他の人々に勝つことよりもすぐれている」，「法にしたがって行なう人は，(この世に於いても，かの世に於いても)安楽に臥す」，「放逸は死の道なり」，「教えを聞こうと熱望するならば，ついに智慧を得る」といった４つの格言が，タイ社会の具体的な事件と関連づけて説明されている。また日常に取り入れられ，意味の変化していることもある仏教用語として，我と無我が取り上げられている。

　・第 6 課「三蔵およびそのエピソード」

　この課では，論蔵の紹介や三蔵のエピソードの紹介がなされている。まず三蔵全体の構成とそれぞれの意味についての説明があり，次いで論蔵を構成する７つの論(法集論，分別論，界論，人施論，論事，双論，発趣論)について，簡単な説明がなされる。さらに三蔵のエピソードとして，「釈尊の四誓願(Phutthapanithan 4)」が取り上げられている。これは入滅前の釈尊の言葉に

関するものである。ちなみに中学 1 年で律蔵，中学 2 年で経蔵を学ぶことになっており，合わせて三蔵全体の学習がなされることとなっている。

・第 7 課「精神を集中し智慧を深める」

ここでは，数息観に基づく瞑想手順を細かく解説している。まず精神集中の前の準備として，仏を拝み三宝を讃える読経を行う。具体的にはナモータッサーから始まる「釈尊に拝礼する言葉」，イティピソーから始まる「釈尊の善徳を讃える言葉」，「仏法の善徳を讃える言葉」，「サンガ(僧団)の善徳を讃える言葉」など，普段の読経でも唱えられる句を唱えることが記されている。さらに「慈しみの言葉・追善供養の言葉」の解説がある。

その後に，念処の説明，数息観の実際のプロセスの説明がなされる。また瞑想の姿勢として，座る，歩く，立つ，横になるといったものがあることが記される。智慧を生じさせる 10 種の方法である如理作意の思考法を取り上げ，そのうち，因縁究明的な思考法，四聖諦的な思考法が紹介されている。

◆学習単位 3　僧(サンガ)

・第 8 課「仏弟子と模範的な仏教徒」

この課では，仏典内の人物やその他の歴史的に重要な人物の紹介が行われる。まず仏弟子として，アンニャー・コンダンニャ尊者，マハーパジャーパティー・ゴータミー長老尼，ケーマー長老尼，パセーナディ王が紹介されている。尼僧が取り上げられているのが特色かもしれないが，この点は旧カリキュラム版の教科書にも見られるものなのかどうか，考察の余地がある。

また模範的な仏教徒として，プーンピッサマイ・ディッサクン内親王，枢密院の長となるサンヤー・タンマサック教授が取り上げられている。いずれも王室とのつながりが強い人物である。新カリキュラム全体を見ても，模範的な仏教徒として取り上げられている人物は，その大半がタイの王族やその関係者，およびタイの高僧となっている。外国の人物としては，アソーカ(サンスクリット語でアショーカ)王などの仏典上の人物を除けば，中学 5 年(高校 2 年)でアンベードカル(反カースト制，不可触民差別への反対を掲げたインド新仏教の創設者)，中学 6 年(高校 3 年)でアナガーリカ・ダルマパーラ(スリランカの仏教改革者)が紹介されているだけである。ただしタイ国内の人物で取り上げら

れている模範的な仏教徒の中には，タイだけでなく外国からの評価も高いタイ人僧侶(プッタタート比丘やパユットー師)や，保守的サンガのあり方に批判的な僧侶(パンニャナンター師)なども紹介されており[12]，人物選択において，ビジュアルマップの段階である程度のバランスが考慮されていると推察される。

・第9課「仏教徒の義務と仏教儀礼」

　この課では，寺院の構成，仏教団体，積徳儀礼の手順などの詳細が記されている。次の課も含めて，現代タイ上座仏教徒の儀礼手順や作法についてうかがい知ることができる。まず仏教徒の義務として，僧侶の義務である律と勤行，寺院や仏教施設を維持することの重要性が取り上げられる。その後で，大般涅槃経に見られる釈尊の四誓願に即して，仏教徒としての義務を実践することが説明されている。仏教の構成要素として，釈尊，教えと経典，仏弟子，法要，宗教施設について学び，加えて，多様な仏教団体について解説が行われる。また六方礼拝の説明もなされている。さらにその後，仏教儀礼の解説が行われ，多様な積徳儀礼とその手順，追善供養，納骨などが説明される。

・第10課「仏教徒の礼儀作法と僧侶への接し方」

　ここでは，仏教行事でのマナーなどが取り上げられている。個人宅での仏教儀礼における僧侶への接し方が中心で，儀礼用物品の準備や僧侶の座る位置の設定など儀礼会場の準備の仕方，僧侶との会話の作法，僧侶向けの敬語の使い方，服装についての説明がなされている。

・第11課「仏教討論会：問題解決と発展」

　最後の課は，ラーマ9世プーミポン・アドゥンラヤデート王が提唱し現代タイ社会で注目を浴びている「充足経済」(知足経済と訳される場合もある)について，仏教との関わりにおいて学ぶ場となっている(この項目が「僧(サンガ)」の部に入っている理由は定かではないが)。この「充足経済」の考えの基盤には，経済発展至上主義に対する批判があり，また人権や環境に配慮した開発が目指されている。これは，ブータン王国の国王が仏教思想に基づいて提唱している国民総幸福量(GNH)の考えに，少なからず影響された面があるのではないだろうか[今枝 2005：212-213]。NGOなど草の根活動の中で提唱されてい

る理念が，他方では国家行政をも超越した王権の高みから下方へ提唱される
のである。そういった意味では，「充足経済」は，近代王権のあり方を考察
する際の注目すべき点の１つだと言えよう。

７　宗教科(仏教)教科書・中学３年(2001年基礎教育カリキュラム版)の特徴

　次にここで紹介した教科書の特徴について，全体的な位置づけと，細かな
内容の特徴に分けて論じていく。まず，全体的な位置づけであるが，このよ
うな教科書は，国家や出版社・教科書執筆者など教育行政に関わる人々がイ
メージする，標準化・理想化されたタイの仏教の姿を描いたもの，とりわけ
国家がどのような国民をつくりたいのかを具体的に示したもの(その全体的な
表現が2001年基礎教育カリキュラムである)と言えるだろう。スワンナーが以前の
仏教道徳教科書についての分析で指摘しているように，政府側の価値観に即
した仏教のあり方となっている。

　つまりここで取り上げられている仏教は，タイ人の実際の実践様式(それ自
体多様なものであるが)に関連しつつも，必ずしもそれと同一のものとは言えな
い，国家の視点から見た良識やあるべき姿としての仏教が描かれている。タ
イ国内の仏教を理解する際に，実際の状況との異同を把握するための１つの
準拠点としてこのような教科書の記述を用いることも可能かと思われる。実
際に，そのような位置づけは，本章で紹介した教科書でも示されている。例
えば，学校教科書で習った内容と，実際の儀礼実践の相違を調べるという課
題などが提示されている。

　ただし教科書の利用者の視点まで考慮すると，教科書がそのような意思や
考えを伝える道具になっているのかどうかは，現場の裁量に左右される面が
あると言えよう。先に取り上げた筆者による取材事例からも明らかなように，
ある進学校では，複数の教材を組み合わせて授業が構成されており，教科書
出版社の意図は換骨奪胎されているかもしれない。また，村落部の小さな学
校で旧カリキュラム版の教科書を使用しているケースに触れたが，こうなる

と国家の意思がそもそも的確に伝わっているのかさえ疑わしい。したがって，この教科書の内容通りに，タイ人学生が内容を習得しているかどうかは，また別の問題と言えよう。

　最後に，スワンナーが指摘した旧カリキュラム（1978年カリキュラムと1981年カリキュラム）・教科書の特徴と，2001年カリキュラムに基づく教科書（1冊のみだが）の内容について，比較を通じて異同を確かめてみたい。

　まず全体の構成や項目だが，これは旧カリキュラムと新カリキュラムにそれほど大きな変化はないようである。仏教項目を道徳として学び，国家の視点からの価値観と仏教思想が結びついている。ただし，後にも述べるが，国王の位置づけについて大きな変化が見られる。

　次に，普遍的な仏教とタイ仏教ナショナリズムの両立という点では，新カリキュラム版には，文明と平和構築といった仏教の社会的役割とその普遍的価値については取り上げているが，旧カリキュラム版のようなタイ仏教至上主義的な記述は見当たらない。タイ中心主義を若干感じる点があるとすれば，欧米への上座仏教の広まりについて，タイからの布教を重点的に取り上げている点，模範的な仏教徒としてタイの人物に比重が置かれている点くらいであろう。いずれにしても，他国の仏教に対してタイ仏教の優越性を指摘するような記述は，新カリキュラム版の中学3年の教科書には見られない。

　王制・社会改革・合理性の視点からの仏教理解という点では，旧カリキュラムと新カリキュラムに共通点と相違点が見られる。新カリキュラム教科書においても，国王や王族と仏教のつながりは強調され，ブッダに対する敬語も王族用語が使われているが，新カリキュラムではラーマ9世の充足経済の思想について学ぶ課が追加されているなど，国王の模範的特性が強調されている。この点は，旧カリキュラムでブッダが社会改革の指導者として位置づけられていたのと対照的である。目的とする価値観や，権威主義的な様相は変わらないのであるが，社会改革者としての模範者の役割は，ブッダから国王に移っているように思える。

　また合理性の面では，旧カリキュラムと同様に，新カリキュラムでも奇跡的な話は取り上げず，ジャータカ解説でブッダの前世に触れつつも，輪廻転

生を重視するような記述にはなっていない。あの世や地獄・天界についての記述も見当たらない。また智慧を重視し(日本の仏教では慈悲が強調されるが)，それに基づく理に適った思考や決断を説いている点でも，旧カリキュラムと同じ様式になっている。なお，涅槃や悟りについては，新カリキュラム版教科書のごく一部で取り上げられているが，深くは取り上げられていない。日常道徳が仏教教育の骨子になっているという点では，旧カリキュラムと同様である。

　仏教徳目を重視している点では，言うまでもなく，旧カリキュラムと同様である。

　仏教をタイ文化やタイの指導者たちと関連づけて学ぶという点では，これもタイの仏像と仏伝のつながり，儀礼作法の習得，模範的な仏教徒としてのタイの指導者を取り上げている点で，旧カリキュラムを踏襲していると言えよう。ただし，取り上げられる人物に王族が多く，しかも国王の仏教護持といった儀礼的役割の強調にとどまらず，ラーマ9世(新カリキュラム版教科書が刊行された当時の国王)の社会的な役割(国の指導者，社会改革者としての役割)が強調されている。これは旧カリキュラムには見られない新たな特色と言えよう。この点については，さらに次章で論じることとしたい。

　1) その後も教育制度における種々の変容などは見られるが，本書で取り扱っている教科書や行政の宗教教育関連プロジェクトは，2001年のカリキュラムとの関連性が強いので，ここではその後の展開は扱わない。
　2) タイの仏教道徳教育に関しては，前近代から近代にかけて連続性があることは確かである。しかし，過度にこの点を強調することは，国家の主張を無批判に受け入れることになりかねない。実際には，前近代と近代とでは，仏教・宗教の意味合いや位置づけは変化しており，当然，教育や道徳についてもその意味合いや位置づけは変化している。例えば，スパーパンが指摘するように，知識と美徳が対になっていた(Khuwamru khu khunnatham)仏教は，ラーマ5世の時代に分離し始め，学ぶべき知識は西洋的なものとなり，仏教の美徳は道徳(Cariyatham)へと変質していった[Suphaphan 2535：239]。本来ならば，そのような言説的位置づけと意味合いの変化を十分考慮した歴史的変動を捉えるべきであるが，その点は今後の課題としたい。本書では，この問題点を意識しつつ，歴史的つながりを指摘するといった形にとどめる。
　3) また，公設された仏教の中には，一部にベトナム系大乗仏教と華人系大乗仏教の公

認団体が組み込まれている。そのような宗派への教育も正規カリキュラムとして認められるのかどうか，あるいはそのような教育の要望がそもそもあるのかについても把握できていない。

4) 宗教学習の教科以外にも，先に述べたような多様な教科に仏教に関する項目があり，これにどう現場が対応しているのかについての確かな情報を筆者は入手できていない。ちなみに，バンコクの有名公立進学校の宗教・道徳担当の教員は，南部の学校の宗教教育はイスラーム教育が中心で，小学校の 6 年間の学習期間において 1 学期のみ仏教を学習するらしい，と述べていたが[担当教員からの聞き取り，2005 年 8 月]，事実確認はできていない。

5) なお，仏教徒以外の信仰者への差別や暴力行為については，それほど多くの報告があるわけではないが，全く存在しないというわけでもない。小学校で仏教儀礼を強要されたキリスト教信徒の子供をめぐる問題(1967 年)[Keyes 1990]，学校内でイスラーム服を着用していた教員への注意という問題(1986 年)[今永 1994：291]，タイ南部に派遣された仏教徒教員が地元のイスラーム系住民に誘拐されて集団暴行を受け，意識不明の重態となっている事件(2006 年)[*Bangkok Post* 2006/5/20：news05]などが生じている。なお 2006 年の事件は，タイ南部のテロや戒厳令に関わる問題であり，宗教教育が問題の焦点とはなっていない。宗教教育にまつわる争いはこのように皆無ではないが，教育をめぐって宗教間の大きな問題や継続的な紛争点が存在するとまでは言えない。

6) 学習内容の訳語については，タイ教育省(森下稔，鈴木康郎，カンピラパーブ・スネート訳)[タイ教育省 2004]を参考にした。

7) 高校以上の学歴の保有者とそうでない者との間で，社会認識や価値観に大きな相違が出るのではないかと気になるところではあるが，その点について筆者は十分に調べてはいない。

8) 新カリキュラムにおける他教科の教科書との比較も必要ではあるが，現段階でそこまでは行えなかった。

9) 筆者による日本語訳は，文部科学省科学研究費プロジェクト「世界の公教育で宗教はどのように教えられているか──学校教科書の比較研究──」(2006〜2008 年，研究代表者：大正大学・藤原聖子)における研究活動の一環として，他の国々の教科書との比較を行うためになされたものである。

10) なお，中国，韓国，日本，チベット，ネパールの仏教についての記述に間違いが多い。このような誤記については，日本語訳版の訳註で解説を加えてある。また，諸外国の仏教の紹介において，仏教系の学校が取り上げられている点は，仏教史の枠組みを考えるにあたっても興味深いものである。

11) 我と無我の解説については，旧カリキュラムでもなされていたのか確認はとれていないが，1998 年末から新興寺院タンマガーイ寺の教理解釈(無我ではなく，真我としてのタンマガーイを強調)と運営形態がタイで大きな問題としてクローズアップされたことと，何らかの関わりがあるのかもしれない。

12) プッタタート比丘は，中学 5 年(高校 2 年)の教科書，パユットー師は中学 6 年(高

校3年)の教科書，パンニャナンター師は中学5年(高校2年)の教科書で取り上げる
ことになっている。

第 10 章　権威主義的統治と仏教教育

1　は じ め に

　本章では，近現代タイでの国王における仏教を基盤とする権威主義的な統治体制についての考察を行う。近年では，国王(ラーマ 9 世)崇敬の広まりが見られ，タイ人歴史学者のトンチャイ・ウィニッチャクン(Thongchai Wini-chakun)は，これをハイパー・ロイヤリズム(超勤王主義)と称し，その宗教的・呪術的な側面を批判している。加えて，王制のあり方などをめぐり，政治的な論争や闘争も起きている。しかしこの状況について，宗教研究を主軸とした議論は管見の限り見当たらない。本章ではその点を多少なりとも補ってみたい。(本書執筆時の 2015 年には，ラーマ 9 世が国王であったが，2016 年 10 月 13 日に崩御され，ワチラーロンコーン皇太子が 12 月 1 日にラーマ 10 世として即位した。ただしラーマ 10 世の即位日は遡り 10 月 13 日となっている。)

　以下，本章では，まず王の神聖性をめぐる理論を概観し，王の一般的な定義から離れ，H・アーレントの権威主義論をベースにこれらの議論を捉え直す。さらにそこからタイのハイパー・ロイヤリズムの宗教・政治的特質を論じる。またハイパー・ロイヤリズムの宗教的特質が生じ，変化していく様子が公教育における仏教教育の内容の変化と相関があるといった点を，仮説的に捉えてみる。そしてそこに国家やロイヤリストが意図する社会秩序としての，仏教道徳と王制ならびに民主主義の統合体制の姿を捉え，またその秩序観に生じた微細な変化にも注目してみたい。

2　「王とは」から「王制による統治とは」へ

　王と何者なのか，その神聖性とはどういったものなのかについては数多くの研究がある[1]。例えば，文化人類学関連に限定しても，古典的議論として，A・M・ホカートの王権の構造論・儀礼原型論やR・ハイネ=ゲルデルンによる東南アジアの古代王国の制度とコスモロジーの連関についての議論など，刺激的な議論は多い[ホカート 2012，ハイネ=ゲルデルン 1972]。それらは，C・ギアツの19世紀バリの王権や，S・J・タンバイアによる前近代タイの王権と王国の研究などにも影響を与えている[ギアツ 1990，Tambiah 1976]。しかしこれらの前近代の王権に関する議論は，現代社会のように，王国の原型から遠く，コスモロジーの信憑性も弱まった状況に，安易に当てはめることはできない。

　ただし権威や権力をめぐる古典的王権論の研究を応用し，現代の王権を論じる試みは見られる。例えば，文化人類学者の福島真人は，人が服従する権力（Forces）には，法的権力と神秘的権威（あるいは政治的と宗教的，実際的と象徴的，世俗的と神聖など）があると論じたR・ニーダムの二元主権論（Dual Sovereignty）[Needham 1980：70-71]を用いて（図6），世俗権力（王権）と宗教組織（教会）の関係についてのM・ウェーバーの議論[Weber 1978]を整理している[福島 1991b]。

　福島は，権力というものが二重性を帯びるものだと述べている。つまり，皇帝教皇主義などの政治的支配の内部にも法的（行政組織・軍事力など）と神秘

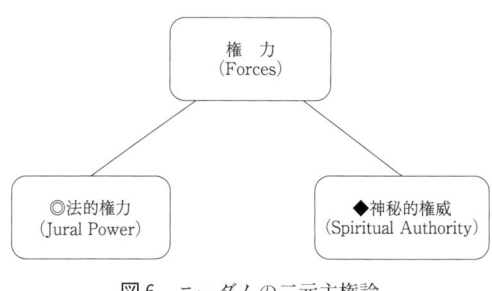

図6　ニーダムの二元主権論

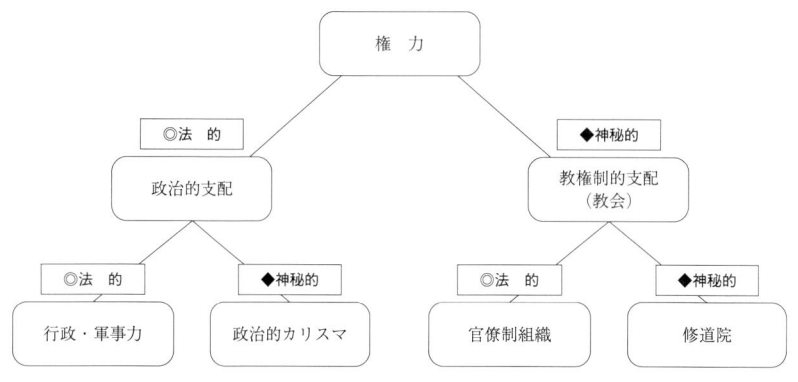

図7　福島真人による二重権力論

的(為政者個人のカリスマ的資質)の二重性があり，教権制的支配にも法的(教会官
僚制組織など)と神秘的(修道院など)の二重性が含まれ，全体として重層的な二
重権力といった複雑な関係を持つと論じている(図7)。

　そして福島はこの議論をベースに，立憲君主制のタイと，国家制度として
の王権が廃止されたインドネシアにおける(王的な)政治指導者を対比し，現
代の王的な存在について論じている。タイについては，1960年代の立憲君
主制かつ軍事独裁体制を事例とし，タイにおける権力を「世俗権力」と「仏
教サンガ」，世俗権力を「軍事独裁者サリット首相」，「国王ラーマ9世」，仏
教サンガを「サンガ組織」，「森の僧院」に区分している(図8)。

　しかし，この議論には，いくつかの問題がある。1つには，教会などの宗
教組織にも王権的な特質を見るのかどうかという点である。制度化された宗
教集団を想定していないニーダムの議論では，世俗的首長に対する神聖王は，
神秘的権威の側に配置されている[2]。もう1つの問題は，重層的な二重権力
論は，原理的には無限に二分化されていく可能性があるといった点である。
先述のように福島は，タイの権力構造を，仏教サンガと世俗権力とからなる
上位の二重化と，その世俗権力が神聖な国王と軍事独裁者に分かれるといっ
た下位の二重化といった(仏教サンガの権力も下位の二重化をなしている)，二重化
した二重権力の議論を用いて説明している。

250

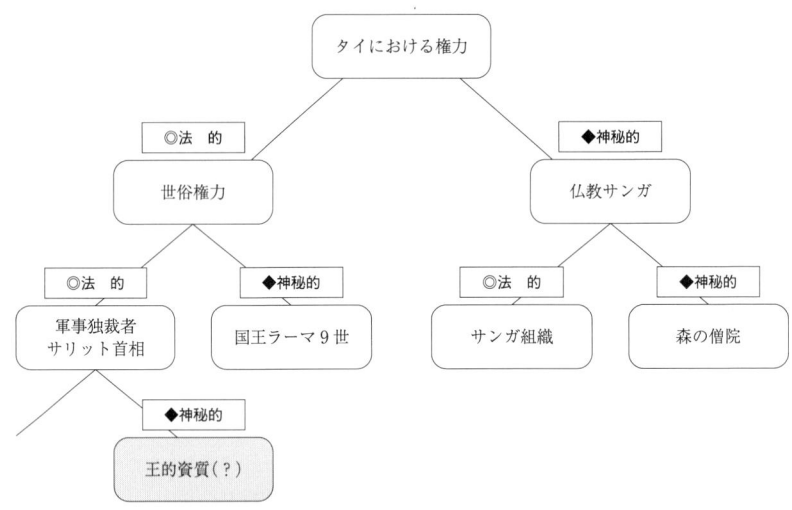

図8　タイにおける二重権力論

　しかし福島の議論はそこにとどまらず，軍事独裁者にも一種の王的要素が
あると指摘し，これは「一種の独特な二重王制なのだ」と述べている[福島
1991b：222][3]。つまり，軍事独裁者に，物理的権力だけでなく，ある種のカ
リスマ性があるということであり，二重権力は三重になっているのである。
　なぜこのような問題が生じてしまうのか。その理由は，いずれの議論にお
いても，何をもって王と見なすのかが，明らかではないからである。加えて，
ウェーバーの議論自体も，王権を正面から論じたものではなく，もっぱら政
治的・呪的カリスマの日常化と変革について注目した議論となっている。つ
まり，日常化の勢力を変革勢力が完全に駆逐しない限り，日常化の勢力と変
革勢力といった「二重権力」が生じ，その後，変革勢力が日常化することに
よって，そこからさらなる「二重権力」が生じるといった，原理的に無限の
二分化が生じる議論なのである。この論法に陥ってしまうと，王が何者であ
るかという問いへの答えは，無限に先延ばしされてしまう。
　こういった問題をできるだけ避けるため，王とは何かといった問いではな
く，「王制と見なされるような統治とは，どのような統治なのか」という問

いにずらして考察を進めてみたい。その際には，権威主義的統治を暴政・全体主義および自由主義と比較したアーレントの議論が参考になる。アーレントの政治体制論は，暴政・王制・民主制といったアリストテレスの古典的分類を下敷きにしているが，その統治の構造についてより分析的であり，かつ全体主義をも組み込んだ（むしろ，そこをこそ議論の対象にしたかったと思われる）現代的なものとなっている。

　アーレントは，暴君・僭主の暴力による恣意的統治である暴政・僭主制（図9）と異なり，権威主義的統治は規範に基づき，しかもその規範の源泉・正統性は統治者自身ではなく（また統治される者にもなく），社会の外部からの永続性を持った強制力にあると指摘している。また平等性と相互の説得を基盤とする統治（おそらくこれが自由主義（図11）に当たると思われるが明確には述べられていない）や，頂点の指導者以外の民は平等である暴政と異なり，統治者を頂点とするピラミッド型の階層性（ハイアラーキー）を持つ統治形式だとしている（図10）。なお，全体主義的統治（図12）はこれらいずれの統治形式とも異なる玉葱型の統治とされているが，説明はわかりにくい［Arendt 1993：91-104］。

　このような規範・外部性・階層性といった権威主義的統治の特徴は，王制の重要な特質の1つと捉えることができる。ただし，王は暴君・僭主となることもあるし，それどころか暴君でさえもときには適切な統治を行いうるというマキアヴェリ的見解もありうる。またアーレントが論じているように，プラトンによるイデアを権威とするギリシャのポリス統治や，ローマの共和制など，王制以外の権威主義的統治もありうる。さらに言えば，アーレントは権威一般ではなく，西洋の歴史で支配的な特殊な権威概念として取り上げている。

　このような点を考慮しなくてはいけないが，いずれにしても王制を，自由主義や全体主義とは異なる統治形態の1つとして位置づけることは可能であろう。また王権・王制は，とりわけ権威主義的統治とのつながりが強いと類推することもできるだろう[4]。そしてこの議論の方式ならば，王とは何であるかという本質論的な議論から距離をとりつつ，権威主義や暴政などの幅広い統治形態に含まれる王権を，現代の文脈で論じることが可能となるのでは

252

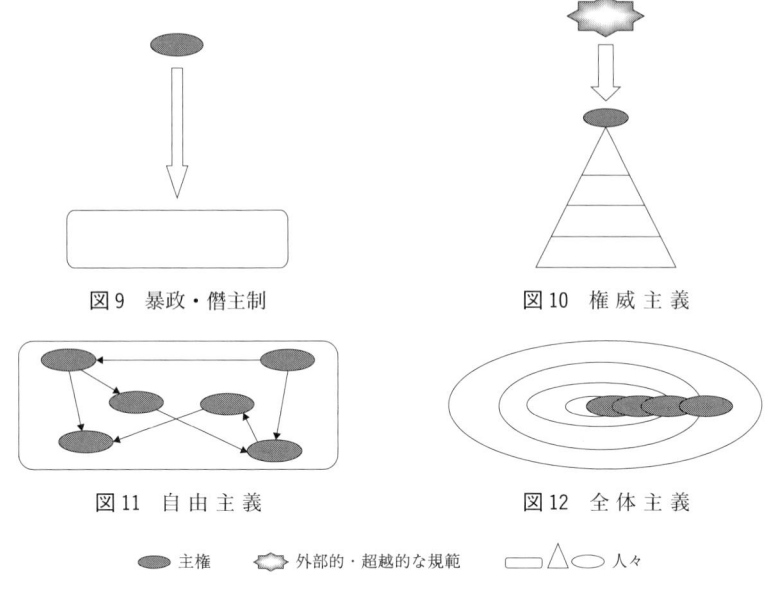

図 9　暴政・僣主制　　　　　　　　図 10　権威主義

図 11　自由主義　　　　　　　　　図 12　全体主義

● 主権　　◯ 外部的・超越的な規範　　□△◯ 人々

出所) 各図とも, アーレントの論考をもとに筆者が作成。

　ないだろうか。つまり, 近現代社会における政治と宗教の接点としての王という現象は, 階層性と平等性, 垂直的秩序と水平的秩序, 権威主義と自由主義, つまり王制と民主制の接点といった問題領域として切り出すことができるのではないだろうか。

　以上の議論を踏まえて, 現代タイの王制と民主主義について考察を進めていきたい。現代タイの体制は, 既存の(諸)憲法において「タイ国は国王を元首とする民主主義政体である」[5] などと記され, 国王が重要な位置を占める, いわゆるタイ式民主主義や王制民主主義と言われてきた。タイでは王は象徴としての地位にとどまるのではなく, 様々な形で政治に影響を及ぼす立場にいる[玉田 2014：42-43]。今日それは, ハイパー・ロイヤリズムと言われるまで拡大している。このような国王崇敬に注目し, 宗教研究の視点から光を当ててみたい。

3　近現代タイにおける王制の変容過程

　以下，現代タイの国王崇敬に見られる宗教的側面について論じるが，その前に，伝統社会から近現代社会への変化の中で，王の政治的・宗教的位置づけがどのように変化してきたのかについて，概略を示しておきたい。なぜなら，王の神聖性や国王のイメージは，王の個性や，統治時の年齢，また反王制の影響やマスメディアの発達度などにより，変化するからである［赤木2002：118］。またそこから，ハイパー・ロイヤリズムの歴史がそれほど古くまで遡れないことも明らかになるだろう。

　タイで近代化・西洋化が始まるのは，19 世紀半ば頃からであった。ラーマ 4 世(在位：1851-68)の時代には，王族を中心に近代西洋の学問が取り込まれていった。また 4 世は即位前の 27 年間寺院で僧侶として修行していた際に，仏教改革を進める一派を形成し，パーリ三蔵を重視し，これに含まれない様々な教えを排斥していった。これは後にタイの仏教界の教理解釈における基盤となっていった。このような変革の中，国王の権威の背景にあった伝統的な仏教コスモロジーやヒンドゥー教的な神聖性は徐々に弱まっていった。一方，伝統的な仏教儀礼やサンガへの経済的支援といった積徳行為による道徳性，および仏教の教えに基づいた統治といった行為規範の道徳性は，王の権威として維持された。

　ラーマ 5 世(在位：1868-1910)の時代には，近代化が進められ，中央集権的な絶対王制による国家統合がなされた。王はタイ国サンガを統制する世俗法を制定し，タイ国内の寺院や僧侶を 1 つの組織として統合していった。続くラーマ 6 世(在位：1910-25)の時代には，民族意識が強調され，王室や仏教・タイ民族も重視する公定ナショナリズム(伝統的な支配者が進める上からのナショナリズム)が広まっていった。ただしこの当時はマスメディアの発達も不十分であり，都市部を除き識字率も低く，国民の多くが至るところで国王に敬意を示す今日のハイパー・ロイヤリズムのような現象は現れていない[6]。

　しかしラーマ 7 世(在位：1925-35)の時代には，絶対王制に終止符が打たれ

る。財政危機や世界恐慌の影響もあり，官僚や軍の一部に王制への不満が高まり，1932 年に立憲革命が起こった。以後，タイは立憲君主国となる。ラーマ 7 世は 1934 年にイギリスに渡り，翌年退位する。

　次期国王に推挙されたラーマ 8 世(在位：1935-46)は，即位時にまだ 10 歳であり，その多くをスイスで過ごし，成年に達して帰国したのは 1945 年 12 月であった。しかし帰国の翌年 6 月，ラーマ 8 世は寝室で眉間を撃たれて亡くなった。この衝撃的な出来事は大きな政治問題となったが，今でも十分解明されていない。

　そしてラーマ 9 世(在位：1946-2016)が 1946 年に即位することとなる。9 世も同様に即位時は未成年であり，1952 年の本格的な帰国までは生活の大半をスイスで過ごしている。つまり，ラーマ 7 世が国外へ渡った 1934 年から1952 年までの約 18 年間の大半にわたり，タイ国内に王は不在であり，国民の意識からも遠ざかっていた。

　この状況が大きく変化するのが 1952 年である。この年，各地の巡幸，開発・福祉・慈善事業としての王室プロジェクト等，仏法(パーリ語でダンマ，タイ語でタンマ)に即した統治を行う正法王のイメージを持って，ラーマ 9 世がタイ国内で活動を始めた。国王 24 歳のときである。また国民を気遣う王というイメージも徐々に形成されていくことになる。

　しかし国王の政治的力は弱く，むしろ軍事政権の正統化に利用されていった。とりわけ 1957 年のサリットによる軍事クーデター以後，国王とその活動はメディアで報道されるようになり，国王生誕日も盛大に祝われるようになった。また王の仏教儀礼による功徳積みも注目され，階層化された社会の中で最も多くの功徳を持つ者とイメージされていった。これは，軍事政権の開発独裁の正統化というだけでなく，アメリカの意向をも汲んだ反共活動という意味合いもあった[Marshall 2014：80]。

　1963 年(当時国王は 35 歳)には，王室プロジェクトも拡大し(2015 年までに3000 を超えるプロジェクトが行われた)，寄付が増加し，国王は徐々に独自の影響力を保持し始める。それは国民の善行と忠誠心に支えられた富が，極点としての国王へと集中し，国民に再配分されるといった回路の形成と言えよう。

正法王の活動や言説に，国民が関わるようになっていった重要な出来事である。

　さらに 1973 年以降，国王独自の影響力はより増していった。タイ式民主主義とハイパー・ロイヤリズムの時代が始まる。1973 年 10 月 14 日の政変の際，国王(当時 45 歳)は民主化勢力を後押しし，軍事政権の指導者を国外退去へと至らしめた[赤木 2002：118]。さらに 1992 年 5 月(国王 64 歳時)の政治的衝突の際には，国王は両派の中心人物を呼び出し裁定を行った。この場面は放映され，国王の存在感を高めた。さらにタックシン政権とそれに対抗する勢力の衝突が拡大し，選挙が混乱を極めた 2006 年，国王は最高裁判所と行政裁判所に訓示を行い，司法の介入によって事態の改善を指示した。以後，司法の政治化が強化されていった[玉田 2010]。王の政治的影響力の増大とともに，国王崇敬も高まり，いわゆるハイパー・ロイヤリズムと呼ばれる現象が広まっていった。ただし 2006 年以降，国王・王室を公然と批判する人々も現れ始める。

　以上の歴史的経緯を踏まえ，次にハイパー・ロイヤリズムの宗教的側面，ならびに国王崇敬の質的変化について論じたい。そこから仏教道徳の模範と化す国王，国民による道徳の内面化，権威主義とつながるタイ式民主主義の秩序イメージの微細な変化といった点が見て取れるだろう。

4　ハイパー・ロイヤリズムと仏教道徳の変容

　タイの近現代史を空間概念の変容とともに考察してきた歴史学者トンチャイ・ウィニッチャクンによれば，タイにおけるハイパー・ロイヤリズムは，王室関連行事の報道や国王写真の掲示などによる王室の可視化，国王の神聖性の強調，王への宗教的な信仰，大衆文化の中での拡大と同調圧力，王室崇敬のあり方の厳しい統制といった特徴を持つとされている。また，王への宗教的な信仰については，現代的な正法王の理念と言説による「呪文」，視覚化による「再呪術化」といった用語を用い，非合理的なものとの批判的ニュアンスを込めつつ，論じている。加えてその宗教性・呪術性は，上からの洗

脳というよりは，現代的テクノロジーによって視覚化された大衆文化だと分析している［Thongchai 2013a, 2013b］。

　確かにトンチャイが指摘しているように，正法王の理念や言説といった教説，メディアや儀礼による可視化といった点は，この「宗教・呪術的」現象に大きな影響を与えている。しかし，トンチャイの議論では，理解しがたい「呪術」は，非合理な信仰心として位置づけられるにとどまり，この宗教・呪術的性質がどのようにして人々に影響を与えるのか，その具体的な過程は明らかにされていない。以下，国王崇敬の様式の変化，および正法王の言説やイメージを日常生活と結びつけていく宗教的・道徳的実践という点から，この「非合理」な信仰心の形成過程の一端を捉えてみたい。

　なお以下で論じる仏教とは，公定宗教としての仏教，とりわけ行政事業として展開される公営型の公定宗教を念頭に置いている。本書がこれまで取り上げてきたような，王室やロイヤリスト，そして政府が提示しようとしている公的な仏教である。

　ではまず，そういった公的仏教と国王崇敬の関係について，公立学校における道徳教育から見てみよう。前章で論じたように，タイの学校では，国王への崇敬心やその作法などが教えられている。社会科や仏教（道徳）の教科書においては，国王の徳性がしばしば強調されている。しかしそのような傾向は，実は，1978年以降になって現れたものだと言われている。タイの国民形成と学校教育について民族誌を記した野津隆志は次のように述べている。

　　筆者は78年改革以前の50年代，60年代社会科教科書を通読してみたが，それら「旧教科書」には，国王への尊敬意識を徹底的に育成していこうとする78年以降の「現教科書」の強固な姿勢を見ることはできない。旧教科書では，国王に関する記述は限られており，記述の仕方もきわめて平板である。［野津 2005：177］

　筆者も1958年から1963年までのタイの仏教科教科書と社会科教科書の抄訳をいくつか読んでみたが，野津の指摘するように，国王については立憲国

家における国王の権限や役割についての解説が多く［野津 2005：177］, 一部に
仏教寺院にカティナ衣奉献を行う伝統的な儀礼執行の役割が述べられている
にとどまり, 国王の優れた道徳性については述べられていない。

　前章で取り上げたスワンナーによる仏教道徳の教科書・カリキュラム研究
（対象となるのは 1981 年まで）でも, 国王は, サンガを支え様々な儀礼を支援す
る義務を果たす者として取り上げられている。また国王は国民の報恩や忠誠
の対象とはされているが, 国民の様々な振る舞いにおける模範としてのイ
メージはあまり見られない。むしろ, ブッダが社会改革者や民主主義の理解
者として紹介されている教科書・カリキュラムなども見られた［Suwanna
2529：43-69］。

　しかしその後の教科書では, 徐々に国王の慈悲深さや国民への配慮などが
強調されるようになる。しかも近年の教科書, 特に仏教科の教科書において
は, 現在の国王だけでなく, 歴代国王, 一部の王族, 僧侶などが, 模範的な
仏教徒として詳細に紹介されるようになっている。またこれら模範的な仏教
徒は, 神秘的な力を有している者としてではなく, 国民・学生が学ぶべき
（内面化すべき）, 良き徳目（例えば, 勤勉, 信仰心, 慈悲深さ, 正直, 実行力など）を
備えた人物として取り上げられている。

　例えば, スワンナーの論文によれば, 1981 年カリキュラム（高校用のカリ
キュラム）から, タイ国家に貢献した僧侶 10 名についての説明が加わったと
されている［Suwanna 2529：64］。その後の途中経過については把握していな
いが, 2001 年基礎教育カリキュラムの仏教の授業内容に関して, この部分
は「模範的な仏教徒（Chaophut　tuayang）」として提示されており［Phrathepso-
phon 2545］, 表 6 に見られるように, 小・中・高等学校の全体として, 10 名
（広くとれば 13 名）の王族（国王はそのうち 7 名）が加えられている（ただし, 高校レベ
ルでは, 王族の追加人数は 2 名と少ない）。なお, 1981 年カリキュラムで取り上げ
られている 10 名の僧侶のうち, 2001 年カリキュラムにも記載されている僧
侶は 3 名のみである。

　いくつか具体的な事例を取り上げてみよう。2001 年カリキュラム版の小
学 1 年の仏教の教科書では, 模範的な仏教徒として, ラーマ 9 世プーミポ

258

表6　2001年基礎教育カリキュラム版仏教教科書に
おける「模範的な仏教徒」の内訳(人数)

	王　族	僧　侶	他	合　計
小学校	5(7)	5	2	12
中学校	3(4)	1	1	5
高　校	2	8	1	11
合　計	10(13)	14	4	28

註) 括弧内は，僧侶だが王族(ないしは王の非嫡出子)で
ある場合を加えた人数。
出所) Phrathepsophon 2545：34, 39.

ン・アドゥンラヤデート王が取り上げられ，王の来歴が紹介されている。ま
たラーマ9世は「仏法で国を治める」王であり，仏教信仰に篤く，仏教の護
持と繁栄に熱心に努められ，さらに宗教の至高の擁護者として他の宗教にも
支援を行っているなどの説明がなされている。加えて，ラーマ9世の徳性と
して，父母への報恩を取り上げ，幼少時は母親の言うことを聞く良い子供で
あり，成人後は老いた母をその最期まで介護したことが記されている。この
ような特性を生徒も身につけることが奨励されている[Carat 2546：77-83]。

　タイの近代化の父とされるラーマ5世チュラーロンコーン王は，少々意外
なことに高校3年でようやく取り上げられている。理由は不明であるが，社
会科の他の科目で，この王の治世については多くを学ぶから，仏教教育に関
しては，小・中学校で取り上げないということかもしれない。チュラーロン
コーン王について仏教の教科書では，サンガ統治法の制定や，2つの仏教大
学の設立，多くの仏教書の刊行，ならびに多くの寺院の修理と建立といった
事績が取り上げられている。またこの国王の徳性(学生が学ぶべき資質)として，
様々な分野について研究学習を行ったこと，創造的で広い視野，様々な領域
での才能，仏教への揺るがぬ信仰が列挙されている[Carat, Kawi 2548b：146-
148]。

　このように近年の仏教の教科書では，仏教道徳的な模範として国王や王族
が描かれ，その姿を国民が内面化し，自身の行いとして実践するといったこ
とが強調されている。

　そしてこの点をもう少し掘り下げてみると，ある変化が見えてくる。それは国王への忠誠の提示や報恩において，儀礼的に忠誠を示すことや，王室系財団などに金銭的な寄付をするといった行いだけでなく，国民一人一人の道徳的実践も強調されるようになった点である。例えば，1997 年のアジア通貨危機で経済的に大きな問題を抱えたタイにおいて，国王は「充足経済」を奨励し，国家がこれをサポートするようになる。充足経済とは，自然破壊や生活破壊にならないような，持続的で自立的な経済活動を意味する[恒石 2007]。しかしこの運動は，国王や政府が行うというだけではなく，国民一人一人が充足経済の道徳的思想を学び，道徳性を涵養し，実際の様々な運動として展開していくものでもある。この充足経済の学習は，中学 3 年の仏教の教科書にも組み込まれている[Carat, Kawi 2548a：178-180]。

　他の事例としては，本書の第 7 章で取り上げた，善徳プロジェクト(学校の学生で有志を募り，地域社会の問題を解決する活動)などがその典型と言えよう。先述のように，各学校の活動では，それぞれ計画書を作成し，そこに仏教の教え(ムスリムの多い学校ならイスラームの教え)の徳目だけでなく，国王のお言葉の中の徳目をも記入する。加えて，その善徳は国王に捧げるといった意味づけがなされ，学生の士気を高める。各活動の成果は審査され，優秀な活動には国王や王族から賞が授与されるというものである。

　同様に，国王崇敬と国民の善行による社会形成のモチーフは，テレビによる王室広報などにも見られる。例えば，菩提樹の上に浮かぶ国王と王妃の姿に対し，宗教(ムスリムや仏教徒)・文化(タイ系，華人系)・人種(アジア系・欧米系)・地域・階層・境遇(障害者も描かれている)を異にする国民が一堂にそろい，捧げものをするアニメーションなどが 2010 年に放送された。菩提樹は仏教の悟りの象徴であろう。しかも国民各人の心が一枚一枚の菩提樹の葉になって，この菩提樹に溶け込んでいく。そういったシーンが描かれている。そしてそこに，次のような歌詞の歌が流れる(歌詞中の「御父」とは国王を意味する)。

　そばにいてくださるお方，
　あらゆることで私たちを気遣い見守ってくださるお方

困ったときに，私たちは遠くの空を見上げ，心に誓うのです。

御父の教えを守り，良いことをいたします。

御父の思いに添うよう，良い人になります。

私を気遣ってくださる方がいらっしゃるのです。

私の中に誇らしい気持ちが湧き上がります。

　さらに別の例であるが，オリンピックにおいても似たようなことが見られる。メダルを獲得したタイ人たちが，入賞後や表彰式で国王の写真を掲げたり［*The New York Times* 2013/2/28, *New Mandala* 2012/8/10］[7]，帰国後にメダルを国王に献上したりしているのである［*Sayamrat* 2555/6/9］。道徳的模範としての王と，その特質を内面化し，報恩をなす国民といった点を考慮すれば，アスリートたちの心情も理解できよう。

　以上の事例から見えてくることは，1960 年代に見られた道徳的な社会秩序イメージ，つまり国家的仏教儀礼の実施者であり善行をなす正法王，国民を気遣う国王といったイメージ，それと対をなす国民による国王への崇敬・寄付といった，やや距離のある国王と国民の関係に，1970 年代以降，微細な変化が生じているということである。

　1970 年代以降，徐々に国王や王族は仏教道徳における模範的人物とされ，国民がその教えを内面化し，良き社会をつくる善行によって恩に報いるといった，善行を媒介とする王と国民の接続的な社会秩序イメージに変化していった。理由は定かではない。ただ国王の高齢化に伴い，国王自身が国中を視察し，保護を与えることが徐々に減少していくことと関連しているのではないかとは思われる。つまり高齢の国王の代わりに，その善徳と社会的役割を国民が学び自ら実践することで，国王に恩返しをする。その意味において，国民は国王を内面化しつつあり，国王と国民の心理的距離は，以前より縮小されてきたのである。熱狂的な王室崇敬の様相を帯びたハイパー・ロイヤリズムの信念は，単にメディアの呪術だけではなく，こういった宗教的・道徳的な実践によっても支えられていると言えよう。

5　仏教道徳と王制・民主主義

　では，この善行を媒介とする国王と国民の接続的な社会秩序のイメージ，あるいはハイパー・ロイヤリズムがつくり上げている社会秩序のイメージは，タイの政治体制とどのような関係にあるのだろうか。ここで先ほど述べたアーレントによる政治体制論，つまり暴政・僭主制，権威主義，自由主義，全体主義の 4 つの体制の違いを，もう一度思い起こしてみたい。この図式に即して考えてみると，ハイパー・ロイヤリズムに見られる社会秩序は，国王崇敬における権威主義の要素と，国民相互の自助努力による社会形成といった市民社会の原理や自由主義・民主主義の要素，これらの双方が混じり合ったものになっているように見える。

　ただしタイのハイパー・ロイヤリズムにおける権威主義的統治の側面は，アーレントが権威主義のモデルとして提示したピラミッド型の階層性に(少なくとも見た目は)なっていない。その相違点は 2 つある。第 1 に，道徳模範化されたラーマ 9 世とその教え(十王法などを実践する正法王の観念など，社会秩序形成に関わる為政者の仏教思想)は，国民一人一人へと内面化され，その意味で国王と国民は直接的に接続するものとしてイメージされている点である。第 2 に，そのイメージは，むしろアーレントの暴政モデルに近いものとなっている。つまり頂点に位置する国王のもとには，段階的な階層ではなく，平等な国民が存在するといったイメージになっている(図 13)。

　そのようなピラミッド的階層性を欠いた上下関係のイメージは，一方で，国王の道徳性を内面化した平等な国民による社会形成といった，一種の自由主義・民主主義的なイメージを醸し出しているように思える。1932 年の立憲革命以来，憲法に記載されてきた国王を元首とする民主主義政体は，今日，宗教性・道徳性を帯びた権威主義が，平等性を帯びた自由主義に接合するといった形へと展開しつつあるのかもしれない。実際，タイの国王は国内の民主主義の牽引役の一端を担ってきた。

　この点は，国王と国民の心理的距離の縮小に伴う，権威の個々人への内面

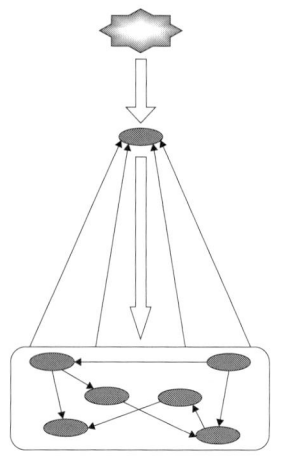

図 13　タイにおける王制
民主主義のイメージ 1

化・個別化(分散化)として解釈できるかもしれない。また想像をたくましく
して言えば，そのような権威の変容は，社会形成の主役は国民にあるという
社会イメージを生む可能性を秘めているかもしれない。第 6 章と第 7 章で取
り上げた，仏教式学校プロジェクトや善徳プロジェクトでは，仏教的な考え
に基づきつつ，子供たち自身が社会の問題を把握し，自分が主体となって，
社会関係を構築し，新たな良き社会を模索していくというモチーフが見られ
た。なかには，子供が，大人を諭し，仏教を教え，コミュニティ形成に誘う
といった，以前の大人と子供の上下関係を逸脱するような道徳的実践が散見
される。そしてそのような活動は，国王の権威とも接続していた。ここに，
今までにない，タイの社会秩序イメージの萌芽があるのかもしれない。

　ただ，国王の権威が抽象的な超越神としての権威であれば，その内面化は
強固な個を生み出す契機になるかもしれないが，国王の後にも，次の国王は
存在するので，国王権威の内面化・個別化は限定的になるだろう。したがっ
て，ここで見られた芽の成長に過大な期待を寄せることは慎まねばならない。

　さらに言うまでもなく，タイ式民主主義については，政治学的な立場から
の政治原理としての妥当性が問われるものであろう。例えば，これは西洋的

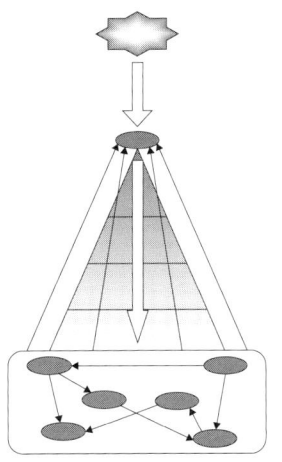

図14　タイにおける王制
民主主義のイメージ2

な意味での立憲君主制と同じものと言えるのだろうか。あるいはこの体制は，制度化された政党政治に基づく民主主義と矛盾しないのだろうか。権威主義的な統治は，クーデターを受け入れやすくし，政党政治の基盤を揺るがすのではないだろうか。

　本書は宗教論であるので，政治学的問題にはこれ以上踏み込まないが，権威主義的統治の階層性イメージの欠如については，理想としてよりも隠蔽なのではないかといった見解もあることを最後に指摘しておこう。例えば，王族・官僚貴族(アムマート)支配といった階層性を炙り出し，痛烈な批判を行ってきた反独裁民主戦線(通称赤シャツ隊)などである(このグループは，王制擁護派の民主市民連合(通称黄シャツ隊)と敵対している)。この場合は，図13の秩序イメージは，実際には図14のようなものだということになるだろう。

　88歳を迎え入退院を繰り返すラーマ9世(2016年10月13日に崩御)とその支持者たちが築いてきた理念は，安定した社会秩序のモデルとして，今後のタイにおいて発展しうるのだろうか。事態は混沌とした状況にある。

　1)　本章では，王という用語を厳密に定義せず，世俗社会が持つ伝統的な統治者イメー

　ジとして広く捉えている。そこには，皇帝，国王，領主なども含まれるし，神聖政治
　を行う宗教者や，未開社会の神聖王なども含まれる。
2)　例えば教会を統治する王をイエスとする見方も成り立つし，マキアヴェリはローマ
　教皇の領地を教会君主国(Ecclesiastical Principalities)と分類している。
3)　この議論自体は，C・タックによる分析を福島がパラフレイズしたものである。
4)　これまで文化人類学では，一時的なカリスマと王との違いについても，議論がなさ
　れてきた。外部の力(呪力)だけでは，一時的カリスマになりかねない。それが王的な
　存在になるためには，永続性(例えばマクロコスモスとの一体性)が必要だといった議
　論である[小田 1995：58-59]。永続性はアーレントの言葉で言えば，規範に当たるも
　のと言えよう。また外部の力に由来する規範は，いわゆる宗教的な領域と関わること
　もあるだろうが，それだけではないだろう。例えばE・カントーロヴィチが論じたよ
　うに王に伏在している国家や法人(単独法人)の永続性とその神聖な根拠(神，自然法，
　ヒューマニズムなど)も含まれるだろう[カントーロヴィチ 2003]。現代タイの王制に
　関して言えば，仏教の教えでもあり，また，道徳性であり，かつ伝統社会の統治理念
　でもあったダンマがこれに当たる。
5)　2007年憲法の第2条。
6)　タイ初のラジオ局の創設は1930年，テレビ放送は1955年から始まる。初等教育の
　義務教育化は1921年に始まるが，無償化は1935年から。
7)　この行為はオリンピック憲章に違反するとの指摘があり，大きな論争となった
　[*New Mandala* 2012/8/10]。

第４部　タイの宗教研究

第11章　タイにおける宗教研究と「宗教」

1　は じ め に

　前章までの2つの章では，タイの公教育における仏教教育のカリキュラム
や教科書に着目し，普遍宗教としての仏教，社会秩序に関わる道徳実践とし
ての仏教，愛国のための仏教，合理的な仏教イメージ，王室の重要性といっ
た特質について明らかにした。また教科書における国王イメージの変遷を追
い，今日のハイパー・ロイヤリズムへ影響を及ぼしている可能性を指摘した。

　本章および次章では，そもそも仏教をこのような内容で公教育において教
育することがなぜ可能となるのか，どのような認識的領域の形成過程を経る
ことでそのような制度がつくられてきたのかを考えてみたい。つまり近現代
タイにおける，宗教概念の特質とそこにおける仏教の位置づけといった点か
ら，公共領域に現れるタイの上座仏教を捉えてみたい。まず本章では，近代
以降のタイにおける宗教研究の制度化の歴史の大枠を捉え，次いで次章では，
タイ特有の宗教研究が形成されてきた背景を，宗教概念，比較宗教の特質，
国王を中心とした権威主義体制の関係から，解き明かしてみたい。

　タイの宗教学・宗教研究の概要に関する研究は管見の限りだが，2つだけ
である。1つは，Gregory D. Alles (ed.), *Religious Studies* (2007) である。こ
の著作には世界の様々な国や地域における宗教学関連研究の歴史や現状につ
いて包括的な情報が記されている。しかしいくつか問題点もある。例えば，
東南アジアの論考では，東南アジア10カ国(東チモールは入っていない)におけ
る宗教研究関連施設が調査されているにもかかわらず，比較的詳細な内容が

書かれているのは，タイで2施設，カンボジアで1施設，シンガポールで1施設のみにすぎない[Alles 2007：139-158]。しかも，学部・学科の概要について簡単に触れている程度である。これはネット情報も含め現地語での調査が十分に行われていないことが原因と考えられる。もっとも，国ごとに言語や外部社会への情報開示度が異なる東南アジアの状況を鑑みれば，いたしかたない面もある。

　本章でも東南アジアのすべての国について言及することはできず，タイだけを取り上げる点で偏りはあるが，現地語情報をもとにインターネットや書籍を通じての文献調査を行うことで，先述の著作よりは，より広い内容を提示しているし，東南アジアの他の国々における宗教研究の姿を類推するための，情報を提供できるとも考えている。

　もう1つ同種の議論を展開している論文に，Thongchai Winichakul, "Buddhist Apologetics and a Genealogy of Comparative Religion in Siam." *Numen* 62, 2015, pp. 76-99 がある。トンチャイは前章でも言及した，タイ史学研究の中心的人物の1人である。彼のこの論考は比較宗教という点から，タイの仏教の位置づけを論じており，示唆的な論文である。なお，本章と次章のもとになった拙稿は，それぞれ2013年，2014年に刊行された論文である。拙稿とトンチャイ論考は，テーマと論旨において比較的近いものがある。以下では，拙稿をもとにしながら，トンチャイの論考で補いつつ議論を進めていきたい。

　以下，まずはタイの研究・教育機関の中に宗教学関連の研究がどのように制度化されていったのか，その歴史のアウトラインを描く。

2　宗教学関連の研究における制度化過程

2-1　王室を基盤とした宗教研究——1850年代から1930年代まで

　本節では，タイにおける宗教学関連の研究がどのような段階を経て，大学における研究・教育として制度化されてきたのか，さらに大学内での位置づ

けにどのような変化があったのか，その概略を提示する。なおタイにおける
宗教学関連の研究史については，先述のトンチャイが取り上げているが，近
年の大学制度における宗教学・宗教研究の学部・学科設置とその変容につい
てまでは記していない。本章ではそのような制度史に着目してみたい。

　学術団体の形成という点から言えば，後述の 1904 年設立のサイアム・ソ
サイエティが嚆矢ということになるかもしれないが，筆者としては，歴代国
王の書簡や書籍も宗教研究の流れに影響を与えている点で，制度化前史と
して取り上げておきたい。なぜならサイアム・ソサイエティの設立には王族が
深く関わってきた経緯があり，加えて国王は近代の学知を最も早く体系的に
学んだ人物であり，タイの仏教界においても重要な役割を果たしてきたから
である。そこでまずは，近代化の黎明期に当たる，親王時代のラーマ 4 世の
出来事から，記述を始めてみたい。

　ラーマ 4 世(1804-68。在位：1851-68)の親王(モンクット親王)時代は，西洋列強
のタイへの進出というタイの歴史の大きな転換期であった。タイ周辺の上座
仏教圏を見渡してみても，1815 年にはイギリス支配下のスリランカで王制
が廃止され，1824 年には隣国ビルマ(ミャンマー)が第一次英緬戦争に突入し
ている，そういった時代であった。タイも 1826 年には，欧米諸国との初の
2 国間条約であるバーネイ条約をイギリスとの間に締結している。そして
1833 年からタイへのプロテスタントの宣教が本格化し始めている[1]。ちなみ
にスリランカにおいて，キリスト教宣教師と上座仏教僧侶の間で行われた有
名な教義論争であるパーナドゥラ論争は，ラーマ 4 世没後 5 年の 1873 年の
出来事であった。

　このような状況下において 27 年間という長きにわたる出家生活を続けて
いたモンクット親王は，パーリ三蔵に基づく教えと実践を重視し，近代的な
宇宙観と齟齬するバラモン・ヒンドゥー教や民間信仰の宇宙観を排除すると
いった，仏教改革を行い，1836 年にはタンマユット派という新派を設立し
ている。またモンクット親王は当時，カトリック神父と親交があり，他方で
プロテスタント宣教師からの度重なる布教を受けてもいた。そこで親王はキ
リスト教と西洋近代の学問を熱心に学び始めたのである[石井 1975：260-284]。

その内容の一部については，次章で取り上げることとするが，簡潔に言えば，自国を西洋列強から防御するために，様々な宗教についての知識が必要とされたのであった。意識的に他宗教の知識を学ぶという点では，宗教研究の始まりと言えよう。ただそれは，言わば果たし合いに負けないための実践的な宗教研究であった。

　なお，ラーマ4世が亡くなる1年前の1867年に『キッチャーヌキット (Nangsu' Sadaeng Kitchanukit 諸々の知識)』という著作が，チャオプラヤー・ティッパコラウォン(Chaophraya Thipakorawong)によって書かれている。この書は19世紀半ばからのタイ在住のキリスト教布教師たちが書籍や新聞上で発する仏教批判に対し，複数の宗教を比較し，仏教の優位性を説く護教論的な論述となっている。トンチャイは，『キッチャーヌキット』がタイの比較宗教(仏教護教論的な宗教の比較研究)の原型となった指摘している[Thongchai 2015：79, 83-84]。

　この文化的防御の努力は，続くラーマ5世(在位：1868-1910)の時代に，僧侶の世界と在家の世界の双方において制度化されていった。僧侶の世界においては，全国規模のサンガ組織が構築され，また僧侶が学ぶ教えも標準化されていった。前者は国家主導で行われ1902年には法制化され，後者はラーマ4世の王子でありサンガ統治の重鎮となるワチラヤーン親王(1860-1921)を中心に進められていった[石井 1975：145-194]。

　一方，在家者の世界では，親王時代のラーマ6世やラーマ4世の王子ダムロン親王(1862-1943)等が中心となり，タイ人研究者と外国人研究者からなるタイ国内初の学術団体サイアム・ソサイエティ(The Siam Society under Royal Patronage)が，1904年に設立されている。この団体は，歴史学・考古学・碑文学を中心に，その他人文系の学問や自然科学なども加わった，今日まで続く研究団体である。メンバーの中には，植民地とその周辺地域の歴史・文化の研究を行っていたフランス極東学院(1898年に前身が当時のサイゴンに設立され，翌年にハノイに移転しフランス極東学院となる)に所属する研究者もいた。サイアム・ソサイエティでは，人文系と自然科学系のジャーナルを発行しており，人文系ジャーナルの常連寄稿者としては，ダムロン親王，プラヤー・アヌ

マーンラーチャトン(1969 年に平民初のサイアム・ソサイエティ会長となるタイにおける人文学の先駆的研究者)，G・セデス(フランス極東学院の研究者から後にタイ国立図書館館長となった東南アジア古代史の権威)，O・フランクフューター(ドイツのインド学研究者)などがいた[The Siam Society ホームページ 2012，森 1987：iv][2]。ただしサイアム・ソサイエティにおいて，宗教学的と言える研究がどの程度行われていたのかは定かでない。しかしこの団体がタイの学問全体の礎となった点，さらに後に『比較宗教』という古典的著作を執筆するプラヤー・アヌマーンラーチャトンが，当該ジャーナルの常連寄稿者であった点などから，この団体の設立をタイの宗教学関連研究の制度化前史の一部として位置づけておきたい。

　その後ラーマ 6 世(在位：1910-25)の時代には，特に制度化の進展は見られないが，若い時代からイギリスに留学していたラーマ 6 世の執筆した著作には，仏教を宗教一般の中に位置づけて論じる語り方が，頻繁に見られると指摘されている[石井 1975：285-293]。とりわけスアパー(野虎隊。6 世が創設した国王直属の義勇軍部隊)に向けて行った講義をまとめた『スアパーへの訓示(Thesana suapa)』(1920 年)には，比較宗教を踏まえての仏教護教論やナショナリズム化した仏教論が展開されている[Tongchai 2015：90-91]。この著作は，1978 年から公立学校での副読本に採用され[Tongchai 2015：90]，道徳教育の内容にも取り込まれていった。

　ラーマ 7 世(在位：1925-35)時代は，タイ人研究者のみの学術組織が形成され，よりナショナル化した宗教の語り方が広まる時代であった。まず 1926 年に，タイ国内における各学問分野の著名な研究者によって構成される王立学士会議(Rachabandittayasapha)という政府内の独立機関が設置された。1932 年の立憲革命の影響もあり，1933 年に改組されて王立学士院(Rachabandittayasathan)となる[Rachabandittayasathan ホームページ 2012]。この組織は，タイ国内の学術交流と支援を目的としており，百科事典やタイ語辞典なども出版している。特に『王立学士院版　タイ語辞典』(1950 年)の表記と意味解釈は言わば公定用語とされるものであり，タイで多く参照される宗教の定義もこの辞典に含まれている(この点については次章で取り上げる)。なお現在の王

立学士院は，人文・社会科学，自然科学，言語・芸術の3領域(65分野)に区分されており，このうち人文・社会科学の領域に，哲学部門・宗教分野(Wicha Sasana)が設置されている。

　そして1929年に，この王立学士院(当時は王立学士会議)から恩賜賞を与えられた著作が，第2章などでも取り上げた，クン・ウィチットマートラーによる『ラック・タイ(Lak Thai タイ的原理)』(1928年)である。この著作は，民族愛・仏教信仰・国王への忠誠という3つの価値を結びつけた，ラック・タイを学術的に論じたもので，その内容は現在でもタイの国家イデオロギーとして重視されている。この書で使用されているサーサナー(宗教)という用語は，様々な宗教を包括する宗教一般として示されるが，サーサナー論の中心は，バラモン教(サーサナー・プラーム)から仏教(プッタ・サーサナー)へと至る仏教史にある[Khun Wicitmatra 2471]。このようなサーサナー(宗教)の意味の諸特徴については，次章で詳しく論じる。

2-2　仏教大学における宗教学・宗教研究の制度化の萌芽──1940年代

　以上のように，タイの宗教学・宗教研究に関する研究の制度化前史は，言わば王室を中心としたものであり，タイおよび近隣諸国に在住していた植民地研究者など外国人研究者を取り込んだ学術制度化の一部として進展し，徐々に宗教研究の国民国家化した制度とそれに即した語り方を見つけていく過程であった。その後，第二次世界大戦後に再び大学が本格的に活動を始めると，前史の状況を引き継ぎながらも，さらに多様な宗教学・宗教研究のあり方とその制度化が展開することになる。

　大学における宗教学・宗教研究の学科の設置は，意外にも近代初期に始まる中心的な国立大学から発したものではなく，僧侶学生を主とする2つの仏教大学において，萌芽的に始まった。これには比較宗教の科目を担当した，2名の人物が大きな影響を与えたと思われる。その1人はタンマユット派のマハー・マクット仏教大学で教鞭をとったスチープ・プンニャヌパープ(Suchip Punnyanuphap, 1917-2000)[3]，もう1人がマハーニカーイ派のマハー・チュラーロンコーン仏教大学の教員サティアン・パンタランシー(Sathian

Phantharangsi, 1911-91)である。実際，近年のタイの比較宗教や宗教学の教科書では，この2名の書が古典的著作として必ず参照されている。次章において，彼らの宗教概念の定義について言及する[4]。

マハー・マクット仏教大学

スチープが教鞭をとったマハー・マクット仏教大学は，1832年に設立されているが，大学として十分に機能を果たし始めるのは戦後からであり，スチープはその立役者の1人であった。彼の専門は仏教学でありパーリ三蔵について熟知しており，パーリ語国家試験においても最高段位を取得している。英語にも長けており，僧侶時代には英語での説法も行ったと言われている [Mulanithi Mahamakut Rachawithayalai 2543]。スチープは1945年から比較宗教の科目を担当し，『比較宗教(Sasana　Priapthiap)』(1961年)，『宗教史 (Prawattisat Sasana)』(1963年)という著作も執筆している。比較宗教の科目を担当するようになった経緯は不明だが，同じ時期にもう1つの仏教大学でも比較宗教の科目が設置されている点からして，当時，僧侶向け高等教育において他宗教を学ぶ必要性があったのであろう。

戦後の新制度発足当初における，マハー・マクット仏教大学では，1946年に大幅なカリキュラム改革が行われ，宗教学(Sasanasat)[5]の学士コースが設置されている。ただしこのコースのカリキュラムの中身は，パーリ語やサンスクリット語や英語などの語学に加え，哲学，論理学，諸宗教，歴史学，考古学，社会学その他の人文系の学問を広く学ぶといったものであった [Saithip 2527：66]。その後，1962年に哲学科が設置され，1970年に宗教・哲学部(筆者が入手できた2005年版の資料にもこの名称は見られる)となった[Mahawithayalai　Mahamakutrachawithayalai ホームページ，Prawat　Mahawithayalai]。2005年時点において設置されている比較宗教コースがいつから始まったのかは定かでない。しかし，少なくとも名称の面では，いち早く宗教学の制度化が始まったとは言えるだろう。また比較宗教の授業を担当したスチープが，大学改革の重要人物でもあったことを考えれば，後の比較宗教コースに結実するような萌芽は，この頃から見られるのではないかと推察される。

　なお，2005年時点のマハー・マクット仏教大学における，宗教学・宗教研究の制度化状況は次のようになっている。

　学士課程では宗教・哲学部(Khana Sasana lae Prachaya)に，宗教学科(Phakwicha Sasanasat)があり，この学科の中に宗教・哲学コース(Sakhawicha Sasana lae Prachaya)と，比較宗教コース(Sakhawicha Sasana Priapthiap)が設置されている。学科の教育目標として，世界の宗教の教えを正しく理解すること，諸宗教や哲学の異同を理解すること，他宗教や思想への寛容な態度の育成，宗教の教えを生活に生かすこと，研究の基礎を学ぶことなどが記されており，また宗教・哲学コースでは異なる信仰や思想を持つ人々への伝道方法を学ぶこと，比較宗教コースでは他宗教との協同での社会貢献などが掲げられている[Khana Sasana lae Prachaya, Mahawithayalai Mahamakut Rachawithayalai 2549a：1-2, 2549b：1-2]。

　修士課程でも宗教学科はあるが，仏教学，仏教と哲学，社会学といったコースのみとなっている。また博士課程では同様に仏教学コースのみとなっている。

　カリキュラムについては，一事例として比較宗教コース内の宗教学関連の科目のみ，一覧を示しておく(一般教養科目や仏教学専門科目，ゼミなどは除く。またすべての科目が毎年開講されているわけではない)[Khana Sasana lae Prachaya, Mahawithayalai Mahamakut Rachawithayalai 2549b：32-37]。

　「比較宗教科目」

　　宗教史，宗教入門，原始宗教，バラモン・ヒンドゥー教，仏教，ジャイナ教とシク教，ゾロアスター教とユダヤ教，道教・儒教・神道，キリスト教，イスラーム，女性と宗教，分析的比較宗教

　「選択科目」

　　宗教・文化とタイ社会，宗教儀礼，宗教の教え方，宗教と文化，宗教人類学，宗教心理学，宗教社会学，宗教と死，宗教瞑想，文明，宗教と平和，宗教と情報学，布教，宗教とリーダーの役割，宗教と発展，仏教と科学，仏教と現代，研究方法，倫理学

　なお教員スタッフの経歴で特徴的なのは，僧侶教員・在家者教員ともにイ

ンド留学経験者が多い点である。宗教・哲学コースの専任教員 5 名のうち 4 名がインドのバナラシ・ヒンドゥー大学で修士号を取得している(残り 1 名はタイのマハー・チュラーロンコーン仏教大学)。比較宗教コースでは，5 名の専任教員のうち 2 名がバナラシ・ヒンドゥー大学で博士号ないしは修士号を取得し，1 名が同様にインドのマガダ大学で博士号を取得している(残り 2 名はタイ国内のマヒドン大学とマハー・マクット仏教大学)［Khana Sasana lae Prachaya, Mahawithayalai Mahamakut Rachawithayalai 2549b：3-4］。

　主に出家者向けの仏教大学なので，仏教学と英語を学べるインドへの留学者が多いと思われるが，欧米の大学ではなくインドに留学するというのは，地理的・経済的な理由などもあるのだろう。実際，比較宗教についての教科書を執筆しているタイ人研究者の経歴を見てみると，在家の研究者でもインドで仏教学などを学び学位を取得してきた者が少なくない。ただし欧米への留学者も増えており，それにつれて学問系統の変化も生じていると思われる。なおインドへの留学はイスラーム研究やムスリムの留学者の間でも行われている[6]。またタイの隣国ミャンマーの仏教大学においても，インド留学経験のある僧侶教員が多いようである。

マハー・チュラーロンコーン仏教大学

　もう 1 人，第二次世界大戦後のタイの大学において，比較宗教研究の礎を築いた人物であるサティアン・パンタランシーは，戦前に日本の大谷大学に留学していた。タイに帰国後，マハー・チュラーロンコーン仏教大学で，1947 年から比較宗教や大乗仏教などの講義を行い，『比較宗教(Sasana Priapthiap)』(1963 年)を著している。彼を通じて日本の宗教研究のあり方が(特に大乗仏教や新宗教への注目などが)，タイの学術状況に影響を及ぼしている可能性もあるかもしれない[7]。サティアンは王立学士院の哲学部門・宗教分野初代の王立学士に選ばれ，その後 1989 年から 1991 年まで王立学士院の書記長を担っていた［Post Today 2554］。

　マハー・チュラーロンコーン仏教大学の設立も 1889 年と古いが，先のマハー・マクット仏教大学と同様に戦後の 1947 年に，近代的な大学となるべ

く改革が行われた。これによって最初の学部となったのが仏教学部である。この時期から，入手できた 2007 年版の資料に見られる 4 学科(そのうちの 1 つが宗教・哲学科)が設置されていたのかどうかはわからない。ただ，大学改革の始まりと同じ 1947 年に，サティアンは仏教学部で比較宗教の授業を担当し始める[Sathian 2506：kho]。

　なお，宗教学・宗教研究に関連する学科の，近年のカリキュラムは以下のようになっている。

　2007 年カリキュラムによれば，宗教学・宗教研究の学科を持っているのは，学士課程では仏教学部(Khana　Phutthasat)の宗教・哲学科(Phakwicha Sasana lae Prachaya)の宗教科コース(Sakhawicha Sasana)のみであり，修士課程では仏教学部の比較宗教科(Sakhawicha Sasana Priapthiap)のみである。博士課程には宗教学関連のコースはない。

　教育目的も，先述のマハー・マクット仏教大学と似通っている。諸宗教の特徴の理解，宗教の重要性の理解，広い視野と論理性を持ち平和を目指して宗教に関する議論を行うことなどがあげられている。修士課程の理念では，宗教の重要性や宗教と社会の関連についての理解だけではなく，布教と宗教間理解に役立つ学習という点が掲げられている。学士課程の宗教関連科目については，下記のようになっている(一般教養科目や仏教学専門科目，ゼミなどは除く。またすべての科目が毎年開講されているわけではない)[Khana Phutthasat, Maha-withayalai Mahaculalongkorn Rachawithayalai 2550：1-12]。

　「応用仏教科目」
　　仏教とバラモン・ヒンドゥー教，仏教とキリスト教，仏教とイスラーム，
　　仏教と儒教，仏教と新宗教
　「その他専門科目・必修」
　　上座仏教，大乗仏教，キリスト教，イスラーム，バラモン・ヒンドゥー
　　教，新宗教，宗教芸術，道教と儒教，比較宗教，古代宗教，自由研究
　「その他専門科目・選択」
　　その他の宗教，宗教心理学，宗教と言語など 17 科目

　以上 2 つの仏教大学における宗教学・宗教研究に関する学科とカリキュラムについて見てきた。そこでは，僧侶学生を主とする大学で宗教学・宗教研究の教育がいち早く始まり，一部でその制度化も萌芽的に見られ，後に学科・コースとして制度化がなされていった。このことは，この宗教学・宗教研究(より詳細には比較宗教)の教育・研究が，何よりも仏教との関連でなされてきたということであろう。また，宗教に関する知的な探究そのものよりも，対話・平和・布教(外国での布教)といった実践的な目的に，宗教学・宗教研究が関わってきたということも見えてくる。またインド留学経験者が多い点も特徴と言えよう。

2-3　一般国立大学の人文系における宗教学関連科目
── 1950 年代から 1960 年代前半まで

　上記のようにタイの大学における宗教学関連学部・学科の制度化は，僧侶向けの仏教大学で始まった。では一般在家者向けの大学ではどうだったのだろうか。実は，進学校の上位にあり著名な研究者も多い有名国立大学には，宗教学関連学科が設置されていないのである。例えば学部・学科構成で見ると(2013 年の調査時)，タイ初の総合大学であるチュラーロンコーン大学(1917 年創立)には，学士・修士の文学部哲学科にパーリ語・サンスクリット語コースがあり，また哲学コースは博士課程まで設置されているが，宗教学関連の学問を専門に学ぶ学科やコースはない。同様にタイで 2 番目に古いタマサート大学(1934 年創立)では，学士課程の教養部哲学科，修士課程の哲学科・仏教学コースがあるだけとなっている。またタイ北部の中心的総合大学であるチェンマイ大学(1964 年創立)も同様であり，修士課程の文学部哲学科に仏教学コースがあるのみである。ちなみにタイ東北部の中心的大学であるコーンケン大学(1964 年創立)にも，宗教学関連の学部・学科はない。

　もちろんこれらの大学において，宗教学関連の科目が一切ないというわけではない。教養科目や社会学や文化人類学系の学部・学科等で，関連科目があるだろう。ただ，宗教学や宗教研究をメインとした学部・学科が開設されていないのである。おそらく何らかの政策的意図があり，宗教学関連の制度

化は，当初，一般の国立大学ではなく，僧侶向けの仏教大学を中心に開設されたのであろう。例えば，宗教学は，宗教の布教や実践，宗教間の対話と関わる，価値的コミット（仏教の他宗教への優越性，仏教の社会的有用性など）を伴った学問と捉えられていたのかもしれない。

　ただし，一般の国立大学においてなされていた宗教学関連の授業科目には，比較宗教や宗教学の礎となる書物を著した2名の人物が関わっていたことがわかっている。それはプラヤー・アヌマーンラーチャトン（Phraya Anumanra-chathon, 1888-1969）と，セーン・チャンガーム（Saeng Canngam, 1927-）である。

　プラヤー・アヌマーンラーチャトンは，先述のようにサイアム・ソサイエティの古参メンバーであり会長も務め，さらには王立学士院の会長も務めた人物である。タイの人文学の先駆的研究者であり，タイ民俗学の父とも呼ばれ，また文芸作品も多い。多彩な才能を持った人物である。幼少期より学問に秀でており，英語で学習するアサンプション・カレッジに入学するが学費を工面できずに中等4年で中退し，役所に勤めながら英語を学び，翻訳なども手掛けた。後にダムロン親王に見出され，学問の世界に本格的に関わることとなった［森 1986：219-300］。

　トンチャイによれば，プラヤー・アヌマーンラーチャトンは，1953年に『友人の信仰（Latthi khong phu'an）』という著作を刊行している。その内容は，世界の主だった宗教の儀礼や実践や歴史などを解説するというものであった。プラヤー・アヌマーンラーチャトンの最初の比較宗教論はこの書をベースにしているのかもしれない。チュラーロンコーン大学特別教授となり，語源学や比較文学，そして比較宗教などの講義を担当した初期には，この著作を教科書代わりにしていた可能性もあるだろう。ただし1959年に『比較宗教（Sasana Priapthiap）』という著作を刊行してからは，同年に担当が始まるタマサート大学の比較宗教の授業（同年の1学期のみ担当）などで，この書（『比較宗教』）を教材として利用するようになった［Phraya Anumanrachathon 2502：11］。このプラヤー・アヌマーンラーチャトンの『比較宗教』も，後の宗教学関連の教科書では必ず参考文献にあがっている古典となっている（この著作については，次章で再度言及する）。

　他方のセーン・チャンガームは，ランナータイ(タイ北部の伝統的な呼称)随一の仏教学者とも呼ばれた人物で，新制のマハー・マクット仏教大学の第 1 期生であった。師は先述のスチープ・プンニャヌパープである。セーンは，僧侶時代にスリランカやインド・ミャンマー・マレーシアなどを歴訪するなど近隣諸国の見聞を深め，さらにロンドンで英語を学び，ミシガン大学に移って言語学の修士号を取得している。その後 1964 年からチェンマイ大学で宗教科(Wicha Sasana)の授業を担当し，これをもとに 1986 年に『宗教学(Sasanasat)』を著している[8]。次章でも触れるが，この著作は，比較宗教や宗教史と題する他の書籍と異なり，宗教別の解説ではなく，宗教の本質や要素，発生と発展の過程，特徴による分類などといった形で，諸宗教の異同を整理している。

　このように，戦後しばらくの間，主要な国立大学では宗教学関連の学部・学科はなかったが，その一部で比較宗教や宗教学といった授業科目が開設されていた。またこれらの科目に関わった人物はタイの宗教学的研究の土台となる業績を残しているのである。ただし，いずれの人物も(そして後述のように著作内容も)，欧米の宗教学からの直接的また体系的な影響を受けていない。その意味では，これらタイの宗教学関連の著作は，タイ独自の宗教学の表れと言えよう。

2-4　国立大学における宗教科設置と社会科学との接合
―― 1960 年代後半から 1970 年代まで

　1960 年代後半になると，国立大学の中に宗教研究関連の学科が設置されるようになる。タイで 3 番目に古い，農業系の研究で著名なカセサート大学(1943 年創立)に，1966 年から人文学部の哲学・宗教学科(Phakwicha Prachayalae Sasana)が学士・修士レベルで開設されている。開設の経緯などは不明である。なお，2012 年の学部カリキュラムを見てみると，宗教関連の必修科目として，宗教入門，上座仏教，仏教と環境，キリスト教，イスラーム，ヒンドゥー教，大乗仏教，タイ仏教，仏教瞑想，比較宗教などがあり，選択科目には，中国思想，大乗仏教思想，宗教哲学，タイ文学と思想，宗教史，宗

教体験，タイのキリスト教，タイのイスラームなどがある［Khana　Manutsat,
Mahawithayalai Kasetsat 2552a］。また 2010 年の修士課程カリキュラムを見て
みると，宗教科の授業科目には，聖典研究や比較宗教という科目だけでなく，
キリスト教と社会開発の分析，バラモン・ヒンドゥー教と社会開発の分析，
イスラームと社会開発の分析，仏教的アプローチによる政治学分析など，社
会科学的傾向を持つ科目が多い点が特徴的である［Khana Manutsat, Mahawith-
ayalai Kasetsat 2552b］。

　その後，同様の傾向が新設の大学で見られるようになる。例えば，タイ南
部の中心的大学であるソンクラーナカリン大学(1968 年創立)のパッターニー
県のキャンパスには，人文・社会科学部に哲学・宗教科(Phakwicha Prachaya
lae Sasana)が設置されている［Faculty of Humanities and Social Sciences, Prince of
Songkla University ホームページ 2012］。

　さらに，地方にサテライト校の多いマヒドン大学(1969 年創立)にも，1974
年に社会科学・人文学部が設置され，その修士課程には比較宗教コース(Sa-
khawhicha Sasana Priapthiap)が設けられている。1979 年には，サティアンポ
ン・ワンナポック(ケンブリッジ大学に留学しパーリ語・サンスクリット語研究の修士
号を取得した，タイの著名な仏教学者)が，比較宗教の担当となっている［Sathian-
phong 2556］。当コースの 1999 年版カリキュラムの理念には，「社会学・人類
学・心理学や哲学など今日の学問の知見に基づいた批判的な議論」といった
点が謳われており［Khana Sangkhomsat lae Manutsat, Mahawithayalai Mahidon
2542］，人文学以外に，特に社会科学的な宗教研究の広がりが見て取れる。

　以上のように 1960 年代後半以降になって，ようやく一般の国立大学にお
いても宗教学関連の学部・学科が設置されるようになった。ただし，その多
くは，社会科学とのつながりを持った教育・研究になっているようである。
この点について国の政策的意図は把握できていないが，社会科学とのつなが
りについてはこの時代の影響が見て取れる。つまり戦後になって日本を含む
アジア地域では，社会学や文化人類学といった新たな学問の影響力が増して
おり，1960 年代からはタイでフィールド調査を行う欧米系の文化人類学者
や地域研究者も増えていったという状況がある。加えて，欧米の研究者が現

地調査を経て博士の学位を取得後に，欧米諸国の大学で教員となり，タイからの留学生を受け入れ，そのタイ人留学生が帰国後に本国で教鞭をとるというサイクルも形成されていったのではないかと推察される。

2-5　脱仏教化・グローバル化・学際化──1980 年代以降

　1980 年代以降，タイの大学における宗教学関連の学部・学科の設立において，脱仏教化，グローバル化，学際化といった新たな変化が見られるようになった。とりわけ顕著なのは，イスラームあるいはキリスト教の研究を中心に据えた大学や学部・学科が設立された点である。

　まずイスラーム系の研究施設としては，タイ南部パッターニー県にあるソンクラーナカリン大学イスラーム研究部（Witthayalai Islam Suksa）があげられる。この学部は 1982 年に，先述のソンクラーナカリン大学人文・社会科学部の哲学・宗教科から独立したものであり，イスラーム学科，イスラーム法学科，中東学科，イスラーム経営管理学科，イスラーム教育学科といった5 つの学科で構成されている［College of Islamic Studies, Prince of Songkla University ホームページ 2012］。

　同大学のイスラーム研究学部設立の背景には，中東などのイスラーム諸国に留学するムスリム学生の増加を危惧するタイ政府の思惑がある。なお，イスラーム諸国への留学が増加する要因の 1 つは，タイ政府がポーノ（伝統的なイスラーム寄宿学校）の私立イスラーム学校化を進めたため（第 9 章を参照），イスラーム教育の質と量が低下したことも指摘されている［小河 2016：19-22］。

　その後，1998 年には，私立大学のヤラー・イスラーム大学という総合大学が，タイ南部のヤラー県に設立されている。サウジアラビアの大学に留学していたタイ人のムスリムが，サウジアラビアのイスラーム開発銀行の支援を受けて設立した大学である。宗教学関連の学部・学科は見当たらないようであるが，学士課程の人文学部にはイスラーム法学科やイスラーム歴史文明学科などがある［Yala Islamic University ホームページ 2012］。

　キリスト教系の大学もこの時代に認可され始めた。1984 年には，タイ初の私立大学パーヤップ大学が認可されている。この大学の前身は 1974 年に

創設されたカレッジであり，タイのキリスト教団体が母体となっている。現在，修士課程のみでキリスト教学のコースが設置されているが，宗教学関連の科目はない［Payap University ホームページ 2012］。

　さらにもう1つキリスト教系の私立大学が1990年に認可されている。それは1969年創立のアサンプション・ビジネス・スクールを前身とする，アサンプション大学である。この大学は，フランスに始まる聖ガブリエル修道院が運営母体となっている。学士課程では宗教学関連のコースはないが，哲学・宗教科（Graduate School of Philosophy and Religion）の修士課程・博士課程において，それぞれ哲学（Philosophy）と宗教学（Religious Studies）のコースが設置されている。哲学コースは1997年から，宗教学コースは2001年から開設されている。

　アサンプション大学の宗教学コースで興味深いのは，宗教や宗教学的研究の意味，そして科目等が欧米の宗教学をどことなく感じさせる点である。例えば，学科の理念として「精神の自由，知の自由，相互理解と平和共存を促進するための，地域の指導的学校となることを目指す」といったことが掲げられ，学科の役割としても「知の自由・精神の自由のもとでの哲学・宗教研究」といった点が謳われている。他の大学の宗教学関連学科の理念に，宗教間の理解や他宗教への寛容といった実践的目的が掲げられていることはあるが，「知の自由・精神の自由」といった点を強調しているケースは見当たらない。

　また科目の内容も，各宗教の伝統の思想，世界宗教，宗教間対話といったものだけでなく，宗教・ポストモダン思想・グローバル化，ナラティブ研究，宗教と科学，宗教言語，宗教と生活，神秘主義，現代倫理問題といった科目もあり，欧米の宗教研究との接点が他の大学よりも強いように思える。科目説明の中に，M・エリアーデやP・バーガーといった著名な宗教学者や宗教社会学者の名前が掲げられているのも，アサンプション大学の宗教学コースだけであった［Graduate School of Philosophy and Religion, Assumption University ホームページ 2012］。

　さらに1999年には，先述のマヒドン大学において宗教研究部（Witthayalai

Sasana Suksa)が独立し，学士・修士・博士課程までそろった教育環境を整え
ている[9]。この機関設立の中心的人物は，イェール大学に留学し哲学の博士
号を取得したピニット・ラタナクン(Phinit Ratanakun)である。彼は仏教と生
命倫理を専門としており，マヒドン大学宗教研究部は，一時タイにおける宗
教(特に仏教)と生命倫理関係などの研究を展開した。

　学部の理念として，宗教間の相互理解や平和の促進だけではなく，「グ
ローバルな倫理的価値の育成」，「グローバル化，ジェンダー，新たな科学的
発見，医療テクノロジーなどの現代の問題への取り組み」など[The College
of Religious Studies, Mahidol University ホームページ 2012]，グローバル化時代に
対応し，またこれまでの学問分野を超えた教育・研究を進めることが掲げら
れている。機関名称に，宗教学(サーサナ・サート(Sasanasat))ではなく宗教研
究(サーサナ・スクサー(Sasana Suksa))が掲げられているのは，この学際性と関
わりがあるのかもしれない[10]。また 2015 年からのアセアン共同体形成に合
わせて，同年に「仏教徒・ムスリム間理解のための国際センター」を設置し
ている[College of Religious Studies, Mahidol University ホームページ 2016]。

3　ま　と　め——宗教学関連研究の制度化とその特質

　以上，タイにおける宗教学関連研究の制度化の歴史を大まかに追ってみた。
宗教学関連研究の制度化の歴史においては，大学における制度化以前に，ま
ずキリスト教のミッショナリーに対抗しつつ，また仏教をパーリ三蔵に依拠
したものへ復古的改革を行うといった，国王ラーマ 4 世の護国・護教の営み
として，比較宗教の萌芽が見られたことを指摘した。次いで王室と外国人研
究者の学術サロンへの展開，さらに国民国家の学術基盤としての王立学士院
の設立へと至る前史を取り上げた。

　そして第二次世界大戦後に始まる，大学における宗教学関連の研究・教育
の制度化について解説を行った。大学における宗教学関連(特に比較宗教)の教
育は，僧侶向けの仏教大学の中でいち早く始まった。そして宗教学・宗教研
究に関わる学科やコースが徐々に制度化されていった。その背景には，タイ

の宗教研究(とりわけ比較宗教)が，外国布教や他宗教との対話など僧侶の実践的な課題と結びついていたこと，ならびに，次章で論じるように他宗教からの議論に対抗する護教論的要素を持っていた事情があるだろう。

　他方，近代初期に設立された中心的な国立大学では，宗教学関連(比較宗教)の授業が，人文系の学部における個別の授業としてのみ行われており，学部・学科等の制度化はなされなかった。その後 1960 年代後半から，人文・社会科学部など，社会科学系の学問と接点を持つ形で宗教科(コース)などの制度化がなされ，1980 年代以降は私立大学の認可も始まりキリスト教学やイスラーム学を中心とする学部・学科が形成され，国立大学においてもイスラーム学の学部・学科等が設置されるようになった。またグローバル化や学際的な学問状況に対応する宗教研究を行う学部なども設置されるようになった。

　これらの流れにおいて興味深い点は，欧米のいわゆる宗教学の影響がほとんど見られないこと，およびインドで仏教学を学び帰国する研究者の流れがあるということである。その背景には，地理的・経済的に有利でかつ英語も学べるインドへの留学という状況が考えられる。ただしインド経由で欧米の宗教学がタイに移入されたとまでは言えそうにない。またタイは，植民地インドの宗主国であったイギリスとのつながりも強かったのだが，イギリスの宗教学が大きな発展を見せるのは，N・スマートによるランカスターの宗教学の発展など 1960 年代末からであり[Alles 2007：30]，その後発性ゆえにタイへの影響力もあまりなかったと思われる。つまりタイの宗教学の制度化は，仏教学・社会科学・その他の学際的な研究といった学問の流れの中で，欧米宗教学の影響をあまり被らず，タイの歴史的・社会的課題に即して展開してきたと言えよう。

　　1）17 世紀後半のナーラーイ王時代にすでにタイはカトリック教会の宣教師たちと出
　　　会っている。フランスとの接点を持ちたいナーラーイ王は，カトリックの布教に対し
　　　て寛容な政策をとろうとするが，これに反対する国内勢力の台頭もあり，カトリック
　　　とフランスの勢力がタイから追い出されていった。当時はペルシャ系の人物などもタ
　　　イ王室貿易に関わっており，イスラームの存在も王都周辺では知られていたはずであ

る。何らかの通文化的な「宗教概念」のようなものが形成されていた可能性はあるが，それぞれの立場で意思疎通のための用語を模索しているような段階だったのではないだろうか。おそらく，後の時代のように religion の訳語と意味解釈にまつわる議論や，それに基づく比較宗教研究がなされたとまでは言えないだろう。

2) ジャーナルの第 1 号には，タイの民法や刑法の起草に関わった政尾藤吉も寄稿している。

3) 2001 年基礎教育カリキュラムに基づく仏教科教科書の，高校 1 年版において，学習項目「模範的な仏教徒」の 1 人として取り上げられている人物。

4) その他に，後述のプラヤー・アヌマーンラーチャトンの『比較宗教』や，ルアン・ウィチットワータカーンの『普遍宗教』も古典的著作として参照されている。また『宗教の普遍性(Sakon Sasana)』(1962 年)を著したプラ・プロムニーもここに加えるべきだが，資料を入手できなかったため触れることができなかった。

5) この場合のサーサナーが，宗教一般を意味するのか，仏教の教えを意味するのか，はっきりとしない。ただ，学習内容から見れば，仏教にはそれほど比重が置かれてはいない。もっとも，だからと言って，西洋的な意味での宗教学研究がなされていたわけではないし，そもそも当初は人文系の学問全般を学ぶ形での制度化が行われていた。

6) タイ人ムスリムの留学先は中東やマレーシアなどが多いが，インドのウッタル・プラデーシュ州にあるアリーガル・ムスリム大学にも，タイのムスリム研究者やムスリム政治家など著名な人物が多く留学している[Caran 2555]。

7) なお，サティアン・パンタランシー『日本の新宗教』，特にその中の天理教の記述については，野津の論考を参照されたい[野津 1989：141-153]。

8) セーン・チャンガームについては十分な情報が得られなかったので，ネットのウィキペディア(セーン・チャンガームの項目名)による情報を参照している。そのため情報の信頼性が確かでない点にはご注意いただきたい。

9) 設立経緯の詳細について十分な情報を筆者は持っていないが，外部財団の支援を得ていること，タイ国内の 2 宗派の仏教大学の僧侶が共同で学べる場の設置を目的にしていたことなどをうかがっている。

10) なお組織名が，khana (学部)ではなく，witthayalai (一般にはカレッジや専門学校を意味する語)となっている理由については調査を行っていないため不明である。外部資金で運営されるなどの理由により，学部から独立した機関であることなど，法制度上の規定があるのかもしれない。本章ではこの点を踏まえ，witthayalai を「学部」ではなく「部」の訳を充てておいた。

第 12 章　宗教概念とタイの比較宗教

1　は じ め に

　前章では，タイにおける宗教学・宗教研究の制度史について，王室を中心とした学術活動，僧侶向け大学を皮切りに，次いで人文系そして社会科学系での学科設置，そして近年のキリスト教やイスラームを中心とした私立大学での学科設置やグローバル化時代への対応といった流れを確認した。宗教学・宗教研究は，前史として王室の諸活動があり，また最初期に学科が設けられたのが僧侶向け大学であったこと，そして一般人向けの国立大学の中心的な大学には，仏教学の学科等は設置されているが宗教学・宗教研究の学科はなく，一般人向け国立大学でのそのような学科の設置は 1960 年代以降であったことといった特色が示された。また，総じて欧米の宗教学の影響が少ない点を指摘した。それに関連し，学科名などでも，宗教学ではなく，宗教科や宗教研究といった意味合いのものが多かった。

　ではこういった制度的背景の中でどのような宗教学・宗教研究が行われたのであろうか。その全体を詳細に捉えることは今後の課題とし，まずは，対象を絞ってこの問題を考えてみたい。以下，本章では，これらの制度史過程の中で「宗教」(英語の religion，タイ語のサーサナー(sasana))という用語がどのように定義されてきたのかを，宗教学関連の研究に関する古典的教科書を中心に取り上げる。次いで，タイで欧米的な「宗教学」が展開しなかったことの意味を問う。またこの「宗教学」の不在という出来事が，政治体制とりわけ王制の宗教観と深い関わりがあるという点を，国王と宗教・仏教に関する

憲法規定を事例に論じる。

2　タイの宗教学関連テキストにおける「宗教」概念

　まず，前章で扱ったタイの宗教学関連研究の制度史の中で，古典として位置づけられている著作(教科書)を取り上げ，「宗教」に該当する用語がどのような背景のもとに定義され，どういった特徴を持っているのかについて明らかにしたい。具体的には，欧米宗教学理論の不在，「宗教」の定義をめぐる混乱，「宗教」の存在意義と疑似宗教といった，3つの論点から，宗教学関連テキストにおける「宗教」概念の特色を論じる。こうした論点は，本書ですでに論じてきた，小・中・高等学校の公教育の内容にもつながる点がある。

　ただし宗教概念に見られるこれらの特質は，1960年代以降の大学レベルの宗教研究に関してそれほど顕著ではない可能性もある。なぜならこの時期から，タイにおける宗教の研究に関して，社会科学の導入，諸外国からのタイを調査地にした研究者の流入，タイから欧米への留学者などの影響もあるからである。しかし，大学の最先端の議論は，すぐさま小・中・高等学校の公教育の内容に反映されたり，社会に広く行き渡ったりするわけではないので，当然，公教育や一般的認識と，大学での研究による知識との間に，相違が生じることはありうるだろう。

　以下，本章で主として取り上げる著作は次のものである。
1) ラーマ4世『複写と訳　ラーマ4世　御親筆(プララーチャ・ハッタレーカー(Phraracha Hatthalaekha))』(1964年)
2) クン・ウィチットマートラー『ラック・タイ(Lak Thai タイ的原理)』(1928年)
3) 「宗教(サーサナー(Sasana))」『王立学士院版　タイ語辞典』(1950年)
4) ルアン・ウィチットワータカーン『普遍宗教(サーサナー・サーコーン(Sasana Sakon))　第1巻』(1951年)
5) プラヤー・アヌマーンラーチャトン『比較宗教(サーサナー・プリアップ

ティアップ(Sasana Priapthiap))』(1959 年)

6)　スチープ・プンニャヌパープ『宗教史(プラワッティサート・サーサナー (Prawatisat Sasana))』(1963 年)

7)　サティアン・パンタランシー『比較宗教(サーサナー・プリアップティ アップ(Sasana Priapthiap))』(1963 年)

8)　セーン・チャンガーム『宗教学(サーサナー・サート(Sasanasat))　The Science of Religion』(1986 年)

　なお，以下の議論において，「宗教」に該当する用語としてタイ語のサー サナー(sasana)と英語の religion を使用し，できるだけ日本語の「宗教」と いう用語を使わないように心がける(ただし書名や学問名称は除く)。なぜならば, 以下に論じるのは，サーサナーと religion のニュアンスの違いをめぐる多 様な解釈のあり方についてであり，ここに日本語の「宗教」を無造作に使用 してしまうと，さらなる混乱を招きかねないからである。

2-1　欧米宗教学理論の不在

　タイにおける宗教学関連の古典的著作やテキストに目を通した際に，筆者 がまず気がついたのは，欧米の宗教研究に言及がありながらも，欧米系の宗 教学理論がほとんど取り上げられていない点である。理論だけではなく，著 名な宗教学者の名前や文献などもほとんど取り上げられていない上，そのよ うな理論が「宗教」概念の定義にも反映されていないのである。前節でも触 れたことだが，欧米の宗教学は 1960 年代まではタイを素通りしてしまった ようだ。

　いくつかの事例をあげてみよう。まず『世界史』その他多数の著作を残し た著名な文人であり，高級官僚でもあったルアン・ウィチットワータカーン による『普遍宗教』(1951 年)では，そもそも参考文献があがっておらず，宗 教学者の名前も見られない[Luang Wicitwathakan 2494][1]。前章でも取り上げ たプラヤー・アヌマーンラーチャトンによる『比較宗教』(1959 年)では，E・ B・タイラーの『古代宗教』や J・G・フレイザーの『金枝篇』が参考文献 にあがっており，原始的な宗教やアニミズムの説明などで参考にされている。

それ以外に M・エリアーデの『比較宗教における型』などが参考文献にあがっている他は，Lewis Brown, *This Believing World* (1926)や J. Estlin Carpenter, *Comparative Religion* (H.U.L) (1910)など，今日あまりなじみのない文献が掲げられるにとどまり，総じて宗教学理論の変遷などには言及がない[Phraya Anumanrachathon 2502：12][2]。

　戦後に仏教大学の比較宗教講座の礎を築いたスチープとサティアンの著作でも同様である。スチープ『宗教史』(1963 年)では，英語の religion の定義の多様性を指摘する際に，イギリスの研究者 Robert E. Hume による *The World's Living Religion* という著作からの参照として[3]，I・カントや M・ミュラーや W・ジェームスなど著名な哲学者や宗教学者の定義を提示している。また，宗教史のモデルとしてはロンドン大学の宗教史学者 E. O. James による地域別・教義別の説明モデルと，アメリカの Charles Samuel Braden による古代から現代といった時系列ベースで国別に説明を行うモデルを取り上げ，スチープとしては両者の長所を取って時系列と大陸別の説明を行うと述べている[Suchip 2506：4-26]。

　他方のサティアン『比較宗教』(1963 年)では，西洋の religion の定義を Vergilius Ferm による *Encyclopedia of Religion* から引用し，同様に religion の 4 つの特質なるものを，Charles Samuel Braden による *The World's Religion* から引用している[Sathian 2506：8-9]。このように欧米の研究を参照しながら論を展開しているのだが，ここで引用された研究者の多くは宗教学の権威ではないし，たとえ著名な研究者に触れているとしても孫引き的な引用にとどまる。またその著作は古典に位置づけられているようなものでもない。筆者にとっても，これらの著者や著作はなじみのないものである。

　唯一の例外と言えるのが，セーン『宗教学』(1986 年)である。そこではドイツの著名な宗教学者 G・メンシングの著作 *Structures and Patterns of Religion* の内容に，たびたび言及されているのである。その他にも E・B・タイラー，J・G・フレイザー，M・ミュラーにとどまらず，W・ジェームス，E・デュルケム，M・ウェーバー，R・オットー，C・G・ユング，現代

ではJ・ヒックなどについても，部分的にではあるが言及がなされている（筆者の見落としがなければだが，エリアーデには言及されていない）。またこの著作は 1980 年代後半の刊行と比較的新しいためか，先述の著作とは全く異なる記述方法を模索したものとなっている。その序文において示されているように，センが目指したのは，世界宗教や宗教史や比較宗教，あるいは宗教哲学や宗教心理学や宗教社会学などの個別研究を網羅し，宗教の本質，宗教と生活・社会，宗教体験，構成要素，発生と発展，種類といった点から体系的に整理した「宗教学(Sasanasat)　The Science of Religion」の構築であった[Saeng 2529][4]。

　ただし，前章で触れたセンの経歴からもわかるように，欧米の宗教学研究を専門的に学んだ形跡は見られない。またメンシングを引用しているが，ドイツ語原本ではなく英語訳を参照している（しかもその英訳本は，1976 年にインドのデリーで出版されたものである）。また，宗教学理論からの考察は十分なされていないようであり，超自然・聖性・究極性などから宗教を定義してきた宗教学でおなじみの理論概説なども見当たらない[5]。しかし逆に言えば，センの著作において，彼独自の，そしてタイの宗教的ならびに社会的背景を加味した宗教学が，形成されている可能性があるとも言えよう。

2-2　サーサナー(sasana)と religion——「宗教」定義をめぐるせめぎ合い

　このように欧米の宗教学理論と，超自然・聖性・究極性など適用範囲の広い宗教の概念を取り込むことのなかったタイの宗教学関連の著作では，次に示すように，「宗教」に相当する英語の religion とタイ語のサーサナー(sasana)の意味の異同をめぐって，ある時期からいささか混乱した議論が生じることとなった。以下，いくつかの事例を紹介し，筆者の視点からこれを整理してみたい。

　まず先述のラーマ 4 世(在位：1851-68)がまだ親王(モンクット親王)かつタンマユット派僧侶の長であった 1849 年に，アメリカの知人に送った英語の書簡を見てみる。そこでは，未開人の迷信(superstition of forest)，バラモン教の迷信(superstition of Brahmines)，キリスト教(Christianity)，仏教僧(priest of

Buddhist），ユダヤ教(Jewish system)などの語が使用されていることがわかる。またこれらを religion という一般用語の範疇に入れて論じ，加えて，世界の様々な religion には，人々を永遠の幸福に導く徳や善行や良心があると述べている。ただし，バラモン教の迷信性とともに，ユダヤ教の迷信性を帯びたキリスト教も religion の至高のものではないと述べている[Phrabatsomdet Phracomklaocaoyuhua 2507：5-9]。

　バラモン教やキリスト教との比較という事柄については後に取り上げることとし，ここで確認しておきたい点の1つは，この時代にすでに religion が諸「宗教」を包括する用語として使用されているということである。そして第2に，religion の意味合いをめぐる議論がなされていないという点である(後ほど論じるように，後の時代になると religion とタイ語のサーサナーの意味の相違が強調されてくる)。なおこの書簡のタイ語訳では religion の訳語にサーサナー(sasana)が充てられているが，これは親王本人による訳文ではないため，当時から religion とサーサナーの語が対応していたという証拠にはならない。とはいえ，religion とサーサナーの意味の違いについて特段論じていない点からすれば，暗黙のうちにそのような対応がなされていた可能性は高い。

　このように religion とサーサナーを同義に用いる語り方は，仏教を語る際に宗教一般の概念を引き合いに出すラーマ6世(在位：1910-25)の語り方[石井 1975：285-293]や，タイ社会のイデオロギーの基盤となったクン・ウィチットマートラーの『ラック・タイ』(1928年)などにも見られる。さらには1932年に発布された憲法の国王規定の中にも見られるようになる。ただしラーマ6世時代やクン・ウィチットマートラーの場合には，サーサナーで仏教を示すという用法も明確になっている[6]。

　そして1950年代からの著作では，このような religion とサーサナーの意味の重なりとずれが，意識化されるようになる。まず，『王立学士院版　タイ語辞典』(1950年)の「サーサナー」の項目を事例に取り上げてみたい。そこでは，サーサナーの意味が，以下のように記されている。

　　　人間が有している，体系性を持った，信仰・信条(ラッティ(latthi))や信

念(クワーム・チュア(khuwamchua))。例えば，世界の生成と終末についての
最高の真実とされる原理や，道徳としての善悪についての教えなど。また
その信念における見解や戒律や教えに基づいた，儀礼的行為が付随する。
[*Phocananukrom Chabap Rachabanditsathan* 2493]

ここでサーサナーという言葉は，信仰・信条(ラッティ)や信念(クワーム・
チュア)といった神信仰に関わる要素も含むものとなっている。サーサナーは，
もともとタイでは宗教的な「教え」，とりわけ仏教(プッタ・サーサナー
(Phutthasasana))を意味する言葉として使われてきたため，サーサナーにこ
のような意味の広がりを持たせるのは，実はそれほど簡単なことではなかっ
た。プラヤー・アヌマーンラーチャトンは，辞書の定義に至る背景を次のよ
うに述べている。

　　王立学士院版のタイ語辞典における宗教(サーサナー)の用語についても，
　定義に至るまでに委員会は数多くの会議を重ねてきた。なぜならそのとき
　の委員会には，仏教徒だけではなく，キリスト教やバラモン教[7]の委員も
　いたからである。もし仏教徒だけで構成された委員会ならば，面倒もなく
　合意に達しただろう。しかし，その場合には定義に他宗教の基本的な考え
　が含まれないので，不完全なものとなっただろう。[Phraya Anuman-
　rachathon 2502：12-13]

また，そのプラヤー・アヌマーンラーチャトン自身，1953 年の著作『友
人の信仰(Latthi khong phu'an)』では，神の創造や審判を信じることをラッ
ティ(latthi)，因果による苦楽の生成を信じることをサーサナーと呼び，後者
に仏教，ジャイナ教，儒教を含めている[Thongchai 2015：93]。加えてその後
に彼が記した『比較宗教』(1959 年)においても，「超自然的な神的力を持つ神
を，畏敬の念をもって崇拝すること」といった西洋の religion (この定義は，
宗教学の専門書ではなく，*Everyman Encyclopedia* を参照している)には，仏教など他
のサーサナーが入らないと述べている。また，もし西洋人が「宗教的な行い

に熱心な人を目にしたら，キリスト教徒には英語で religious man つまり宗教に熱心な人と称し，仏教徒には moral man つまり道徳的な人(khon mi cariya sinlatham) と称する」と解説し[Phraya Anumanrachathon 2502：14]，西洋人が持つ，キリスト教的 religion と仏教に対する理解の仕方の違いを指摘している。

　この当時，他にも religion とサーサナーの異同と総合化をめぐる，やや混乱した議論がなされていた。例えば，ルアン・ウィチットワータカーンによる『普遍宗教』(1951年)にも，そのような議論が見られる。彼はタイ語のサーサナーが5つの構成要素(神聖な存在への信仰と儀礼，倫理・戒律，教祖の教え，教えを伝える宗教者集団，1つの教えへの忠誠心)からなるものだとしている[Luang Wicitwathakan 2494：1-2]。その上でこの5つの要素がそろっていないが「多くの人が信仰しているものを，ラッティ(Latthi)と呼ぶ。つまりバラモン教(Latthi phram)，儒教(Latthi khongcu)，神道(Latthi sinto)，その他未開社会の精霊信仰(Ruang tu phisang thewada)など」と述べている[Luang Wicitwathakan 2494：6]。他方，「精霊信仰(Latthi phisang thewada)，先祖霊信仰(Latthi khaorop duwang winyan bannphaburut)，世界の神・国神・土地神などへの信仰(Ruang tu phracao pracam lok pracam muang pracam thin)などが，西洋では religion とされている」と述べている[Luang Wicitwathakan 2494：5]。

　ただしこの著作では，「信仰(Latthi)」など religion に入る対象も取り上げられているが，その書名には「普遍宗教(Sasana Sakon)」と「サーサナー」を冠している。この矛盾について彼は，書名のサーサナーは，religion (および哲学(philosophy)の一部も含む)の訳語として使用しているものだと弁解している[Luang Wicitwathakan 2494：10]。この混乱には，後のサーサナー概念の端緒が見られる。つまり，一方で religion の概念と伝統的サーサナーには決定的な違いがあることを注視しつつ，他方で religion 概念を広く捉え，そこに伝統的なサーサナーをも組み込み，さらにこの対象範囲の広がった religion をタイ語で「サーサナー」と呼ぶといった思考様式である。

　この思考様式は，マハー・チュラーロンコーン仏教大学で初めて比較宗教の科目を担当したサティアン・パンタランシーにも引き継がれている。『比

較宗教』(1963 年)で彼は西洋の religion には，唯一の創造神，道徳や法律と
なる教え，科学を超えた事柄，神への忠誠心といった意味が含まれており，
これは仏教を基盤にしたサーサナーの特徴(縁起，悟り，合理性，自己努力)と相
反すると主張している。ただし religion と仏教的なサーサナーの共通点に
着目し，それを「サーサナー」と呼ぶとすれば，その構成要素は，神聖な存
在への信仰と儀礼，倫理・戒律などの教え，教祖，教えを伝える宗教者集団
になると述べている(先のルアン・ウィチットワータカーンの定義とほぼ重なる)。ま
た，このような共通項からなる「サーサナー」は，西洋の religion に包括
されるものだとも述べている[Sathian 2506：8-11]。

　またマハー・マクット仏教大学で初めて比較宗教の科目を担当したスチー
プ・プンニャヌパープは，同種の議論を 2 つのサーサナーに分けて説明して
いる。彼は『宗教史』(1963 年)の中で，西洋の religion の基盤は神信仰にあ
るため，神信仰ではない仏教は，religion の定義からはみ出すと指摘する。
そこでスチープは，「サーサナー」を religion や仏教を含む包括的な概念と
して設定し，そこには，「人間が最高の存在として崇め信じる対象」，「心の
よりどころとなるもの」，道徳や理想や戒律などの「教え」といった，3 つ
の特質があるのだと定義する。そしてそのような包括的サーサナーは，reli-
gion のような「有神論的サーサナー(Sasana thi chua nai ruang phracao)」と，
仏教のような「無神論的サーサナー(Sasana thi mai chua nai ruang phracao)」
からなると整理している[Suchip 2506：10-12]。

　このように「有神論的サーサナー」(religion)と「無神論的サーサナー」(仏教
など)が区分され，いずれも包括的概念としての「サーサナー」の中に包含
されるという手法は，後の宗教学関連の教科書の多くに引き継がれている
[Sucitra 2527：1, Sumet 2532：10, Fu'n 2539：2][8]。

　チェンマイ大学で宗教科の授業を担当し，『宗教学』(1986 年)を執筆した
セーン・チャンガームは，この見解に近い形で religion を下位概念に据え
ているが，サーサナーについては定義を明確にしていない。彼は現代タイ仏
教において，仏教の意味は 5 種類(悟りの状態，哲学，道徳，民間信仰，信仰に関
わる国家制度)あり，このうち，religion に該当するのは民間信仰だけである

と論じている[Saeng 2529：13-15]。その一方でウェーバーに倣い，サーサ
ナーの定義は研究の終着点で得られるものだとして，その定義を巧みに避け，
代わりにサーサナーや religion に該当するいくつもの用語が，仏教（およびヒ
ンドゥー教など）において使用されてきたことを強調している。例えば，パー
リ語のサーサナーは，命令・メッセージ・教え・教義といった意味であるが，
仏教の自称はサーサナーだけでなく，伝統的にはプローマチャン（Phromacan
梵行），タンマ（Thamma 仏法），タンマ・ウィナイ（Thammawinai 法と律）など
も使用されてきたし，水場・沐浴場・船着き場などを意味するティッタ
（Tittha）という古代インドで使われた用語も，宗教的教えといった意味を
持っていると指摘し[9]，サーサナー以外の用語の存在に注意を促している
[Saeng 2529：1-10][10]。

　以上のように，タイの宗教学関連の古典的著作においては，religion と
サーサナーの意味合いをめぐって，やや混乱を含みつつ様々な議論がなされ
てきた。そしてそれらの議論はおおむね両者の違いを際立たせつつ，何らか
の形で両者を共通の土台に載せる試みへと向かっていった。共通の土台をつ
くるために，一方で religion をキリスト教的な唯一創造神への信仰から，
精霊信仰を含む神信仰一般，さらには神信仰を基盤としない仏教を含むもの
へと広げ，他方で，サーサナーを仏教の教えから，神聖な存在への信仰・儀
礼・教え・教祖・集団といった全体的存在としての現象に，さらに有神論を
も含む宗教一般へと広げていった。

　ここで生じている意味の複層化・複雑化を，いささか俗な比喩で表現すれ
ば，「うどん」を「スパゲッティ」の一種と表現するのか，逆に「スパゲッ
ティ」を「うどん」の一種と称するのかといった問題に近い。しかも，「う
どん」の背後には「麺類（小麦粉以外の素材のものも含む）」につながる普遍化志
向があり，「スパゲッティ」の背後には「パスタ（マカロニやラザニヤなど麺では
ないものも含む）」への普遍化志向がある。そういったローカル／普遍の複層
性を持つ概念が，さらに同種のローカル／普遍を持つ概念と複雑に絡み合う
状態，それが religion とサーサナーの接点で生じていたことだと言えよう。

　ただし，このような普遍化志向は，近代以前のタイ社会において主要なも

のの見方であったわけではない。むしろ，西洋文明，キリスト教との出会い
の中で，これに触発されつつも，相手に対抗できるような形で形成されてき
たものの見方であると言えよう。後述のように，それはキリスト教宣教師に
よる仏教理解や仏教批判への護教的対応といった社会的背景も影響があった
と思われる［Thongchai 2015］。そこにあるのは，宗教が家族的類似性のもと
で多様性を含みながらも 1 つのグループに入るといった認識上の出来事にと
どまらない。家族的なグループに組み込まれた瞬間から，誰が長なのか，ど
のような思考様式やルールでこのグループの存在を正当化し制度化するのか
といった覇権争いが始まった，そのような出来事であると言えよう。

2-3　「宗教」の存在意義と疑似宗教

　以上，欧米の宗教学理論やその理論と連動した宗教の定義の影響をあまり
被らなかった，タイの宗教学関連の研究においては，独特なやり方で「宗教
(religion あるいはサーサナー)」なるものの定義の試みが行われてきたことを論
じてきた。しかし，これらの著作に見られる「宗教」論の特徴として，さら
に 2 点ほど補足しなくてはいけないことがある。1 つは，サーサナーの存在
意義を肯定的に評価している点，もう 1 つは，そのようなサーサナーの外縁
に「ラッティ(latthi)」という疑似宗教的な領域が設定されている点である。
　まず前者の点について簡単に触れておく。宗教学的関連の古典的な教科書
的著作において，サーサナーは客観性を保とうとする定義以外に，肯定的な
評価もなされている。例えば，プラヤー・アヌマーンラーチャトン『比較宗
教』(1959 年)では，比較宗教(Sasana Priapthiap)はサーサナーの格付けを行う
ものではないと述べる一方で，古代中国哲学者の言葉「宗教(サーサナー)の
中にはいろいろな派(ニカーイ)があるが，それぞれの教えにそれほど大きな
違いはない。寛大な心の持ち主ならば，これらの教えは同じ真理に基づくも
のと捉えるだろうが，心の狭い者には，違うものと見えるだろう」を引用し，
諸宗教(サーサナー)の教えの中にも同じ真実があることを理解できるはずだ
と説いている［Phraya Anumanrachathon 2502：15］。つまりどれが良い宗教
(サーサナー)であるかを問わない学術的な態度をとることは，宗教そのもの

に人間にとっての共通価値があると見なすことと，矛盾しないというわけである。

　同様にルアン・ウィチットワータカーン『普遍宗教』(1951年)では，「サーサナーは人間が良い行いをするよう教え，道徳と良き慣習の源となり，苦しみを取り除き，幸せをもたらし，世界を照らす燈となり，人生を明るくする」ものであるから，サーサナーの研究も重要なのだと述べている[Luang Wicitwathakan 2494：11-12]。また，サティアン・パンタランシー『比較宗教』(1963年)においても，比較宗教は，宗教の優劣を決めるのではなく，人間理解のための学，各自のサーサナーの色(特色)を知るようなものであると述べ[Sathian 2506：1-2]，さらに人間には「身体的ニーズ」，「社会的ニーズ」，「精神的ニーズ(Khuwamtongkan thang citcai)」があり，「精神的ニーズ」とは「サーサナー」であり，それは「悪を避ける戒(Sin)，良き行いをするという教え(Thamma)であり，身体的・社会的ニーズの基礎になる」と述べている。つまり，慈悲の教えや実践のように，人々を結びつけて社会をつくる作用である，戒と法こそがサーサナーであり，国や時代を超えて必要とされているものだとしている[Sathian 2506：4-5]。

　こういった「宗教」を手放しで肯定的に評価する傾向は，日本の宗教学の教科書(少なくとも戦後の教科書)においてはあまり見られず，むしろ距離をとった表現がなされてきた。しかし，タイの場合には，これがストレートに表現されている。つまり，サーサナーとは，存在そのものに意義のある人間の営みなのであり，その影響は個々人の精神にとどまらず，社会の発展や形成にまで及ぶものとして位置づけられている。

　ただし，次に述べるように，タイにおけるサーサナーの外縁には，一段価値の劣った「ラッティ」というものがあり，それとの差異においてサーサナーの評価も行われている点を見落としてはいけない。

　例えば，ルアン・ウィチットワータカーン『普遍宗教』(1951年)は，先述のようにサーサナーとは5つの構成要素(神聖な存在への信仰と儀礼，倫理・戒律，教祖の教え，教えを伝える宗教者集団，1つの教えへの忠誠心)からなるものであり，そのいずれかを欠くバラモン教や儒教や神道，精霊や自然物崇拝や祖先崇拝

は，サーサナーではなく，ラッティであると規定している[Luang　Wicitwa-thakan 2494：1-6]。また，サティアン・パンタランシーは，『比較宗教』(1963年)において，「「ラッティ」とは「サーサナーの始まり」もしくは「サーサナーの原点」」とし，「発生当初の仏教はゴータマのラッティであり」[Sathian 2506：12]，天理教，モルモン教，バハイ教は新興宗教(ラッティ・サーサナー・マイ(Latthi sasana mai))であると述べている[Sathian 2506：12, 42]。

　実際ラッティとは，制度化されたサーサナーになりきっていない信念(khuwamchua)などとともに使われる用語であり，また一般のタイ語辞典などを見てみると，原義は「見解」とあり，使用事例として民族主義(ラッティ・チャートニヨム)，資本主義(ラッティ・トゥンニヨム)，社会主義(ラッティ・サンコムニヨム)など，世俗的な主義にも用いている。宗派という意味合いを持つ場合もあるが，一般にはサーサナーの下位区分集団としての宗派には「ニカーイ(nikai 三蔵聖典の下位区分であるニカーヤと同義)」が用いられるので，ラッティの場合には伝統的区分から独立した新派的な意味合いがある。つまりラッティとは，価値の高いサーサナーより，劣るか信頼性を欠く，新興のサーサナー，不完全なサーサナー，あるいは世俗の信条や見解，というニュアンスも持つことになる。

　このようなサーサナーとラッティの使い分けは，行政の領域においても見られる。例えばタイの華人廟や他の祠は，ラッティを行う対象とされていた。片岡樹は，1920 年に内務省が華人廟や他の祠を管理する際に根拠とした法規定の中には，これらの場所を「中国人や他の人々のラッティに基づき，崇拝や儀礼の対象となるものを有している場所」と定めていたと述べている[Kataoka 2012：465]。そしてこのようにサーサナーに組み込まれなかった華人廟などの中国宗教は，現在でも宗教としてカテゴリー化され国家に登録されるようなことはなく，見えない宗教となっていると論じている[Kataoka 2012：468]。

　またサーサナーとラッティの使い分けは，タイの 1932 年の第 2 憲法(実質的な最初の憲法)にも見られる[11]。そこでは，国王によるサーサナーの護持を記した項目とは別に，「第 12 条　人々は，国民としての義務に背いたり，社

会の平穏を乱したり，公序良俗に反したりしない限り，宗教(サーサナー)や信仰(ラッティ)を信仰する十分な自由を有す。また自己の信念に基づき儀礼を行う自由を持つ」[Nakhon, Nophasun, Narin 2515：13]という規定が見られる。もちろんこの条文だけでは，ラッティがサーサナー以外の劣った信仰を意味するのか，あるいは単に宗派を意味するのかは判断できない。とはいえ，国王の規定にはサーサナーしか記さず，国民の信教の自由に関してはサーサナーとラッティを併記している。後述のように，そこには意図された使い分けがあったのではないだろうか。

　なお先述のプラヤー・アヌマーンラーチャトンによる，仏教，ジャイナ教，儒教など道理を信仰の対象とするサーサナーと神信仰を基本とするラッティの区分や，ラッティという用語は，トンチャイによれば，その後の比較宗教論では用いられていないとされている[Thongchai 2015：15-16]。これは部分的には正しい。確かに今日において，サーサナーとラッティが諸宗教の区分に明確な形で使われているわけではない。しかし，先述のように，タイの宗教研究が制度化されていく当初は(つまりプラヤー・アヌマーンラーチャトンの1953年の著作『友人の信仰』より前，そしてそのしばらく後まで)，サーサナーとは，人間や社会に貢献する肯定的な価値を帯びた営みと位置づけられ，ラッティというサーサナーになりきれない残余(迷信，神信仰，宗派，世俗思想など)との差異において規定される現象でもあった。その後その区分は急速に使われなくなり，現在ではときおりその残滓が見え隠れする程度になっている。

2-4　ま　と　め

　以上，タイにおける宗教学関連の古典的著作における「宗教(サーサナー)」の意味について論じてきた。

　そこでは，欧米の宗教学理論や宗教の定義を取り込んでいない状況下で，「宗教」に当たるタイ語の「サーサナー」と英語の religion の意味の擦り合わせにおいて複雑な事態が生じたことを指摘した。欧米の「宗教学」は制度史におけるだけでなく，思想内容の面でもまた不在であった。

　そのような環境の中で，サーサナーという用語が religion 的な思考領域

に組み込まれつつ，独自の対抗的な定義がなされてきた。つまりサーサナー
は，一方では，人間や社会を発展させる価値ある存在として捉えられ，reli-
gion との異同が様々な形で議論される何かであり，他方でラッティと呼ば
れる疑似宗教の領域との差異においても規定される概念となったのである。
なおバラモン教の扱いにも見られるように，サーサナーとラッティの線引き
は流動的であり，そこには時代性が刻印されている可能性がある(少なくとも，
ラーマ 4 世の書簡やルアン・ウィチットワータカーンの著作では，バラモン教をサーサ
ナーではなくラッティの範疇で捉えていた)。

　このように近代タイ当初のサーサナーは，一方で religion との接点，他
方でラッティとの接点において，独自の実態・領域として思考されるように
なってきたのである。言うまでもなく，このサーサナーの中心に置かれるの
がタイの仏教であった。

　では，なぜタイにおいて「宗教学」は不在となったのだろうか。そしてそ
のような「宗教学」不在という条件下のタイのアカデミズムの中で，タイ仏
教はどのように位置づけられてきたのだろうか。以下，この問いについて，
考えてみたい。

3　なぜ「比較宗教」が行われたのか

　上記の問いについて以下に論じるのだが，実はこれらの問いに答えるため
には，少しばかり工夫が必要となる。まず「宗教学」の不在といった「無
い」ものの意味を直接問うのは難しい。そこで，「宗教学」の代わりに何が
あったのかという問いと，タイにおける「宗教学」の不在の特質とはどのよ
うなものであったのか，という問いに二分して，議論を進めてみたい。具体
的には前者の問いに対して比較宗教の展開という点から，後者の問いに対し
て宗教を私的な領域の体験と見なす見解の不在，という点から分析を進める。
そしてそのような論点を踏まえて，(少なくとも 1950 年代までは)タイのアカデ
ミズムで前提とされていた，タイ仏教の意味を明らかにする。

3-1　タイにおける比較宗教の展開

　最初の問いである「宗教学」の代わりに何があったのかについては，本章の第2節で取り上げた諸事例からも推察できるように，「比較宗教」といった営みがあったということが当座の答えとなる。先述のトンチャイ・ウィニッチャクンの論文も，同様にタイの比較宗教について注目した議論をしている[Thongchai 2015]。では，その営みは何を意図していたのだろうか。この点を以下に論じていきたい。

　ただし，比較宗教の意図することは，宗教学・宗教研究の制度化の時代的変遷によって変化している。ここでは，19世紀後半からのタイの近代初頭の時代，ならびに第二次世界大戦後に大学が急速に整備されていく時代の比較宗教を対象としたい[12]。この時期の比較宗教は，仏教を西洋文明に匹敵する普遍的で文明的な宗教として位置づけるための比較に重点を置き，またタイの固有性を示すための比較にもなっていた[13]。以下，タイの宗教・仏教概念における重要なプロトタイプの1つを生み出した，この時代の比較宗教の内容を，先に取り上げた代表的な論考・著作・教科書を素材とし，違う角度から読み込んでみたい。

3-2　野蛮の切り離し

　近代タイの比較宗教が当初何を目指し，どのような概念枠で思考していたのかを理解するには，単に宗教の問題だけではなく当時のタイ人エリートたちの思考様式を考慮する必要がある。この点については，先述のトンチャイが，19世紀末から20世紀中頃のタイにおける「文明化」の地理的言説について分析した2000年の論文が参考になる。トンチャイは次のようなことを論じている。

　タイにおける西洋文明の導入は，単に科学的な知見やキリスト教が入ってきたというだけではなく，ヒンドゥー教や仏教の深遠な力の源としてのインド，および朝貢など貢物の連鎖の頂点でもあった中国といった地域が，西洋によって支配され，近代以前のタイ国王の権力を意味づけていた地理的な秩

序のイデオロギーが急速に崩壊していく過程でもあった。そこで世界の新秩序を構築するために，そのエートスとして西洋の「文明」なるものを取り込もうとした。そしてその文明化は，タイの領土内に，文明(エリート)と野蛮(山地少数民族)，その中間の地方農民などの地理的・社会的区分を生み出していった。また文明化したタイのイメージを提示するために万国博覧会などへの出展を試みるが，西洋側が期待するタイのイメージとの齟齬を突きつけられることもあった。逆に西洋のまなざしや仕草を模倣し，タイ国内に博物館を設置することなども行ってきた[Thongchai 2000]。

　この論文ではタイ国内の宗教について論じられていないのだが(Thongchai 2010 において二項関係論として若干触れられている)，本章でも何度か取り上げている 2015 年の論文では，この文明化の試みは(文明化という用語は使用していないが)，19 世紀末からの言わば半植民地下での仏教側からのリアクションとして捉えられていると言えよう。当時タイの周辺国は軒並みイギリスやフランスに植民地化され，加えてタイにやってきたキリスト教の宣教師による仏教批判も国内で展開されていた。そのような状況下で，仏教護教論的な比較宗教の原型とも言えるチャオプラヤー・ティッパコラウォンの『キッチャーヌキット(諸々の知識)』(1867 年)が著され，後の比較宗教に影響を与えていったとしている[Thongchai 2015]。

　同じような文明化の試みは，『キッチャーヌキット』が書かれる前にも見られる。その典型的な例が，先にも触れた 1849 年にニューヨークの知人にモンクット親王(後のラーマ 4 世)が送った，英文の書簡である。この書簡の中で親王は，自分がキリスト教徒に改宗すれば他のタイ人もそうなるだろうと考える知人を諫め，仏教があるのでタイにキリスト教は必要ないと述べる。重要かつ興味深いのは，その根拠についての親王の見解である。それは，一方で，キリスト教を「蛮族にも似た」迷信的なユダヤ人の宗教の延長線上にあるものと位置づけ，他方で，仏教を極めて正確な体系と論理性を持った道徳と教養の長い伝統であると位置づけている。もっとも仏教の中にはバラモン教や未開宗教と習合した非難に値する部分もあることを親王自身は認めているが，それでも仏教の方がユダヤ教より称賛に値すると主張している

[Phrabatsomdet Phracomklaocaoyuhua 2507：3-9]。このように親王による宗教の比較は序列化を目的としたものであった。またこの主張だけでなく，親王は，タイの仏教改革を遂行し，正しい聖典に準拠し，神話的要素やまじないなどを排除した仏典解釈を重視し，新たな宗派(タンマユット派)を設立している。仏教は野蛮なるものを切り離して文明化されたのである。

　これと同種の思考は，トンチャイも取り上げているように，王族以外の知識人が仏教について論じた『キッチャーヌキット』にも見られる。子供と先生の問答という形で一般人・子供向けに書かれたこの著作は，仏教とキリスト教・イスラームとの比較を行っており，また従来の仏教で重視されていた聖典外の経典『三界経』やバラモン教の世界観を非科学的と批判し，あるべき仏教から切り離し，かつ仏教はキリスト教よりも精神的な面で優れていると論じている[Chaophraya Thipakorawong 2514，宇戸 1987]。

　宗教学・宗教研究の制度化前史における比較宗教のこのような思考様式は，比較宗教の科目設置や宗教学・宗教研究の制度化が始まる初期には，より洗練されたものになっていった。この時期の比較宗教では，他宗教をあからさまに低次元の宗教と位置づけるような表現はなくなる。しかしそれでも前の時代の影響が微かに見られる。

　とりわけ宗教の定義に関する議論に，その傾向が現れている。本章ですでに取り上げたように，当時執筆された比較宗教や宗教史に関する一般書・教科書では，英語のreligionと，これに近似的に対応するタイ語のサーサナー(sasana)との異同について，それぞれの包括的な意味空間を押し広げつつ，接点を設けようと葛藤していた。しかしいったいこの一連の営みは，何を意図していると理解したらよいのだろうか。この営みをよく見てみるとわかることは，どの論者も一見して「宗教」なるものの普遍的定義を模索しているそぶりを見せつつも，実際は，西洋のreligionとされるキリスト教とサーサナーとしてのタイ上座仏教との比較が主たる論点になっているといった点である。これは制度化前史における比較宗教の枠組み，植民地化の危機，キリスト教による仏教批判へのリアクションとしての比較宗教の実践といった状況と変わりはない。むしろこの2つの宗教なるものをもって，すべての

宗教を語ろうとしている点でより単純化されている。確かに，制度化前史の時代のように，あからさまに神信仰を非合理的で野蛮なものと述べることはなくなったが，仏教はキリスト教と対峙しうる世界的宗教として同格の存在であり，伝統的タイ仏教の文化的・思想的背景をなしているバラモン・ヒンドゥー教は仏教から切り離されていくのである。

　このような野蛮の切り離しの思考は，宗教(サーサナー)になりきれていない準宗教的な「ラッティ(信仰・信条)」に関する議論とも関わりがある。ラッティは先に述べたように，サーサナーではないある種の信仰の領域であり，神・精霊信仰，あるいは教祖や教えや宗教者集団のいずれかを欠いている準宗教[Luang Wicitwathakan 2494：1-6, Suchip 2506：13-15]，発生当初の諸宗教でまだ社会的な認知がなく普遍性を得ていない宗教(サーサナー)[Sathian 2506：12, 42]などと説明されていた。

　これらラッティは，未開で未発達な精神的営みであり，当然ながら現在ある仏教とは異なるものとして位置づけられていた。ただし，ヒンドゥー教がラッティに区分されながらも，他方でサーサナー・ヒンドゥーという表記を用いて，ヒンドゥー教の解説が行われるなど，実際の議論ではラッティは学術的にあやふやな概念として用いられている。むしろタイ社会の実生活の中において，文明的で整ったサーサナーのおぼろげな影として，便宜的に構成された領域であり，合理的で普遍的な文明的宗教としての仏教のイメージが確立されていく中で，徐々に必要性を失い，ときおり姿を見せる残余の領域となっていったのではないだろうか。ちょうど多段式ロケットが，燃料を使いきった第1段ロケットを切り離し，さらに上昇していくようなものなのかもしれない。

3-3　文明としての宗教

　このように制度化初期のタイ比較宗教においては，religion とサーサナーを軸に宗教概念論が展開していた。しかしこれらの議論がなされた著作の中では，別の思考枠組みが見え隠れし，そこにおいては仏教が他の宗教よりも優れているかのような，微妙なニュアンスが匂い立ってくる。それは宗教を

文明・平和の礎と位置づけ，仏教をそのような普遍性を持ったより文明的な宗教と見なす議論である。

　制度化初期における比較宗教の教科書などにおいて，多くの論者に散見されるサーサナー(およびreligion)を文明の基礎と意味づける議論は，サーサナー(およびreligion)をその機能から定義する議論とも言えよう。しかしこれは，議論というよりは前提とされている知見をそのまま述べるという形になっている。例えば，先のモンクット親王の見解もそうであるが，仏教は文明的なのであり，それは他宗教に優る特質とされているのである。先述のサティアンも，サーサナーは慈悲などの規範によって社会を形成する役割があり，人間が争いだらけの未開(Khon pa, savage)・野蛮(Khon thuan, barbarians)から抜け出して，良し悪しを身につけた都市民(Khon muang, civilised)になるには，宗教による人々のつながりが必要であると述べている。そしてその上で，そのような宗教(サーサナー)とは，戒(悪いことを行わない)と法(良いことを行う)からなるといった，仏教的視点を滑り込ませている[Sathian 2506：4-5]。

　このような見解は，単に知識人の間だけで流通するものではない。例えば，現在のタイの公立学校で使用されている仏教科の教科書などにも，仏教を文明の礎として捉える項目があり，次のようなことが記されている。

　　社会として共同で生活するには，社会に規律をもたらす規則が必要となる。これらの規則は後に，法律や社会の慣習と呼ばれるようになる。

　　ただし法律や慣習が，社会成員の行為について整えることができるのは身体的行為と言語表現に限られており，心を整える力は持っていない。このため人間社会はまだ本当の意味での文明には達していないし，まだ平安を獲得したとも言えない。そこで宗教が生まれてきたのである。仏教はこの世界に生まれた宗教の1つであり，心の働きを整え人間社会に貢献する役割を担っている。したがって仏教は，世界の人々の間に文明と平安をもたらす1つの重要な要素とみなされている。

　　特に，世界に文明をもたらす点での重要性について述べれば，仏教はこの重要性を示す多くの教えを持っている。以下，その事例をとりあげる。

[チャラット，カウィー 2008：28-29]

　このような教科書の記述は，特定の教科書のみに見られるものではない。「世の中に文明を築く仏教の重要性」という事項が，中学 3 年の仏教科用のビジュアルマップ(学習指導要領のようなもの)等に記載されており[Phrathepso-phon 2545：52]，どの教科書もこれに即して記さなければならないのである。

3-4　普遍的な文明としての仏教，個別的な民族文化としての仏教

　以上述べてきたように，宗教研究の制度化前史から制度化初期の過程において，タイの知識人たちが行った比較宗教の議論は，キリスト教との比較を通じ，またバラモン・ヒンドゥー教と距離をとり，仏教をキリスト教と同格かそれ以上の宗教として普遍的な文明の側に位置づけることであった。

　このような思考の枠組みは，知的エリートの仏教思想であり，社会秩序あるいは社会倫理の形成に関わる為政者の仏教の系譜，つまり統治の道徳論に属するものと言えよう。ただし知的エリートや行政の影響は，仏教に関する知的な解釈に関するものだけではない。本書の他の章で取り上げてきたように，それは，僧侶の国家レベルでの集団化とその教育内容の画一化，学校行事などを通じて行われる諸行事となって全国的に画一化される仏教祭礼，あるいは地方色豊かな仏教儀礼の地域内標準化など，タイ独特の民族文化と見なされるものの形成・成形にまで及んでいる。国家や知的エリートが近代につくり上げた仏教は，一方でタイを超えた普遍性を主張する「文明の仏教」であり，他方でタイの民族の文化や伝統として形づくられナショナリズムを支える「民族文化としての仏教」であったと言えよう。

　翻って「宗教学」の不在に話を戻せば，欧米的な宗教学が不在であったという状況は，独特な比較宗教の実践と表裏の関係にあった。そしてその比較宗教(あるいは「宗教学」の不在)が，タイ国家が上述の仏教をつくることを可能とするような，思考の領域を形成していったと言えよう。この点について，以下に別の角度から確認してみたい。

4　なぜ「宗教学」が不在なのか

4-1　仏教優位の比較宗教論

　以上，タイ宗教研究の制度化前史から初期にかけて，なぜ比較宗教という営みが重視されたのかを論じてきた。次に，この成果をもとに，なぜタイの宗教研究において「宗教学」が不在なのかを論じていきたい。先に述べてきた比較宗教の議論には，欧米宗教学に見られる宗教の本質をめぐる(そして今日では疑問視されている)議論は組み込まれていない。宗教を超自然性や聖性あるいは究極性として位置づけるような議論が全く素通りされている。それは，比較宗教の科目を担当する教員たちが，宗教学を学ぶために西洋に留学するという経験を持っていなかっただけでなく，比較宗教を論じる際に使用する英語文献の選択段階で，宗教学に関わる著名な研究者の文献をあまり参照していないというところから生じている。なぜそうなってしまったのか。その直接的な要因を明らかにすることは難しいが，「宗教学」的な宗教の本質論があまり必要とされなかったという間接的な点については，いくつかの要因を指摘することができる。それは，第 1 に仏教優位の比較宗教となっている点，第 2 に宗教(サーサナー)が公的なものであるという点，第 3 にこれらの点が体制理念に組み込まれているという点である。以下，順を追って論じていく。

　第 1 の点としては，タイの比較宗教の議論は仏教優位の議論となりやすく，宗教なるものの本質を問うというような視点(「宗教学」が展開した地域では，今日，その歴史性や権力関係が問われているような視点)が，重視されてこなかったということを指摘できる。宗教研究の制度化初期におけるタイでは，比較宗教論者の多くが仏教の専門家であり，また仏教を文明の礎となる宗教(サーサナー)としてキリスト教と対峙させるのは，仏教を優位に論じることにつながっていた。

　もちろん比較宗教という学問の範囲内では，宗教の優劣を明示的に示すこ

とは少ない。またそこでの議論は，悟りを目的に据えたものではないし，聖典に即したカテゴリーや術語を用いた議論でもない。その意味では，タイの比較宗教は，伝統的な仏教学(神学的と言ってもよいかもしれない)ではないし，近代的な西洋経由の仏教学的宗教研究でもない。しかし，一種の護教論的な宗教研究という特質は見られる。

　そのような状況になる背景としては，学外の仏教界や仏教徒への配慮という面もあるだろう。トンチャイは，非仏教に一定の寛容さを見せつつも仏教護教論的になる，20 世紀タイの比較宗教について，「タイ仏教が危機にあるという意識，仏教の再認識，敬意をもって他宗教を学ぶ必要性」といった要因が絡んで展開してきたとし[Thongchai 2015：95]，その要因の微妙なバランスは，タイのアイデンティティやタイの仏教が批判されたり疑問視されたりした場合には護教論的な面に比重が移り，仏教徒は他宗教への寛容性を失い攻撃的な反論を展開すると述べている[Thongchai 2015：97]。

　トンチャイも指摘するように，仏教の優位性を揺るがすような宗教研究は，タイ社会(少なくとも仏教徒を中心とした社会)では好まれない[14]。実際，近年「チットウィンヤーン」(チットは心，ウィンヤーンは魂や霊という意味合いを持つ。英語のスピリチュアリティからの造語)というタイ語の造語を用いて，仏教やキリスト教やイスラームなど諸宗教の基盤としての宗教性・高次の精神性という点に着目し，現代タイ人の信仰心を復興・活性化させようという主張を述べた在俗の知識人がいた[15]。しかしそれは，非仏教的用語の使用，特に霊魂をイメージさせるような用語を用いて仏教と他宗教の共通性などを論じる点について，仏教界からかなり厳しい批判を浴びている[泉 2013][16]。

4-2　公的なものとしての宗教(サーサナー)

　「宗教学」不在の第 2 の要因は，制度化初期のタイにおける比較宗教研究では，宗教の公的側面が強調され，そのため宗教の私的な体験に重きを置き，その本質を聖性や究極性に求めるような宗教学とは，議論の方向性にずれが出てしまったという点である。

　タイにおいて宗教とりわけ仏教は文明へ向かう社会秩序の基礎，公的な道

徳の根拠とされている。本書でこれまで論じてきたように，少なくとも国家が直接関わる領域の仏教は，私的な宗教ではなく公定化された宗教であり，そのような宗教は，道徳・公益に携わり，教育行政(宗教・道徳教育)や福祉行政といった政治・行政分野に深く関わるようになる[17]。

　タイの体制理念でもある「ラック・タイ(タイ的原理)」は，チャート(民族的政治共同体)，宗教(サーサナー)，国王を国の基盤としているが，現行タイ国憲法においてもこの点は，以下のように国民の義務とされている。

　「人は本憲法に基づき民族(チャート)，宗教(サーサナー)，国王および国王を元首とする民主主義政体を保護し維持する義務を負う」(2007年憲法「第4章タイ国民の義務　第70条」)。

　このように「宗教」の保護と維持(ピタック・ラクサー(phithak raksa))[18] は，国民的な「義務」であり，それは公的な次元の事柄なのである。このようなタイプの宗教なるものは，神秘体験など個人の特殊な体験の共通性を基盤とし，そこに宗教の本質を探るようなタイプの「宗教学」[磯前 2003：48-49]が，対象としているものではない。タイでは，少なくとも知的エリートの主流においては，宗教は私的(あるいは個的)な体験に基礎づけられる何かではない。しかも仏教は信じる対象ではなく，合理的な思考のカテゴリーに位置づけられるようになった。こういった経緯から，宗教を私的(個的)なものとし，その上で聖性や究極性の体験を論じていくようなタイプの宗教学は，タイでは広まる素地がなかったのではないだろうか[19]。

5　タイ国家の体制理念に組み込まれた宗教(サーサナー)

5-1　「宗教学」不在のポリティクス

　最後に「宗教学」不在となる間接要因，あるいは「宗教学」の展開を抑止するような環境を形成する要因として，宗教(サーサナー)が国家体制理念に組み込まれているという点を考えてみたい。ただしこの点は，扱う範囲がやや広がるので，節を改めることにする。

　宗教は文明の礎であり，社会秩序の道徳的基盤を形成するものだという，これまで述べてきた見解は，宗教の公的役割を重視するものであり，当然，国家はその見解を様々なやり方で保持し，広げていくであろう。しかし，ここで注目したいのはそのような国家一般ではなく，タイ国という特定の国家，とりわけ国王が体制の一翼を担っている「国王を元首とする民主主義政体」という政治のあり方である。

　本章では，タイにおける比較宗教の展開について，モンクット親王(後のラーマ4世)によるキリスト教学習と仏教改革を制度化前史として位置づけ，そこでの議論のあり方をプロトタイプとし，その後の制度化における議論の展開を追ってきた。その意味では，そもそも比較宗教の営みや，文明の礎として宗教を捉える議論自体が，当時の西洋的な宗教理解に影響を受けつつ，タイの近代化初期における知的エリートであった王室の中から生まれ，合理化・道徳化されてきたものであった。そこでは，仏教の護持と，護国の精神および国王・王室の保持が，相互に密接につながるものであったと考えられる。

　そのような仏教・宗教と国家と国王の関係は，憲法の規定の中にも見られる。それはタイ仏教研究上，極めて有名な規定，「国王は仏教徒であり，宗教の至高の擁護者である」というものである(なお，第2，第3，第5憲法のみ前半部が「仏教徒でなくてはいけない」となっている)。1932年の立憲革命によって制定されたタイの憲法は，その後何度も新憲法が制定され，暫定憲法も含めると2007年憲法は，第18憲法となる(なお本書推敲中の2016年8月7日に，新たな憲法草案に対する国民投票が行われ，採択されることになった)。しかし，国王と仏教・宗教に関するこの規定は，ほぼ変わりなく維持されてきた。確かに立憲革命によってそれ以前と比べると王室の権力は衰退したが，勤王派の巻き返しもありこのような規定が制定された。実際，この種の国王・王室の権利・義務や権威に関する規定は，革命派が草案をつくった1932年暫定憲法(第1憲法)には見られず[Nakhon, Nophasun, Narin 2515：1-8]，勤王派との妥協の中で草案がつくられた1932年シャム王国憲法(第2憲法)から見られる。そのような経緯からすれば，そこには勤王派の見解やイデオロギーが反映されてい

ると考えることもできるだろう[20]。

　このようにして組み込まれた「国王は仏教徒であり，宗教の至高の擁護者である」という規定について，日本のタイ仏教研究の基盤を築いた歴史学者の石井米雄は，タイ人の法律専門家による憲法の釈義などを参考に，次のような解釈を展開した。まず第1に，「国王は仏教徒」という点は，仏教はタイ民族の伝統的な宗教(タイ民族という概念に内属した宗教)であるから，タイの国の首長である国王が仏教徒であることは，当然の規範となる。

　第2に，「宗教の至高の擁護者」という点について，宗教の原語がサーサナーである点に注目し，これはタイでは元来は仏教を意味するものであったが，1932年末のシャム王国初の憲法草案審議の過程において，「sātsanā の外縁を非仏教にまで拡大して，これに仏教をも含むところの一般宗教の意味を自覚的に持たせる必要が生じた」と推定している[石井 1975：66]。

　第3に，このように，サーサナーを仏教ではなく，宗教としたのは，正法王といった「タイ人の伝統的国王観ないし仏教観に法律的表現を与えたに過ぎない。sāsanā における意義の変化は，伝統的価値観を，西欧民主主義の文脈に適応させるため，人為的に加えられた modus vivendi として理解されるべきであろう」[石井 1975：66]と述べている。加えて，ラーマ4世時代には国王が「仏法の擁護者(Phraboromarāchūpatamphok Phraphutthasāsanā)」と規定されていたが，「「仏法の」という言葉は，1932年の立憲クーデター以降制定された憲法では，「宗教の」という表現に変わっているが，これは近代憲法に不可欠な信教の自由条項との抵触を避けるための変更にほかならない」[石井 1975：270]と解釈している。

　しかしこれら3点についての石井の解釈は妥当であろうか。とりわけ，「宗教(サーサナー)」の意味を文明の礎とし「ラッティ」とは異なるとする，本書で提示した見解を踏まえると，別の解釈も可能になる。もちろん本章で取り上げたサーサナーとラッティについての議論の主たるものは，憲法制定後の議論であるため，これらの議論が憲法規定に影響したとは言えない。しかし先述のように，第2憲法には，すでにこの区分が記されている。仮定にすぎないが，近代タイ社会の為政者・知識人が思い描いてきた宗教観が，憲

法規定と後の宗教論という形で現れてきたと解釈することもできるのではないだろうか。そのような仮定に基づくと，以下のように憲法の宗教関連規定の意味合いがより理解しやすくなると思われる。

なお，石井の提示した第2の点，サーサナーを「宗教」一般として捉える見解は，1932年の憲法制定による必要性において初めて生じたと解釈するのならば，事実関係にそぐわないように思える。例えば，1932年の憲法制定以前に，ラーマ6世の諸論考や，クン・ウィチットマートラーの『ラック・タイ』(1928年)などにおいて，すでにサーサナーという用語が宗教一般の意味で使用されている。また先述のように，モンクット親王の書簡など19世紀末のタイ比較宗教前史にすでにその萌芽が見られる。石井の主張が，初めて法的なレベルで自覚化する必要性に迫られたということであれば，その通りかもしれないが，そもそも憲法自体がこの時期初めてつくられているのであるから，法的レベルを強調するのもやや的外れに思える。いずれにしてもこの点についてはあまり議論の必要はないだろう。

事実関係ではなく解釈可能性の問題として疑問を提示できるのが，第1と第3の見解，特に，第3である。国王が「宗教の擁護者」であるという規定を，果たして，正法王といった伝統的価値観に近代法の表現を与え西欧民主主義の文脈へ適応しただけ，あるいは信教の自由条項との抵触を避けるための妥協と解釈できるだろうか。むしろ伝統的統治イデオロギーは，民主主義や信教の自由を脇に置いて(そのような私的な宗教に関する権利を脇に置いて)，西洋的な「文明」の礎であり，公的な社会秩序の基本となる宗教(サーサナー)という理念をも組み込んだ，より強力なものとなったのではないだろうか。それは，社会秩序・道徳・文明・合理性・法・民族・宗教・国王(王制)・民主主義といった諸概念が，タイの歴史的文脈の中で，独自の意味づけがなされ，独特な布置連関を伴って構造化されてきた(タイの近代が形成されてきた)ということである。

以下，「宗教学」の不在とは直接関わらない付随的な議論ではあるが，論の流れに即して，まず第1の点についての批判を簡単に終えておきたい。その後，本丸である第3の点について批判と他の解釈の可能性を提示し，「宗

教学」を不在化させる力をそこに読み込んでみる。

5-2　なぜ「国王は仏教徒である」と記したのか

　まず，第1の点であるが，伝統的に仏教徒であるタイ民族を中心とする国の，(自身がタイ民族である)国王だから，仏教徒であるという説明は妥当だろうか。確かに筋は通っている。しかし問題なのは，そのようなある意味で，タイ人にとって常識的なことを，なぜ憲法に記さなければならなかったのかという点にある。当たり前だから記載するというのでは説得力はない。実際，仏教が事実上国教のようなものであるという，一種当然の意見は，憲法には記されていない。それどころか本書第2章でも触れたように，石井は，植民地化もされず多数派の文化的伝統として維持されてきたのだから，意識されないほど当たり前のことなので，あえて国教を規定することが必要とされなかったのだと説明している[石井 1975：67]。しかし規定の有無というものは，背後にやはり何らかの理由があるのではないだろうか。つまり「国王は仏教徒(プッタ・マーマカ(Phutthamamaka))である(でなくてはいけない)」という規定を記しておく何らかの必要性があったのではないだろうか。

　そのような仮説を提示できる状況証拠がいくつかある。第1に，上座仏教を国教とした隣国の憲法には，国王を仏教徒とするといった規定が見られない[石井 1975：60-63]。第2に，国王が仏教徒であるという規定は憲法制定以前，ラーマ6世の時代に制定されたという点[Prapod 2010：182][21]，第3に，第2憲法・第3憲法・第5憲法のみであるが，国王は仏教徒で「なくてはいけない(タイ語の thong)」と強調されている点である。第1憲法は，革命派による暫定憲法であり，第2憲法は勤王派も草案作成に関わっている点からすれば，王室側が「仏教徒でなくてはいけない」と強く規定する意図があったのであろう。それは逆に言えば，国王が仏教徒ではなくなる(他宗教に改宗する)恐れがあったということではないだろうか。

　モンクット親王に対しての個人的な改宗圧力という出来事もあったが，それは憲法制定時よりだいぶ以前のことである。むしろラーマ6世の頃から王族の海外(留学)生活の長期化という点が1つの懸案事項だったと思われる

［Prapod 2010：182］。特に，ラーマ 6 世は，幼少の頃からイギリスに留学し，イギリス文化に親しんだ王である。またこの王は，海外生活が長かったため，歴代国王が即位式前に行っていた出家式を行わずに，即位式を迎えている。そのため，王室ではこの未出家を補うために，新たに「仏教徒（プッタ・マーマカ）表明儀礼（Phithi sadaeng ton pen putthamamaka）」[22] なるものを整え，即位前のラーマ 6 世にその儀礼を行わせている［Siriwat 2542：102］。王室の重要な伝統的仏教儀礼に断絶が起きていたのである。

　さらに規定のテクニカルな問題として，国王は「宗教の至高の擁護者である」という後半部分の文言だけが記されてしまうと，国王は仏教以外の宗教の至高の擁護者でもあり，将来，国王が仏教以外の宗教に改宗するという可能性を排除しえない。したがって，「国王は仏教徒である（仏教徒でなくてはいけない）」という前半部分の規定は，その可能性（危険性）を封殺する役割を持っているとも考えられる。加えて，それは仏教による包括主義的な多元主義の制度を支えることにもなる。

　もちろん以上のような解釈は，タイ人の法律専門家による憲法釈義には記されていない。その意味ではこれらの議論の説得性は低い。加えて先述のラーマ 6 世は，自身の在世中にタイのナショナリズムを鼓舞したことでも有名であり，この王自身に改宗の可能性があったとは思われない。推測にすぎないが，王位継承における宗教紛争化の回避と国教会擁護のため，カトリック信徒に王位継承者を認めない規定を制定した 17 世紀末イギリスの歴史を念頭に置き，念のための規定を設けたのかもしれない。なお近代タイの国王と宗教に関する規定は，次に論じる「宗教の擁護者」についての議論にも見られるように，イギリス王制を参考にしていると思われる面がある。この点については，さらなる資料を加えてより詳細な分析が必要だろう。ただいずれにしても，国王が仏教徒であるということを揺るぎない状態にしておくことが，必要とされていたと考えられる。

5-3 「宗教の至高の擁護者」と「信教の自由」の想定する「宗教」の違い

　最後に後半部分の，国王は「宗教の至高の擁護者である」という規定の解釈問題を論じる。先にも述べたように，石井はこれを伝統的な正法王による「仏法」護持という価値観を，近代西洋の「民主主義」や「信教の自由」に合わせて，「宗教」護持に変えた妥協の産物だと述べている。これは適切な理解であろうか。

　この点について，まず前近代の仏教(仏法)なるものが，現在の意味での仏教を意味するのではなく，ヒンドゥー教をも含むようなものとして考えられていたのではないかという指摘がある[吉川 1990：223]。その内容は適切なものと考えられるのだが，ここで論ずべき点は，前近代的な仏教(仏法)から近代的な仏教への変化の問題ではなく，近代的な仏教をも差し置いて，宗教(サーサナー)という用語が用いられることの問題であるので，前近代の仏教の様相についての議論は脇に置いておく。

　それでは石井はなぜ，サーサナーという用語を，仏教ではなく宗教と理解すべきだと主張したのだろうか。その論拠は，1932年末の恒久憲法草案審議においてワンワイタヤコン殿下が，「国王は，シャム国民すべての信奉する宗教に対して擁護を与え賜う」と註釈を加え，さらに殿下が英訳案をDefender of the Faith から The Upholder of Religion に修正すべきだと指摘している点にある[石井 1975：66]。確かに，この説明に基づけば，サーサナーを宗教(religion)と理解することは適切である。しかし，問題なのは，宗教(religion)とすれば，妥協の産物ではあれ，「民主主義的」で「信教の自由」に即した近代的なものになるという理解である。なぜならこの憲法規定は，宗教に対する王の権利や義務に関するものであって，民主主義(少なくもリベラルな民主主義)ないしは信教の自由とは関係のないものと思われるからである。

　ちなみに英訳案の Defender of the Faith について石井は特に解説を加えていないが，この呼称は一般には，イギリス国教会におけるイギリス国王の

称号である。それはヘンリー 8 世が，プロテスタントの神学説に対抗する議
論を展開したことに対し，カトリック教皇レオ 10 世が，1521 年に与えた称
号である。タイ国王がイギリス国王に倣うという必要性があったのかどうか
は不明であるが，Defender of the Faith という語が用いられたのは，仏法
の擁護者（タイ語のウパタムポック（upathamphok），英訳で upholder）といった伝統
的なタイ国王の呼称を英語に訳す際に，イギリス王室で使用している呼称を
参考にしたということであろう。しかし，イギリス式に defender であれ，
タイ式にウパタムポック＝ upholder であれ，その由来は前近代的な法的理
念にある。

　由来だけではなく，法的内容からしても信教の自由に関する近代法の理念
としては不可解な点がある。なぜなら，そこに記されているのは，個々人の
「信教の自由」の権利保障ではなく，「宗教」の「擁護」だからである。

　そもそも信教の自由は，国王が擁護するようなものではなく，国民個々人
の固有の権利である。実際，国王と宗教の関係に関する規定以外に，暫定憲
法であった第 1 憲法に次いで 1932 年に制定された第 2 憲法には，先述のよ
うに「第 12 条　人々は，国民としての義務に背いたり，社会の平穏を乱し
たり，公序良俗に反したりしない限り，宗教（サーサナー）や信仰（ラッティ）を
信仰する十分な自由を有す。また自己の信念に基づき儀礼を行う自由を持
つ」[Nakhon, Nophasun, Narin 2515：13] という規定が，別途，設けられている。

　またタイ人法律家による憲法註釈においては，仏教だけでなく，他宗教に
も配慮を与えないと，少数者の非仏教徒が適切な援助を受けられなくなる点，
および信教の自由規定に合わせて，国王は宗教の擁護者であるとされている
点が指摘されている[石井 1975：69]。確かにそれは諸宗教の間で一種の平等
性を保つ規定ではあるだろう。しかし，それは国が選別し民族カテゴリーに
重ね合わせて実体化した「宗教」（逆に言えば，先述の片岡が論じているようにこの
「宗教」に含まれなかった宗教的実践がタイの中国宗教である）に対する機会や処遇の
平等であって，個々人の信教の自由の保障とは位相を異にする規定ではない
だろうか[23]。ただしこの規定には温情主義的な形での一種の寛容の観念が見
られる。しかしこの寛容さは，アソーカ（アショーカ）王による諸宗教支援（タ

イの伝統的な正法王の統治)や，イスラーム帝国が異教徒の自治社会を取り込ん
だミレット制にも共通するような，前近代的なものであると言えよう。いず
れにしてもそれは近代的な個人の権利の観念とは大きく隔たっている。ただ
し，これは現在の文脈では，コミュニタリアニズム的な公共性や多文化主義
に移行していく可能性を秘めているかもしれない。

　別の人物による註釈にも同種の問題がある。その註釈では，国王が仏教徒
でなければならないという規定と国王が他宗教の擁護者であるという規定が
矛盾しないのは，国民の信教の自由を保障する規定が別途記されているから
である，と説明されている[Duan, Phairot 2477：48]。しかしこの説明では，信
教の自由の規定がなければ，前者2つの規定は矛盾する恐れがあるという意
味にもとれる。加えて先に述べたように，国王が他宗教の擁護者(個々人の信
教の自由という私的権利を保障する者とは記されていない点に注意)であるという規定
は，信教の自由とは位相を異にする規定なのである。

　なぜこういった解釈上の問題が生じるのだろうか。それはここで言及され
ている「宗教(サーサナー)」とは，個人を基礎としたリベラリズムの世界に
おける私的な宗教ではなく，王権の正統性を基礎づけるような，社会秩序の
源泉としての普遍的な文明的特質を持った公的な宗教であり，また民族とお
おむね重なる広がりを持った宗教としてイメージされているからである。実
際，先の第2憲法には，信教の自由の規定に関して「宗教(サーサナー)」だ
けでなく「ラッティ」という用語(個々の諸信仰など私的な宗教も含みうるが，宗
派の意味もありうる)が併記されているが，国王と宗教に関する規定には「宗
教(サーサナー)」しか記されていない。

　さらに「宗教の擁護」という際の，「擁護」という言葉にも注意が必要で
ある。それは信教の自由を守るといった意味ではない。擁護者(ウパタムポッ
ク)とは，支援者・後援者・扶養者・パトロンという意味であり，支援の対
象に介入する可能性もありうるものなのである。例えば，タイの体制原理を
歴史的に跡づけたクン・ウィチットマートラーによる『ラック・タイ』(1928
年)では，タイが仏教国だと言えるのは，仏教が広まった他の国々と異なっ
て植民地化されていない自由な国であり，そのため国王が仏教の擁護者(ウ

パタムポック)としてサンガを管理する力を有しているからだと述べている
[Khun Wicitmatra 2471：211]。この場合の擁護とは，サンガへの支援と管理
(介入)を意味するものである。

　つまり，国王が「宗教の至高の擁護者である」という規定は，文明国とし
てのタイ国家を築く基礎となる法的カテゴリーとしての公的な宗教であり，
かつ抽象的な精神的伝統と民族文化が一体化した意味での宗教(しかも西洋の
宗教概念の影響を受けつつ，タイの仏教を中心に再構成されたもの)に対し，一種の平
等な配慮(例えば，歴史的経緯や人口比に即した助成など)として適切な支援と管理
(介入)を行うのが国王の役割である，という意味に理解できないだろうか。

　石井が指摘したように，確かにそれは正法王としての伝統的価値観・統治
イデオロギーを基盤としており，さらに何らかの近代的価値観との間で妥協
が図られた混合物かもしれない。しかしそれは，リベラルな民主主義や個人
を基盤とした私的な信仰についての信教の自由との妥協ではない。妥協した
のは，信教の自由の方であろう。公的空間に組み込まれない宗教は，私的な
宗教となり，公的な宗教に批判的な言動や公的な宗教を凌駕するような布教
などを行わない範囲において，お目こぼし的に(それも国家の側の妥協と言える
かもしれないが，少なくとも重視されるのは信教の自由の側ではない)，実践可能なも
のと位置づけられていったのではないだろうか。タイの宗教は二重性を帯び
ているのである[24]。

　そこで行われることの眼目は，「宗教」を文明的な普遍性を帯びた公的な
ものとし，さらに民族が帰属する精神文化と見なし，これに対して平等的配
慮といった一種の近代的装いを持たせることによって，伝統的なタイの統治
イデオロギー(前近代的な宗教的寛容を含むイデオロギー)を，近代社会(しかしそれ
は仏教や王権を価値に掲げる文化的ナショナリズムを基盤とした社会でもある)に適合
させるヴァージョン・アップだったのではないだろうか。王制の存続と宗教
概念の変容は，こういった意味において連動していたと考えられる。

6　ま　と　め

　だいぶ遠回りの議論を行ったので，問いの原点に戻り，論点をまとめよう。本章ではまず，タイ独自の宗教学・宗教研究の制度化の中で，どのような宗教学・宗教研究が行われたのかという論点について，「宗教」概念がどのように規定されてきたのかといった問いを掘り下げた。そこでは，欧米の宗教学理論や宗教の定義などの不在，つまり欧米的な「宗教学」の不在という点を指摘した。またそのような状況において，「宗教」に当たるタイ語の「サーサナー」という用語は，religion 的な思考領域に接し，錯綜とした議論展開はあるが，おおむね独自の包括的な定義を模索していた点を指摘した。つまり宗教研究形成の当初，サーサナーは，西洋的な religion とは異なるものであり，また人間や社会を発展させる普遍的な価値のある存在として捉えられ，さらにラッティと呼ばれる疑似宗教の領域との差異においても規定される概念となったのである。

　次いで，なぜタイでは欧米風の「宗教学」が広まらなかったのかという問いに取り組んだ。ここでの問いの意味は，制度史的な背景を問うことではなく，制度を可能とする思考の空間の形成とその特質がどのようなものであったのかという問いを意味した。タイにおける「宗教学」の不在は，「比較宗教」という形での宗教の序列化，仏教の優越性，文明の礎としての道徳的宗教観，公的なものとしての宗教，タイ民族の文化的習慣といった宗教理解を生み出した。加えてその不在は，憲法の国王と宗教に関する規定にあるように，王権の前近代的な寛容思想の近代版と表裏一体のものであった。その寛容さは今日の多文化主義の議論に近いものがあるが，多文化主義理論の重要な点（例えば，特定文化内での抑圧的な共通化の問題や主要な文化的価値への疑問視や修正の可能性の問題など［キムリッカ 1998：227］）は踏まえられずに，独自の形で形成された仏教重視の包括的多元主義と言ってもよいだろう。

　このように仏教のあり方とともに並行して形成された宗教概念も，タイ近代の体制原理に入念に組み込まれたものとなっているのである。もっとも，

逆に言えば，不在の「宗教学」を活性化させる営みは，国家体制を相対化する危うさ・可能性を秘めているとも言えるだろう。しかし多数派とされるタイ仏教徒の間では（少なくとも知的エリートの仏教徒タイ人の中では），西洋的な政教分離の文脈で私的領域（私的・個的体験）に囲い込まれたものとして宗教を捉える傾向が弱く，またそのような私的領域での宗教なるものの共通性や本質に重きを置いた欧米の（旧来の）「宗教学」は広まらなかったと考えられる。次の章では，この点を別な角度から確認してみたい。

1) なお彼はドイツの宗教研究を高く評価しており，その文献が参照できない点について読者に注意を促している。
2) 前者の L・ブラウンはアルコホーリック・アノニマスのメンバー，後者の J・E・カーペンターはユニテリアンの牧師で，マンチェスター大学の学長であった。
3) Hume がどのような研究者であるかについて筆者はまだ把握できていない。
4) センは，むしろサーサナー・ウィッタヤー（Sasana　witthaya），英語でReligiology という言葉を使いたかったのだが，あまり知られていない用語なので取りやめている。興味深いことに，日本の著名な宗教学者岸本英夫は，その著書『宗教学』(1961 年) 1 頁において，「宗教学」の英語表記として Religiology という新語をつくってみてはどうかと，同種の意見を述べている。
5) もっとも，こういった定義への注目の仕方は日本的なのかもしれないが。
6) おそらくそのような用法は前近代のタイにおいても見られたと思われる。ただ，キリスト教の宣教師による度重なる仏教批判や論争が行われる 19 世紀半ばまでは［Thongchai 2015：78-84］，何を宗教(sasana や religion)と見なすかといった問題関心や，sasana と religion のどちらの概念的含みを重視して総合化するかといった議論（の必要性）は，生じていなかったのではないだろうか。
7) これが王室儀礼に携わる王室バラモンを意味するのか，それとも民間バラモン儀礼を行う職能者なのか，あるいはタイ在住のヒンドゥー教徒を意味するのかは定かでない。
8) これら 3 冊のテキストでは，theism（タイ語で，テーワニヨム(Thewaniyom)）のサーサナーと atheism（タイ語で，アテーワニヨム(Athewaniyom)）のサーサナーとして区分されている。
9) タイ語の「プローマチャン」，「タンマ」，「タンマ・ウィナイ」，「ティッタ」は，サンスクリット語の「ブラフマチャリヤ」，「ダルマ」，「ダルマ・ヴィナヤ」，「ティーラタ」に対応する。なお仏教以外の教えを意味する「外道」は，ティッタの訳語である。
10) センのこの指摘は重要である。サーサナーという用語の使用文脈と意味を遡っても，タイの宗教概念のルーツに辿りつけるとは限らないこと，前近代社会のタイにおける「宗教」的なものの意味合いや関連する概念の布置連関は，現在のものと大きく

異なることを示唆している。

11) 第1憲法は革命派が1932年に草案を作成した暫定憲法であり，同年に制定された第2憲法は，革命派と勤王派との妥協によって作成されている。

12) 1960年代以降，とりわけグローバル化時代以降になると，タイの宗教研究は，比較宗教だけでなく，生命倫理問題・社会問題・民族問題・宗教紛争・宗教の観光資源化など，宗教と現実社会が関わる領域の研究が主流となっていたと思われる。この時代の宗教研究の多様性は，今後タイ社会で広まっている宗教観を変化させていく可能性もあると考えられるが，本章では十分に扱えないので，今後の課題としたい。

13) 僧侶の場合，そのような意味合いの比較は，普遍性のある教えを中央から地方へ，あるいは仏教国タイから国外へと布教するための基礎知識として取り込まれている [Saithip 2527：82-83, 102]。

14) もっとも，西欧でもキリスト教優位の状況で宗教学が展開したのであるから，仏教優位のタイの環境で独自の宗教学，例えば宗教の「文明」的側面，社会性の本質としての宗教等の議論が展開していく可能性もあるかもしれない。

15) プラウェート・ワシーという人物。宗教研究者ではない。医者で，仏教的な理念をベースにした社会活動や社会評論を行っている。

16) 他方で，プラウェートの思想の源泉となったプッタタート比丘の比較宗教論への批判は，あまり見当たらない。空性という仏教的な用語をベースに，諸宗教の比較をするという，仏教的な比較論になっているためかもしれない。

17) ただしこれは，タイにおいて宗教なるものが，文明や社会秩序の礎となる公的な道徳としてのみ構築されたという意味ではない。このような知的エリートと行政が主導する公的な仏教（公的宗教としての仏教）以外に，伝統的な知と実践の体系をも持つサンガ仏教，人々の実生活に即した民衆仏教などもあり，これらの一部は，私的領域の仏教とも言える。ただし「私的」ではあっても「個的」と言えない，地域コミュニティの宗教という側面が強いことには，注意が必要であろう。

18) 保護・保全するという意味。環境の保護・保全などにも使用する言葉。後述の国王による擁護者（ウパタムポック）とは異なる語である。

19) ただし，E・デュルケムの聖性の議論は，むしろ宗教の本質を社会に見定めていく方向にあり，宗教の公的領域における役割や，社会的な道徳論に接近する。しかし，タイではこちらの議論もあまり展開していない。時代的にフランスの宗教研究との接点がなかったということかもしれない。ただし，1970年代以降のタイ人によるタイ仏教に関する論考の中には，T・パーソンズの構造機能主義の枠組みを用いて，宗教の社会統合機能を語る傾向が一部に見られる。またこの延長線上に，ベラーの市民宗教論を用いたタイの「公民宗教（Civic Religion）」論があるので，デュルケム的な社会統合論は，パーソンズ，ベラーの理論という形で伝わってきたとも言えよう。

20) タイの1932年立憲革命は人民革命ではなく，下級官僚グループによる，国王と勤王派高級エリートへの対抗といった，言わばエリート内の派閥争いであった。加えて，革命派の重鎮で，民主主義政治理念を持っていた数少ない指導者の1人であったプリディ・パノムヨンは，プリディを共産主義者と叫弾する勤王派の策略によって1933

年に失脚し，フランスに亡命している。さらなる勤王派の巻き返しもあり，憲法は王室側に妥協したものになり，王室権力の維持につながった［北原 1982：191-197, パースック，クリス 2006：350-358］。ただし，国王・王室権力が増大していくのは，1950 年代末のサリットの軍事政権による開発政策・反共政策が開始されてからである。

21）　ただしこの点について，プラポット・アッサワウィルラハカーンは，典拠を含め詳細を記していない。

22）　現在この儀礼は，一般タイ人が行うこともある。

23）　このようなカテゴリー化された集合的・抽象的な「宗教」への平等な対応といったものは，伝統的な上座仏教王権あるいはアソーカ王にまで遡る諸宗教への寛容や一種の伝統的な多文化主義政策にまでルーツを辿ることができるかもしれない。その思想的基盤が，エスノポリティクスにおける多文化主義の理念にどの程度近いのかは，さらなる考察が必要である（少なくとも今日の多文化主義論よりも明らかに先に形成された考え方である）。確かに現在の言説空間の中では，民族としてのタイ人は上座仏教徒であると，大まかには言える。しかし，宗教的マイノリティのタイ国民もいれば，タイ人ではない上座仏教徒も存在するので，カテゴリー化された「宗教」を擁護するということが，誰の権利を確保することにつながるのか，いかなる政治的代表性を意味するのか，あるいはそもそも多文化主義的な代表性とは異なる次元の理念に基づく出来事なのかについて，実態に即して捉えることが必要だろう。

　また西欧における公認教制そのものの理論的由来の確認も必要と思われる。信教の自由の理論的由来は，例えば J・ロックの寛容論などに遡ることができる。しかし，19 世紀フランスにおける宗教上の多元主義政策であるコンコルダート体制を含め，公認教制的な政教関係による社会秩序構築の理論的背景は今ひとつはっきりしない。公認教制は多文化主義として再構成されるようなものなのだろうか。

24）　このようなタイの政教関係における二重構造は，宗教の意味合いの違いはあるが，非宗教化され公的施設となった神社（官社）と，公認宗教となった伝統仏教・教派神道・キリスト教に二分された日本の戦前の政教関係（日本型政教関係）［井上・阪本 1987］と，構造的な相似性があるように思える。

第13章　タイ人研究者による政教関係論

1　はじめに

1-1　本章の目的と議論の射程

　本章の目的は，現代のタイ人研究者・知識人による政教関係論の特質を明らかにすることにある。ポイントとなるのは，タイではなぜ政教分離や信教の自由の議論があまりなされないのかといった点にある。もちろん前章まで論じてきた内容が，この問いへの部分的な解答となる。したがって本章で掲げる問いは，そこからさらに展開した問いである。それは，比較的リベラルな宗教研究者や知識人が，なぜ国家が形成してきた仏教の思考枠組みに対して根本的な疑念を呈さないのかという問いである。このような問いの枠組みにおいて中心となるのは，タイの政教関係（特に仏教・サンガと国家との関係）に関する実態の解明ではない。そうではなく，その実態をタイ人の研究者や知識人がどのように捉えて論じているのかといった点にある。つまりそのような議論に見られる思考の枠組みを炙り出し，比較的リベラルな宗教研究者や知識人が，国家や政府にときとして距離をとりつつも，国家の形成した仏教観と共通の思考様式を持ってしまう点を明らかにする。

1-2　資　　料

　上記のような議論を展開するにあたり，本章では以下のような論者の論考を資料として参照した。
　1）アマラー・ポンサーピット（Amara Phongsaphit　文化人類学者）

2）スラック・シワラック(Sulak Siwarak，Sulak Sivaraksa 仏教知識人，国際的エンゲージド・ブッディズム組織のリーダー)

3）スワンナー・ウォンワイサヤワン，スワンナー・サターアナン[1]（Suwanna Wongwaisayawan, Suwanna Sathaanan チュラーロンコーン大学教員，哲学思想研究者)

4）ソンブーン・スクサームラン(Somboon Suksamran チュラーロンコーン大学元教員，宗教社会学者)

5）ニティ・イアオシーウォン(Nithi Iaosiwong チェンマイ大学元教員，歴史学者・評論家)

6）パユットー師(Po. O. Payutto 現代タイで最も著名な学僧の1人)

7）プッタタート比丘(Phutthathat Phikkhu 現代タイで最も著名な仏教思想家)に関する思想研究文献

7-1）タウィーワット・プンタリクウィワット(Thawiwat　Puntharikwiwat)，7-2）プリーチャー・チャーンクワンユーン(Pricha　Changkhwanyun)

8）プラ・パイサーン・ウィサーロー(Phra Phaisan Wisalo 学僧・評論家)

9）チュラーロンコーン大学・仏教学研究センター発行の『雑誌　仏教学研究(Warasan Phutthasat Su'ksa)』(1994〜2014年)における政教関係(仏教と政治・教育)に関する論考[2]

9-1）プラマハー・ウィナイ・ポンクルーン(Phramaha Winai Phoncroen)，9-2）ポンサック・チーラクライシリ(Phonsak Cirakraisiri)，9-3）雑誌編集部

　これらの論者のうち，スラック・シワラック(2)，ソンブーン・スクサームラン(4)，ニティ・イアオシーウォン(5)，パユットー師(6)，プッタタート比丘(7)，プラ・パイサーン(8，以下パイサーン師)は，著名な知識人である。
　ただし，プッタタート比丘については，その抽象度の高い思想が様々な論者によってタイ社会の具体的な事象に落とし込んで解釈され，批判され，実践されてきた。その意味では現代タイにおける生きた思想と言える。そう

いった点から本章では，プッタタート比丘の著作ではなく，それを論じた宗教研究者の学術的な論考の方を資料として選定した。タウィーワット・プンタリクウィワット(7-1)はマヒドン大学の教員，プリーチャー・チャーンクワンユーン(7-2)は宗教関連の著作の多い大学教員である。その他，アマラー・ポンサーピット(1)はチュラーロンコーン大学の文化人類学者であり，宗教と民族や文化に関する著作を刊行している。9に関しては，著名人ということではなく，タイにおける一般国立大学の仏教学研究の中心の1つとして，そこで刊行された論考(博士課程の学生の論考など)を取り上げた。

　上記の論者による著作や論文のうち，政教関係の制度，国家体制や文化的特質など，大枠の議論を行っている論考を資料として選択した。ただしこれらの論者の著作をくまなくチェックした上で，資料の位置づけを行ったわけではない。本章では，タイ人知識人の政教関係論の大まかな傾向をつかむことにとどめ，本格的な思想研究は今後の課題としたい。

　なお，本章で使用した資料には少なくとも2つの制約がある。第1に，1970年代末から2004年以前の文献が中心となっている。つまり，1970年代前半より以前は言うまでもなく，マルクス主義思想の強い影響があり学生運動も盛んだった1970年中期の論考や(ただし，当時の様相を取り上げた後の時代の論考は用いる)，2004年から過激になる南部ムスリム地区の紛争や，2006年以降の赤シャツ隊(反独裁民主戦線)・黄シャツ隊(民主市民連合)間の争いなどに関する論考は含まれていない。特に2004年以降の時期からタイは社会・制度の大きな曲がり角に差し掛かっており，政教関係に関してもおそらく従来とは異なる見解が見られる可能性があるが，それは今後の課題としたい。

　第2に，仏教の国教化や国による仏教保護のさらなる増大を求めるような保守派の論考は，ほとんど選択されていない。理由は，これらの立場からの著作は，一般人向け大学のアカデミックな研究とは一線を画しており，また一般の書籍などでもあまり見かけないため筆者が十分な情報収集を行えていない点にある。これらの制約に関しても，今後の課題としたい。

　その他，資料に関する背景としていくつか述べておきたい。まず，本章で取り上げる論者はどちらかと言えばリベラルな知識人が多く，政教関係に関

する議論においては現状に批判的な見解が多い。しかも彼らは思想の近さだ
けでなく，人間関係においても 1970 年代の民主化の時代の頃からつながり
のある人々であった [Ito 2012]。しかし，言うまでもなく皆が同じスタンス
というわけではない。例えば，国家とサンガのあるべき距離のとり方について
も，論者の間で微妙な相違がある。あえて大雑把に括れば，国家とサンガの
関係を近いものにすべきだというのが学僧パユットー師であり，逆にできる
だけ離すべきだというのがスラック，ソンブーン，ニティなどの在俗知識人
である。また両者の中間（だが，どちらかというと後者寄り）にプッタタート比丘
やパイサーン師などの学僧がいると思われる。

　また本章で取り上げる論考は，比較的著名な人物が多く，緻密な調査に基
づくものは少ない。それは，これら著名な論者が実証的な調査研究を行う
人々ではないという点もあるが，それだけではなくタイにおける政教関係の
議論を行う際の難しさにも起因している。タイの著名な宗教社会学者でタイ
政教関係論の第一人者でもあるソンブーンによれば，国家とサンガに関する
研究はタイではセンシティブな領域であり，この分野をタイ人研究者がリ
サーチする際には，国家とサンガの事前の審査があると指摘されている（現
在，その審査がどのようになされ，どの程度の圧力がかかるのかは不明であるが）。そう
いった事情から，この分野の研究や論評が外国人[3]やタイの著名な研究者や
知識人によるものが多くなると述べられている [Somboon 1982：1]。

　その意味では，本章で取り上げた論考は，国家やサンガからの圧力を払い
のけられるような力を有する者たちの稀有な発言ということになるだろう。
しかし，他方で注意しなくてはいけないのは，彼らの声が社会批判のご意見
番としてのポジションを得た，外野の声にすぎないという点である。彼らは
タイの政教関係に直接的な影響を及ぼすことができる人々ではない。つまり，
本章で取り上げる発言の社会的な力は，直接的に政教関係を変えるほど強く
はないが，力ある者の発言として世論に一定の影響を及ぼすものと言えるだ
ろう。

＊　＊　＊

　このような資料をもとに，本章では以下のことを論じていく。まずは，仏

教が国家レベルの社会秩序と関わる次元で議論されていることを確認する。次に国家がサンガ管理に関わる理由を取り上げる。またそのような国家とサンガの関係における，タイ特有の政教分離ラインがあることを，識者の議論から浮かび上がらせる。そして，本章で最も重要な点であるが，近代化の過程で非自律的組織として形成されたサンガを，その国家レベルの組織を残しつつ自律化させるといった難題が議論されてきた点を指摘する。またその解決のための試みを紹介する。最後にこういったタイ人研究者・知識人の持つ政教関係論の思考の枠組みが，信教の自由や世俗化論とは異なる，独自の学問的議論を形成している点を論じる。

2　社会秩序の基盤となる仏教という視点

　議論のはじめとして，まず，様々な論者が持っているタイの仏教・サンガと国家の関係に関する共通の見解を提示してみたい。これらの議論が共有される場においては，信教の自由という用語をほとんど目にすることはない。また上座仏教以外の諸宗教もほとんど議論の俎上に載せられない。代わりに頻繁に現れるのが，仏教やサンガが，国家や社会の形成・維持を行う働きを持っている，あるいは道徳的秩序や治安の維持に関わる存在であるといった議論である。

　例えば，先述したタイ政教関係論の大家であるソンブーンは，次のように述べている。

　　サンガは自らの実践を学習，説法，瞑想といったことに限定していない。サンガはほとんどすべてのタイ人の生活において，社会的・政治的側面においても，重要な役割を担っている。[Somboon 1982：6]

　また，リベラル派の知識人であり，サンガ改革とタイ仏教の未来について大著を著した学僧パイサーン師も，あるべき姿としてではないが，事実認識として，サンガと国家が極めて密接な関係にあると指摘している。

　　サンガを中央集権化し国家がその監督者となることは，近代タイの国家
形成に欠かせないものとなった。[Phra Phaisan 2546：70]

　その他にも，政治学から僧侶の政治的役割を論じたプラマハー・ウィナイ
師の論文などでは，社会に密着した一種の制度として宗教とりわけ仏教が位
置づけられている。

　　僧侶とは仏教を学び修行し，仏教を広める役割を持つ人物である。また
宗教は重要な社会制度の1つであり，僧侶はこのような全体のための役割
を持つ制度の一員でもある。社会はこの制度の成員である僧侶に対し，社
会を支援することを期待する。[Phramaha Winai 2543：5]

　以上のようなサンガと国家の関係と呼応するかのように，仏教の教えその
ものがタイ社会の基盤になるという認識も見られる。第2章で取り上げた保
守派による仏教の国教明記運動論などでは当然そのような見解が主張される
が，そのような運動家の見解にとどまらず，一般的な国民教育の内容として
も，仏教・サンガの国家的・全社会的役割というものが価値・理念として強
調されている。
　例えば，タイの仏教教育の特質について論じたスワンナーは，公教育にお
ける仏教とは，悟りに重点を置いたり布施などによる功徳積みを推奨したり
するものではなく，（悟りや功徳の価値を否定はしないが）まずもって国の倫理基
盤として位置づけられているものであり，それは統治に正統性を与える行為
でもあると論じている。

　　タイ社会の仏法は，苦とは何か，苦から脱する方法は何かといったこと
を説く教説だけではなく，国の倫理の基盤をなす極めて重要な役割を有し
ている。後者の役割において，仏法は国家権力の正統性を説明する根拠と
化す。[Suwanna 2529：5]

　この種の考え方は，他の学問領域においても見受けられる。例えば，政治と仏教について論じたポンサックの政治学的論文（博士論文の一部）に次のような一文が見られる。

　　仏教制度はタイの政治システムにおいても重要な制度であり，社会秩序を打ち立てることを支援し，社会秩序を守るように教化する。[Phonsak 2537：83]

　興味深いことに，サンガと国家の緊密な関係に対して批判的な意見を持っている論者においても，別な意味においてではあるが，仏教はタイ社会の秩序を支えてきた礎であり，将来的にもそのような役割が期待されている。
　例えば，タイ文化に対して思慮深い論評を行っている歴史学者のニティも，僧侶という存在に期待を持ち，以下のような主張をしている。

　　もし政治というものを狭く定義し，首相や内務次官や警察長官になるなど，権力の中心に公的に関わる事柄とするならば，私の考えでは，僧侶はこれに関わるべきではない。……しかし行政や政治システムにおける特定の地位に関わることではなく，社会の権力および利害の構造における，権力や利害の分配といった広い意味での政治においては，すべての人が何らかの形でこの構造に取り込まれているので，誰もがこのような政治から逃れることはできない。したがってこの点について，僧侶が益をなすかと問われれば，私はなすと思う。ただし，物的な面ではなく，理念的側面において益をなすと思う。つまり，僧侶は出家者および在家者の修行を支援し，この世に幸をもたらすために，仏法の規範に即して，社会のすべての側面に関わるよう努めねばならない。[Nithi 2543：121-122]

　さらには，国際的なエンゲージド・ブッディズム組織の重鎮であるスラック・シワラックは，次のように述べている。

　　……近年までは，仏教的民主主義の要素が，タイ社会の草の根レベルで
　息づいていたと言える。[Sulak 2004：30]

　スラックは，タイの伝統文化である仏教，とりわけ村落社会の仏教が，グ
ローバル化・消費社会とは異なるオルタナティブな社会の形成の基盤になり，
また市民社会や民主主義を育む基盤にもなると理解している。ただしそれが
近年力を失い始めていると考え，その再活性化へ向けての様々な活動を展開
している。このように，仏教が(仏教的・道徳的な)市民社会を形成する礎とな
るといった見解は，リベラル派の学僧パイサーン師にも共有されている。

　　しかし仏教の視点に立てば，市民社会をつくるということは道徳的な共
　同体をつくることの一部となる。なぜなら，堅固な市民社会の形成は，資
　本や権力がなすのではなく，善徳とりわけ全体のためになるというものの
　見方によってなされるものだからである。[Phra Phaisan 2546：274]

　以上概観してきたように，タイの研究者・知識人の政教関係論，とりわけ
僧侶・サンガと国家・社会との関係に関する議論には，その基本的な枠組み
として，仏教およびサンガが社会秩序の維持・形成に関わる大きな力を持つ
という視点が見られる。そこで論じられている仏教とは，個々人の苦滅・涅
槃のあり方を問うことに重きを置く仏教でもなく，民衆の生活において功徳
や守護力といった観念を中心に精神的・社会的な奥行きを生み出す仏教でも
ない。もちろんそういった仏教がないがしろにされるということでもないし，
それらとつながりのない仏教というものでもないであろうが，ここで論じら
れているのは，まずもって国家規模の大きな社会をまとめ上げる社会秩序の
理念に関わる仏教なのである[4]。

3　国家がサンガ管理に関わる理由

　以上述べてきたようにタイの仏教は，社会秩序に関わるゆえに国家もこれ
に強い関心を持つ。しかもその関心は近代化の過程において，1つには国家
が主導するサンガ管理(支援と統制)の制度となって結実した[5]。では具体的に
どのような理由によって，国家はサンガ管理に関わり，国家介入的な政教関
係を形成してきたのだろうか。タイ人識者たちは，次のように考えている。
　まずこのような国家のサンガ管理への介入は，すでに前近代より始まって
いた。歴史学者ニティは次のように述べている。

　　タイでは，古来より国家に「仏教の教えと戒律」を護持するべき役割が
　あると考えてきた。何世紀にもわたりそれはタイの国王の重要な責務とさ
　れてきた。[Nithi 2543：79]

　しかしこのような前近代の伝統的なタイの国家体制は，王権の正統性論や
王制民主主義として現在にまで継続している面もあるが，国家によるサンガ
管理をそれだけで説明しようとするのは問題がある。なぜなら，まずもって
文明化された西洋列強を意識した近代化の過程で新たな政教関係がつくられ
る必要があり，加えて，近代化当初は絶対王制であったが 1932 年以降は立
憲君主制となっており，実際上の宗教行政は，国王とは別の政治的主体がそ
れを行っているからである。しかも，国家によるサンガ管理は，軍事独裁体
制の時期だけでなく，民主的政権の時期にも行われており[6]，それは今日ま
で続いている。
　ではいかなる理由で，近代国家タイは出家者集団の管理に積極的になった
のだろうか。これについては，この分野の第一人者であるソンブーンの意見
を参照するのが適切であろう。ソンブーンは，王権の正統性論以外に，近代
国家タイによるサンガ管理のポイントとして，以下のように社会統合，治安
維持，行政資源といった 3 つの点を掲げている。

　　まず第 1 に，政府は堅固で汚れなきサンガこそが，社会統合の手段であり，敵対するイデオロギー(例えば共産主義)への効果的な防波堤であると見なす。したがって，政治的管理は，まずもってサンガ内部の乱れ，つまり怠惰，汚職，勤勉な学習を乱すような僧侶たちに対してなされる。サンガの事柄について政府が管理し介入することは，伝統的にサンガの律だけでは僧侶のある種の間違った行いに対応できないということによっても正当化されている。もしサンガがこの種の違反に対応できなければ，サンガの権威は失墜してしまうことになる。[Somboon 1982：25]

　　この文章にはいくつか重要な論点が凝縮されているので，少し解説が必要であろう。まず汚れなきサンガの維持という点は，前近代的な王権の正統性論を引き継ぐ面がある。そしてなぜサンガ自体ではなく政府が汚れなき状態を保つ役割を持つのかと言えば，後半部分に記されているように，サンガの律だけでは不適切な行いをした僧侶をサンガから追放する十分な強制力を発揮できないからである。

　　さらにそのような清浄なサンガを持す国家，清浄なサンガを共有する国民という形で社会統合がなされるわけである。それは仏教をもとにした宗教ナショナリズムの表れと言えよう。とりわけ重要なのは，ナショナリズムが何らかの他者(異質な存在，敵，乗り越えるべき過去や現在)との相違において規定されやすいという面である。近代国家タイであれば，西洋，キリスト教，共産主義といった他者との相違を際立てつつ，一貫性のあるナショナルな物語を構築する 1 つのよりどころとして，仏教およびサンガが選び取られているというわけである。

　　こういった見解は，国家に比較的近い立場の学僧パユットー師に顕著に見られる。

　　国家の側がもし宗教と関わりを持たないようであれば，宗教は国民集団の中で分裂するだろう。そして国民が分裂すれば，国家にとっても不利益

となる。[Po. O. Payutto 2539：27]

　ただしパユットー師は，どんな状況でも国家と宗教が緊密な関係にあるべきだといった主張をしているわけではない。アメリカのように極めて多くの宗派が分立する国と，タイのように1つの宗教によるまとまりが強い国とでは，社会秩序の維持に適した政教関係は異なると論じている。

　　宗教が統合されていない国では，政教関係が強いとマイナスの作用が多い。逆に宗教が統合されている国では，政教関係が強いとプラスの作用が多い。[Po. O. Payutto 2539：26]

話を元に戻し，タイの国家によるサンガ管理の必要性についての第2点に移ろう。ソンブーンは，治安維持の問題として興味深いことを指摘している。

　　第2に，サンガは国内で最大の組織の1つであり，多くの成員を抱えている。理念的にはサンガは世俗の社会システムの外にいるが，その規模と組織は為政者にとって脅威であり，それゆえにサンガを統制しようとする。[Somboon 1982：25]

さらに別の箇所ではニールス・ムルダーの議論を参考にし，次のように述べている。

　　ムルダーによるこの研究の主要な分析点は，一方で，サリット元首相とその後継者たちが，国家開発と社会福祉の促進を通じて国家の安全と安定を求め，他方で宗教といったものの特性だけでなく村レベルでの指導力を持つサンガ自体が，政策を効果的に行うのに最も可能な手段の1つとして自らを提示したということである。[Somboon 1982：3]

後者の文章はこれだけでは文脈がわかりにくいと思うが，ここで重視した

いのは，サンガの村レベルの指導力という点である。前者の引用と合わせて
まとめれば，タイ国サンガは，国内最大の組織の1つであり，しかもその末
端は村落内部にまで浸透し，そこで指導力を持っているということである。
このような集団が存在するということが即，宗教集団(宗派)間の紛争，反体
制運動につながるというわけではないが，潜在的とはいえ為政者にとって脅
威を感じさせるものであろう。したがって治安維持の観点から，野放しにで
きないというわけである。

　文化人類学者のアマラーの以下の見解は，そのようなイメージが投影され
ていると言えよう。

　　文化と宗教と民族の関係は分離することができない。……タイ仏教の中
　においてサンティ・アソーク，タンマガーイ，チッタパワナー，そしてス
　ワンモークといった仏教集団が，互いに自分たちこそ正しく相手は間違っ
　ているといって対立すれば，宗派分裂の問題は〔民族問題などと──矢野註〕同
　様に激しさを増す。また宗教間の対立は，同じ宗教内部での争いよりも激
　しくなる。[Amara 2537：210]

　最後にソンブーンの3つ目の論点，行政資源としてのサンガ利用といった
点を取り上げる。

　　サンガを管理することにより，サンガを政策に即して活用できるように
　なる。タイの歴代政府はこれをなそうとしてきた。[Somboon 1982：25]

　この文章でソンブーンがまず念頭に置いているのは，1960年代半ばから
始まるタンマトゥート，タンマチャーリックと呼ばれる行政事業である。前
者は国家による地方タイ人集落への僧侶派遣プロジェクト，後者は国家によ
る国内の山地民への僧侶派遣プロジェクトである。いずれも，反共政策，タ
イ文化への同化政策，開発支援政策の一環として行われ，現在も一部継続さ
れている。

　しかしソンブーンの議論は，本書で繰り返し述べてきたように，このような事例をも超えた広がりを持ちうる。なぜなら，近代国家タイの形成時に全国の寺院・僧侶を1つの組織に束ね制度化したのは，国民教育のためのインフラ構築(教場と教員)のためだったからである(その法的基盤が1902年サンガ統治法)。近代的なサンガ形成そのものが，行政資源としての活用から始まっているのである。そしてその後も，教育資源，福祉資源，観光資源，体制理念として活用され続けていると言えよう。

＊＊＊

　以上，ニティやソンブーンの研究に依拠しながら，タイが近代化の過程でサンガ管理を行った理由を概観した。サンガは自身の組織的存在の浄化を行えない欠陥を抱え，それを王権が補い，さらに近代以降は，社会統合，治安維持，行政資源といった観点から，近代国家がサンガ管理に関与しているというものである。また一部の識者においては，そのような理由が正当なものであると捉えられている点も取り上げた。

　このことはしかし，一方でサンガを体制内化し国策協力といった形で政治領域に引き込む反面，他方でサンガの自主的な政治活動を禁じるといったアンビバレントな状況を生み出す。そこに言わばタイ独特の政教分離の領域が生まれ，政教関係の線引きをめぐる諸議論が生まれることになる。タイの知識人たちの政教関係論は，そのような思考枠の中で展開されていく。この点を次に見てみたい。

4　タイ的な政教分離の議論1——国家によるサンガの政治的利用

4-1　国家によるサンガ利用(サンガの国策協力)の許容ライン

　タイ国内外のタイ仏教の研究者において，サンガの体制内化による国策協力という事象は，おおむねネガティブに捉えられてきた。
　例えば，日本におけるタイ仏教研究の礎を築いた石井米雄は，これらの政策について，他の研究者の批判的な見解をいくつか紹介している。

　　タイにおける反政府的な仏教千年王国論運動については第八章で詳述するが，もし，タンマチャーリック〔山地民のタイ文化への同化政策といった面もある——矢野註〕の布教活動の結果がこうした運動のイデオロギー的基礎を与えるとすれば，それはまったくの逆効果といわなければならないであろう。[石井 1975：258][7]

　さらに，批判は国外の研究者によるものだけではなく，タイ社会内部からもなされていると指摘する。

　　僧は政府に利用されるべきではないとして，これに真っ向から反対を唱える在家者〔石井の著作の註を見るとわかるが，この在家者とはスラック・シワラックのことである——矢野註〕もあり，今後の動向が注目される。[石井 1975：234]

　宗教社会学者ソンブーンも同種のことを述べている。

　　国家による仏教やサンガの操作は，逆に政治に深く関わるサンガを生み出してしまう。また現存する統治権力への不満が生じたり，その統治権力が不安定化した場合には，宗教集団は容易に国家へ歯向かうことになったりするだろう。さらに言えば，信仰心を持った市民は，サンガの政治的動きで生じる社会の分裂状況に反感の意を持ち，サンガへの尊敬と忠誠心を失うことになり，サンガ自体も妥協をし，（ブッダの教説である）仏法を政治目的に合わせて操作することが避けられなくなるだろう。[Somboon 1993：127]

　リベラルな立場からサンガ改革を提唱するパイサーン師もまた，同化の基盤そのものが自然発生的な信仰の伝統ではなく政治的な構築物としての仏教であるといった点から批判する。つまりこの 100 年間で政治的に標準化され

民族統合の道具となったタイ仏教やタイ国サンガがあるといった視点から，同化・反共政策としてのタンマチャーリックを否定的に位置づけている[Phra Phaisan 2546：70-71]。

　しかしここで気をつけなくてはいけないのが，彼らの批判対象は，先述のタンマトゥートとタンマチャーリックといった，反共・開発・同化政策へのサンガ利用に集中している点である。つまり，教育政策，福祉政策，観光政策といった点でも，近代サンガ形成時から今日に至るまで，タイ政府がサンガを行政資源として活用してきたその全体を捉えた批判とはなっていないのである。

　例えば，本書で取り上げてきたように，タイの公教育では，現在に至るまで行政主導のもと，サンガの一部の成員と在家の研究者の協力を得ながら，仏教教育カリキュラムや教科書などが作成されている。しかしこの点についての批判的研究はスワンナーによる研究など限られたものしかない[Suwanna 2529：44]。また先に述べたような，タンマトゥートとタンマチャーリックの批判者たちは全くと言っていいほどこの点に触れていない。

　そのような国家によるサンガ利用の広がりの中に先の諸批判を位置づけてみると，国家によるサンガ利用(逆の立場から言えばサンガの国策協力)への批判とは，利用を全面的に禁止すべきだといった議論であるのかどうか定かではなくなる。反共・同化政策へのサンガ利用は反対だが，教育・福祉・観光政策へのサンガ利用は黙認するといった線引きが多数派の立場と言えるかもしれない。

　さらに言えば，そもそも反共・同化政策へのサンガ利用が問題であるといった根拠も，決して明確な形では議論されていない。ソンブーンはその根拠の１つとして，政治は「汚い仕事」の領域であり，仏教・サンガは「清い」領域であるといった一般的なタイ人の観念を掲げているが[Somboon 1982：1]，そこで意味する政治には，公教育などは入っていないと言えよう。そうなると，反共・同化政策の問題性とは，独裁政権時代の国策だからといった理由や，開発・布教(同化)・反共といった政策内容の問題性，あるいは反共政策に見られる戦争や暴力を肯定する論理の問題性などが理由として

考えられる。おそらくこのあたりの思考の領域が，タイの政教分離観念の分水嶺として伏在しているのではないだろうか。

　逆にこの点を逆手にとって，国家における仏教主導の活動領域を開拓しようとしているのが，本書でたびたび言及してきた高名な学僧パユットー師であると言えよう。パユットー師は次のような発言をし，それに即した行政プロジェクト(仏教式学校プロジェクトなど)への思想面からの支援を行っている。

　　仏教に依拠し，教えの基本に依拠し，サンガに依拠し，国民の幸福を支援するための正しい方法であるなら，(国が仏教を活用したとしても)正しい統治である。[Po. O. Payutto 2539：25]

　逆に言えば，正しい仏教の理念を中心としないような国家とサンガの関係は，社会にとって有害であるといった批判的意味もそこには含まれている。

　　自己が権力を得るためや，権力を安定化させるために，国家がサンガや宗教に介入し支援するのであれば，あるいは権力をいろいろな点で支えるための道具としてサンガや宗教を利用するのであれば，仏法の学習実践は衰え，国民へ正しい教えを説くことも弱体化し，悪い影響が生じる。[Po. O. Payutto 2539：37]

4-2　僧侶の政治運動参加への批判

　以上のように，国家によるサンガ利用(サンガの国策協力)における政教分離ラインに対しては，その線引きはあいまいな点が多く，立場によって判断が大きく異なるが，僧侶による政治運動参加に関しては否定的な見解が多く，立場を異にする多くの人々がそれを言わば政教分離ラインとしておおむね受け入れている。ただしそれはタイ人が歴史的実践の中で，傷を負いながら学んできたものでもあった。

　発端は軍事独裁体制がほころび始めた1970年代初頭に遡る。当時の状況について，ソンブーンは次のように述べている。

　サンガは 1973 年までは，これらの〔抑圧的な——矢野註〕状況に対し異議申し立てを行うことを控えていた。しかしその年に権威主義的な政権が崩壊し民主的な政府が誕生した。政府は，サンガに対しても公に本心からの異議申し立てを認めるようになった。これにより見た目には堅固な一体性を持っていたサンガに分裂が生じた。[Somboon 1982：161]

　どのような分裂が生じたのかと言えば，それは，当時の東西イデオロギーの対立，およびタイ民衆の左派と右派の運動に連動した分裂であった。まず農村の自律・共産主義・社会主義などの政治的な見解を支持し，国会議員の選挙において特定政党の支援をする，いわゆる左派の政治僧が出現し，次いでこれに対抗する，反共産主義・王室護持を掲げる右派の政治僧が現れたのである[Somboon 1982：100-103]。

　このような動きに対し，僧侶としてあるまじき行動であると，一部の非政治的な僧侶や在家者から批判の声が上がった[Somboon 1982：101]。また体制側もこの事象に素早い対応を行った。例えば，サンカラート(タイ国サンガの長)は，政治僧は律違反の僧侶であると厳しい口調で忠告した[Somboon 1982：101]。さらに政府とサンガ大長老会議は，選挙や政治は世俗のものであり，勝ち負けがあり，僧侶が関わるのは危険であるし，僧侶は分け隔てなくすべての対象に慈悲をもって接するべきだといった趣旨から，僧侶の政治活動を禁止する以下のような規定を作成し施行した(施行日 1974 年 11 月 21 日)。

　(1) 選挙活動やその他の政治的目標のために何らかの政治的集会に参加すること。(2) 直接的ないしは間接的に政党やその候補者を支持すること。(3) 何らかの市民権に関する要求や異議申し立てのための集会やデモに参加すること。例えば，成人年齢の引き下げ，賃金引き上げなど。(4) 寺院の内外においての公開討論や政治討論へ参加すること。[Somboon 1982：102]

　しかし，双方の政治僧の活動はエスカレートし，左派僧は暴力的な革命を
支持し，右派僧は共産主義者の殺害は悪徳にならないと発言し物議を醸した
[Somboon 1982：164, 166]。しかし一般の僧侶や在家信徒は，このエスカレー
トした状況に嫌気がさしていた。また，1976 年には軍の介入によって，民
主化運動が弾圧され，事態は鎮静化を迎えた。当時の出来事を踏まえ，ソン
ブーンは次のような見解を述べている。

　　これら政治僧の活動は彼らとしては良かれと思っての行動なのだろうが，
　全体としては非伝統的な行為によって仏教の安定を崩し，サンガの権威を
　も低下させたと言えよう。公衆に自分たちのものの見方を説得し，そのイ
　デオロギーや根拠を支えようとする中で，彼らは目的実現のため，伝統的
　に敬意の対象であった僧侶の威信（その道徳的権威）を利用しなければならな
　かった。……当然多数派の僧侶は，政治僧の行為は規範的な仏教と矛盾す
　るものであり，サンガの威信にとり有害で信仰心を損なうことになると，
　考えるだろう。[Somboon 1982：164-165]

　以降，タイでは僧侶による政治運動は，憲法における仏教の国教明記運動
といった自己言及的な目的を掲げる運動，あるいはサンガを離脱した組織で
あるサンティ・アソークなどの事例を除き，大きなものは見られない。また
当時の左派や民主化運動の理念を一部受け継ぐ，スラック・シワラックやパ
イサーン師も，非暴力運動として自らの実践を展開している[8]。例えばス
ラックは次のように述べている。

　　1973 年以来，我々の多くは，民衆の参加への道を整えるべく様々なこ
　とを行ってきた。我々のような，活動家，NGO，知識人，学生指導者，
　フェミニスト，そして宗教的指導者等は，本当の民主主義を求め，プリ
　ディ・パノムヨン〔仏教的理念に基づく民主化を進めた政治家として，スラックが評
　価している元首相。プッタタート比丘の信奉者でもあり，非共産党系のマルクス主義者
　[Ito 2012：170-172]──矢野註〕が支持した方向に向け，手に手を取って長年

にわたり，非暴力による努力を行ってきた。[Sulak 2004：36][9]

　以上の議論をまとめると，一方でタイの多くの人々にとって僧侶の政治運動は認めがたいものであるが，その点は政府の側も，サンガ中枢でも，そしてリベラル派の知識人にとっても共有されているということ，他方で国家によるサンガ利用については，その国策の内容やそれぞれの立場により許容ラインに大きな幅があるということが，タイの政教分離論の特色として指摘できよう。またいずれにしても，戦後の日本のような厳格な政教分離論ではないという点が見えてくる。この点はスリランカにおける1950年代からの政治僧の台頭と比べ，タイ仏教界の特色と言えよう。ただし近年，政治僧の活動はスリランカやミャンマーで広まりつつあり，その影響がタイにまで伝わってきている。今後の動きには注意が必要と思われる。

　次にこのような政教関係のあり方について，とりわけサンガの存在様態について，現在のタイ人研究者や知識人たちが，どのような問題を感じ，どう乗り越えるべきだと考えているのかを取り上げる。その議論の特質から，彼らが前提としている思考枠の重要な側面を明らかにしてみたい。

5　タイ的な政教分離の議論2――サンガ改革のジレンマ

5-1　サンガ改革を阻むサンガの非自律性

　タイにおける国家とサンガの関係を捉える際に，まず考慮すべき点は，本書で何度も指摘したように，近代におけるサンガの全国的な統一組織の形成およびそれへの支援と管理が，国家主導で行われてきたという点である[Nithi 2543：99, Phra Phaisan 2546：50]。もちろんサンガの側も自らその体制を受け入れていった面はあるが[10]（また一部には対抗的な立場を示した者たちもいたが），主導権は国家にあった。

　しかし今もって国家主導であるということは，サンガにとって自主的な動きのとりにくさとなってくる。実際，サンガが自らの意思を持って現代社会

に十分に適応しようとしていないという批判は多く，サンガ自体の改革やサンガを規定するサンガ統治法の改革の必要性は，これまで何度も指摘されてきた。この点もまた，タイ人研究者が政教関係の議論において重視してきた点である。

　例えば宗教社会学者ソンブーンは，サンガの将来性の有無について次のように率直な意見を述べている。

　　サンガおよび仏教が生き延びることができるかどうかは，サンガが自らの役割をこの変化〔社会の変化——矢野註〕に適応させるかどうかの決断如何と言える。[Somboon 1982：166]

また歴史学者ニティは，サンガへの批判が恒常的であることを指摘している。

　　サンガ統治法の改定はかなり以前から求められているし，僧侶の悪評について問題が持ち上がるたびに大きな声で改定が叫ばれる。[Nithi 2543：79]

さらにチュラーロンコーン大学・仏教学研究センター発行の『雑誌　仏教学研究』の編集部は，サンガの教育問題の根幹として，サンガ内に責任部署が存在していないことを指摘している。

　　サンガの教育問題の改善方法は，基本的に管理運営面と研究面からなされるべきだといった，専門家の意見がある。管理運営面について専門家は，問題の根源は現在のサンガ統治法において，サンガの教育における監督責任者が明記されていない点にあるという。いろいろと議論はあるが最終的には，問題の解決には，新たなサンガ統治法の制定か，サンガ教育の監督者が誰でありもしくはどの部署になるのかについての権限と義務を明記するよう，サンガ統治法の改定が必要だとされている。[Kongbannathikan

2537：6]

　このようなサンガの諸問題全体をパイサーン師は，以下の4点に的確にまとめている。

　　1）中央集権的な組織構造が非効率である点，2）国家との関係が近すぎる点，3）社会から離れている点，4）資質ある僧侶の選出や人材育成の体制を欠いている点[11]。[Phra Phaisan 2546：247]

　では，なぜ国家はこの問題を解決しないのだろうか。タイ人識者たちの論考には，この点についての発言がほとんど見られない。ただしこれまで論じてきた内容から推測すれば，その要因の1つは，先述のように国家がタイ国サンガを形成したのがサンガの現代的適応のためではなく，あくまでも国家行政にとって必要な範囲でその存在を認めてきたからにすぎないからということにあるだろう。さらに言えば，一般の政治家が法律の制定・改定といった形で問題解決を行うのは，大きなリスクを伴うという点もあるだろう。ニティはサンガ改革の難しさの一端を次のように述べている。

　　サンガ改革は，政治家に任せておけばよいというものではない。なぜなら政治家はそのことに関心がないし，また反対意見にさらされたくないとも考えるからである。[Nithi 2543：107]

　なおタイ人識者たちは特に指摘していないが，これまで3つのサンガ統治法が制定(改定)されたが，それぞれ絶対王制時代，革命後，軍事独裁期といった強固な政治権力によって断行されたものであった点は，補足しておいてもよいだろう。国王であればそのような介入を行えるかもしれない。実際，国王の宗教的役割に関する憲法規定がある。しかし不敬罪その他のセンシティブな問題に触れることになりかねないので，識者たちはそこまで踏み込んだ議論を控えているようにも思える。

　サンガの運営や組織体制および国家との関係に問題があり，それを国家が改革できないのであれば，残された選択は，サンガ自体が国家から独立すること，そしてサンガ自体が改革を行うこととなるだろう。パイサーン師は次のように述べている。

　　国家の利益が重視され，サンガと教えが弱体化し先細りすることになるので，サンガは国家からできる限り距離をとり，国家へ頼ることを少なくしなくてはならない。［Phra Phaisan 2546：265］

　しかしそれも実は，大きな困難を抱えている。またその困難が，タイ人識者たちが政教関係を論じる際の思考に枠をはめている。端的に言えば，サンガは自律性の欠如した集団であり，独立するにせよ，改革するにせよ，まずは仏教信仰における自律的な主体から構築しなくてはいけない状況にあるという問題である。
　サンガの自律性欠如という理解について，歴史学者ニティの見解を取り上げよう。

　　タイでは，王による支援と権力はサンガを支える重要な要素となってきた。タイのサンガ〔この文脈では近代以前のサンガを意味している──矢野註〕は，自身を規定する法律や実践項目を策定したり，組織づくりを行ったりしたことがなく，自律的な自由な組織ではない。
　　素性を隠して黄衣を着ながら違法行為をしている強盗などの犯罪者，悪徳行為をしている僧侶，奴隷が主人から逃げて僧侶になりすましている者などを，サンガから排斥するには，戒律違反を浄化する王の権力に頼っていた。王のこの介入は仏教界を清浄に保つための行為であった。［Nithi 2543：84］

　このような近代以前のサンガの非自律性は，近代の全国的な組織化の際にも形を変えて引き継がれた。

　　タイ国サンガは，国家の政治的介入によって形成されたものである。国家の目的によって限定された，上位レベルの組織にすぎない。つまりサンガは分派阻止の点で国からの協力を仰ぐ代わりに，国家権力の支配下に収まっているのである。[Nithi 2543：99]

　スラックはやや苛立ちを込めつつ，このような状況からの脱却を鼓舞している。

　　重要なのはサンガが自由になるべきだということだ。現在のサンガ統治法を見てみるとサンガに自由はない。現在の 1962 年サンガ統治法は，1902 年サンガ統治法に逆戻りしている。当時は絶対王制下であり，僧侶は国王の相談役にすぎなかったし，宗教的権威と政治的権力は一体であり，我々は正見の社会にいた[12]。現在，政治的権力と宗教的権威は分離されている。教育大臣でさえ，大長老会議を構成する長老僧たちと顔見知りというわけではないのだ。[Sulak 2522：121]

　スラックの苛立ちは単にサンガ統治法の縛りだけに由来するわけではない。この法律制定に至る出来事のやるせなさも含めての苛立ちと解すべきかもしれない。なぜなら，かつてサンガ自体が自律化を試み，失敗したからである。この点について，ニティは，自律化により宗派間の争いがエスカレートしてしまい，結局は国家の介入により事態の収拾を迎えざるをえなかったと述べている。

　　1941 年サンガ統治法によって，僧侶による自己管理への機会が初めて開かれた。その点ではサンガは，かつてより「国家」から自由になったと言える。しかしタイサンガは自由な自己管理の経験がなかったため，1 つの組織にまとまるよう強制する管理は，実際には宗派分裂を引き起こしてしまった。少なくともこの分裂が，現存の 1962 年サンガ統治法〔この現存

のサンガ統治法は，中央集権的で国家の介入度も強い法律になっている——矢野註〕への改定を招いたと言える。［Nithi 2543：86］

5-2　サンガ改革の試み

こうしたサンガの非自律性といった問題は，サンガ改革の中心事項に位置づけられる。つまり，サンガの自律化をどのように行うかといった議論がなされるというわけである。そして，後述するように，これがタイの政教関係を理解する際の思考枠組みの重要な点であり，将来的な理想としての政教分離のあり方が論じられているのである。

　まずは，リベラル派の学僧パイサーン師の改革案から見てみよう。多方面から高い評価を得た著作『未来のタイ仏教　傾向と危機脱却』(2003 年)において，パイサーン師は以下のような 2 つの案を提案している。

　　ここまで述べてきた分権の議論は，サンガ内部の運営予算に関する責務の分散であり，さらにこれまでのように組織の上位レベルがサンガ管理職を任命する方式から，下部レベルより選挙で選ぶ方式に変えるということである。そうすれば，サンガを規定する国家権力から距離をとり，サンガ管理職とりわけ大長老会議への国の影響も削減できるだろう。［Phra Phaisan 2546：266］

　つまり，行政官僚の意向は反映しやすいが，現場の自主性を損なうような，中央集権的な組織運営をやめて，判断の主体を下に分散し，しかもそれに代表制の原理を組み込んで，民主的に自律した主体を構築しようという案である[13]。なおこの案には，次の案の冒頭部で説明がなされているように，社会（おそらく地域ごとの社会）が，国家とともに，この選挙制と分権制を支えるという面もある。もう 1 つの案を見てみよう。

　　先に述べてきたことは，社会的集団が，教えとサンガの後援の責務を（国家とともに）直接担うという提案である。もう 1 つの方向としては，間接

的に国家仏教徒協会を設立するという方法も考えられる。この協会は仏教界やその他の種々の仏教徒の代表者から構成され，相談役にサンガとメーチー〔女性の出家修行者。正式な女性僧侶としての比丘尼ではない——矢野註〕の代表，もしくはそこに国家の代表も加える。仏教徒協会は仏教の発展とサンガの護持のために，国家とサンガの協同を通じて，国民間の協力を模索する役割を持つ。[Phra Phaisan 2546：272]

　こちらの案は，出家者・在家仏教者・国家からなる国民的な自律的組織を形成しようというものである。この2つのアイデアは，いずれも自律したサンガや自律的な国民的仏教集団という主体を形成することが，サンガの改革の基盤であることが示されていると言えよう。ただここには，いずれの場合も国家がステイクホルダーの一部に組み込まれており，またすでにある国家的な組織としてのサンガを維持することが前提とされている。
　この考え方は，歴史学者ニティの主要な案にも見られるものである。タイの仏教と社会に関するエッセイ集『仏教　タイ社会の変動の中で』(2000年)における，サンガ統治法の改定に関するニティの発言を取り上げてみよう。

　　しかしこの改定は思想面と実践面の双方から難しい点がある。前者の点では，釈尊が創設された宗教的共同体の本質を維持しながら，また何世紀にもわたるタイサンガの良い点を維持しながら，何を改定できるのかという問題がある。後者の点では，タイサンガと関わることで物質的ならびに精神的な利益を得ている人々は多く，もし何かを改定すればこれらの人々にも影響を与えてしまうといった問題がある。[Nithi 2543：79-80]

　ここで注目すべきことは，サンガ統治法の改定，つまりサンガの役割規定(の改定)は，タイ社会に多岐にわたる影響を与えるという点である。出家者であるサンガの問題なのだが，その影響はサンガの外にまで広がるのである。そこで，ニティは，国会における新たなサンガ統治法制定といった議論を取り上げるが，そこから始めるのは社会の側の受け入れ準備が不十分なので，

成功しないだろうとし，代替案として次のような見解を述べる。

　　しかし憲法にはサンガ改革を成功に導く方法があるかもしれない。170
　条によれば5万名の署名があれば，法律草案を法案審議会に提出できると
　されているからである。
　　法案化運動は，署名を集めるだけが重要なのではない。信仰心があり社
　会から改革に関して信頼を置かれる僧侶や在家者からなる委員会を設置し，
　法案内容と委員会の意見を社会に広く知らしめなくてはいけない。
　　これらすべては，社会の側が共同でサンガ改革に関わるようにするため
　の準備であり，これから生じる変化を理解するためのものである。［Nithi
　2543：107］

　ニティの議論は，先のパイサーン師の議論と同様，サンガの自律化・サン
ガ統治法改革の問題を，国家を含む国民全体の信仰の自律化や国民的な宗教
集団の主体化へ向けて議論している。両者ともに保守的というよりは，リベ
ラルな知識人と言ってよいのだが，彼らの思考においても，国民的・国家的
な宗教としての仏教といった思考枠に基づく議論がなされているのである。
　ただしこの点についてニティは，サンガの分裂も視野に入れた補足的な意
見も述べている。

　　私の考えとしては，我々は少しばかり分裂〔サンガの分裂のこと──矢野註〕
　を恐れすぎているように思える。分裂することには良い点もあれば，ある
　レベルやある事柄に関しては良くない点もある。どの程度の分裂，どの点
　での損失が仏教に生じたならば，国家が介入しなくてはならないのかを，
　（広い意味での社会の運動とともに）一度考えてみる必要がある。［Nithi 2543：
　100］

　しかしニティと同様にサンガの分裂も改革のオプションとして提示する論
者は決して多くはない。またニティのこの補足案にしても，国家の介入を前

提にしている点には注目する必要があろう。

　以上見てきたように，タイの政教関係論とは，まずもって国家とサンガの
関係の問題である。それは国家がサンガを政治利用してきたこととともに，
僧侶が政治活動をすることにどの点で歯止めをかけるのかという実際的な問
題であり，さらには国家がサンガを他律的に形成し活用してきたこと，国が
責任を持ってサンガの抜本的な改革を行うことも難しいこと，それゆえにこ
の非自律的なサンガをどのように自律化させればよいのかといった，将来的
な理想状態をめぐる問題なのでもある。そこでは国家が形成し維持してきた
国家規模のサンガ組織の一体性を崩すことなく，つまりサンガの分裂を回避
しつつ，サンガもしくはそれを含む国民的な宗教集団の自律化・主体化を目
指すといった，いささかアクロバティックな解決が求められている。

　また，こういった思考枠組みは，タイにおける信教の自由をめぐる議論の
少なさに影響していると考えられる。なぜなら信教の自由を論じる前に，そ
のような自由を求める主体自体が欠如しているからである。リベラル派の知
識人にとってサンガ改革とは，そのような主体を構築するための試みだとも
言えよう。ただしこの主体化においては，タイにおける非仏教徒，例えばム
スリムやキリスト教徒との共存をめぐる問いかけが，欠如しがちである。

6　仏教市民社会論とその他の見解

6-1　サンガ改革と市民社会形成の接点

　これまで述べてきたリベラル派のサンガ改革の見解は，サンガそのものの
改革や，国民的な仏教組織の形成だけにはとどまらない。さらには仏教的な
市民社会の形成や仏教的な政治といった広がりをも持っている。次にこの点
についても簡単に触れておきたい。

　まず先述の分権化されたサンガを支える国民的な社会集団といったパイ
サーン師の議論では，国家とは別に村落といった基盤的集団の重要性が指摘
されている。

　昨今，国家はサンガ支援と介入に関して責任を持ちすぎている。そのような国家の責務は，全部とは言わないが，社会が一部請け負うべきである。社会ができることは多い。実際，現在の寺院の多くは，国家ではなく，国民の支援で成り立っている。しかし全体としてのサンガ，とりわけその構造面に関して言えば，社会は役割をあまり担っていない。［Phra　Phaisan 2546：269］

　しかし一方では，そのような寺院を支える社会，とりわけ村落社会がかつてと様変わりし，村落としての自律性を失い始めているという認識が，多くの知識人の間で共有されている。

　かつて村落は道徳の基盤として重要な役割を果たしていた。しかし昨今の村落は消えかかっている。……現在，タイにおける道徳的な共同体と言えるのは，家族レベルの近しい人だけになってしまった。［Phra　Phaisan 2546：276］

　ニティはこの点を，村落社会と都市社会（中間層）の融合化として理解している。

　なすべきことは僧侶と寺院を，村人が管理するように戻すことである。ただし，どのようにしたらそのような組織を形成できるのかを，考えなくてはならない。なぜなら社会は大きく変質してしまったからである。……現在では地元の村人の世話にならない寺院も多くなっている。そのような寺院に信仰を持って訪れる人々は，精神的な休息を求める中間層の人々ということもあろう。［Nithi 2543：90］

　また，国際的エンゲージド・ブッディズム活動のリーダーの1人であるスラック・シワラックは，近年までタイの村で見られた草の根レベルの仏教的

民主主義の要素の衰退を嘆いている。

　　しかしながら，ベトナム戦争後のアメリカ化の時代から，タイはその伝
　統的な状況を根こそぎにされていった。［Sulak 2004：30］

　したがって，タイの仏教界を改革すること，国家への従属ではなく自律し
た信仰の主体を形成すること，そしてそれを国民レベルの市民社会の形成と
結びつけること，さらに村落社会のつながりを再構築すること，これらは，
仏教を論じるタイの研究者・知識人，とりわけリベラル派の研究者・知識人
にとっては，相互につながったものなのである。パイサーン師の次の問いは，
そのような広がりの中で理解すべきであろう。

　　どのようにしたらタイにおける道徳的な共同体を拡大して市民（Pracha-
　sangkhom）をも含み込むことができるのだろうか。［Phra Phaisan 2546：276］

6-2　オルタナティブな政教関係論

　国家とサンガおよび民衆と寺院に関する既存の関係とは異なる，仏教的
（道徳的）な市民社会の形成といった政教関係の議論は，プッタタート比丘の
思想を基盤の 1 つに据えている。
　プッタタート比丘（1906-93）は，タイ国内にとどまらず国外でも著名なタイ
人の学僧であり，上座仏教思想について，パーリ聖典に基づきながら，大乗
仏教とりわけ禅の思想などの影響も取り入れつつ，現代的な視点から新たな
解釈を提示してきた。またその中で，仏教に基づく社会改革も積極的に論じ
た。例えば，仏法に基づく平等な社会関係（および環境との関係）論として，さ
らには権威主義的なタイ社会の階層性に対する批判的な社会哲学として，
プッタタート思想を位置づける見解もある［Suwanna 2536：71-78, 83］。
　さらにプッタタート比丘は，仏法社会主義（仏法共同体原理）と呼ばれる，仏
教思想をもとにした政治社会論も展開している。これは，パーリ聖典長部の
第 27 経のアッガンニャ経（起世因本経）の仏教的な社会契約論や王権起源論を

ベースに，余剰の社会的分配に関する議論や環境との共生論なども組み込んだ，プッタタート比丘独自の仏教的な理想社会に関する思想である［Pricha 2537］[14]。先述のスラック・シワラックやパイサーン師なども，こういったプッタタート比丘の思想から大きな影響を受けている［Ito 2012］。

　なお，プッタタート比丘とは別の，独自の思想的試みも見られる。例えば，ニティは次のように述べている。

　　僧侶が（広い意味での）政治に関わるべきだということは，僧侶やサンガがその事柄について知識を持つべきだということでもある。しかし，巷の学術博士と同じような知識を得るべきだというのではない。そうではなく，僧侶は世間のことを知るべきであるが，仏教の教えに即して学ぶべきなのである。例えば，新古典派経済学（新がついているものの，古い理論だが）を学ぶのではなく，仏教式の経済学，仏教式の政治学，仏教式の社会学を学ぶべきなのである。［Nithi 2543：124］

　ニティのこの見解は，おそらく『仏教式経済学』といった著作もあるパユットー師の思想実践などを参照した意見であろう。この点についてスラックは以下のように述べている。

　　パユットー師は，プッタタート比丘とは異なり，大乗仏教や密教等の教えを取り込まず，パーリ聖典の伝統にのみ依拠している。また西洋の退廃や物質主義に対する単なる批判にとどまらず，西洋的な問題（例えば，人権や持続可能性，経済学，政治学，法など）を取り上げ，彼が理解しているものとしての仏法を活用して，解答を与えている。［Sulak 2004：47］

　またニティは，次のように述べている。

　　サンガは国家の僕となるのではなく，理念の面で独自性を発揮するということが，最も重要な点である。サンガは，社会，政治，経済の諸問題に

ついて，他の選択肢を提示することができるのである。例えば，エイズに
ついても国家の福祉省とは異なる方法で，寺の方法での対応の仕方を示せ
るはずである。［Nithi 2543：91］

　これなども，パユットー師が主張するような，仏教を主体に据えた，サン
ガと国家のあるべき政教関係と言ってもよいだろうし，その実例としては，
本書の第 6 章で取り上げた，パユットー師も関わる教育省の仏教式学校プロ
ジェクトなどがある。
　ただしこの点についてもニティは，複眼的な思考を展開している。大きな
問題に対応できないサンガ組織に関し，彼は次のように極めて冷静な発言を
している。

　　……各寺院のネットワークは末端レベルからトップに至るまで，全くき
ちんとしていない。……
　　しかし昨今のタイの僧侶は自由な身分である。自身が所属する組織から
の縛りはあまりない。これが良いことなのか悪いことなのか。［Nithi
2543：99, 107］

　実際，このような非自律的な組織のあり方を逆手にとって，新たな仏教運
動や体制内イノベーションの試みが生じている［矢野 2013］。例えば，サンガ
内の内棲型教団として巨大教団化したタンマガーイ寺，サンガ内で生まれ独
立したサンティ・アソーク，パユットー師の思想をベースにその人脈を用い
て教育行政内で広まった仏教式学校や善徳プロジェクトなどである。

7　ま　と　め

　本章は，タイ仏教に関して様々な議論を展開してきたタイ人研究者や知識
人たちが，タイ仏教・サンガの問題とその解決方法について論じてきた事柄
を整理し，そこに見られる思考枠を明らかにすることを目指した。その論点

をまとめると以下のようになる。

　まず彼らの政教関係論は，仏教・サンガが，国家規模の社会秩序の維持・形成に関わる大きな力を持つといった理解を共有していた。ただし，その多くの議論は，国家と出家者宗教集団であるサンガとの関係に集中していた。

　彼らが特に注目している国家とサンガの問題は，サンガの自律性に関わるものである。それは歴史的また構造的に根深い問題を抱えている。つまり，伝統社会における王権とサンガの一体性，自身の組織を浄化・管理しきれない欠陥を抱えたサンガという状況がまずあり，さらに近代以降は，社会統合，治安維持，行政資源といった観点から，近代国家がサンガの全国的な組織をつくり上げ管理してきたという，サンガの他律的形成(非自律性)の問題がある。

　その自律性の１つのメルクマールとなるのが，彼らが論じる政教分離のラインの引き方にあると言えよう。一方でサンガは開発政策などの国策協力といった形で政治領域に引き込まれているが，この点は論者によって許容されるかどうか(リベラルな知識人は批判的に捉える)グレーゾーンとなっている。しかしそれ以外の国家によるサンガ利用，特に教育への利用については，ほとんど問題視されていない。他方で僧侶が主導する政治活動や政党支援は，一部の活動家を除き拒絶される傾向が強い。この領域が，サンガの自律性とも関わる，政教分離の１つの線引き，少なくともリベラル知識人において死守すべきラインの在処と言えよう。ただしそれは欧米的な政教分離とは異なるものであり，少なくとも厳格な政教分離とは異なる線引きである。

　さらにそのような政教関係論や政教分離論を抜本的に改革するような，サンガ改革・サンガ統治法改革が，タイ人研究者・知識人たちにとって重要視されているという点も明らかにした。タイの政教関係論とは，少なくともリベラル派の宗教研究者・知識人たちにとってのそれは，まずもって国家とサンガの関係をつくり替える議論である。それは，将来的な理想状態としての政教分離状態とも言えよう。しかしそれとても厳格な政教分離とはならない上，個人の信仰心に基づいた信教の自由を掲げる議論や，近代化に伴う世俗化といった考察にも向かわない。

　議論の中心は，国家が形成し活用している非自律的なサンガの自律化にある。それは国営企業の民営化と似た問題であろう。しかもその民営化に国は乗り気ではない。そこで仏教的な理念を持った市民による改革が目指される。しかし，そこでも公設の全国組織をそのまま残しつつ，分割せずに民営化させようという，一種のナショナリズムを帯びたこだわりも強い。

　この議論で目指されているのは，信教の自由ではなく，その前提となる，信仰対象であるサンガの自律化・主体化なのである。タイ人研究者・知識人たちは，客観的に対峙することのできるような自律した対象としてのサンガや国民レベルの仏教集団といった主体を，まずもって構築しなくてはならない。信仰の対象の一部をなす宗教者の存在自体が，国家によって他律的に形成されているといった，ねじれた状況の中から議論を展開しなくてはならないのである。

　そしてその自律化の方向は，草の根レベルから国民レベルまでの自律したナショナルな宗教集団の形成であり，そのようなレベルの集団を道徳的に導くのが仏教の役目と考えられている。奇しくもこの点においては，国家や知的エリートたちが，仏教を公的・普遍的・合理的・道徳的かつ民族文化的なものと化し，公教育等で広めていくその思考様式と似通ったものになっている。

　つまり，一方で信教の自由を問う前の信仰対象の自律化への注目，他方で自律化を目指すことによる仏教徒の国民レベルでの一体化，仏教の社会的ないしは公的役割への注目といった思考のあり方が，無自覚のうちに個々人の信教の自由という議論を遠ざけてしまうのではないだろうか。

　それがタイ人知識人にとっての宗教の近代，とりわけ仏教の近代的なあり方をめぐる学的・実践的課題の1つなのであろう。信教の自由や世俗化論などを彼らが知らないわけではない。しかしそれらの知識を成り立たせる前提を，何のためらいもなく共有できる社会でもない。国家や知的エリートたちがつくり上げてきた，公共性を重視した宗教の概念，普遍的かつナショナルな仏教，合理的で道徳的な仏教，そういった概念とそれに基づく制度の網の目に依拠しながらも，リベラルな仏教知識人たちは，そこから抜け出してい

く新たな可能性を模索していると言えるのではないだろうか。

　この問題に関わる概念や制度の網の目は，タイの歴史的文脈の中で，独自の区切り(実体化)と独自の関係づけによってできあがってきたものである。本書で論じてきた，仏教，宗教，政教分離，信教の自由，道徳，法，文明，国王，民主主義などはすべて連動しつつ，しかし我々が知っているその言葉の意味とは実態が異なり，相互の区切り方も異なる形でタイの近代を形成してきたのである。国家は言うまでもなく，その秩序化に対抗するオルタナティブな仏教思想も，この言説・制度空間の中にある。もっとも，オルタナティブな思想は，その空間の中から変革を模索しているとは言えよう。ただおそらく 1 つの領域の改革を推し進めるには，システム全体の微細なずらしが必要になるのではないだろうか。

1) 同一人物と思われる。
2) チュラーロンコーン大学・仏教学研究センター発行の『雑誌　仏教学研究』は，タイにおける学術的な水準を保った仏教学研究の代表的ジャーナルの 1 つと言えよう。ただしこの雑誌に掲載されている論文は，日本のアカデミズムにおける「仏教学」とは異なる。もちろん日本の「仏教学」研究に該当するような原典の思想的・歴史的・言語学的研究も一部含まれるが，全体としては，宗教社会学，比較宗教研究，教育学，政治学など多様なディシプリンを基盤とした仏教研究による論文が掲載されている。
3) この分野の著名な外国人研究者としては，石井米雄，C・F・カイズ，P・A・ジャクソン，S・J・タンバイア，J・A・ニールス・ムルダー，F・E・レイノルズ，D・K・ワイアット等があげられる。
4) 伊藤友美はその著[Ito 2012]において，プッタタート比丘の思想形成の経緯と思想的特徴を，同時代に関わった多くの知識人や政治活動家，宗教信奉者などとの関わりから克明に描き出している。そこでは，多様な仏教思想を討議する仏教的公共圏という概念が用いられ，プッタタート比丘に関わる思想の流れや渦の生じた様相を実に丁寧に捉えている。もっともそのような討議の場は，伊藤も指摘しているように，プッタタート比丘の登場以前から徐々に形成されていたものであった。その点を敷衍して私見を加えれば，国王・王族の仏教的役割や，仏教の社会的役割というものが以前から存在しており，これとの接点において，仏教を討議する公共圏が形成されてきたといった面もあるように思える。
5) もう 1 つは本書で論じてきたように，公的・普遍的・合理的・道徳的かつ民族文化的仏教の理念とそれを伝える教育システムである。
6) 民主的な政権によって制定された 1941 年サンガ統治法に関して，ソンブーンは，

「サンガ管理の面で多くの民主的な要素が見られるが，政治的管理から自由であった
わけではない」[Somboon 1982：43]と述べている。

7) ただし，この批判的見解は文化人類学者のカイズの議論を取り上げたものである。
なお現時点での状況としては，タンマチャーリックが反政府的な仏教千年王国運動を
引き起こし，大きな治安問題が生じたという報告を筆者は目にしていない。そしてこ
の行政プロジェクトは現在も同種の活動が継続されている。

8) 1974 年にパイサーン師は，暴力革命を支持していたタイ共産党系の学生運動とは
別に，スラックの支援を得ながら，非暴力的変革を求めるグループを形成している
[Ito 2012：204]。

9) スラックは，僧侶による政党支援に対しても批判的な見解を持っている[Sulak
2526：187]。

10) この点についてソンブーンは次のように論じている。「政治的権威が重視するのは，
まず第 1 に政治権力の正統性を得ることであり，また政府組織を手中に収め，人々の
物的ニーズの管理に気を配ることである。一方，宗教は伝統的に精神面の福祉と社会
の道徳秩序の面を重視する。しかしながら，共通の利害に収斂する部分もある。つま
り，宗教と宗教的専門家は，自己保存の戦略として政治的指導者に協力し，逆に政治
家は，民衆の支持を確かなものとするために仏教を支援する。この相互利益のため，
為政者と宗教者は価値観の相違を限定することになる」[Somboon 1993：125]。

11) 同様の問題点は，他の論者によっても指摘されている。「サンガ管理の権力は 20 名
を超えない程度の年配の僧侶に集中している。各地区の管理運営は地区サンガ長や県
サンガ長など各人に集中しており，その業務を集団で行っているわけではないし，業
務支援や相談をする組織もない。同様に下に降りれば，郡サンガ長，タンボンのサン
ガ長，住職へと 1 人に権限が集中している。このような権限の集中は効率を損ね，協
力も仰げず，真摯に結果を出す組織を欠くことになる。さらにはアイデアを突き合わ
せたり，様々な情報を入手したりする機会も欠如している」[Khun 2545：231]。

12) 八正道のうちの「正見」という用語が見られるが，この文章内での意味が理解でき
なかったので，直訳のまま載せておく。

13) ただしこのような分権的制度が，平等性に裏打ちされた熟議に基づく，民主的に自
律した集団を形成するといった保証はない。例えば，同種の様式は日本の伝統仏教で
も取り入れられているが，そこでは由緒ある家系や豊富な資金を有する寺院などが，
選挙への強い影響力を持つということもある。

14) これについて論じた他の研究者による論考も数多い[Pricha 2537，Thawiwat
2539：29]。ただし仏法社会主義(仏法共同体原理)には，正法王による王制や独裁制
をも統治体制として許容する論があり，この点については批判的な意見も少なくない
[Pricha 2537：40, 49]。

終　章

　本書では，タイにおいて遍在する「国教的なもの」をどう捉えるのかとい
う問いに取り組んできた。法的カテゴリーの上で義務と記されるような「宗
教」とはどのようなものであり，政教関係に関するどのような制度や概念の
布置連関の中で，そのような「宗教」が近代社会の行政の中に組み込まれう
るのかを問うものであった。

　このようなタイの国教的な制度についての問いは，一見すると簡単に取り
組めそうではあるが，実は一筋縄ではいかない。その理由はいくつかあるが，
概念的な問題としては，いわゆる国教的な諸制度というものが，近代的な政
教分離を前提とした社会学や政治学の用語にうまく収まらないという点にあ
る。

　こういった問いに取り組むために，本書では，既存研究が重視してきた，
国王とサンガの関係といった区分のみならず(国王とサンガの関係は決して無視で
きないものではあるが，そこに視点を狭めると静かにかつ広範囲に広まっている行政の宗
教的活動が見えなくなる)，近代の政教分離を前提とした国家と宗教集団といっ
た区分による思考からも一旦離れ，また戦前の日本の「国家神道」的な体制
の捉え方なども応用しながら，新たな形で整理と概念化を試みた。

　そして具体的事例としては，宗教や仏教の概念が，公的なもの，社会秩序
に関わる道徳的なもの，文明の礎となるもの，民族的カテゴリーに重なるも
のとして，教育・学術・法などの領域で語られてきたこと(仏教の社会秩序志
向の側面は伝統社会の統治にも見られたものだが，より近代的なものにつくり替えてきた
こと)，国家が関わる多様な活動の中に宗教・道徳教化的な実践が入り込ん

でいることを明らかにし，そのような思考と実践が，王制と結びついた権威主義的統治の社会秩序を支えてきたこと，加えて比較的リベラルなタイの知識人による仏教論でさえもそのような理解を共有しており，その上で別の可能性を模索していることを述べてきた。

　このように本書で取り上げてきた仏教や宗教とは，ラック・タイ（「民族（チャート：民族的政治共同体）・宗教（サーサナー）・国王」からなるタイ的原理）の構成要素であり，憲法においてそれを保護し維持する義務を負うとされるような，国家の政治的理念の一翼を担うものであった。多くの人々にとってそのような仏教や宗教は，日常生活を送る上で建て前的なものかもしれない。しかし他方でその建て前は，国家規模のタイ社会を形成する際に崩してはいけない核心部分でもある。

　このような建て前とは，タイ研究者の赤木攻の言葉を借りれば「剛」の領域ということになるだろう。赤木は，社会関係を融通の利く「柔」の領域と，不変で厳格な規範を持つ「剛」の領域に分け，タイ社会の特質が「剛」の領域が極めて狭いことと，近代化を武力ではなく「剛」による「柔」の文化的包摂によって進めてきたことにあるとし［赤木 1989：43-45, 185］，次のように述べている。

　　時間をかけて包摂が進み近代国家が形成されたが，その過程において支配イデオロギーとして「ラック・タイ」が確立された。これは，同じ「剛」でも強弱があるなかで，特別強大で比較を絶する「剛」であり，いわば聖域である。つまり，ラック・タイという大「剛」は他のあらゆる価値やイデオロギーの上に君臨する縦関係を樹立している。［赤木 1989：185］

　こういった点から見れば，タイの政教関係を論じた本書が取り上げた「宗教（サーサナー）」とは，近代国家としてのタイを形づくる大「剛」の一部と言えよう。それは悟りを目指す仏教実践（解脱志向や涅槃仏教と呼ばれてきた仏教実践）や，民衆の日常生活の中でミクロな人間関係を紡ぎあげる仏教実践（功徳志向や業仏教と呼ばれてきた仏教実践）と関わり合いながらも，それらとは異な

る次元にある社会秩序志向の仏教実践や統治の仏教道徳なのであり，それを基盤に他宗教をもその枠組みに組み込むように抽象化・概念化された公的理念なのである。

　以上の論点について，本書全体の流れを踏まえて，各章の要点を示すと以下のようになる。

　まず第1部では，政教関係論の理論的考察を行った。第1章では，タイの仏教伝統の中に，道徳的な社会秩序志向の仏教(統治の仏教道徳)というものがあったということ，それは国王によるサンガ維持(支援と統制)にとどまるものではなく，またそれが今日国家規模で様相を新たに展開されていることを指摘した。次いで第2章では，そのような国家規模の実践を捉える通文化的な学術用語として，適切なものがほとんどないということを述べ，西洋近代の政教分離モデルから一旦離れた概念化が必要だということを論じた。そして第3章で，日本の戦前の政教関係についての議論などを参考にしながら，1つ以上の特定宗教を国家が形成・選択して特別に支援・統制するような，国家介入的な傾向の強い制度として，公定宗教制という概念を提示し，その3つの型として，公設型，公認型，公営型という区分の提示を試みた。本書が特に重視して論じているのは，3つ目の公営型の公定宗教(固有の宗教集団による活動ではなく行政事業として展開される公定宗教)であり，これが，統治の仏教道徳の近代版ということになる。つまりタイの宗教(とりわけ仏教)は，社会秩序を支える宗教・道徳として公的領域に組み込まれていったのであり，その点では，戦前の日本で神道が，非宗教とカテゴライズされて公的領域に組み込まれたのと構造的には相似だが，宗教に対する意味づけが反転している現象と言えよう。ただしこのタイ政教関係の議論には，国王と宗教の関係が組み込まれていない。この点をも踏まえて述べれば，理念的には，タイの権威主義的な統治の中で，公務(王務)として国家が公定宗教制を担っているという，二重の政教関係になる。ただし，王制の有無は近代社会においては歴史的オプションという面があり，王制がなくても原理的には公定宗教制は成立しうるだろう(この点については，実際の多様な事例を踏まえて論じなくてはいけないが，本書では十分に議論が行えていない)。

　続く第2部では，タイにおける公営型の公定宗教が，国家行政のどのような範囲にどのような形で広まっているのかについて，その大枠と，中心的な宗教行政機関の活動全般を捉えた。ここで提示されるデータは，必ずしも網羅的とは言えないが，限られた時期の広域の情報を集めており，別の時期の行政活動と比較研究を行う際の基盤ともなりうるだろう。第4章では，国家行政全体における宗教との関わりについて，可能な範囲で情報を収集し提示した。そこでは，王室儀礼に関わる担当部署にとどまらず，教育行政，福祉行政，保健行政，さらに軍（近衛兵）の活動などにおいても，宗教的実践と言えるものが含まれていることを確認している。第5章では，これらの諸行政機関の中でも宗教行政を中心的に行っている，国家仏教庁と文化省宗務局の活動全般を取り上げ，特に宗務局においては，国民向けの宗教道徳教育が行われている点なども指摘した。

　第3部では，さらに対象を絞り込み，宗教教育に特化した議論を行った。第6章で教育省による仏教式学校プロジェクト，第7章で政府の外郭団体が行政機関の支援を得ながら展開した善徳プロジェクト，第8章で文化省宗務局が進めた道徳教育僧侶の学校派遣プロジェクトについて紹介した。これら3つの章では，公立学校の生徒・学生向けの宗教・道徳教育として，公営型の公定宗教がどのように展開し，どの程度の広がりを持ち，どういった理念や人的ネットワークによってプロジェクト形成がなされてきたのかなどを具体的に提示した。また第9章では，公立学校の仏教教育の内容を教科書内容の分析を通じて提示した。タイの公立学校において仏教は，悟り・涅槃を重視した教えや実践としてではなく（それを軽視しているわけではないが），まずもって王制に関わる伝統として，上下の社会関係の道徳として，社会変革や社会秩序の形成に関わる智慧として（特定の神的対象への忠誠を誓う信仰ではなく，論理的に筋道立った思考として），そしてタイの慣習・文化の基盤として意味づけられていることを指摘した。また，1970年代末以降，仏教・道徳の教科書で国王に関する記述が増え，内容的にも国王を道徳的模範とする形に変化してきたことを示した。さらに第10章では，このような教科書における国王イメージの変遷と，これに連動した行政プロジェクト（第6章・第7章）の分

析を踏まえ，近年の国王崇敬の盛り上がり（ハイパー・ロイヤリズム）の背景を
解釈した。特に近年では，一方でラーマ9世の高齢化によって地域視察活動
が減少し，他方で教育などにおける国王の道徳模範化が進んできたことを指
摘し，それによって国民が道徳的模範としての国王を内面化して個々の実践
を行うという慣習が形成され，ハイパー・ロイヤリズムを支える一要因に
なったのではないかということを論じた。またこれらの出来事が権威主義的
統治の中で作動してきたことや，その諸実践と民主主義的統治の関係などを
論じた。このように第3部では，公営型の公定宗教の具体的な姿を捉えてい
る。既存のタイ仏教研究が注目してきたサンガや国王とは異なるレベルの組
織や実践ではあるが，その広がりと影響力は無視できないものがあるだろう。
またここで取り上げた具体的な事象記述のもとになったデータは，主として
2004年から2011年までのものであり，この時期のタイ社会の変動（グローバ
ル化への政府の対応，地域コミュニティの衰退と再編，ラーマ9世の晩年期）と深く関
わる事象である点も指摘しておきたい。

　最後の第4部は，これまでの議論を少し違う視点から補足するものである。
行政における宗教（仏教）活動が可能となるような「宗教」の概念とはどのよ
うなものなのか，どのような正当化によって，「宗教」は近代の行政に組み
込まれうる法的・学術的カテゴリーとなっていったのかを考察している。
第11章では，宗教研究機関の制度史について，まずは大枠から捉えた。タ
イの宗教研究が比較宗教を中心に進んできたこと，それは王室の関わる機関
や仏教大学から始まっている実践的な学問であったことを指摘した。第12
章では，そのような比較宗教の研究が，欧米の宗教学からの影響をあまり被
らずに，religionとサーサナーの異同をめぐる議論として展開し，キリスト
教を主たる対象にしつつ仏教の存在を卓越化（普遍化と文明化）させる比較が求
められていたことなどを論じた。また同時に「宗教（サーサナー）」の諸カテ
ゴリー（仏教，キリスト教，イスラーム，ヒンドゥー教，シク教など）は，民族的カテ
ゴリーとも重なる「自然的（と想定された）」帰属カテゴリーとも見なされて
いった（ただしこの点についての具体的な思考の変遷については，本書では十分に議論で
きていない）。このように「宗教（サーサナー）」は卓越化・民族化した特質を持

つものとして構成されたがゆえに，私的な信仰ではなく，公的なカテゴリーに組み込まれていったことを指摘し，そのような「宗教(サーサナー)」の意味合いは，憲法における国王と宗教に関する規定にも伏在しており，「宗教(サーサナー)」の規定は，個々人の信教の自由とは異なる理念を具体化した規定なのではないかという論を展開した。そして第13章では，比較的リベラルとされる知識人の宗教(仏教)論も，このような「宗教(サーサナー)」の考え方を共有しており，公営型の公定宗教(行政の宗教関連プロジェクト)や公設型の公定宗教(タイ国サンガ)について議論をする際にも，信教の自由という点からの議論が少なく，むしろサンガの自律化のジレンマ(公設組織を民営化したいが，その組織自体に自治能力が欠けているため，組織の分裂を回避しナショナルレベルで統合するためには，国民全体や国家の協力が必要となってしまうというジレンマ)に議論が集中する傾向を論じた。しかし一方で，そのような制約の中，新たな政教関係が模索されている点も指摘した。

　以上が本書のまとめとなるが，すでにいくつか指摘しているように，現地調査の不十分さも含め十分に展開しきれなかった論点や全く触れていない課題も多い。十分に展開しきれなかった論点としては，例えば，国王と宗教，国家と宗教といった2つの政教関係をどう整理するのかという点が指摘できよう。現在のタイの立憲君主制は前近代的制度を近代社会に適応させて生き延びてきた面もあり，そもそも王制は近代国家において必須の機関というわけではない。しかし，タイのように理念的には，王制の中に近代国家が位置づけられるというケースも見られる。この相互包摂的な関係は，様々な制度的な問題を抱え込むことになるだろう。

　また本書は，教育行政や比較宗教という点から，公的な宗教の形成や特質を論じてきたため，民族的カテゴリーの形成と「宗教(サーサナー)」「信仰(ラッティ)」の形成がどのような関係にあるのかを，十分に論じきれていない。そこには近代社会における社会集団カテゴリー形成といった問題もあるが，さらにはタイの前近代社会における社会認識がどのようなものであり，それがどう変化してきたのか，誰がどういう視点で変化させてきたのかといった，より広い領域についての考察が必要となるだろう。

　他には，先の問題とやや重なるが，道徳的・法的な社会秩序観が，前近代から近代へどのように変化してきたのかについての議論も，本書では十分に論じられなかった。これには緻密な歴史研究が必要であり，筆者にはなかなか手がつけられない領域でもある。なおこの問題はコミュニタリアニズムや多文化主義に関する考察など，政治学や公共哲学からのアプローチも必要であろう。

　加えて全く手つかずの課題もある。例えば，僧侶（および元僧侶）らが，近代タイにおける仏教学・仏教研究をどのような形で展開してきたのかという課題については，本書は全く触れていない。タイでは，仏教研究の方が宗教研究よりも数多くなされている。ただそこでどのような議論がなされてきたのか，それが社会とどのような接点を持ってきたのかは，ごく一部の著名な思想家たちの著作以外にはあまり知られていない。

　また，公定宗教制という概念が，他の国の事例に応用した際にどこまで有効なのかといった比較研究も必要であろう。公定宗教制とその３つの型（公設・公認・公営）に関して筆者は，その用語や型の区分やその数が，特にこれでなくてはいけないというこだわりはない（ジャーゴンを増やすことが目的ではない）。ただ，西洋近代の政教分離理念をもとにした概念では（その理念自体が悪いということではないのだが），タイのような国の政教関係はうまく捉えられないという点と，そのような国の特性を過度に特殊視せず，多様な近代の中のある一定のパターンとして捉えていく可能性はあると思える。そういった視点からの比較研究が今後の課題の１つになるだろう。

　さらには，タイの公定宗教にどのような問題があり，どのような変革の可能性があるのかについてのさらなる議論が必要だろう。実質的に仏教が重視される公的な宗教実践の空間において，キリスト教徒やムスリム，もしくは宗教（サーサナー）に含まれなかった諸信仰の実践者が，どのような生きづらさを感じているのか，それは徐々に解消されているのかどうか，もしくは逆に何らかの恩恵を被りつつ活動ができる余地を見出しているのかなどについて，実態の把握と考察が必要である。少なくとも，第12章で紹介したトンチャイが記した比較宗教に関する論考では，仏教重視の比較宗教の実践が，

タイのキリスト教徒に対抗的・抑圧的な議論となるケースが多々あることを指摘している[Thongchai 2015：86-87]。また第1章でも取り上げたように，マッカーゴは，タイの公民宗教(Civic Religion)の非寛容性，特に近年広まりつつあるイスラームに対する敵対視について無視できないものがあると注意を促している[McCargo 2009：14]。

　これ以外にも多くの問題が残されていると思われるし，そのすべての課題について筆者が今後取り組めるというわけでもないが，筆者が意識している範囲での課題を示すことをもって，本書の締め括りとしたい。

参 考 文 献

邦　文

赤木攻 1989『タイの政治文化──剛と柔──』勁草書房。

赤木攻 2002「「王政」と正当性──タイ政治の核心──」東アジア地域研究会・赤木攻・安井三吉編『講座　東アジア近現代史 5　東アジア政治のダイナミズム』青木書店，105-132。

アサド，タラル 2006（1999）『世俗の形成　キリスト教・イスラム・近代』中村圭志訳，みすず書房。

朝日新聞 2015/8/29 五十嵐誠「ミャンマーが婚姻規制法──イスラム教徒との結婚制限狙う──」朝日新聞デジタル（http://www.asahi.com/articles/ASH8Y5S3DH8YUHBI01B.html，閲覧日 2016 年 7 月 30 日）

洗建 1985『曹洞宗ブックレット　宗教と差別──2　明治以降の宗教統制──』曹洞宗宗務庁。

池上英子 1988「タンバイア──「トータリティ」の人類学をめざして──」綾部恒雄編著『文化人類学群像──2　外国編②──』アカデミア出版会，353-369。

石井米雄 1975『上座部仏教の政治社会学──国教の構造──』創文社。

石井米雄 1977「タイ国における《イスラームの擁護》についての覚え書」『東南アジア研究』15(3)：347-361。

石井米雄 1991『タイ仏教入門』めこん。

石井米雄 2003（初版1975）『上座部仏教の政治社会学──国教の構造──』創文社。

泉経武 2003「「開発」の中の仏教僧侶と社会活動──タイ・スリン県の「開発僧」ナーン比丘の事例研究──」駒沢宗教学研究会『宗教学論集』22：93-110。

泉経武 2013「現代タイの「宗教の回復」」櫻井義秀編著『タイ上座仏教と社会的包摂──ソーシャル・キャピタルとしての宗教──』明石書店，288-313。

磯前順一 2003『近代日本の宗教言説とその系譜──宗教・国家・神道──』岩波書店。

稲葉陽二 2011『ソーシャル・キャピタル入門──孤立から絆へ──』中央公論社。

稲葉陽二他 2011『ソーシャル・キャピタルのフロンティア──その到達点と可能性──』ミネルヴァ書房。

井上順孝・阪本是丸編著 1987『日本型政教関係の誕生』第一書房。

今枝由郎 2005『ブータン仏教から見た日本仏教』日本放送出版協会。

今永清二 1994「タイ・イスラム社会の「地域自治」に関する一考察」今永清二編『アジアの地域と社会』勁草書房。

370

宇戸清治 1987「『キッチャーヌキット』(諸々の知識)についての一考察」『東京外国語大学論集』37：341-350。

岡部真由美 2008「「社会のため」に生きる僧侶たち——北タイ・チェンマイ県D寺のある僧侶を事例として——」日本タイ学会『タイ研究』8：19-34。

小河久志 2016『「正しい」イスラームをめぐるダイナミズム——タイ南部ムスリム村落の宗教民族誌——』大阪大学出版会。

奥平龍二 1998「3 上座仏教国家」池端雪浦編『変わる東南アジア史像』山川出版社，90-108。

小田亮 1995「政治と宗教——神聖王権の権威と力——」米山俊直編『現代人類学を学ぶ人のために』世界思想社，55-74。

小野澤正喜 1982「宗教と世界観」綾部恒雄・永積昭編『もっと知りたいタイ　第2版』弘文堂，105-142。

小野澤正喜 1994「宗教的戒律と「ルースさ」」小野澤正喜編『暮らしがわかるアジア読本——タイ——』河出書房新社，23-26。

加藤和英訳 2008「仏暦2550年(2007年)タイ王国憲法」日本タイ協会『タイ国情報　特別号』41(4)。

加藤眞理子 2009「サラパン仏教賛歌——東北タイ農村における女性の宗教実践と社会変容——」林行夫編著『〈境域〉の実践宗教——大陸部東南アジア地域と宗教のトポロジー——』京都大学学術出版会，411-447。

河森正人 2009『タイの医療福祉制度改革』御茶の水書房。

カントーロヴィチ，エルンスト・H 2003 (1957)『王の二つの身体　上・下』小林公訳，筑摩書房。

ギアツ，クリフォード 1990 (1980)『ヌガラ——19世紀バリの劇場国家——』小泉潤二訳，みすず書房。

岸本英夫 1961『宗教学』大明堂。

北原淳 1982「タイ」滝川勉・加納啓良・木村哲三郎・糸賀滋・大野徹・北原淳・原不二夫『東南アジア現代史　民族自立への模索』有斐閣，189-238。

キムリッカ，ウィル 1998 (1995)『多文化時代の市民権——マイノリティの権利と自由主義——』角田猛之・石山文彦・山﨑康仕監訳，晃洋書房。

小島伸之 2010「自由権・民主制と特別高等警察——「特高教本」を題材として——」『宗教法』29：71-98。

サオワニー・チットムアット 2009「タイ・ムスリム関連資料」高岡正信訳，林行夫編著『〈境域〉の実践宗教——大陸部東南アジア地域と宗教のトポロジー——』京都大学学術出版会，813-825。

櫻井義秀 2008『東北タイの開発僧——宗教と社会貢献——』梓出版社。

柴山信二朗 2010「タイ南部国境地域事情　地域史——その8　イスラーム教育機関とその改編——」日本タイ協会『タイ国情報』44(6)：47-60。

柴山信二朗 2011「タイ南部国境地域事情　地域史——その9　国公立学校におけるイスラーム教育とイスラーム教育を巡る動き——」日本タイ協会『タイ国情報』45(1)：

　　　70-83。

柴山信二朗　2012a「タイ南部国境地域事情　地域史——その 18　2010 年南部国境県行政
　　　法(1)——」日本タイ協会『タイ国情報』46(4)：42-49。

柴山信二朗　2012b「タイ南部国境地域事情　地域史——その 19　2010 年南部国境県行政
　　　法(2)——」日本タイ協会『タイ国情報』46(5)：45-52。

柴山信二朗　2012c「タイ南部国境地域事情　地域史——その 20　2010 年南部国境県行政
　　　法(3)——」日本タイ協会『タイ国情報』46(6)：52-60。

渋谷恵　2003「初等教育法(1921)と教育普及——「国民」の教育をめざして——」綾部恒
　　　雄・林行夫編著『タイを知るための 60 章』明石書店，213-215。

島薗進　2011『国家神道と日本人』岩波書店。

島薗進　2013『日本仏教の社会倫理——「正法」理念から考える——』岩波書店。

末廣昭　2009『タイ——中進国の模索——』岩波書店。

鈴木康郎　2007「第 6 章　タイにおける基礎教育カリキュラムにおける市民性育成の原理
　　　と方法」平田利文編著『市民性教育の研究——日本とタイの比較——』東信堂，127-
　　　144。

鈴木康郎，森下稔，カンピラパーブ・スネート　2004「タイにおける基礎教育改革の理念
　　　とその展開」『比較教育学研究』30：148-167。

スラック・シワラック　2011（2009）『エンゲージド・ブディズム入門——しあわせの開発
　　　学——』辻信一・宇野真介訳，有限会社ゆっくり堂。

タイ教育省　2004『タイ　仏暦 2544(2001)年　基礎教育カリキュラム』森下稔，鈴木康郎，
　　　カンピラパーブ・スネート訳，ヨシダ印刷株式会社(非売品)。

高石薫　2005「組織の実践形」慶應義塾大学ビジネス・スクール編・高木晴夫監修『組織
　　　マネジメント戦略』有斐閣。

竹沢尚一郎　1995「東南アジアの「日本」宗教」西日本宗教学会『西日本宗教学雑誌』
　　　17：28-47。

田中忠治　1989『タイ——歴史と文化——』日中出版。

田中雅一　2015「スリランカの民族紛争と宗教——ソーシャル・キャピタル論の視点から
　　　——」櫻井義秀・外川昌彦・矢野秀武編著『アジアの社会参加仏教——政教関係の視
　　　座から——』北海道大学出版会，309-336。

玉田芳史　2001「タイの近代国家形成」池端雪浦他編『岩波講座　東南アジア史　第 5 巻
　　　東南アジア世界の再編』岩波書店，213-235。

玉田芳史　2010「特集：タイの司法と民主主義——司法による政治統制：はじめの一歩
　　　——」日本タイ協会『タイ国情報』44(6)：1-10。

玉田芳史　2012「民主主義と王室をめぐって」日本タイ協会『タイ国情報』46(2)：1-8。

玉田芳史　2014「君主制と政治——「国王を元首とする民主主義体制」の成立と動揺——」
　　　綾部真雄編『タイを知るための 72 章[第 2 版]』明石書店，42-45。

玉田芳史・船津鶴代編　2008『タイ政治・行政の変革—— 1991-2006 年——』アジア経済
　　　研究所。

チャラット・パヤッカラーチャサック，カウィー・イッシリワン　2008（2005）『世界の宗

372

教教科書——タイ編　基礎学習内容教科書　仏教　中学3年——』世界の宗教教科書プロジェクト編『世界の宗教教科書』矢野秀武訳，大正大学出版会。

恒石隆雄「セタキット・ポーピィアン（充足経済）」アジア経済研究所『海外研究員レポート』(http://www.ide.go.jp/Japanese/Publish/Download/Overseas_report/pdf/200703_tsuneishi.pdf，閲覧日2015年8月1日)

テイラー，チャールズ　2011（2004）『近代——想像された社会の系譜——』上野成利訳，岩波書店。

土佐桂子　2012「日本記者クラブ研究会「ミャンマー」③——ミャンマーにおける宗教政策——」公益社団法人日本記者クラブ，1-20。

トレルチ，エルンスト　1981『トレルチ著作集　第7巻』住谷和彦訳者代表，ヨルダン社。

永崎亮寛　1993「タイ国の仏教大学について」パーリ学仏教文化学会『パーリ学仏教文化学』6：37-50。

中澤政樹　1994「古都，パタニーから見たタイ」小野澤正喜編『暮らしがわかるアジア読本——タイ——』河出書房新社，172-179。

中村元　1959『宗教と社会倫理——古代宗教の社会理想——』岩波書店。

西井凉子　2001『死をめぐる実践宗教——南タイのムスリム・仏教徒関係へのパースペクティヴ——』世界思想社。

西井凉子　2009「ムスリム」日本タイ学会編『タイ事典』めこん，376-377。

西川潤　2001「タイ仏教からみた開発と発展——プッタタートとプラ・パユットの開発思想と実践——」西川潤編『アジアの内発的発展』藤原書店，29-59。

西川潤・野田真里編　2001『仏教・開発・NGO——タイ開発僧に学ぶ共生の智慧』新評論。

西本陽一　2009「仏教国家タイと非仏教系山地民——キリスト教徒ラフおよび伝統派ラフの事例——」林行夫編著『〈境域〉の実践宗教——大陸部東南アジア地域と宗教のトポロジー——』京都大学学術出版会，509-538。

新田均　1997『近代政教関係の基礎的研究』大明堂。

野津幸治　1989「サティアン・パンタランシー著『日本の新宗教』——「天理教」をめぐる諸問題——」『天理大学学報』162：141-153。

野津隆志　2005『国民の形成——タイ東北小学校における国民文化形成のエスノグラフィー——』明石書店。

野津隆志　2007「第4章　サリット政権以降の国民教育政策の展開」平田利文編著『市民性教育の研究——日本とタイの比較——』東信堂，64-86。

ハイネ=ゲルデルン，R　1972（1942）「東南アジアにおける国家と王権の観念」大林太良訳，大林太良編『神話・社会・世界観』角川書店，263-290。

蓮池隆弘　2015「インドネシアの政教関係と仏教の展開」櫻井義秀・外川昌彦・矢野秀武編著『アジアの社会参加仏教——政教関係の視座から——』北海道大学出版会，285-294。

パースック・ポンパイチット，クリス・ベーカー　2006（2002）『タイ国　近現代の経済と政治』北原淳・野崎明監訳，日タイセミナー訳，刀水書房。

パットナム，ロバート・D　2001（1993）『哲学する民主主義——伝統と改革の市民的構造——』河田潤一訳，NTT 出版。

林行夫　1991「「王」・功徳・開発——現代タイ王権と仏教——」松原正毅編『王権の位相』弘文堂，144-170。

林行夫　2000『ラオ人社会の宗教と文化変容——東北タイの地域・宗教社会誌——』京都大学学術出版会。

林行夫　2005「第 2 章　東南アジア大陸部　第 2 節　タイ」文化庁『海外の宗教事情に関する調査報告書』53-93。

林行夫編　2006『東南アジア大陸部・西南中国の宗教と社会変容——制度・境域・実践——』平成 15〜17 年度科学研究費補助金基盤研究(A)報告書。

林行夫編著　2009a　『〈境域〉の実践宗教——大陸部東南アジア地域と宗教のトポロジー——』京都大学学術出版会。

林行夫　2009b「「タイ仏教」と実践仏教の位相——東北農村のタマカーイにみる制度と教派の展開——」林行夫編著『〈境域〉の実践宗教——大陸部東南アジア地域と宗教のトポロジー——』京都大学学術出版会，235-304。

速水洋子　2009「キリスト教徒」日本タイ学会編『タイ事典』めこん，108。

原田一明・高畑英一郎・大石眞他　2003「平成 13 年度　皇學館大学神道研究所公開学術シンポジウム　近代欧米諸国に於ける政教関係」『皇學館大学神道研究所紀要』19：39-111。

平田利文　2003a「近代以前のタイの教育」綾部恒雄・林行夫編著『タイを知るための 60 章』明石書店，204-205。

平田利文　2003b「ローン・サクーンと寺院学校」綾部恒雄・林行夫編著『タイを知るための 60 章』明石書店，204-205。

平田利文編著　2007『市民性教育の研究——日本とタイの比較——』東信堂。

平田利文・森下稔訳　2000『タイ　仏暦 2542 年(西暦 1999 年)国家教育法』ヨシダ印刷株式会社(非売品)。

福島真人　1991a「信仰の誕生——インドネシアに於けるマイナー宗教の闘争——」『東洋文化研究所紀要』113：97-210。

福島真人　1991b「剣と聖典のはざまで——東南アジアにおける二元的主権・王権・現代政治——」松原正毅編『王権の位相』弘文堂，199-236。

フクヤマ，フランシス　1996『「信」無くば立たず』加藤寛訳，三笠書房。

藤田由紀子　1998「NPO」森田朗編『行政学の基礎』岩波書店，233-247。

船津鶴代　2007「教育制度改革——「教育」の改革から「教育省」改革へ——」玉田芳史・船津鶴代編『タイ政治・行政の変革——1991-2006 年——』アジア経済研究所，159-201。

ベラー，ロバート・N　1973『社会変革と宗教倫理』河合秀和訳，未來社。

ベラー，ロバート・N 他　1991（1985）『心の習慣——アメリカ個人主義のゆくえ——』島薗進・中村圭志訳，みすず書房。

ポー・オー・パユットー　2007（1987, 2001）『テーラワーダ仏教の実践——ブッダの教え

る自己開発──』野中耕一訳，サンガ。

ポー・オー・パユットー 2008（2001）『仏法──テーラワーダ仏教の叡智──』野中耕一訳，サンガ。

ポー・オー・パユットー 2011（2003）(私家版)『仏法──増補改訂版──』野中耕一訳，サンガ。

ホカート，A・M 2012（1927）『王権』橋本和也訳，岩波書店。

真渕勝 2009『行政学』有斐閣。

村上忠良 2009「国境の上の仏教──タイ国北部国境域のシャン仏教をめぐる制度と実践──」林行夫編著『〈境域〉の実践宗教──大陸部東南アジア地域と宗教のトポロジー──』京都大学学術出版会，171-234。

村嶋英治 1987「現代タイにおける公的国家イデオロギーの形成──民族的政治共同体・チャートと仏教的王政──」日本国際政治学会編『国際政治』84：118-135。

村嶋英治 1996「タイにおける民族共同体と民族問題」『思想』863：187-203。

村田翼夫 1994「仏教日曜学校の普及」小野澤正喜編『暮らしがわかるアジア読本──タイ──』河出書房新社，93-98。

村田翼夫 2003「第二次世界大戦後の教育改革」綾部恒雄・林行夫編著『タイを知るための60章』明石書店，216-221。

村田翼夫 2007『タイにおける教育発展──国民統合・文化・教育協力──』東信堂。

百地章 1991『憲法と政教分離』成文堂。

百地章 1997『政教分離とは何か──争点の解明──』成文堂。

森下稔 2003「タイの公教育における宗教教育の位置」江原武一編『世界の公教育と宗教』東信堂，251-276。

森部一 2001「タイの僧侶プラ・プラユッドー・パユットのイメージをめぐって」森部一編著『文化人類学を再考する』青弓社，217-259。

森幹男 1987「プラヤー・アヌマーンラーチャトン博士──人と作品──」プラヤー・アヌマーンラーチャトン『タイ民衆生活誌(1)──祭りと信仰──』森幹男編訳，勁草書房，iv。

矢野秀武 2006『現代タイにおける仏教運動──タンマガーイ式瞑想とタイ社会の変容──』東信堂。

矢野秀武 2010「国家仏教と宗教行政──タイの政教関係を再考する──」駒沢宗教学研究会『宗教学論集』29：91-113。

矢野秀武 2013「宗教活動の革新を生む土壌──タイにおける開かれた僧院組織──」中央学術研究所『CANDANA』254：2-4。

山田均 1989「タンマユット運動の発生」早稲田大学東洋哲学会『東洋の思想と宗教』6：34-52。

ユルゲンスマイヤー，マーク 1995（1993）『ナショナリズムの世俗性と宗教性』阿部美哉訳，玉川大学出版部。

吉川利治 1990「国民統合の政治──タイ王国の文化論──」矢野暢企画編集代表・土屋健二責任編集『講座　東南アジア学　第6巻　東南アジアの思想』弘文堂，206-233。

横山廣子 1994「仏教国のイスラーム教徒」小野澤正喜編『暮らしがわかるアジア読本
　　──タイ──』河出書房新社，164-171。

英　　文

新聞記事については，便宜的に新聞名と日付を冒頭に掲げた。

Alles, Gregory D. (ed.) 2007 *Religious Studies*. Routledge.

Anderson, Benedict R. O'G. 2014 (original essay in 1978) "Studies of the Thai State:
　　The State of Thai Studies." in Benedict R. O'G. Anderson, *Exploration and Irony
　　in Studies of Siam Over Fourty Years*. Cornell Southeast Asia Program Publica-
　　tions, 15-45.

Arendt, Hannah. 1993 *Between Past and Future: Eight Exercises in Political Thought*.
　　Harmondsworth.

Bangkok Post 2004/9/26 Nissara Horayangura "Cool School, Buddhist-style."（http://
　　www.bangkokpost.com/en/Outlook/26Sep2004_out01.php，閲覧日 2004 年 9 月 26
　　日）

Bangkok Post 2006/5/20 Wassana Nanuam and Waedao Harai "Southern Violence,
　　Hostage Drama: Women teacher saved from mob."（http://www.bangkokpost.
　　com/200506_News/20May2006_news05.php，閲覧日 2006 年 5 月 20 日）

Bangkok Post 2007/2/16 "Editorial: Religion needs no special status."（http://www.
　　bangkokpost.com/160207_News/16Feb2007_news19.php，閲 覧 日 2007 年 2 月 16
　　日）

Bangkok Post 2007/3/26 Veera Prateepchaikul "Commentary: Nothing gained by
　　enshrining Buddhism."（http://www.bangkokpost.com/News/26Mar2007_news19.
　　php，閲覧日 2007 年 3 月 26 日）

Bangkok Post 2007/4/5 Sanitsuda Ekachai "Commentary: Clamouring for a national
　　religion."（http://www.bangkokpost.com/News/05Apr2007_news22.php，閲 覧 日
　　2007 年 4 月 5 日）

Bangkok Post 2007/4/25 Wassana Nanuam and Mongkol Bangprapa "Junta agrees
　　with call for state religion: Buddhism should be recognised in charter."（http://
　　www.bangkokpost.com/250407_News/25Apr2007_news08.php，閲 覧 日 2007 年 4
　　月 25 日）

Bangkok Post 2007/4/26 Post Reporters "Buddhist rally alarms Surayud: Suspicious of
　　ulterior motive in charter call."（http://www.bangkokpost.com/News/26Apr
　　2007_news01.php，閲覧日 2007 年 4 月 26 日）

Bangkok Post 2007/4/27 Post Reporters "Muslim aide to warn PM: Buddhism as state
　　faith 'might provoke rebels'."（http://www.bangkokpost.com/News/27Apr2007_
　　news00.php，閲覧日 2007 年 4 月 27 日）

Bangkok Post 2007/5/17 Mongkol Bangprapa "Monks rally locals to back charter call." (http://www.bangkokpost.com/News/17May2007_news06.php，閲覧日 2007 年 5 月 17 日)

Bangkok Post 2007/6/4 "State religion gets thumbs-down." (http://www.bangkokpost. com/topstories/topstories.php?id=119217，閲覧日 2007 年 6 月 4 日)

Bangkok Post 2007/6/12 Mongkol Bangprapa and Manop Thip-Osod "National religion still on the table." (http://www.bangkokpost.com/topstories/topstories.php? id=119383，閲覧日 2007 年 6 月 12 日)

Bangkok Post 2007/8/13 Ampa Santimatanedol "Activists quit state religion campaign: Rush to heed Queen's birthday speech advice." (http://www.bangkokpost. com/News/13Aug2007_news01.php，閲覧日 2007 年 8 月 13 日)

Barbalet, Jack, Possamai, Adam and Turner, Bryan S. (eds.) 2011 *Religion and the State: A Comparative Sociology*. Anthem Press.

Becker, Howard 1932 "The Abstract Collectivity: The Church." in Leopold von Wiese, *Systematic Sociology: On the Basis of the Beziehungslehre and Gebildelehre*. John Wiley & Sons, Inc., 613-642.

College of Islamic Studies, Prince of Songkla University. ホームページ (http://www. cis.psu.ac.th/th/index.php/，閲覧日 2012 年 12 月 31 日)

College of Religious Studies, Mahidol University. ホームページ (http://www.crs.ma hidol.ac.th/english/icbmu.htm，閲覧日 2016 年 7 月 30 日)

Durrenberger, E. Paul (ed.) 1996 *State Power and Culture in Thailand*. Yale University Southeast Asia Studies.

Faculty of Humanities and Social Sciences, Prince of Songkla University. ホームページ (http://huso.pn.psu.ac.th/main/Philo_Dept/，閲覧日 2012 年 12 月 31 日)

Fox, Jonathan 2008 *A World Survey of Religion and the State*. Cambridge University Press.

George, Kenneth M. and Willford, Andrew C. (eds.) 2005 *Spirited Politics: Religion and Public Life in Contemporary Southeast Asia*. Southeast Asia Program Publications, Cornell University.

Graduate School of Philosophy and Religion, Assumption University. ホームページ (http://www.philo-religion.au.edu/，閲覧日 2012 年 12 月 31 日)

Ito, Tomomi 2012 *Modern Thai Buddhism and Buddhadāsa Bhikkhu: A Social History*. NUS Press, National University of Singapore.

Jackson, Peter A. 1989 *Buddhism, Legitimation, and Conflict: the political functions of urban Thai Buddhism*. Institute of Southeast Asian Studies.

Jackson, Peter A. 2004 "The Thai Regime of Images." *Sojourn: Journal of Social Issues in Southeast Asia*. Institute of Southeast Asian Studies. 19(2): 181-218.

Jerryson, Michael 2009 "Appropriating a space for violence: State Buddhism in southern Thailand." *Journal of Southeast Asian Studies*. 40: 33-57.

Josephson, Jason A. 2012 *The Invention of Religion in Japan*. University Chicago Press.

Kataoka, Tatsuki 2012 "Religion as Non Religion: the Place of Chinese Temples in Phuket Southern Thailand." *Southeast Asian Studies*. 1(3): 461-485.

Keyes, Charles F. 1971 "Buddhism and National Integration in Thailand." *Journal of Asian Studies*. 30(3): 551-567.

Keyes, Charles F. 1989 "Buddhist Politics and Their Revolutionary Origins in Thailand." *International Politics Science Review*. 10(2): 121-142.

Keyes, Charles F. 1990 "*Why the Thai are not Christians: Buddhist and Christian Conversion in Thailand*," paper prepared for inclusion in Robert Hefner (ed.) *Christian Conversion in Cultural Context*.

Kuru, Ahmet T. 2009 *Secularism and State Policies toward Religion: The United States, France, and Turkey*. Cambridge University Press.

Marshall, Andrew MacGregor 2014 *A Kingdom in Crisis: Thailand's Struggle for Democracy in the Twenty-first Century*. Zed Books.

McCargo, Duncan 2009 "The Politics of Buddhist identity in Thailand's deep south: The Demise of civil religion?" *Journal of Southeast Asian Studies*. 40(1): 11-32.

Needham, Rodney. 1980 *Reconnaissances*. University of Toronto Press.

New Mandala 2012/8/10 Pavin Chachavalpongpun "Thailand's silver snatched?" Posted in: Thailand. (http://asiapacific.anu.edu.au/newmandala/2012/08/10/thailands-silver-snatched/, 閲覧日 2015 年 8 月 1 日)

Niels Mulder, J. A. 1973 *Monks, Merit, and Motivation: Buddhism and National Development in Thailand. Center for Southeast Asian Studies*. Northern Illinois University.

Payap University. ホームページ (http://info.payap.ac.th/info/curriculum/G_Thai.asp, 閲覧日 2012 年 12 月 31 日)

Phra Rajavaramuni (Prayudh Payutto) 1987 (1979) Grant A. Olson (trans.) *Buddhism and Education*. Equanimity House.

Prapod Assavavirulhakarn 2010 *The Ascendency of Theravāda Buddhism in Southeast Asia*. Silkworm Books.

Reynolds, Craig J. 1973 *The Buddhist Monkhood in Nineteenth Century Thailand: A Thesis Presented to the Faculty of the Graduate School of Cornell University for the Degree of Doctor of Philosophy*. University Microfilms.

Reynolds, Frank E. 1977 "Civic Religion and National Community in Thailand." *Journal of Asian Studies*. 36(2): 267-282.

Somboon Suksamran 1982 *Buddhism and Politics in Thailand: A Study of Socio-Political Change and Political Activism of the Thai Sangha*. Institute of Southeast Asian Studies.

Somboon Suksamran 1993 *Buddhism and Political Legitimacy*. Chulalongkorn Univer-

378

sity Printing House.

Sulak Sivaraksa 2004 *Trans Thai Buddhism: Spiritually, Politically and Socially.* Suksit Siam.

Swearer, Donald K. 2010 *The Buddhist World of Southeast Asia.* State University of New York Press.

Tambiah, Stanley J. 1976 *World Conqueror and World Renouncer: A Study of Buddhism and Polity in Thailand against a Historical Background.* Cambridge University Press.

Tambiah, Stanley J. 1984 *The Buddhist Saints of the Forest and the Cult of Amulets.* Cambridge University Press.

Tej Bunnag 1970 *From Monastery to University, A Survey of Thai Education from 1824 to 1921, from Education in Thailand, A Century of Experience.* Ministry of Education/Department of Elementary and Adult Education (Thailand).

The College of Religious Studies, Mahidol University. ホームページ (http://www.crs. mahidol.ac.th/thai/about.htm, 閲覧日 2012 年 12 月 31 日)

The New York Times 2013/2/28 Hincks, Joseph "Years After His Heyday, Thailand's Favorite Son Returns to Home Ring." (http://www.nytimes.com/2013/03/01/ sports/muay-thai-fighter-somluck-kamsing-returns-to-home-ring.html?_r=0, 閲覧 日 2015 年 8 月 1 日)

The Siam Society. ホームページ (http://www.siam-society.org/, 閲覧日 2012 年 12 月 31 日)

Thongchai Winichakul 2000 "The Quest for "*Siwilai*": A Geographical Discourse of Civilizational Thinking in the Late Nineteenth and Early Twentieth-Century Siam." *Journal of Asian Studies.* 59(3): 528-549.

Thongchai Winichakul 2010. "Coming to Terms with the West: Intellectual Strategies of Bifurcation and Post-Westernism in Siam." in Rachel Harrison and Peter Jackson (eds.) *The Ambiguous Allure of the West: Traces of the Colonial in Thailand.* Cornell University Press, 135-151.

Thongchai Winichakul 2013a "Hyper-royalism: its Spell and Magic, its Origin and Possible End." Seminars & Events, Area Studies Seminar, June 28, 2013, at IDE-JETRO: Institute of Developing Economies Japan External Trade Organiza- tion. (http://www.ide.go.jp/English/Events/Seminar/130628_region.html, 閲覧 日 2015 年 8 月 1 日)

Thongchai Winichakul 2013b *Hyper-Royalism as Public Culture: Cold War Insecurity, Visual Culture and Magic.* a handout at Area Studies Seminar, June 28, 2013, at IDE-JETRO: Institute of Developing Economies Japan External Trade Organiza- tion.

Thongchai Winichakul 2015 "Buddhist Apologetics and a Genealogy of Comparative Religion in Siam." *Numen* 62: 76-99.

Weber, Max 1978 Guenther Roth and Claus Wittich (trans.) "Chapter XV Political and Hierocratic Domination." in Ephraim Fischoff et al. (eds.) *Economy and Society: An Outline of Interpretive Sociology, Volume 2.* University of California Press, 1158-1211.

Wyatt, David K. 1969 *The Politics of Reform in Thailand: Education in the Reign of King Chulalongkorn.* Yale University Press.

タ イ 語

年号はタイの仏暦を使用し，〔　〕内に西暦を記載した。
新聞記事については，便宜的に新聞名と日付を冒頭に掲げた。
題名のみ日本語訳を付けた。

Amara Phongsaphit 2537〔1994〕 *Watthanatham Sasana lae Chatphan: Wikhro Sangk-homthai naeo Manutsawithaya.* Samnakphim Culalongkon Mahawithayalai. (『文化・宗教・民族　タイ社会の人類学的分析』)

Caran Malulim 2555〔2012〕 "Aligarh Muslim University: Ik Thang Lu'ak Nung khong Naksu'ksa Thai (1)." *Matichon Sutsapda.* Wan thi 7-13 Thanwakhom, 40. (「アリーガル・ムスリム大学：タイ学生のもう１つの選択(1)」『週刊　マティチョン』)

Carat Phayakkharachasak 2546〔2003〕 *Nangsu'riang Sarakanrianruphu'nthan Phraputthasasana Po 1,* Klum Sarakanrianru Sangkomsat Sasana lae Watthana-tham Laksut Kansu'ksa Chanphu'nthan Phutthasakrat 2544. Borisat Samnakphim Watthanapanit Camkat. (『基礎学習内容教科書　仏教　小学校１年』)

Carat Phayakkharachasak, Kawi Isiriwan, 2548a〔2005a〕 *Nangsu'riang Sarakanrianru Phu'nthan Phraputthasasana Mo 3.* Klum Sarakanrianru Sangkomsat Sasana nae Watthanatham Laksut Kansu'ksa Chanphu'nthan Phutthasakrat 2544. Borisat Samnakphim Watthanapanit Camkat. (『基礎学習内容教科書　仏教　中学校３年』)

Carat Phayakkharachasak, Kawi Isiriwan 2548b〔2005b〕 *Nangsu'riang Sarakanrianru Phu'nthan Phraputthasasana Chan Mathayomsu'kusa Pi thi 6.* Klum Sarakanrianru Sangkomsat Sasana nae Watthanatham Laksut Kansu'ksa Chanphu'nthan Phutthasakrat 2544. Borisat Samnakphim Watthanapanit Camkat. (『基礎学習内容教科書　仏教　高校３年』)

Chaophraya Thipakorawong (Kham Bunnak) 2514〔1971〕（初版 1867）*Nangsu' Sadaeng Kitchanukit,* Ongkankha khong Khurusapha. (『キッチャーヌキット（諸々の知識）』)

Chomrom Phutthasasana Rongpayaban Wichaiyut 2544〔2001〕 *Sewanaprasaphut Krangthi 2: Ruang Phutthasu'ksa nai Deklek lae Yaochon.* (『第２回仏教セミナー　「青少年における仏教教育」』)

Duan Bunnak, Phairot Chainam 2477〔1934〕 *Khamathibai Kotmai Ratthammanun*

(Ruamthang Kotmai Kanluaktang duai), *Phak 2*. Rongphim Nitisan. (『憲法法規註釈（選挙法を含む）　第 2 部』)

Fu'n Dokbua 2539［1996］*Sasana Priapthiap*. Buraphasan Camkat. (『比較宗教』)

Khanakammakan Kancatgancharoem Phrakiat Phrabatsomdet Phrachaoyuhua. トップページ（国王陛下御盛栄行事委員会）(http://www.xn--72c9awbis6l2e5a.xn--o3cw4h/th/index.php，閲覧日 2010 年 8 月 15 日)

Khanakammakan Kancatgancharoem Phrakiat Phrabatsomdet Phrachaoyuhua, Khanakammakan（国王陛下御盛栄行事委員会）(http://www.xn--72c9awbis6l2e5a.xn--o3cw4h/th/committee.php，閲覧日 2010 年 8 月 15 日)

Khana Manutsat, Mahawithayalai Kasetsat 2552a［2009a］*Laksut Sinlapasat Bandhit, Sakhawicha Prachaya lae Sasana, Phakwicha Prachaya lae Sasana, Khana Manutsat, Mahawithayalai Kasetsat 2552*. (「カセサート大学　人文学部哲学・宗教学科　哲学・宗教コース，教養学士 2552［2009］年度カリキュラム」)

Khana Manutsat, Mahawithayalai Kasetsat 2552b［2009b］*Laksut Sinlapasat Mahabandhit, Sakhawicha Prachaya lae Sasana, Phakwicha Prachaya lae Sasana, Khana Manutsat, Mahawithayalai Kasetsat 2553*. (「カセサート大学　人文学部哲学・宗教学科　哲学・宗教コース，教養学修士 2553［2010］年度カリキュラム」)

Khana Phutthasat, Mahawithayalai Mahaculalongkorn Rachawithayalai 2550［2007］*Laksut Phutthasat Bandit, Sakawicha Sasana, Phakwicha Sasana lae Prachaya, Khana Phutthasat, Mahawithayalai Mahaculalongkorn Rachawithayalai 2550*. (「マハー・チュラーロンコーン仏教大学　仏教学部宗教・哲学科　宗教科コース　仏教学士 2550［2007］年度カリキュラム」)

Khana Sangkhomsat lae Manutsat, Mahawithayalai Mahidon, 2542［1999］*Laksut Sinlapasat Mahabandit, Sakhawicha Sasana Priapthiap, Khana Sangkhomsat lae Manutsat, Mahawithayalai Mahidon, 2542*. (「マヒドン大学社会科学・人文学部　比較宗教コース，教養学修士 2542［1999］年度カリキュラム」)

Khana Sasana lae Prachaya, Mahawithayalai Mahamakut Rachawithayalai 2549a［2006a］*Laksut Sasanasat Bandit, Sakhawicha Sasana lae Prachaya, Phakwicha Sasanasat, Khana Sasana lae Prachaya, Mahawithayalai Mahamakut Rachawithayalai 2549*. (「マハー・マクット仏教大学　宗教・哲学部宗教学科　宗教・哲学コース　宗教学士 2549［2006］年度カリキュラム」)

Khana Sasana lae Prachaya, Mahawithayalai Mahamakut Rachawithayalai 2549b［2006b］*Laksut Sasanasat Bandit, Sakhawicha Sasana Priapthiap, Phakwicha Sasanasat, Khana Sasana lae Prachaya, Mahawithayalai Mahamakut Rachawithayalai, 2549*. (「マハー・マクット仏教大学　宗教・哲学部宗教学科　比較宗教コース　宗教学士 2549［2006］年度カリキュラム」)

Khaosod 2550［2007］/5/4 "Mob Phra Puwan Joe Bai Pliw "Phra Phao Tua"." 10. (http://www.matichon.co.th/khaosod/khaosod_detail.php?s_tag=03p0115040550&day=2007/05/04&sectionid=0301，閲覧日 2007 年 5 月 4 日)(「デモ僧侶が「焼身僧

侶」のチラシを配り揺さぶりをかける」『カオソット』)

Khaosod 2550[2007]/6/12 "Sapha Rang Khwaen Mo 2 – Banyat "Phut"." 11. (http://www.matichon.co.th/khaosod/khaosod_detail.php?s_tag=03p0115120650&day=2007/06/12&sectionid=0301, 閲覧日 2007 年 6 月 12 日)(「起草委員会，第 2 条「仏教」規定を保留」『カオソット』)

Khaosod 2550[2007]/6/27 "Mob Phra "Prakat Yutchumnum Yai"." 10. (http://www.matichon.co.th/khaosod/khaosod_detail.php?s_tag=03p0116270650&day=2007/06/27&sectionid=0301, 閲覧日 2007 年 6 月 27 日)(「デモ僧侶，「大規模集会を宣言」」『カオソット』)

Khaosod 2550[2007]/8/12 "Phairua Thang Diaokan Phra Rachini song Tuan Khon Thai Kae Panha So Ko. – Upasak Phut Mai Khwan Yu nai Ro Tho No. Chuai Raksa Maenam-Pamai." 1. (http://www.matichon.co.th/khaosod/khaosod_detail.php?s_tag=03p0101120850&day=2007-08-12&sectionid=0301, 閲覧日 2007 年 8 月 12 日)(「1 つの方向へ向けて協力を　王妃がタイ人に忠告　経済困窮問題の解決，仏教は憲法に含むべきではない，河川と森林を保全しましょう」『カオソット』)

Khaosod 2554[2011]/9/21 "Samnao Cek Hosamut "Traipumi Phramalai"." 32. (「古文書館副本配布『プラマーライ三界経』」『カオソット』)

Khaosod 2554[2011]/9/23 "Poet Phiphithaphan Thawai Kwamru Song." 29. (「博物館開館　僧侶への知識の寄進」『カオソット』)

Khaosod 2554[2011]/9/24 "Ro MoWo. WoTho. Long Phu'nthi Samruatwat Boransathan Namthuwam Siahai 200 Haeng." 29. (「文化相，洪水被害にあった 200 カ所の遺跡寺院調査にとりかかる」『カオソット』)

Khrogkan Rongrian Withi Phut, Samanak Phatthana Nawatakam Kan Catkansu'ksa, Samnakgan Khanakammakan Kansu'ksa Khan Phun'than, Krasuwang Su'ksathikan 2548[2005] *Rongrian Di Withi Phut.* (『仏教式の良き学校』)

Khun Thokhan 2545[2002] *Phutthasasana kap Sangkhom lae Watthanathamthai*. Samnakphim Odiansto. Krungthep. (『仏教とタイの社会・文化』)

Khun Wicitmatra 2471[1928] *Lak Thai*. Hang Hun Suwan Camkat. Krungthep. (『ラック・タイ(タイ的原理)』)

Kongbannathikan 2537[1994] "Panha Kansu'ksa khong Songthai nai Paccuban." *Warasan Phutthasat Su'ksa*, Sun Phutthasat Su'ksa Culalongkonmahawithayalai. 1(2): 4-7. Krungthep. (「現代タイにおけるサンガの教育問題」『雑誌　仏教学研究』)

Kongklang Faipaenngan Samnakgan Phraphutthasasana haeng Chat 2549a[2006a] *Phengan/Khrongkan Pracam Pigoppraman 2548.* (『2548[2005] 年度　事業計画・事業別年次予算』草稿版)

Kongklang Faipaenngan Samnakgan Phraphutthasasana haeng Chat 2549b[2006b] *Phonkandamnoengan Nai Rop 1 Pi Pracam Pigopraman 2548.* (『2548[2005] 年度初年度・事業成果』草稿版)

Kongklang Samnakgan Kicakansatri lae Sathaban Khropkhrua 2552[2009] *Raigan*

Pracampi 2552 Samnakgan Kicakansatri lae Sathaban Khropkhrua, Krasuwang Kanphathana Sangkom lae Kwammankhong khong Manut.（『社会開発・人間安全保障省，女性問題・家族制度事務所　2552［2009］年　年次報告』）

Krasuwang Kanphathana Sangkom lae Khuwammankhong khong Manut "Nenam-krasuwang."（http://www.m-society.go.th/aboutmso.php?pageid=6，閲覧日 2010 年 8 月 15 日）（「省の紹介」）

Krasuwang Kanthongthiao lae Kila "Wisaithat lae Phantakit."（http://www.mots.go.th/ewt_news.php?nid=258，閲覧日 2010 年 8 月 15 日）（「任務・業務」）

Krasuwang Satharanasuk "Wisaithat Phanthakit lae Khaniyom."（http://www.moph.go.th/moph2/index4.php?page=include_page2&id=45，閲覧日 2010 年 8 月 15 日）（「任務・業務・理念」）

Krasuwang Su'ksathikan 2546［2003］*Naeothang Kandamnoengan Rongrian Withi Phut.*（『仏教式学校の運営方法』）

Krasuwang Su'ksathikan. トップページ（http://www.moe.go.th/moe/th/home/home.php，閲覧日 2010 年 8 月 15 日）（教育省トップページ）

Krasuwang Watthanatham. "Wisaithat Phanthakit lae Yutthasat."（http://www.m-culture.go.th/about.php?sub_id=1037，閲覧日 2010 年 8 月 15 日）（「任務・業務・戦略」）

Krom Kansasana "Prachaya Wisaithat Phanthakit Yutthasat."（http://www.dra.go.th/main.php?filename=a3，閲覧日 2010 年 8 月 15 日）（「理念・任務・業務・戦略」）

Krom Kansasana Krasuwang Watthanatham 2548［2005］*Raigan Phonkan Damnoen-gan Pigopraman 2547.*（『2547［2004］年度　宗教業務年次報告』）

Krom Kansasana Krasuwang Watthanatham 2550［2007］*Khrongkan Khruphra Son Sinlatham nai Rongrian: Pigoppraman 2548-2550.*（『道徳教育僧侶の学校派遣 2548［2005］-2550［2007］年度』）

Krom Kwapkhumrok "Wisaithat."（http://www.ddc.moph.go.th/images/ST_MAP.jpg，閲覧日 2010 年 8 月 15 日）（「任務」）

Krom Phathana Sangkhom lae Sawatdikan "Wisaithat Khaniyom Ongkon lae Phanthakit."（http://www.dsdw.go.th/dsdw2011/module.php?module=about&pg=index&conid=2，閲覧日 2010 年 8 月 15 日）（「任務・理念・組織・業務」）

Krom Sinlapakon "Wisaithat lae Phanthakit."（http://www.finearts.go.th/node/454，閲覧日 2010 年 8 月 15 日）（「任務・業務」）

Krom Sukhaphapcit 2553［2010］*Krom Sukhaphapcit.* 17(196).（『精神健康局』）

Krom Sukhaphapcit "Wisaithat Pahthakit lae Khaniyom."（http://www.dmh.go.th/intranet/vision.asp，閲覧日 2010 年 8 月 15 日）（「任務・業務・理念」）

Krom Wichakan Krasuwang Su'ksathikan 2546［2003］*Phagmanothat Lae Sara-kanrianru kaenklang Klum Sarakanrianru Sangkhomsu'ksa Sasana lae Watthana-tham.*（『ビジュアルマップと基本学習内容　学習グループ「社会科・宗教・文化」』）

Luang Wicitwathakan 2494［1951］*Sasana Sakon lem 1, Samnakgan.* Luk So. Thammaphakdi, Krungthep.(『普遍宗教　第1巻』)

Mahawithayalai Mahamakutrachawithayalai 2559[2016] "Prawat Mahawithayalai." (http://www.mbu.ac.th/index.php/2012-11-14-02-09-47/2012-11-14-02-25-50? showall=&start=3♯.V9vKKY9OLMM，閲覧日2016年7月20日)(「大学の沿革」)

Matichon 2550[2007]/2/14 "Mob Rong Bancu "Phut" nai "Ro Tho Mo" Wang Phuwangrit-Rong Plot "Thong Thong"." 15. (http://www.matichon.co.th/matichon/matichon_detail.php?s_tag=01p0113140250&day=2007/02/14&sectionid=0101，閲覧日2007年2月14日)(「「憲法」への「仏教」記載要求のデモ，花輪を置いて「トントーン氏」解任要求」『マティチョン』)

Matichon 2550[2007]/3/23 "Yon Roi Khwamhen "Khu'krit Pramot" Korani "Phut" Pen Sasana Pracam Chat." 2. (http://www.matichon.co.th/matichon/matichon_detail.php?s_tag=01p0107230350&day=2007/03/23&sectionid=0101，閲覧日2007年3月23日)(「意見を辿る「ククリット・プラモート」「仏教」国教化問題」『マティチョン』)

Matichon 2550[2007]/3/25 Sathianphong Wannapok Rachabandit "Kholam Ru'nrom Romayet: Thana khong Phutthasasana nai Ratthathammanun." 6. (http://www.matichon.co.th/matichon/matichon_detail.php?s_tag=01bud01250350&day=2007/03/25&sectionid=0121，閲覧日2007年3月25日)(「コラム　心地よくすがすがしい陰：憲法における宗教の位置づけ」『マティチョン』)

Matichon 2550[2007]/4/1 Samran Thepcan "Kanwang Tamnaeng Hai Kap Sasana nai Khwamsamphan Thang Sangkhom Mu'a Banyat Hai Phut Pen Sasana Pracam Chat." 1. (http://www.matichon.co.th/matichon/matichon_detail.php?s_tag=01edu02010450&day=2007/04/01&sectionid=0107，閲覧日2007年4月1日)(「仏教が国教であるとの規定を定めたとき，宗教に社会と関わる地位を与える」『マティチョン』)

Matichon 2550[2007]/4/1 "Phuttha Samakhom Chiangrai Longmati Sasana khong Chat." 8. (http://www.matichon.co.th/matichon/matichon_detail.php?s_tag=01pro07010450&day=2007/04/01&sectionid=0112，閲覧日2007年4月1日)(「チェンラーイ仏教協会が国の宗教であると議決する」『マティチョン』)

Matichon 2550[2007]/4/2 Mattanantho Phikku "Hetphon thi Ratthathammanun Mai Khwan Rabu Sasana Pracam Chat." 6a. (http://www.matichon.co.th/matichon/matichon_detail.php?s_tag=01act01020450&day=2007/04/02&sectionid=0130，閲覧日2007年4月2日)(「憲法に国境を記載すべきでない理由」『マティチョン』)

Matichon 2550[2007]/4/2 Nithi Iaosiwong "Sasana Pracam Chat." 6b. (http://www.matichon.co.th/matichon/matichon_detail.php?s_tag=01act03020450&day=2007/04/02&sectionid=0130，閲覧日2007年4月2日)(「国教」『マティチョン』)

Matichon 2550[2007]/4/15 Phra Phaisan Wisako "Kholam Mongyang: Phut Ma Chuai kan Tham Hai Phutthasasana Pen Sasana Pracancai." 6. (http://www.matichon.co.th/matichon/matichon_detail.php?s_tag=01bud02150450&day=2007/04/15&

384

sectionid=0121, 閲覧日 2007 年 4 月 15 日)(「コラム　視点：仏教　仏教を心の国教にしよう」『マティチョン』)

Matichon 2550[2007]/4/17 "Klum "Phut" Roem Chumnum Kotdan Tongbancu "Ro Tho No" Ko Mo Tho. Boi So So So. Praeyatti Eng: Kanmu'ang Kradot Khao Sanapsanun "Suwit" Ruwam Mob-Matchima Num." 1. (http://www.matichon.co. th/matichon/matichon_detail.php?s_tag=01p0102170450&day=2007/04/17& sectionid=0101, 閲覧日 2007 年 4 月 17 日)(「「仏教」集団　圧力集会開始　「憲法」への記載をすべき，審議会は憲法起草委員会を否定し，自ら動議修正すべき：政治が支援に入る　「スウィット」が青年マッチマーのデモに参加」『マティチョン』)

Matichon 2550[2007]/4/18 ""Prasong" yu'nkran "Ro Tho No" mai Bancu "Phut" Chae Kanmu'ang Saek Mob Phra: Phunam Khanasong Khu Pitlom Sapa Du'ng "Surayut-Sonthi" Ruwam raprang So. So. Ro. Kho Lu'an-Thu'ngmu' 26 Mae. Yo." 1. (http://www.matichon.co.th/matichon/matichon_detail.php?s_tag= 01p0102180450&day=2007/04/18&sectionid=0101, 閲覧日 2007 年 4 月 18 日)(「「プラソン氏」「憲法」に「仏教」を記載しないと主張　政治が僧侶デモに介入と暴露：サンガの指導僧が委員会を包囲すると脅し，「スラユット，ソンティ」を巻き込み憲法起草委員会の 4 月 26 日までの起草延期へ」『マティチョン』)

Matichon 2550[2007]/5/9 "Hetphon thi Khuwan Rabu nai Ratthathammanun Phuttasasana Pen Sasana Pracamchat." 6. (http://www.matichon.co.th/matichon/matichon_detail.php?s_tag=01act02090550&day=2007/05/09&sectionid= 0130, 閲覧日 2007 年 5 月 9 日)(「憲法に，仏教が国教だと記載すべき理由」)

Matichon 2550[2007]/6/5 "Phra 12 Rup Kotdan Bancu Phut Yu't Na Sapha Prathu-wang." 1. (http://www.matichon.co.th/matichon/matichon_detail.php?s_tag= 01p0113050650&day=2007/06/05&sectionid=0101, 閲覧日 2007 年 6 月 5 日)(「僧侶 12 名が仏教記載をするように圧力をかける　委員会前でハンスト」『マティチョン』)

Matichon 2550[2007]/6/30 "Mati So. So. Ro. "66 To 19" Siang Mai Bancu "Phut" Mobphra Prakat Khuwanbat: Triam Haru' Chumnum Yai Matchima Lanlom Ratthathammmanun." 1. (http://www.matichon.co.th/matichon/matichon_detail.php?s_tag=01p0103300650&day=2007/06/30&sectionid=0101, 閲覧日 2007 年 6 月 30 日)(「憲法起草委員会が「66 対 19」票で「仏教」を記載しないと決議，僧侶デモは覆鉢を宣言し，大規模集会の開催を相談　マッチマー派が憲法を阻止へ」『マティチョン』)

Mulanithi Mahamakut Rachawithayalai 2543[2000] *Prawathi lae Phongan: Acan Suchip Punnyanuphap*. Krungthep. (『来歴と業績　スチープ・プンニャヌパープ先生』)

Nakhon Phocanawaraphong, Nophasun Sawadiwethin, Narin Wongthai (Ruapruam) 2515[1972] *Ruamkotmairatthatammanun (Chabapraek Thu'ng Chabappaccuban)*. Sunnaenam Su'ksa Kotmai Nakonluang. Nakonluang. (『憲法集成　（第 1 憲法から現憲法まで）』)

Nithi Iaosiwong 2543［2000］*Phutthasasana nai Khwamplianplaeng khong Sangkhom Thai*. Samnakphim Mulanithi Komondimthong, Krungthep.（『仏教 タイ社会の変動の中で』）

Phengansangsoem Sukhaphapcit 2554［2011］*Khumu' Sangsuk Radap Cangwat*.（『県レベルで健康になるための基本』）

Phocananukrom Chabap Rachabanditsathan 2493［1950］"Sasana."（「宗教」『王立学士院版 タイ語辞典』）

Phonsak Cirakraisiri 2537［1994］"Khwamchu'a Thang Kanmu'ang khong Phrasong-thai." *Warasan Phutthasat Su'ksa*, Sun Phutthasat Su'ksa Culalongkonmahawithayalai. 1(2): 82-95.（「タイサンガにおける政治的信念」『雑誌 仏教学研究』）

Phra Phaisan Wisalo 2546［2003］*Phutthasasana Thai nai Anakhot: Naeonom lae Thangok cak Wikrit*. Mulanithi Sodsi-Saritwong. Krungthaep.（『未来のタイ仏教 傾向と危機脱却』）

Phrabatsomdet Phracomklaocaoyuhua 2507［1964］*Samnao lae Khamplae, Phraracha Hatthalaekha, Phrabatsomdet Phracomklaocaoyuhua*. Krungthep.（『複写と訳 プラバート・ソムデット・プラチョームクラーオチャオユーフア（ラーマ 4 世） 御親筆』）

Phramaha Winai Phoncroen 2543［2000］"Botbat thang Kanmu'ang khong Phrasong." *Warasan Phutthasat Su'ksa*, Sun Phutthasat Su'ksa Culalongkonmahawithayalai. 7(3): 5-25.（「僧侶の政治的役割」『雑誌 仏教学研究』）

Phramahaphongnarin Thitawanso 2552［2009］*Khumu' Khronggan Khunnatham Chroen Phrakiat "Yaochonthai Thamdhi Thawai Nailuang."* Kulum Kanlayanamit phu'a Kansoemsang Khurakhai Withiphut (Ko. Kho. Pho). Munlanithi Rongrian Rungarun.（『御威徳奉祝・善徳プロジェクト・ハンドブック 「国王に善行を奉献するタイの青少年」』）

Phramahaphongnarin Thittawanso, Sagwonsi Tritheppratima (eds.), 2552［2009］*Banthuk Khuwamsamat Pithi 3, Yaochonthai Thamdi Thawai Nailuang, Khrongkanphatthana Khronggan Khunnatham Charoen Phrakiat Pikansuksa 2551*, Sunsongsoem lae Phatthana Phalangphending choeng Khunnataham (Sunkhunnatham).（『国王に善行を奉献するタイの青少年 第3年 成果記録 2551［2008］年度 御威徳奉祝・善徳プロジェクト開発計画』）

Phraphrom Khnaphon (Po. O. Payutto) 2547a［2004a］*Kansu'ksa Roem Ton Mu'a Khon Kin Yu Pen*. Samnak Phatthana Nawatakam Kan Catkansu'ksa Samnakgan Khanakammakan Kansu'ksa Khan Phu'nthan Krasuwang Su'ksathikan.（『食住のあり方から始まる学習』）

Phraphrom Khnaphon (Po. O. Payutto) 2547b［2004b］*Rongrian Tong Chuai Sangkhom Thai Anurak Khwamcaroen Thangcitcai lae Kaopai nai Pannya*. Krasuwang Su'ksathikan.（『学校がタイ社会を救う 精神の成長を促し智慧を身につける』）

Phraphrom Khnaphon (Po. O. Payutto) 2548［2005］*Ru Lak Kon laeo Su'ksa lae Son Hai Dai Phon*.（『基礎から学ぶ，実りある学習と教育』）

Phrasi Pariyatimoli (Somchai Kusalajito) 2545[2002] *Banthuk Hetkan Na Rathasapha 5-20 Kanyayon 2545 Song Kap Kanmu'ang*. Rongphim Maha Culalongkon Rachawithayalai. (『サンガと政治　2545[2002] 年 9 月 5〜20 日　国会議事堂前デモ事件の記録』)

Phrathamma Kosacan (Prayun Thammacitto) 2549[2006] *Kan Peiphae Chang Ruk*. Khrogkan Rongrian Withi Phut Samnak Phatthana Nawatakam Kan Catkansu'ksa Samnakgan Khanakammakan Kansu'ksa Khan Phu'nthan Krasuwang Su'ksathikan. (『積極的伝道』)

Phrathepsophon (Prayun Thammacitto) 2545[2002] *Krop khwamkit nai kancattham sarakanrianru phraphutthasasana nai laksutmai*. Mahawithayalai Mahaculalongkon Rachawithayalai. Krugthep. (『新カリキュラム版　仏教学習内容の策定における基本理念』)

Phraya Anumanrachathon 2502[1959] *Sasana Priapthiap*. Rachabandityasathan. Krungthep. (『比較宗教』)

Po. O. Payutto (Phra Thampidok) 2539[1996] *Rat kap Phraphutthasasana Thu'ngwela Chamralang Ru Yang*. Mulanithi Phutthatham. Krungthep. (『国家と仏教　清算すべきときなのか』)

Po. O. Payutto 2544[2001] *Pathirup Kansu'kusa Phrapuhtthasasana ca Paiyunai?* Mulanithi Phutthatham. (『教育改革　仏教の行方』)

Post Today 2554[2011]/6/7 "100 Pi Sastraacan Sathian Phantharangsi Nakwichakan Sasana lae Naknangsu'phim." (「宗教研究者・新聞研究者　サティアン・パンタランシー教授 100 年」『ポスト・トゥデー』)

Pricha Changkhwanyun, 2537[1994] "Khwamkhit thang Kanmu'ang khong Than Phutthathatphikkhu: Thammik Sangkhomniyom." *Warasan Phutthasat Su'ksa*. Sun Phutthasat Su'ksa Culalongkonmahawithayalai. 1(2): 30-53. (「プッタタート比丘の政治思想：仏法社会主義」『雑誌　仏教学研究』)

Rachabandittayasathan, the Royal Institute. ホームページ(http://www.royin.go.th/th/home/，閲覧日 2012 年 12 月 31 日)

Rongrian Rung Arun. "Khuwam Pen Ma haeng Rongrian Rung Arun." (http://www.roong-aroon.ac.th/index_main.php♯，閲覧日 2008 年 9 月 29 日)(「ルン・アルン学校の沿革」)

Rongrian Rung Arun. "Khuwam Pen Ma haeng Rongrian Rung Arun, Prawat Kan Roem Kotang." (http://www.roong-aroon.ac.th/index_main.php♯，閲覧日 2008 年 9 月 29 日)(「ルン・アルン学校の沿革，創設の来歴」)

Rongrian Rung Arun. "Samphat Ro So Praphaphat Niyom." (http://www.roong-aroon.ac.th/prapapus.pdf，閲覧日 2008 年 9 月 29 日)(「プラパーパット・ニヨム先生へのインタビュー」)

Rongrian Thawsi. "Prachaya lae Nayobai." (http://www.thawsischool.com/aboutus-policy.html，閲覧日 2008 年 9 月 29 日)(「理念と方針」)

Rongrian Thawsi. "Prawat Khawam Pen Ma." (http://www.thawsischool.com/aboutus-history.html，閲覧日 2008 年 9 月 29 日)(「沿革」)

Saeng Canngam 2529[1986] *Sasanasat*. Borisat Rongphim Thaiwatthanaphanit Camkat. Krungthep. (『宗教学　The Science of Religion』)

Saithip Cittamat 2527[1984] *Botbat khong Mahawithayalaisong nai Sangkhomthai 2489-2526*. Withayaniphon Parinya Aksonsat Mahabandit, Banditwithayalai Culalongkonmahawithayalai. (『2489[1946]年〜2526[1983]年のタイ社会における仏教大学の役割』)

Samnakgan Khanakammakan Kansu'ksa Khan Phu'nthan, Krasuwang Su'ksathikan, Ruamkap Samnakgan Phraphutthasasana haeng Chat 2547[2004] *Yutthasat Kan Phatthana Rongrian Withi Phut*. (『仏教式学校発展の戦略』)

Samnakgan Khanakammakan Kansu'ksa Khanphu'nthan. "Nayobai Wisaithat Phanthakit." (http://www.obec.go.th/node/93，閲覧日 2010 年 8 月 15 日)(「方針・任務・業務」)

Samnakgan Khanakammakan Krisadika 2546a[2003a] *Banthuk Khanakammakan Krisadika: Ru'ang Khoharu Kiaokap Kandamnoenkicakan khong Mahawithayalai Mahaculalongkon Rachawithayalai*. (『規約委員会議事録：マハー・チュラーロンコーン仏教大学の運営に関する相談事項』)

Samnakgan Khanakammakan Krisadika 2546b[2003b] *Sarup Praden Krisadika: Ru'ang Khoharu Kiaokap Kandamnoenkicakan khong Mahawithayalai Mahaculalongkon Rachawithayalai*. (『規約要約：マハー・チュラーロンコーン仏教大学の運営に関する相談事項』)

Samnakgan Kicakansatri lae Sathaban Khropkhrua. "Wisaithat Phanthakitlak Pharakitlak." (http://www.women-family.go.th/wofa/home.php?mode=normal&sub=1&mod=about.vision，閲覧日 2010 年 8 月 15 日)(「任務・基本業務・基本責務」)

Samnakgan Lakprakansukhaphap haeng Chat. "Wisaihtat Phanthakit Nayobai." (http://nhsofront.nhso.go.th/FrontEnd/page-about_vision.aspx，閲覧日 2010 年 8 月 15 日)(「任務・業務・方針」)

Samnakgan Phatthana Kanthongthiao, Krasuwang Kanthongtiao lae Kila 2549a [2006a] *Khumu' Kanpramoen Matrathan Khunnaphap haeng Thongthiao Thang Prawatisat*. (『歴史観光の質を測定する基準について』)

Samnakgan Phatthana Kanthongthiao, Krasuwang Kanthongtiao lae Kila 2549b [2006b] *Khumu' Kanpramoen Matrathan Khunnaphap haeng Thongthiao Thang Watthanatham*. (『文化観光の質を測定する基準について』)

Samnakgan Phathana Kanthongthiao n.d. *Khrop Dachani Chiwat Matrathan Kanborikan Ahanhalal Phu'a Kanthongthiao*. (『観光のためのハラール食品　サービスの範囲内容表示基準』)

Samnakgan Phraphuthasasana haeng Chat. "Wisaithat Phantakit Yuthasat." (http://www.onab.go.th/index.php?option=com_content&view=article&id=79&Itemid=

128，閲覧日 2010 年 8 月 15 日）(「任務・業務・戦略」)

Samnakgan Sathiti haeng Chat, Krasuwang Theknoloyi Sansonthet lae Kansusan 2555[2012] *Sarupphon thi Samkan Kansamret Saphawa Thang sangkhom lae Watthanatham Pho. So. 2554.*（『需要成果概要 2554[2011] 年 社会状況と文化状況の調査』）

Samnakgan Sogsoem Sawatdiphap lae Phitakdek Yaochon Phudoiokat lae Phusungayu 2550[2007] *Raigan pracampi 2550 Samnakgan Sogsoem Sawatdiphap lae Phitakdek Yaochon Phudoiokat lae Phusungayu, Krasuwang Kanphathana Sangkom lae Khuwammankhong khong Manut.*（『社会開発・人間安全保障省、児童・青少年・社会的弱者・障害者・高齢者の保護および安定支援事務所 2550[2007] 年年次報告』）

Samnakgan Sogsoem Sawatdiphap lae Phitakdek Yaochon Phudoiokat lae Phusungayu. トップ ページ（http://www.opp.go.th/home.php，閲 覧 日 2010 年 8 月 15 日）（児童・青少年・社会的弱者・障害者・高齢者の保護および安定支援事務所「トップページ」）

Samnak Goppraman 2546[2003] *Goppraman Doi Sangkhep Pracam Pigoppraman Pho. So. 2546.*（http://www.bb.go.th/budget/inbrveT/B46/intro.htm，閲覧日 2009 年 8 月 20 日）（『2546[2003] 年度 年次国家予算概要』）

Samnak Goppraman 2547[2004] *Goppraman Doi Sangkhep Pracam Pigoppraman Pho. So. 2547.*（ http://www.bb.go.th/budget/inbrveT/B47/intro.htm，閲覧日 2009 年 8 月 20 日）（『2547[2004] 年度 年次国家予算概要』）

Samnak Goppraman 2548[2005] *Goppraman Doi Sangkhep Pracam Pigoppraman Pho. So. 2548.*（http://www.bb.go.th/budget/inbrveT/B48/intro.htm，閲覧日 2009 年 8 月 20 日）（『2548[2005] 年度 年次国家予算概要』）

Samnakkhao Kromprachasamphan 2559[2016]/7/29 "Krom Thahanrap thi 21 Raksaphraong Cat Khrongkan Upasombot Chloem Phrakiat 84 Phansa Maharachini." (http://thainews.prd.go.th/website_th/news/news_detail/TNSOC5907290010104，閲覧日 2016 年 8 月 8 日)（「近衛第 21 歩兵局 王妃 84 歳御盛栄の出家計画」）

Samnak Phathana Khunnathamcariyatham, Krom Kansasana, Krasuwang Watthanatham 2549[2006] *Raigan Sarup Phonkan Damnoengan Khrongkan Khruphra Son Sinlatham nai Rongrian Pigoppraman 2548.*（『2548[2005] 年度 道徳教育僧侶の学校派遣プロジェクト 実施成果報告書』）

Samnak Phathana Nawatakam Kancatkan Kansu'ksa. "Wisaithat/Phanthakit." (http://61.47.61.90/~innoobec/index.php?option=com_content&view=article&id=2&Itemid=2，閲覧日 2010 年 8 月 15 日)（「任務／業務」)

Samnak Phatthtana Nawatakam Kancatkansu'ksa, Samnakgan Khanakammakan Kansu'ksa Khan Phu'nthan Krasuwang Su'ksathikan 2548[2005] *Tuachiwat Kandamnoengan Rongrian Withi Phut.*（『仏教式学校の運営自己点検』）

Samnak Phatthana Nawatakam Kancatkansu'kusa, Samnakgan Khanakammakan Kansu'ksa Khan. n.d. phu'nthan, Krasuwang Su'ksathikan, [whiditat] *Naeothang-kandamnoengan "Rongrian Whithi Phut" pahen thi 1.* ([VCD 1]『仏教式学校運営の考え方』)

Samnak Phrarachawang. トップページ (http://www.brh.thaigov.net/brh-2011/index. php, 閲覧日 2010 年 8 月 15 日) (宮内庁「トップページ」)

Samnak Phrarachawang. "Palaces of the King." (http://www.palaces.thai.net/, 閲覧日 2010 年 8 月 15 日)

Samnak Tabian Turakit Nam Thiao lae Makkuthet. トップページ (http://www.tour-ismcentre.go.th/index.asp, 閲覧日 2010 年 8 月 15 日) (観光業・ガイド登録事務室「トップページ」)

Samnak Wichakan lae Matrathan Kansu'ksa. "Nenam So. Wo. Ko." (http://aca-demic.obec.go.th/web/node/3, 閲覧日 2010 年 8 月 15 日) (「学習指導要領研究事務室について」)

Sathian Phantharangsi 2506 [1963] *Sasana Priapthiap.* Phraephithaya. Krungthep. (『比較宗教』)

Sathianphong Wannapok 2556 [2013] "Botkwam Phiset: Samanen Sathianphong Wannapok." *Matichon Sutsapda.* Krungthep. Wan thi 4-10 Mokkarakhom 2556: 67. (「沙弥サティアンポン・ワンナポック」『週刊　マティチョン』)

Sayamrat 2555 [2012]/6/9 Preacha ""Nong Waeo" Ceng Siu Thong Dap － Kho Thawai Rian "Nai Luang"." (http://203.146.129.175/web/?q=node/221436, 閲覧日 2015 年 6 月 30 日) (「フェンシングで「ウェーオ」が快挙, メダルは「王様」に捧げる」『サヤームラット』)

Seri Phonphit 2537 [1994] "Phi, Saiyasat." Suwanna Sathaanan, *Nu'angnoi Bunyanet. Kham: Rongroi Khuwamkhit Khuwamchu'a Thai.* Samnakphim Culalongkon Mahawithayalai. (「ピー, まじない」『言葉：タイ人の思想と信仰の軌跡』)

Siriwat Khamwansa 2542 [1999] *Prawat Phraphutthasasana nai Prathetthai.* Borisat Caransanithawong kanphim Camkat. Krungthep. (『タイ仏教史』)

Suchip Punnyanuphap 2506 [1963] *Prawattisat Sasana.* Hanghansuwan Camkat. Krungthep. (『宗教史』)

Sucitra Romrun 2527 [1984] *Sasana Priapthiap.* Duwangkaeo. Krungthep. (『比較宗教』)

Sulak Siwarak 2522 [1979] *Khanchong Song Sasana.* Laisuthai. Krungthep. (『宗教から見る』)

Sulak Siwarak 2526 [1983] *Phutthathasana Phu'a Kansangsan Sangkhommai.* Thianwan. Krungthep. (『新たな社会形成のための仏教思想』)

Sumet Methawithayakun 2532 [1989] *Sasana Priapthiap.* Odiansato. Krungthep. (『比較宗教』)

Suphaphan Na Bangchang 2535 [1992] *Phutthatham thi Pen Rakthan Sangkhomthai Kon Samai Sukhothai Thu'ng Kon Plianplaeng Kanpokkhrong.* Sathaban

Thaisu'kusa Culalongkonmahawithayalai. (『タイ社会の基盤としての仏法　ス
　　コータイ時代から立憲革命前まで』)

Suwanna Sathaanan 2536[1993] *Prachaya Phutthathat kap Mahayanatham*. Khrongkan
　　Pheiphrae phonganwichai Culalongkonmahawithayalai. Krungthep. (『プッタター
　　ト比丘の思想と大乗仏教』)

Suwanna Wongwaisayawan 2529[1986] *(Rang) Phutthatham nai Thai: Khopicarana
　　Yanwitaya Thang Sangkhom*. Krungthep. (『(草稿)　タイにおける仏法：社会の認
　　識論的考察』)

Thanakan Islam haeng Prathetthai. "Khomun Phu'nthan." (http://www.egov.go.th/
　　th/government-agency/453/, 閲覧日 2016 年 8 月 8 日) (「基本情報」)

Thawiwat Puntharikwiwat 2539[1996] "Phutthathat Phikkhu kap Trisadi Thammaik
　　Sangkhomniyom." *Warasan Phutthasat Su'ksa*. Sun Phutthasat Su'ksa Culalong-
　　konmahawithayalai. 3(2): 29-52. (「プッタタート比丘と仏法社会主義理論」『雑誌
　　仏教学研究』)

Thawiwat Puntharikwiwat 2542[1999] "Phutthacariyasat: Korani Prathet Thai."
　　Warasan Phutthasat Su'ksa. Sun Phutthasat Su'ksa Culalongkonmahawithayalai.
　　6(2): 62-77. (「仏教倫理：タイに関して」『雑誌　仏教学研究』)

Tippawan 2558[2015]7/21 "Sayam Samtrai Sang "Do" Haipen "To" Yang Sonbun."
　　(http://www.amarinbabyandkids.com/school/siamsaamtri-school/_, 閲 覧 日
　　2016 年 8 月 10 日) (「サヤーム・サームトライは「D」をつくり，十分に「T」にして
　　いく」)

Yala Islamic University. ホームページ(http://www.yiu.ac.th/, 閲覧日 2012 年 12 月 31
　　日)

あ と が き

　本書は平成 28 年度駒澤大学特別研究出版助成を受けて出版されたものである。

　また以下の研究費補助金を得て調査・執筆等がなされたものでもある(括弧内は主に該当する章)。

　日本学術振興会科学研究費補助金・基盤研究 B・課題番号 18320019「世界の公教育で宗教はどのように教えられているか——学校教科書の比較研究——」2006〜2008 年　研究代表者：大正大学・藤原聖子 (第 9 章)

　日本学術振興会科学研究費補助金・基盤研究 B・課題番号 22320016「宗教概念ならびに宗教研究の普遍性と地域性の相関・相克に関する総合的研究」2010〜2012 年　研究代表者：東京大学・池澤優 (第 11 章, 第 12 章, 第 13 章)

　日本学術振興会科学研究費補助金・基盤研究 C・課題番号 22520064「近現代タイにおける非政教分離的な宗教行政に関する総合的研究」2010〜2012 年　研究代表者：駒澤大学・矢野秀武 (第 3 章, 第 4 章, 第 5 章, 第 6 章, 第 7 章, 第 8 章)

　日本学術振興会科学研究費補助金・基盤研究 A・課題番号 26284011「ポスト・セキュラー状況における宗教研究」2014〜2018 年　研究代表者：東京大学・鶴岡賀雄 (第 10 章)

　日本学術振興会科学研究費補助金・基盤研究 B・課題番号 16H05712「現代アジアの政教関係と新たな公共宗教研究」2016〜2019 年　研究代表者：北海道大学・櫻井義秀 (第 1 章)

なお本書のもととなった論文の初出は以下のようになっている。

序　章
　　2013「近代における政教関係の開発途上国モデル——タイの政教関係に見
　　　　る国家介入と公定化を事例に——」駒澤大学総合教育研究部文化学部門
　　　　『駒澤　文化』第 31 号，(1)‒(30)頁から，一部抜粋修正し，さらに大幅
　　　　な加筆。

第 1 部　タイの政教関係
第 1 章　タイ政教関係論の諸相
　　書き下ろし。
第 2 章　国教・公認教論の問題点
　　2007「タイにおける仏教の国教明記運動」国際宗教研究所『国際宗教研究
　　　　所ニュースレター』第 56 号(07‒3)，8‒13 頁を，加筆修正。
　　2015「タイにおける国家介入的な政教関係と仏教の社会参加」櫻井義秀・
　　　　外川昌彦・矢野秀武編著『アジアの社会参加仏教——政教関係の視座か
　　　　ら——』北海道大学出版会，219‒248 頁を，加筆修正。
第 3 章　二重の政教関係——国家と宗教，国王と宗教——
　　2010「国家仏教と宗教行政——タイの政教関係を再考する——」駒沢宗教
　　　　学研究会『宗教学論集』第 29 輯，91‒113 頁を，加筆修正。
　　2013(前掲)「近代における政教関係の開発途上国モデル——タイの政教関
　　　　係に見る国家介入と公定化を事例に——」を，加筆修正。
　　2015(前掲)「タイにおける国家介入的な政教関係と仏教の社会参加」を，
　　　　加筆修正。

第 2 部　タイの行政と宗教
第 4 章　宗教関連行政の広がり
　　2012「現代タイ国家行政機関における宗教関連行政——中間報告——」駒
　　　　澤大学総合教育研究部文化学部門『駒澤　文化』第 30 号，(1)‒(24)頁

を，加筆修正。

第5章　国家仏教庁および文化省宗務局の事業と予算配分

2010「タイの宗教行政に関する基礎資料——国家仏教庁および文化省宗教
局の事業と予算配分——」駒澤大学総合教育研究部文化学部門『駒澤
文化』第28号，(1)‑(45)頁を，加筆修正。

第3部　タイの宗教教育

第6章　教育省のプロジェクト——仏教式学校——

2009「タイにおける国家行政の仏教活動——仏教式学校プロジェクトの事
例から——」駒澤大学総合教育研究部文化学部門『駒澤　文化』第27
号，(1)‑(33)頁を，加筆修正。

2013「仏教・国王・学生と絆づくりのイノベーション——学校がつなぐ寺
院と地域——」櫻井義秀編著『タイ上座仏教と社会的包摂——ソーシャ
ル・キャピタルとしての宗教——』明石書店，256‑286頁を，加筆修正。

第7章　外郭団体の宗教教育活動——善徳プロジェクト——

2013(前掲)「仏教・国王・学生と絆づくりのイノベーション——学校がつ
なぐ寺院と地域——」を，加筆修正。

第8章　文化省宗務局のプロジェクト——道徳教育僧侶の学校派遣——

2011「官製の宗教運動——タイ上座仏教と教育改革——」国際宗教研究所
編『現代宗教2011』秋山書店，106‑129頁を，加筆修正。

第9章　宗教科目教育制度と仏教の教科書

2007「タイにおける宗教教育——宗教の公共性をめぐる多様な試み——」
国際宗教研究所編『現代宗教2007　特集・宗教教育の地平』秋山書店，
164‑189頁を，加筆修正。

2008「解説　タイの仏教科教科書と宗教制度」世界の宗教教科書プロジェ
クト『世界の宗教教科書』大正大学出版会，1‑13頁を，加筆修正。

第10章　権威主義的統治と仏教教育

2016 "The Religious Nature of the King in Modern Thailand: Hyper-
Royalism and Democracy" 駒澤大学総合教育研究部文化学部門『駒澤

394

　　文化』第 34 号，(1)‒(20)頁を，加筆修正。

第 4 部　タイの宗教研究
第 11 章　タイにおける宗教研究と「宗教」
　　2013「タイを流れる欧米宗教学の微風──サーサナー(宗教)と Religion を
　　めぐるタイ宗教学の模索──」東京大学宗教学研究室『東京大学・宗教
　　学年報』XXX 号(特別号)，51‒70 頁を，加筆修正。
第 12 章　宗教概念とタイの比較宗教
　　2014「タイにおける宗教研究の光と影──文明化される「宗教」と不在化
　　する「宗教学」──」駒澤大学総合教育研究部文化学部門『駒澤　文
　　化』第 32 号，(1)‒(30)頁を，加筆修正。
第 13 章　タイ人研究者による政教関係論
　　2015「タイでは政教関係の何がどう問われてきたのか──サンガ自律化の
　　ジレンマを巡る議論──」駒澤大学総合教育研究部文化学部門『駒澤
　　文化』第 33 号，(1)‒(37)頁を，加筆修正。

終　章
　　書き下ろし。

　本書のもととなった原稿は，以上のように 2007 年から 2016 年までの約
10 年間にわたって執筆してきた論文である。その基盤は，筆者自身が代表
者となった「近現代タイにおける非政教分離的な宗教行政に関する総合的研
究」(基盤研究C)による科研研究にあるが，他にもいくつかの科研研究に関わ
る機会をいただき，そこで執筆のアイデアが広がっていった。もっともその
分，領域が広がりすぎて議論が散漫になった面もあるかもしれない。
　序章でも述べたように，本書は，遍在する「国教的なもの」をどう捉える
かといった，筆者がタイ研究に従事してから長年疑問に感じていた事柄を論
じたものである。それは現場にいれば誰もが気がつく現象であろうが，タイ
の宗教を，戦前と戦後の政教関係の断絶を踏まえた日本社会に向けて語る宗

教研究者という筆者の立場が，この問題をより意識的に掘り下げようとするように影響したと思われる。

　戦前日本の政教関係を彷彿とさせるものが，現代タイに息づいている様子を目にすると，一種，時間が捻じれたような奇妙さを感じる。しかし言うまでもなく，日本の歴史とタイの歴史は異なるものである。その相違も踏まえながら，どこまでどういう形で踏み込んで議論をすべきなのかについては，実のところまだ思索中である。その理由の1つは，終章で最後に述べたように，タイの政教関係に見られる非寛容性を十分捉えきれていないからである。筆者の思い込みだけで，あるべき制度論を説くことは慎まねばならない。実際に何がどう非寛容であり，抑圧される側がどのような形での自由を求め，したたかに対応し，どう政教関係を調整しようとしてきたのかについて，やはり実態に即して議論をしなくてはいけないだろう。そこに見えてくるのは，伝統社会に見られる諸信仰の共存関係でもなく，厳格な政教分離，公認教制，現在のタイの公定宗教制でもない，別種の政教関係であるかもしれない。

　この点にまで踏み込む準備ができていなかったことが，本書執筆中に最も気になっていた点である。他にももちろん議論の足りない点や，資料の足りない点はあるが，他方で，基本的なことについてある程度の見通しが得られた段階で，書籍としてまとめておくことが必要だろうとも考えた。とりわけ，本書で取り上げたテーマの中に，昨年10月に崩御されたラーマ9世プーミポン・アドゥンラヤデート王に関わる論考もあり，1つの時代の区切りとして，国王の高齢化，グローバル化への政府の対応，地域コミュニティの衰退と再編といった，タイ社会の変化のある特有の時期を宗教教育の行政事業の点から捉え，まとめておくといった，意味合いもあると思えたからである。

　最後になるが，本書の執筆を様々な形で支えてくださった方々にお礼を述べたい。筆者が漠然と抱いていた「国教的なもの」とは何かという問いに対し，宗教と教育・行政といった点からアプローチするきっかけをつくってくださった，東京大学の藤原聖子先生と東京海洋大学の森下稔先生に，まずお礼を申し上げたい。藤原先生(当時は大正大学におられた)からは，先に触れた「世界の公教育で宗教はどのように教えられているか——学校教科書の比較

研究──」という科研で，タイの仏教教科書の翻訳・研究にお誘いいただいた。またタイの教育事情に詳しい森下先生からは，教育省の仏教式学校プロジェクトについてご教示いただいた。教科書翻訳は，タイの宗教教育研究というこれまで筆者が研究してこなかった領域に関わる端緒となり，さらに仏教式学校プロジェクトの調査で，宗教教育行政の実態や広がりが見え始めたわけである。こういったご縁があったからこそ，調査対象もさらに広がり，本書のテーマを具体化していくことができたと思っている。

　またこれらの調査においてお世話になった方々も数多い。教育省の学習指導要領研究事務室の方々や，仏教式学校プロジェクト担当者の方々は，仕事の場を訪れる相当に邪魔であろう外国人研究者の筆者に対して，忙しい時間の合間を縫って貴重な情報を，もちろん守秘義務を守りつつ，ご教示くださった。また善徳プロジェクトを忍耐強くかつ冷静に進めていた僧侶のプラマハー・ポンナリン師とサヤーム・サームトライ学校のアニンティター・ポーサクリスナ先生からは，パユットー師の仏教思想が，具体的な制度にどのように応用され，その実践者たちの活動にどういった形で積極的な意味を与えているのかについて教えていただいた。マヒドン大学のタウィーワット・プンタリクウィワット先生は，中学校での仏教教育についての観察・聞き取り調査を，ほぼ飛び込み状態の形でセッティングしてくださった。都市部の進学校の普段の授業に参加できたことは貴重な経験となった。地方農村の学校での授業については，元僧侶で道徳教育僧でもあったゲーン氏が，聞き取り等をセッティングしてくれた。他にもここでお名前を述べていない多くの方々に，調査時にお世話になっている。本来はタイ語で著作を執筆し，謝辞とともにお世話になった方々に献本すべきであろうが，それだけの言語能力がないことを大変申し訳なく思っている。

　また冒頭に述べたように，出版費用の助成をしてくださった駒澤大学，ならびに調査研究費用を提供してくださった日本学術振興会にも謝辞を述べたい。加えて，調査内容についての口頭発表においても，多くの研究者から貴重なコメントをいただいており，本書に反映できた点も少なくない。さらに，本書の原稿について，短い期間でありながらも，表記や文献一覧の誤りなど，

細かな点にまで気を配って修正してくださった，北海道大学出版会の今中智佳子さん，円子幸男さんに感謝を述べたい。普段見かけることがないであろうタイ語のローマ字表記についてのチェックは，相当にご迷惑をおかけしたのではないかと思われる。

　繰り返しにはなるが，皆様のご協力を得て本書が刊行できたことを，本当に心から感謝申し上げたい。

索　引

矢 野 秀 武(やの　ひでたけ)

生　年　1966 年
現　在　駒澤大学総合教育研究部教授
専　門　宗教学，タイ上座仏教研究，宗教社会学
主　著　『現代タイにおける仏教運動──タンマガーイ式瞑想と
　　　　タイ社会の変容──』東信堂，2006 年(単著)，『アジア
　　　　の社会参加仏教──政教関係の視座から──』北海道大
　　　　学出版会，2015 年(櫻井義秀・外川昌彦・矢野秀武共編
　　　　著)

現代宗教文化研究叢書6

国家と上座仏教──タイの政教関係

2017 年 2 月 28 日　第 1 刷発行

著　者　　矢 野 秀 武

発行者　　櫻 井 義 秀

発行所　北海道大学出版会
札幌市北区北 9 条西 8 丁目　北海道大学構内(〒060-0809)
Tel. 011(747)2308・Fax. 011(736)8605・http://www.hup.gr.jp/

アイワード/石田製本　　　　　　　　　　　　　Ⓒ 2017　矢野秀武

ISBN978-4-8329-6830-1

〈現代宗教文化研究叢書〉

1	宗教文化論の地平 ―日本におけるキリスト教の可能性―	土屋　博	著	A5・334頁 定価 5000円
2	カルト問題と公共性 ―裁判・メディア・宗教研究はどう論じたか―	櫻井　義秀	著	A5・368頁 定価 4600円
3	宗教集団の社会学 ―その類型と変動の理論―	三木　英	著	A5・258頁 定価 4800円
4	東チベットの宗教空間 ―中国共産党の宗教政策と社会変容―	川田　進	著	A5・480頁 定価 6500円
5	アジアの社会参加仏教 ―政教関係の視座から―	櫻井　義秀 外川　昌彦 矢野　秀武	編著	A5・442頁 定価 6400円

越境する日韓宗教文化 ―韓国の日系新宗教　日本の韓流キリスト教―	李　元範 櫻井　義秀	編著	A5・506頁 定価 7000円
記憶と追悼の宗教社会学 ―戦没者祭祀の成立と変容―	粟津　賢太	著	A5・384頁 定価 6400円
東北タイの開発と文化再編	櫻井　義秀	著	A5・314頁 定価 5500円

〈価格は消費税を含まず〉

━━━━━北海道大学出版会━━━━━